GONGSIFA YUANLI YU SHIWU

GUIFAN ANLI LUNBIAN YU XIANGMU

公司法原理与实务

——规范、案例、论辩与项目

罗士俐　凌巧荣　叶帅帅　杨华国◎编　著

中国政法大学出版社

2024·北京

图书在版编目（ＣＩＰ）数据

公司法原理与实务/罗士俐等编著. —北京:中国政法大学出版社，2024.5
ISBN 978-7-5764-1484-4

Ⅰ.①公… Ⅱ.①罗… Ⅲ.①公司法－研究－中国Ⅳ.①D922.291.914

中国国家版本馆 CIP 数据核字(2024)第 108041 号

出 版 者	中国政法大学出版社
地　　址	北京市海淀区西土城路 25 号
邮寄地址	北京 100088 信箱 8034 分箱　邮编 100088
网　　址	http://www.cuplpress.com (网络实名：中国政法大学出版社)
电　　话	010-58908586(编辑部) 58908334(邮购部)
编辑邮箱	zhengfadch@126.com
承　　印	固安华明印业有限公司
开　　本	720mm×960mm　　1/16
印　　张	31.5
字　　数	530 千字
版　　次	2024 年 5 月第 1 版
印　　次	2024 年 5 月第 1 次印刷
定　　价	96.00 元

序 言

为了满足应用型法学专业公司法教学以及实务界拓展办案思路的需要，结合 2023 年修订的《公司法》，我们撰写了这么一部简明、实用、富有特色的公司法教材。

一、本书对 2023 年《公司法》新规定作了提示和解读

本书对 2023 年《公司法》中的实质性修改均作了相应提示，并根据实务需要就相关新规则的司法适用作了相应解读。

二、本书的特色

（1）编排体例上的特色。本书共八编，每一编有四个模块，分别为知识理论、案例分析、热点难点论辩、项目任务模块。

（2）知识理论模块的特色。本书紧扣法律和司法解释规定，在确保知识系统性和完整性的前提下，力求简明扼要地阐述公司法的基本原理。

（3）案例分析模块的特色。本书甄选关注度高、争议性大以及与修订规则相关的典型案例。案例素材来源于最高人民法院指导案例、公报案例、期刊书作讨论的案例、北大法宝上的热点案例以及其他关注度高的案例。该模块分为提要、案情、问题、裁判理由及结果、评析等组成部分。与传统以案释法教材不同的是，本书注重对疑难案件裁判文书中的司法推理和观点予以反思，对疑案错案提出独到的见解，典型的例子是：本书就最高人民法院第 67 号指导案例中的法律适用问题以及"万宝之争"中的董事决议效力问题，提供了不一样的论证思路。为了节约阅读时间，作者对案例做了高度精简，剔除了与关键问题无关的内容；同时基于典型性考虑，尽管有些案例仅列明

一个原型案例，但均整合了作者阅读过的多个实务案例的案情。

（4）热点、难点论辩模块的特色。本书选取的是公司法理论和实务中的重点、热点、难点问题，并就如何论辩作了必要提示，引导读者提高思辨能力。

（5）项目任务模块的特色。相当于传统教材的作业，与传统作业不同的是，本书的项目任务主要涉及公司法前沿问题和实践任务，读者可以通过检索资料和分析问题，提升自己的理论水平和动手解决实务问题的能力。

三、本书的公司法理念

公司是始于契约的集体选择产物，是资本实现利润的一种组织方式，是股东合作与交易的平台。法律赋予公司独立主体人格，是豁免股东无限责任的技术手段，其价值在于刺激资本增值，增加社会总福利。正是因为股东获得了责任豁免，令公司承担社会责任就有了正当性。

公司治理本质上是资本实现利润的手段，治理方式可以是多样的：公司治理可以是直接的，也可以是间接的；若投资人选择间接治理，他们既可以通过委托代理机制实现治理，也可以通过信托机制实现治理。公司法作为商业组织的私法，其价值在于为投资者提供工具箱式的可供选择的治理模式，也为裁判者就没有约定或约定不明的投资纠纷提供缺省性规则。

公司作为一种平台，其权力来源于成员的权利，除非契约授权，否则公司没有凌驾于成员之上的支配力。公司关系是具体的而非抽象的，将公司抽象为高于成员的团体，易导致公司异化为部分投资人的工具。从社会结构层面来看，公司控制权是控制人获得超过普通资本利润的依据，也是当前世界财富分配不公、中层阶层塌陷的重要原因。

四、本书的撰写分工

本书由罗士俐博士起草、组稿、统稿、改稿和审校。罗士俐博士与浙江红船律师事务所凌巧荣律师共同撰写第一、四编的内容，与浙江鑫湖律师事务所叶帅帅律师共同撰写第二、六编的内容，其中叶帅帅律师完成逾三万字，与嘉兴大学杨华国博士共同撰写第三、七、八编的内容。

五、本书的项目支撑

本书为"嘉兴大学·地方法治人才实践能力培养产教融合实践示范基地

项目（SJJD20072307-002）"和"嘉兴大学与浙江红船律师事务所综合服务项目（00622008）"的建设成果。另外，本书还得到了浙江省律师协会公司专业委员会的大力支持。

六、作者的联系方式

诚请读者朋友对本书提出改进建议，联系方式：346217734@ qq. com；微信公众号"萝卜丝说法""luobshlaw"。

目 录

第三编　公司资本、债与财会

第四编　股东与股权

第五编　公司治理

第六编　公司变更

第七编　公司终止

第八编　特殊类型公司与外国公司分支机构

第一编

概　论

◤ 模块一、知识理论

第一章　公司概要

第一节　公司的概念和特征

一、公司的概念

《公司法》[1]第 2 条规定："本法所称公司，是指依照本法在中华人民共和国境内设立的有限责任公司和股份有限公司。"第 3 条第 1 款规定："公司是企业法人，有独立的法人财产，享有法人财产权。公司以其全部财产对公司的债务承担责任。"第 4 条第 1 款规定："有限责任公司的股东以其认缴的出资额为限对公司承担责任；股份有限公司的股东以其认购的股份为限对公司承担责任。"另外《民法典》第 76 条规定："以取得利润并分配给股东等出资人为目的成立的法人，为营利法人。营利法人包括有限责任公司、股份有限公司和其他企业法人等。"根据前述规定，结合当前学界的相关定义，可将公司定义为：依公司法设立的，以资本投资为基础、以取得利润并分配给股东为目的的，被赋予独立法律人格的生产经营组织。

二、特征

公司具有如下特征：

---

[1] 为表述方便，本书中涉及我国法律文件直接使用简称，省去"中华人民共和国"字样，全书统一，后不赘述。

（一）资本性

公司是资本主义经济发展的产物，也是现代市场经济社会资本投资的主要组织形式。资本是公司赖以存在和发展的物质基础。依《资本论》的经典理论逻辑，资本性决定了公司是资本投资者实现利润的组织手段。与古典经济组织的资本来源不同的是，在现代社会，公司的资本来源具有社会化特征，也就是职工和大众作为中小投资者也参股到公司。但受制于全球市场国家利润分享法律机制的不足，资本的社会化尚不能使参股者公平分享资本带来的利润。

（二）资合性

以侧重投资者之间信用组合或资产组合的不同为标准，企业被区分为人合企业和资合企业。相较于合伙企业而言，公司侧重资产组合，属于资合企业。需要指出的是，资合性在公司法学中是个相对概念，对其理解不宜绝对化。如公众型（或称"开放型"）公司相较于封闭型（或称"闭锁型"）公司而言资合性程度更高，故公众型公司在一些书作中被称为资合公司。

（三）营利性

以设立目的的不同为标准，社团法人被区分为营利性社团法人和公益社团法人。相较于学校、医院、学术团体等公益社团法人而言，设立公司的目的是营利，故公司属于营利性社团法人。业界常说的"以营利为目的"，既是指公司进行营业活动是为了营利，更是指公司所得利润是为了分配给股东。我国《民法典》第76条就表达了这两层意思。不过，针对后一目的，各国公司法普遍缺乏有效的保障机制。

（四）法人性

与合伙企业、个人独资企业相比较，公司具有独立的法人资格。《公司法》第3条明确规定公司是企业法人。所谓法人，按照《民法典》的规定，是指具有民事权利能力和民事行为能力，能依法独立享有民事权利和承担民事义务的组织。在这个表述中，"独立"一词是关键词，该词意味着公司投资人即股东不需要直接对公司的债务承担责任。当然，股东也没有权利直接享受公司的对外债权。

（五）法定性

法定性与意定性相对。法定性有不同含义，这里的法定性指公司类型法定，创设、变更、消灭程序法定，公司组织结构设置法定，以及公司信息公示要素法定，这些事项一般不允许或不提倡当事人按照自己的意思设定。例如当事人在设立公司时，只能选择法律上规定的公司类型，这一点与合同有明显的区别，合同当事人可以选择法律上没有规定的合同类型。不过，不宜过分强调公司的法定性，毕竟公司是商业自治组织，若不损害国家、社会或第三方利益，应允许有较大自治空间，例如，关于公司内部机关设置，应允许当事人有较大的意定空间。

（六）社团性

公司具有社团性。法人可被区分为社团法人和财团法人。所谓财团法人，是为了特定目的而捐赠设立的法人组织，如诺贝尔慈善基金会就是财团法人。社团法人注重的是成员的组合；而财团法人是财产的组合，没有成员。社团法人的治理，是由社团成员根据一定程序合成意志而作的治理；而财团法人的治理，由于没有成员，财团的治理按照既定目的依照章程治理。公司属于社团法人，故具有社团性。有些学者比较在意社团性是否必然是多个成员组合，以致纠结于一人公司是否具备社团性。本书认为，成员治理与特定目的治理是社团性与财团性的本质区别，故不必纠结于成员的数量。

除了前述特征外，有学者认为公司还具有自治性、股东控制和集中管理等特征。

第二节　公司的历史发展与性质

一、公司的历史发展

（一）第一阶段：古罗马

古罗马的经济组织结构由家庭和子企业组成。家长不仅拥有家庭所有财产，对家庭所有成员和奴隶都拥有生杀予夺的权力。家长出于赏赐或投资的目的，将自己的部分特定财产交给家子（包括奴隶）。这部分特定财产称为特有产（Peculium），被认为是一种家庭子企业。特有产，对家子而言或是一种奖赏；对外人而言，则被认为是投资做生意。若家长没有参与经营管理，其责任仅限于投入的财产以及家子上缴的财产。这可能是股东有限责任的一种雏形。

古罗马人为了解决较大规模的生产问题，逐步建立了一种松散的家庭联合体，被称为索西艾塔斯（Societas），也被译为"合伙"。到公元前 3 世纪，罗马出现了规模比较大的索西艾塔斯，叫作公共索西艾塔斯。这些组织主要以承包政府工程为目的，其主要投资者一般以自己土地抵押给政府作为工程责任担保，其他投资者可以作为普通合伙人参与经营管理并对债务承担全部责任，也可以作为有限合伙人不参与企业经营管理而承担有限责任，这与现代的有限合伙企业相似。这种组织发展到公元前 1 世纪，大型公共索西艾塔斯中的有限合伙人发展到数百人，甚至出现了类似现代证券市场那样的可自由买卖有限合伙份额的市场。大型公共索西艾塔斯中出现的有限合伙人，或许是现代公司有限责任股东的原型。

（二）第二阶段：中世纪

中世纪出现了一种组织，叫康帕尼（Compagnia），被认为是现代合伙的雏形。这种组织产生之初，成员对组织承担的是无限连带责任。发展到后来，形成了这样的规则：合伙的债权人对合伙财产享有优先权。

从 10 世纪起，航海贸易中出现一种有限合伙组织，叫康孟达（Commenda）。这种组织的典型结构是：有两种合伙人，一种是只出资本的消极合伙人，一种是航海贸易的商人。这种组织是以航海贸易的一个来回即告解散清算。在 15 世纪，陆地贸易借鉴这种组织，产生了类似的有限合伙组织，被称为阿康孟地塔（Accomandita）。在阿康孟地塔中，若消极合伙人未将名字写进合伙名称里，也不参与企业的经营管理，就只需承担有限责任。

14 世纪的热那亚人创立了最早的联合股份公司。这种公司规模不大，而且股份转让需经所有其他股东同意。这种组织的财产责任，类似于合伙的财产责任。

（三）第三阶段：近代

随着新大陆的发现和远洋贸易的发展，大西洋取代地中海成为主要航海通道。由于远洋航行需要大型船舰，这客观上要求合适的企业组织形式来聚合巨额资本。英国采用联合股份公司的组织形式发展海洋贸易。当时资助海洋贸易有两种模式：一种是葡萄牙和西班牙模式，由政府支持跨洋贸易；另一种是荷兰和英国模式，由私人投资，国家特许企业垄断经营权。实践证明，后者更优。

公司发展史上最有名的英国东印度公司，在 1600 年得到国王的特许令后，每次出航进行集资，归航后清算资产并分光。从 1614 年开始，以一定年限为准，年限一到，也将资产清算分光。从 1650 年开始，才有了永久性股票，即股东不得再瓜分公司财产，但股份可以转让。除了东印度公司外，英国还有其他依英国特许令设立的公司。当时依英国特许令设立的公司，有三个基本特征：资产稳定、股份自由转让和不完整的有限责任（即特许令常规定在必要时追加资本）。

特许令实际上授予了一种特权。英国政府并不会大规模授予这种特权。很多商人也想拥有有关特权，但拿不到特许令，在这种情况下，他们选择将合伙与信托结合起来的办法，即合伙人将他们的财产委托给选举出来的受托人经营，委托人为受益人，委托人的信托份额（而非信托财产）可以自由流通。另外，采用信托的方式有一个诉讼方面的便利，即诉状中不用列明所有合伙人，只需要列明受托人，这就进一步便利了信托份额的流通。17 世纪这类企业的信托份额（股份）跟特许公司的股份一样，交易相当活跃。1720 年，由于南海公司泡沫事件，英国国会通过了"泡沫法案"。该法案禁止未经特许的公司的股份买卖，也禁止商人未经特许以公司名义经商。为了规避该法案，投资者进一步通过合伙与信托结合的方式组建联合股份企业。这就使得该法案的目的落空，1825 年该法案宣布废止。随着非特许联合股份企业的日益兴盛，英国于 1844 年通过了第一部公司法，此法宣告组建公司成为一种普通权利而不需要国家特许。

在 19 世纪中叶之前，尽管人们意图通过各种方式寻求有限责任，如股东、企业和债权人之间的合同约定有限责任条款，企业信笺抬头规定有限责任，或者企业名称包含"有限"字样，但法院没有明确的态度，因此股东是否承担有限责任处于不确定状态。1844 年的英国公司法也没有确认有限责任。1855 年英国修改公司法，规定当事人可以选择有限责任。

美国模仿英国通过特许令设立公司。尽管美国授予的特许令比英国更多，但在授予特许令过程中产生了腐败，由此招致骂声。在这种情况下，美国的纽约州于 1811 年率先进行了公司法立法，随后美国各州先后制定本州的公司法。

从公司的发展历史来看，早期公司的形态多为股份公司，直到 1892 年 4 月 20 日德国颁布《有限责任公司法》，有限责任公司才以立法的形式正式确立起来。

二、中国公司的历史发展

(一)古代

古代的中国因重农抑商等原因，资本生产关系一直没有发展起来，也未产生类似公司这种商业组织的萌芽。

(二)近现代

现代意义上的公司，最早产生于 19 世纪中叶，主要由外国资本、官僚资本和民族资本创办。19 世纪 60 年代的"洋务运动"促进了公司的设立。洋务派创办的一些民用企业采用了公司形式，不过公司名称往往以"局"命名，如 1872 年李鸿章创办的轮船招商局。这些企业在治理模式上多采用"官督商办"的形式。在 1904 年清政府颁布《公司律》之前，中国已有上百家类似公司的企业。此后，北洋政府 1914 年的《公司条例》、南京国民政府 1929 年和 1946 年的《公司法》为中国的公司发展提供了一定的法律基础。

(三)中华人民共和国成立后、改革开放前

中华人民共和国成立之初，旧社会遗留下来的企业包括官僚企业和私营企业。官僚企业被政府没收并将其转为国营企业，私营企业则被允许存在和发展。1950 年政务院通过了《私营企业暂行条例》。该条例规定私营企业包括独资企业、合伙企业和公司制企业三种组织形式，其中公司制企业包括无限公司、有限公司、两合公司、股份公司以及股份两合公司五种形式。此外，政府在工业、商业、物质、外贸、交通等部门组建了一批国营企业。在 1949 年至 1952 年间，还存在一种特殊的企业，即公私合营企业，其中的公有股份是由旧官僚资本清理而来。从 1953 年起，我国开始进行社会主义改造，经过三大改造后，我国的企业组织形式包括全民所有制企业和集体所有制企业，股份制不再存续。

(四)改革开放后

1978 年后，我国进入改革开放时期。改革开放后，我国逐渐出现了多种企业形式，如原有企业改组形成的专业企业和联合企业、采取股份制方案的股份制企业、三资企业等。1984 年至 1985 年间，由于经济过热，国家收紧银根，企业普遍出现资金紧张的局面。一些企业通过吸收职工入股，向社会发行股票或债券等方式解决资金问题，并取得了较好的效果。自此开始，股份

制逐渐兴盛起来。1993 年立法机关通过了《公司法》，确立了完整的公司法律制度。至今，该法于 1999 年、2004 年、2005 年、2013 年、2018 年、2023 年经历了 6 次修订（或修正），逐步形成了具有中国特色的现代公司法律制度。

三、公司的性质

（一）营业工具说

营业工具说认为，公司是投资者实现利润的工具。该说侧重强调公司是商业演进的产物而非立法者建构设计的产物。

（二）法律产物说

法律产物说认为，公司是立法者设计的产物。该说侧重强调公司组织机构和运行均由法律规定，具有较强的强制性特征。

（三）契约安排说

契约安排说认为，公司是当事人一系列契约安排的结果。更为广义的契约说认为，公司是股东、雇员、管理者、债权人等自愿结合起来的契约关系。该说侧重强调尽可能排除公权力的干扰，减少公司法中强制性规范的比例。

（四）信托财产说

信托财产说认为，股东将其财产权让渡给公司，并委托公司（管理层）进行经营管理，股东为受益人，公司（管理层）为受托人。信托财产说强调的是股东与公司之间的独立关系，弱化两者之间的团体（整体）与成员（部分）关系。

以上各说，是看待或解释公司的不同视角或方法，并无对错之分。

第三节　公司社会责任

一、公司社会责任的概念

与其他法律上的责任不一样，公司社会责任是一个没有法律义务源泉的特殊法律概念。公司社会责任概念并没有统一确定的内涵和外延。一般认为，它是指公司除有责任营利并将利润分配给股东外，还有责任关怀和增进社会利益。这种社会利益的外延很广，可以包括职工利益、债权人利益、消费者利益、当地社区利益、环境利益等。

二、公司社会责任的理论基础

法学界用来支撑公司社会责任的理论基础主要有以下几种：

（一）利益相关者理论

利益相关者理论认为，公司利益相关者既包括公司股东、债权人、雇员、消费者、供应商等交易伙伴，也包括政府部门、本地居民、本地社区、媒体、环保主义群体等非交易主体，还包括自然环境、人类后代等受到公司经营活动直接或间接影响的客体或对象。这些利益相关者与公司的生存和发展密切相关，他们有的分担了公司的经营风险，有的为公司的经营活动付出了代价，有的对公司给予了有利的监督和制约。鉴于此，该理论认为，若仅仅考虑股东利益，而忽视公司利害关系人的利益，不仅不符合正义原则，而且还会对生产力造成破坏。

（二）公司作用力理论

公司作用力理论认为，在现代社会，公司对社会的影响力越来越大。公司不仅影响着社会的经济生活，决定着市场上商品和服务的种类、数量和质量，左右着市场行情的变化，控制着劳动者的就业，充当着政府的摇钱树等；而且公司还影响着社会生活的其他领域，包括政治、科学、教育、文化、艺术等。公司除了给社会带来积极的影响外，也给社会造成了不少问题，诸如欺诈消费者、侵害职工权益、排挤竞争、污染环境等。因此，公司应负担起与其影响力相适应的社会责任。

（三）社会义务理论

社会义务理论认为，公司社会责任与人权中的社会权密切相关。社会权是指公民从社会获得基本生活条件的权利，如消费者权、受教育权、环境权、工作权、发展权和获得救济的权利等。政治国家的力量虽然非常强大，但也有力所不及的地方，不足以充分保障公民实现社会权。因此，需要公司力量弥补国家力量的不足。

（四）本书的观点

从前述理论来看，都有一定道理，但这些理由也给人这样的感觉——过于笼统、模糊。公司要不要承担社会责任的问题，实际上也就是，公司除负有促进股东实现利润这一功能之外，应不应当再附加其他社会功能的问题。

若要公司负担其他社会功能，就意味着要从股东可分得利益中减让一部分利益用于承担社会责任。本书认为，这种减让要求，可以从利益平衡角度找到正当理由，即股东享受到了有限责任的庇护，公司承担社会责任正是股东受到庇护的回报。

三、公司社会责任的法律规定

（一）《公司法》中的有关规定

2023年《公司法》保留了2023年前《公司法》规定的"公司从事经营活动，应当遵守法律法规，遵守社会公德、商业道德，诚实守信，接受政府和社会公众的监督"，并新增"公司从事经营活动，应当充分考虑公司职工、消费者等利益相关者的利益以及生态环境保护等社会公共利益，承担社会责任。国家鼓励公司参与社会公益活动，公布社会责任报告"的规定。

《公司法》对公司承担社会责任的要求突出反映在对职工利益保护上，除了第1条目的条款新增职工保护内容外，第16条规定了公司必须保障职工的合法权益，通过各种形式提高职工素质，第17、68、76、130、173条等规定了职工可以通过相关途径参与公司管理和决策。

（二）其他法律的有关规定

中国证券监督管理委员会与国家经济贸易委员会联合出台的《上市公司治理准则》（2018年修订）第六章专章规定了利益相关者的利益保护。此外，我国《劳动法》《未成年人保护法》《职业病防治法》《安全生产法》《环境保护法》等法律也均有涉及公司承担社会责任的规定。

第二章　公司类型

第一节　公司的法理分类

一、人合公司、资合公司与人合兼资合公司

这是以公司信用基础为标准的分类。人合公司，公司的信用基础在于股东个人财产信用，股东对公司债务要承担无限责任。无限公司就是典型的人合公司。资合公司，指公司的信用基础在于公司基于股东投资形成的资产，股东对公司债务仅以出资为限承担责任。有限责任公司、股份有限公司均属资合公司。人合兼资合公司，指公司信用基础兼采股东个人财产信用与公司财产信用。两合公司、股份两合公司均属此类。

二、封闭型公司与公众型公司

这是以公司股票是否公开发行和自由转让为标准的分类。

封闭型公司的特点：公司的股票只能向特定投资者发行，而不能在证券市场上公开向社会发行；股东的股票转让受到一定限制，且不存在一个公开的交易市场。

公众型公司的特点：可在证券市场上向社会公开发行股票，股东的股票可以在公开交易市场自由交易。

三、母公司与子公司

这是以公司之间的关系为标准的分类。母公司，又称控股公司，在外延上小于控制公司。它是指拥有其他公司一定数额的股份，通过表决权机制来支配另一公司经营活动的公司，被控制者就是子公司。子公司具有企业法人资格，依法独立承担民事责任。另外，公司法区分了总公司和分公司，但这

不属于公司的分类，两者属于整体与部分关系。

四、普通公司与特殊公司

这是以公司设立的法律依据以及营业业务的不同为标准的分类。普通公司，依公司法设立的从事普通商事营业的公司。特殊公司，除依公司法还要依特别法设立并从事特殊业务的公司。如保险公司、证券公司、银行、基金公司等。

第二节 公司的法定类型

一、大陆法系国家的公司法定类型

（一）无限公司

无限公司，是指全体股东对公司的债务承担无限连带责任的公司。

（二）有限责任公司

有限责任公司，是指股东仅以其认缴的出资额为限对公司承担责任，公司以其全部资产对公司债务承担责任的公司。

（三）股份有限公司

股份有限公司，是指由一定数量以上的股东组成、公司全部资本分为等额股份、股东以其认购的股份为限对公司承担责任，公司以其全部资产对公司的债务承担责任的公司。

（四）有限两合公司

有限两合公司，是指由部分无限责任股东和部分有限责任股东共同组成的公司。对公司债务，无限责任股东负无限连带责任，有限责任股东仅以出资额为限承担责任。

（五）股份两合公司

股份两合公司，是指由部分对公司债务负无限连带责任的股东，和部分仅以所持股份对公司债务承担有限责任的股东，共同组建的公司。

二、英美法系国家的公司法定类型

（一）英国

在英国，以公司是否注册为标准分为注册公司与非注册公司。注册公司指根据英国公司法注册而设立的公司。注册公司可分为责任有限公司与无限公司，前者又可细分为股份有限公司和担保有限公司。英国公司法上的股份有限公司还可区分为私人公司（Private Company）与公开公司（Public Company）。非注册公司指根据特许令或特别法而成立的公司。特许令包括皇家特许令、国会特别法案、某些特别法令。非注册公司又可分为特许公司和法定公司。

（二）美国

美国的法律并没有将公司进行分类，所有公司都是有限责任性质的股份公司。不过事实上存在封闭型公司和公众型公司的区别。另外，尽管美国有所谓的"有限责任公司法"，但此"有限责任公司"与普通意义上的有限责任公司不是同一个含义，这类公司是公司与合伙的结合。

第三节　我国公司的法定类型

我国《公司法》的基本分类为有限责任公司和股份有限公司。此外，因《公司法》针对一些特别的有限责任公司或股份有限公司有特别规定，这里也作简单介绍。

一、有限责任公司

综合《公司法》第4、42条等有关规定，我国的有限责任公司，是指由不超过法定人数（1个以上50个以下）的股东共同投资设立，股东以其认缴的出资额为限对公司承担有限责任，公司以其全部资产对外承担责任的企业法人。

二、股份有限公司

综合《公司法》第4条等有关规定，我国的股份有限公司，是指公司全部资本分成等额股份，股东以其认购的股份所需支付的股款为限对公司承担责任，公司以其全部资产对外承担责任的企业法人。

三、一人公司

2023年修订之前的《公司法》只规定允许设立一人有限责任公司，2023

年修订后的《公司法》（以下统称 2023 年《公司法》）则允许设立一人股份有限公司。2023 年《公司法》第 23 条第 3 款对一人公司的财产独立性有特殊要求，即规定："只有一个股东的公司，股东不能证明公司财产独立于股东自己的财产的，应当对公司债务承担连带责任。"

四、国家出资公司

2023 年修订之前的《公司法》在第二章"有限责任公司的设立和组织机构"设置了第四节"国有独资公司的特别规定"。即修订前的《公司法》没有确立"国家出资公司"这一公司类型。2023 年《公司法》单列第七章"国家出资公司组织机构的特别规定"，并对国家出资公司作了界定："本法所称国家出资公司，是指国家出资的国有独资公司、国有资本控股公司，包括国家出资的有限责任公司、股份有限公司。"于是国有独资公司成为了国家出资公司的下一位阶概念。另外需要注意的是，国有独资公司的组织形式不再限于有限责任公司。

五、上市公司

根据《公司法》第 134 条规定，我国的上市公司，是指其股票在证券交易所上市交易的股份有限公司。目前，我国有三大证券交易所，即深交所、上交所和北交所。此外，还有一个全国中小企业股份转让系统，俗称"新三板"；不过，进入"新三板"的公司并不是这里所称的上市公司。

六、外商投资公司

外商投资公司并非一种独立的公司类型，2023 年修订之前的《公司法》第 217 条规定："外商投资的有限责任公司和股份有限公司适用本法；有关外商投资的法律另有规定的，适用其规定。"2023 年《公司法》删除了这一规定。

七、外国公司的分支机构

外国公司的分支机构，也不是一种独立的公司类型，是指外国公司依照我国法律在我国境内设立的不具有法人资格的营业场所或机构。外国公司与外国公司的分支机构之间的关系是整体与部分的关系。

第三章　公司法概要

第一节　公司法概说

一、公司法的概念

就实在法而言，我国广义的公司法，是指我国制定或认可的所有调整公司设立、组织、活动、解散及其他对内对外关系的法律规范的总称。狭义的公司法，是指《公司法》。

二、公司法的特征

(一) 公司法是兼具公法属性的私法

公司法本质上属于私法。理解与适用公司法，把握这一本质很重要。但公司法具有一定的公法属性，主要体现在：第一，从法律规范的属性角度来看，公司法中的强行性规范所占比例比较高；第二，从内容构成来看，公司法针对公司设立、合并、分立、解散、证券发行、财会处理等具有外部效应的领域都规定了不少监管内容。

(二) 公司法是兼具行为法内容的组织法

公司法在内容与形式上都具有组织法的特征。各国公司法普遍规定了公司的设立及其条件、公司的法律地位、公司内部组织机构的设置与运作、公司的变更与终止等内容，这些内容都与公司作为一种社会组织的产生、运作与消灭密不可分。因此，公司法首先并且主要是组织法。公司作为营利性组织，必然从事各种生产经营活动，这些活动虽不能全部由公司法调整，如买卖、加工承销、运输等行为应由其他民商法律调整，但与公司组织特点密切相关的行为，如对外担保、转投资等则由公司法调整。因此，公司法具有一定的行为法特征。

（三）公司法是兼具程序法内容的实体法

公司法侧重规定股东之间的权利义务、股东与公司之间的权利义务和公司机关及其成员的职责，故公司法总体上属于实体法。同时，公司法还对公司设立程序，公司机关行权程序以及公司变更、解散、清算程序等作出规定，因而公司法又具有了程序法的内容。

（四）公司法是兼具国际性的国内法

公司法具有一定的国际性：其一，各国公司法内容日益趋同；其二，世界范围内出现了区域性统一公司法的立法动向。

以上是一般公司法都具有的特征，另外需要特别指出的是，我国《公司法》第18条明确规定："在公司中，根据中国共产党章程的规定，设立中国共产党的组织，开展党的活动。公司应当为党组织的活动提供必要条件。"

三、《公司法》的目的和制定依据

（一）《公司法》的目的

《公司法》第1条明确了该法的目的包括：规范公司的组织和行为，保护公司、股东、职工和债权人的合法权益，完善中国特色现代企业制度，弘扬企业家精神，维护社会经济秩序，促进社会主义市场经济的发展。这些目的之间并非平行关系，也非递进关系，它们可被解读为一种多维目的体系。当然，这些目的中唯独规范公司组织和行为是《公司法》特有的，而其他目的可为其他法律所具有。结合《民法典》第76条第1款规定，即"以取得利润并分配给股东等出资人为目的成立的法人，为营利法人"，不难得出这样的结论，《公司法》特有目的是：通过规范公司的组织和行为，公平、有效保障公司股东通过合法的资本投资取得正当的利润。

相较于2023年修订之前的《公司法》，2023年《公司法》新增了"保护职工合法权益""完善中国特色现代企业制度""弘扬企业家精神"三项目的。

（二）《公司法》的制定依据

2023年《公司法》在第1条中新增了这一表述"根据宪法"，进而明确了《公司法》的立法依据是宪法。《公司法》与《民法典》是特别法与一般法的关系。

四、公司法的基本原则

（一）有限责任原则

股东有限责任，是指股东以认缴投资为限对公司承担责任，并通过公司这个中间"物"对外承担责任。股东有限责任乃现代公司法律的基石，它与公司的独立法律人格本质上是一体两面。

（二）公司自治原则

公司自治原则，一般是指出资人自己进行重大决策、选择公司的管理者，公司依照公司章程自主经营、自负盈亏，不受非法干预，特别是公权力不得随意干预公司事务。但需要注意的是，公司自治包括但不等于团体自治，更不等于少数服从多数，因为公司关系涉及的事项不仅仅限于团体利益事项，还包括个人利益事项、从个人向团体利益过渡事项和团体向个人利益过渡事项。团体自治以多数决为主要自治方式。公司自治原则要求包括司法裁判权在内的公权力，不能以公司法上的缺省性规则否定商人的自治规则；也要求公权力尽可能不介入公司事务，加大私权利的相互监督、制衡和追责，尽量避免大资本与公权行使者结合起来戕害中小投资者。

（三）内外有别原则

内外有别原则，是指看待和处理公司关系时，应当将公司内部关系与公司外部关系区分对待。内部关系既有个人关系，也有团体关系，还有个人向团体或团体向个人过渡的过渡性关系。内部关系以团体关系为主，外部关系基本上都是个人关系。

（四）股东股权平等原则

股东股权平等原则，一般是指股东依出资而享有平等待遇的原则。股东股权平等原则并不能绝对排除股权内容的差异，承认股权内容的差异是类别股制度构建的前提。

除以上原则外，有些学者还把鼓励投资、保护相关者权益、权力制衡、公司社会责任、股东诚信、向弱势股东适度倾斜等作为公司法的原则。

第二节　立法模式、法律渊源与规范分类

一、公司法的立法模式

（一）商法典模式

西班牙、葡萄牙等民商分立国家把调整公司关系的法律规范置于商法典中。

（二）商法典加单行法模式

德国、1966 年之前的法国、2005 年之前的日本均采取这种立法模式，目前采取商法典加单行法模式的国家不多。德国除了商法典外，还有多部调整公司关系的单行法。

（三）民法典模式

采取这种立法模式的国家多为民商合一国家，如意大利和荷兰。

（四）公司法典模式

英美、韩国以及现在的法国和日本都采取这种立法模式。

二、公司法的渊源

所谓公司法的渊源，就是公司法的表现形式，从法律适用的角度来讲，就是法律适用者去哪里寻找调整公司关系的法律规范。

（一）《公司法》

1993 年出台的《公司法》，经过 1999 年、2004 年、2005 年、2013 年、2018 年、2023 年 6 次修正、修订，是现行调整公司关系的专门法。

（二）公司法的特别法

公司法的特别法包括《外商投资法》《全民所有制工业企业法》《证券法》《证券投资基金法》《商业银行法》《保险法》等。严格来说，此处的特别法应是指这些法律中有关调整公司关系的规范。

（三）民法

我国《民法典》"总则编"中的第三章"法人"之"一般规定"和"营利法人"两节的规定，均是调整公司关系的法律规范。《公司法》是《民法典》的特别法。

（四）相邻法

《公司法》的相邻法包括《破产法》《会计法》《信托法》《审计法》等。

（五）司法解释

目前，最高人民法院共出台了五部《公司法》司法解释。

（六）法规

为调整公司等市场主体商事登记过程中产生的关系，国务院出台了《市场主体登记管理条例》，这是公司法在法规层级的法律渊源之一。

（七）部委规章

为落实国务院出台的《市场主体登记管理条例》，国家市场监督管理总局出台了《市场主体登记管理条例实施细则》，这是公司法在规章层级的法律渊源之一。

（八）商事习惯

根据《民法典》第10条的规定，处理民事纠纷，应当依照法律；法律没有规定的，可以适用习惯，但是不得违背公序良俗。我国采取民商合一的立法模式，故其中的民事纠纷包括商事纠纷。因此，公司关系领域的商事习惯可以作为裁判依据。适用商事习惯作为裁判依据须满足三个条件：第一，内容明确；第二，被普遍确信且反复遵循；第三，符合主流商业伦理与公平公正等核心价值观，不违反强制性规定，不违背公序良俗和诚信原则。

（九）国际条约和协定

我国签署的与公司投资有关的国际条约和协定，都可以成为公司法的渊源，例如《与贸易有关的投资措施的协议》。

需要说明的是，以下几种资料虽不是公司法的渊源，但具有实际意义：第一，指导性案例，具有"参照"而非"适用"价值；第二，公司章程与股东协议，在裁判中作为事实依据发挥作用；第三，公司法理，它是逻辑公理、定理以及法理在公司法领域的应用，对司法推理具有指导意义；第四，公司法学说，可以作为司法推理的论据。

三、公司法律规范分类

（一）两分法

将公司法律规范分类为强制性规范与任意性规范，是最典型的分类方法。强制性规范中包含命令性规范和禁止性规范。

（二）三分法

国外公司法学界将公司法律规范分为三类，即除了强制性规范和任意性规范外，还有授权性规范（又称为许可性规范或赋权性规范）。授权性规范，是指只有公司参与者采纳了才赋予其法律效力的规范。

（三）本书观点

本书主张将公司法规范分类为强制性规范、任意性规范与采适性规范三类。采适性规范的叫法比授权性规范更贴切于现实立法，对它做适当改造后，可以成为一种立法技术，促进"工具箱式"的商事立法。

第三节　公司人格制度

一、公司能力

（一）公司权利能力

公司权利能力，是指公司依法享有权利和承担义务的资格。公司权利能力始于营业执照签发日，终于注销登记。根据"法不禁止即自由"的理念，只要法律不设禁限，公司可享有广泛的权利与行为自由。我国《公司法》对公司能力的相关限制包括：清算中公司的权利能力仅限于清算事务以及与清算事务相关的活动，对特许经营项目的限制。此外，法人不得享有专属于自然人的权利能力，如生命权、亲权等权利。

有学者认为，公司可依自己的意思限制自身权利能力。这种观点值得商榷。权利能力是一种法律资格，而不是具体的活动范围。公司内部所作的一些自我限制，并不是限制公司的权利能力，对外一般也没有对抗效力。另外，公司法关于公司转投资和对外担保需要经决议的规定，是法律对公司权利能力的限制还是要求公司内部对管理层的行为方式和范围进行限制，业界争议较大。

（二）公司行为能力

公司行为能力，是指公司能以自己的意志和独立名义依法行使权利和承担义务的资格。公司行为能力体现在两个方面：第一，公司具有独立的意志。这里的"独立"主要是指公司独立于股东意志。公司意志，对内强调意思形成，对外强调意思表示。公司意志分为决策意志、执行意志、监督意志和代表意志。第二，公司可以自己的名义独立从事各种民商事活动。这里的"独立"是指公司能以自己的名义从事各种民商事活动，且其法律后果由公司自己承担。

二、公司法对涉及公司交易行为所作的几项特别规定

（一）公司转投资

1. 概念

转投资，是指公司按照法律的规定投资于其他民商事主体的法律行为，但不包括债权投资。

2. 弊端

转投资会带来两类问题：第一，虚增社会资本投资总量，增加股东和债权人风险。第二，增加公司治理的难度，可能会给董事提供利用转投资控制公司的机会。例如 A 公司的股东为 B 公司（30%）、甲（21%）、乙（19%）、丙（15%）、丁（15%），B 公司的股东分别为 A 公司（40%）、戊（30%）、己（30%），A 公司的执行董事甲就容易控制 AB 两家公司。国外有些国家为了尽可能减少转投资带来的弊端，采取了投资状态公开化和限制交叉持股股东行使股权等措施。

3. 相关规定

《公司法》第 14 条规定："公司可以向其他企业投资。法律规定公司不得成为对所投资企业的债务承担连带责任的出资人的，从其规定。"第 15 条第 1 款规定："公司向其他企业投资或者为他人提供担保，按照公司章程的规定，由董事会或者股东会决议；公司章程对投资或者担保的总额及单项投资或者担保的数额有限额规定的，不得超过规定的限额。"

前述第 14 条规定与 2023 年修订之前的《公司法》表述有所不同，2018 年修正的《公司法》第 15 条的表述是"公司可以向其他企业投资；但是，除法律另有规定外，不得成为对所投资企业的债务承担连带责任的出资人"。两者的除外逻辑恰好相反：前者是，公司可以实施承担连带责任的资本投资行为，除非法律有特别规定不允许这么做；后者是，公司不可以实施承担连带责任的资本投资行为，除非法律有特别规定允许这么做。

（二）公司对外担保

公司对外担保是公司正常的商业活动，对于促进市场经济发展起重要作

用，但少数国家或地区立法者基于某些原因的考虑，对公司对外担保作了特别规定。例如《法国商事公司法》就作了特别规定。我国《公司法》也对公司对外担保作了特别规定。

1. 相关规定

《公司法》第15条对公司对外担保作了特别规定："公司向其他企业投资或者为他人提供担保，按照公司章程的规定，由董事会或者股东会决议；公司章程对投资或者担保的总额及单项投资或者担保的数额有限额规定的，不得超过规定的限额。公司为公司股东或者实际控制人提供担保的，应当经股东会决议。前款规定的股东或者受前款规定的实际控制人支配的股东，不得参加前款规定事项的表决。该项表决由出席会议的其他股东所持表决权的过半数通过。"前述规定表达的意思是：第一，公司对外提供担保，必须决议通过；第二，普通对外担保的决议权，可以赋予股东会，也可以赋予董事会，具体由章程规定；公司为股东或实际控制人担保，则只能是股东会决议通过，且股东或实际控制人须回避；第三，对外担保不得超过章程规定的限额。此外，《公司法》第135条针对上市公司的担保行为作了特别规定："上市公司在一年内购买、出售重大资产或者向他人提供担保的金额超过公司资产总额百分之三十的，应当由股东会作出决议，并经出席会议的股东所持表决权的三分之二以上通过。"需要注意的是，《公司法》第135条所指的担保行为，不限于上市公司为别人债务而向他人提供担保，还包括上市公司为自己债务而向他人提供担保。

2. 司法实践的倾向

公司越权对外担保的效力问题一直是司法实务中的疑难问题。《最高人民法院公报》2011年第2辑公布的"中建材集团进出口公司诉北京大地恒通经贸有限公司等进出口代理合同纠纷案"裁判文书和《最高人民法院专家法官阐释民商裁判疑难问题（2009—2010卷）》一书，倾向于认为《公司法》关于对外担保的规定属于内部管理规范。有观点认为该规定属于强制性、效力性规范。《全国法院民商事审判工作会议纪要》（以下简称《九民纪要》）则认为，应当区分债权人在订立担保合同时是否善意，是否尽到了形式审查义务。本书赞同"内部管理规范说"，具体理由可参见本编"案例分析"模块的相关内容。

（三）公司对外提供借款

2023 年修订前的《公司法》就公司对外提供借款也作了特别规定。《公司法》（2018 年修正）第 115 条规定，（股份有限）公司不得直接或者通过子公司向董事、监事、高级管理人员提供借款。第 148 条第 1 款第 3 项规定，（董事、高级管理人员不得）违反公司章程的规定，未经股东会、股东大会或者董事会同意，将公司资金借贷给他人或者以公司财产为他人提供担保。2023 年《公司法》将这两条删除了，涉及对外借款的规则仅有第 163 条第 1 款："公司不得为他人取得本公司或者其母公司的股份提供赠与、借款、担保以及其他财务资助，公司实施员工持股计划的除外。"

（四）公司对外捐赠

由于公司对外捐赠与公司营利并分配给股东这两者存在冲突，公司捐赠问题广受争议。这种争议实际上是公司多数派或者法定代表人有没有权利以公司名义做出捐赠。从立法上来看，多数国家公司法承认公司可在合理范围内做出捐赠。例如《美国示范公司法》第 3.02 条规定，公司具有为公共利益、慈善事业、科学研究或教育事业之目的进行捐赠的权利。我国 2023 年修订之前的《公司法》没有关于捐赠的规定，但实务中出现了相关纠纷。2023 年《公司法》涉及到捐赠的规则仅有前述第 163 条第 1 款。

二、公司法律人格

（一）概念

公司法律人格，是指公司作为法律上的民事权利主体的资格。公司具有独立人格，能以自己的名义独立实施法律行为并承担相应的法律后果。在把握公司独立法律人格时应注意：第一，尽管法律赋予公司独立主体人格，但不能忘了公司的工具性本质；第二，强调公司的独立人格的主要意义在对外，对内而言，尤其是在目的性事项上，不宜过分强调公司的独立人格；第三，过分强调公司的独立人格，易导致公司人格的抽象化，进而导致大资本利用公司人格剥削中小投资者。

（二）公司法律人格要素

1. 独立的意思

独立的意思，意在强调公司的意思独立于股东的意思。公司不仅可以依法形成自己的独立意思，而且可以通过合法的方式表达和执行该意思。

2. 独立的财产

独立的财产，意在强调公司的财产独立于股东的财产。公司财产独立于股东的财产，是公司享有独立意思的前提条件，也是公司对外承担独立责任的物质基础。

3. 独立的责任

独立的责任，意在强调公司的对外责任由公司承担，权利主体须向公司主张责任，而不得向股东主张责任。

另外，公司还有独立的名称。独立名称是前述三要素得以实现的技术载体。

（三）股东有限责任

公司享有独立法律人格，其制度基础是股东有限责任制度。股东有限责任是公司法的基石。美国哥伦比亚大学前校长巴特尔（Butler）曾说，有限责任是当代最伟大的发明，其产生的意义甚至超过了蒸汽机的发明和电的发现。诚然，股东有限责任制度具有诸多具体的积极意义：第一，可以将股东的投资风险降低到确定的范围，能够刺激投资。第二，与投资人作为普通合伙人投资合伙企业相比较，可以降低监督成本。第三，股东有限责任有利于提高股权的流通性。股东有限责任包括两层含义：一是股东对公司的出资责任额度是限定的，二是股东之间一般不存在责任的连带。这就使得公司与股东、股东与股东之间的责任都有比较确定的边界，也使得各自之间的权利和义务都有比较确定的边界，进而为股东的出资资产转化为具有独立地位和确定价值的股权提供了坚实的基础。股权的独立地位和确定价值自然有利于股权的流通。第四，股东有限责任是实行差异化股权结构的基础。此外，股东有限责任还有利于促进所有权与经营权的分离；有利于形成职业经理人市场，便于企业聘请优秀的经理人，进而提升企业盈利能力；有利于公司治理能力的提升和法人构造技术的发展；有利于投资人进行多元化投资等。

（四）公司独立人格与股东有限责任之间的关系

两者关系的连接点是资本。股东享有有限责任的庇护，前提是股东须以认缴的出资对公司承担责任；公司取得独立于股东的人格，须依赖股东认缴的出资，并且须以发行资本作为独立人格的信用基础。股东认缴而未缴的出资，公司已发行但未筹集到的资本，属于公司资产，只不过它们是公司的债权性资产而非物权性资产。

三、公司独立法律人格的否认

（一）概念

公司独立法律人格的否认（以下简称"公司人格否认"），美国称为揭开公司面纱（Lifting the Corporations Veil），英国称为刺破公司面纱（Piercing the Corporate Veil），德国称为直索责任（Durchgriff），日本称为透视，是指股东为逃避法律义务或责任，违反诚实信用原则，滥用公司独立法人资格或股东有限责任，致使债权人利益严重受损时，裁判机构有权责令股东直接向公司债权人履行法律义务，承担法律责任。根据《公司法》第 23 条第 2 款的规定，股东利用其控制的两个以上公司实施前述行为，各公司的独立人格也可以被否定。

（二）认定股东滥用公司人格的要件

这里主要根据我国《公司法》第 23 条第 1 款的规定来解构滥用公司法人人格的认定要件：

1. 主体要件

滥用法人人格的主体为股东，而且通常是在公司中拥有实际控制力的股东。

2. 主观要件

股东滥用法人人格的目的是逃避债务。

3. 行为要件

股东违反诚实信用原则，实施了滥用公司法人人格或股东有限责任待遇的行为。

4. 结果要件

股东滥用公司法人人格和有限责任造成的损害结果，有程度要求，即严重地损害了公司债权人的利益。

（三）认定股东滥用公司人格的标准

1. 资本显著不足

在自愿交易（如合同）中，资本显著不足一般不能成为认定股东滥用公司人格的因素。但在非自愿交易（比如侵权）中，资本显著不足可以成为认定股东滥用公司人格的因素。

2. 对债权人实施了欺诈或错误行为

如对公司财务情况做了虚假陈述。

3. 未遵守公司管理法定规程

如公司财务管理混乱。

4. 对单一营业实体进行虚假分割

如一人拥有多辆出租车，他以每一辆出租车出资设立一家公司，其设立的众多公司即为单一营业实体的虚假分割。

5. 股东与公司之间的人格高度混同

这也称为公司人格的形骸化，包括机构混同、人员混同、资产混同、财务混同等。

（四）反向揭开公司面纱

反向揭开公司面纱也称为逆向揭开公司面纱，是指若债权人能够证明公司的控制股东、实际控制人对公司存在过度支配与控制的情形，不但可以追究控制股东、实际控制人的责任，还能"穿透式"追究控制股东、实际控制人控制的其他公司的责任。

（五）深石原则

深石原则又称公平居次原则（Equitable Subordination Rule），是指在存在控制与从属关系的关联企业中，为了保障从属公司债权人的正当利益免受控股公司的不法侵害，在从属公司进行清算、和解和重整等程序中，根据控制股东是否有不公平行为，决定其债权是否应劣后于其他债权受偿的原则。最高人民法院《关于适用〈中华人民共和国公司法〉若干问题的规定（一）》（以下简称《公司法司法解释一》）的征求意见稿曾有过相关表述，但在正式稿中被删除。

模块二、案例分析

案例1：公司越权对外担保中对担保权人是否善意的认定

（改编于［2012］民提字第156号案例，最高人民法院
2015年第2期公报案例）

提要

关于公司越权对外担保的效力问题，当前的司法实践对担保权人科以形式审查的义务，并以此作为判断担保权人是否善意的重要依据。本书认为，鉴于对外担保属公司正常商业能力，若没有证据证明担保权人系恶意接受担保，则不应认定该担保无效。

案情

2006年4月30日，招行东港支行与振邦集团公司签订借款合同。同日，招行东港支行与振邦股份公司签订两份《抵押合同》，合同约定由振邦股份公司提供其国有土地使用权及上面的房产做抵押。2006年6月8日，振邦股份公司出具了《不可撤销担保书》，承诺对前述贷款承担连带保证责任。振邦集团公司是振邦股份公司的股东，占股61.5%。

招行东港支行依约发放了贷款，但振邦集团公司未能按约定还款，振邦股份公司也没有履行担保义务。招行东港支行遂起诉到法院，要求振邦股份公司对上述债务承担连带责任。

招行东港支行在诉讼中提供了一份《股东会担保决议》，经法院查证，其中股东辽宁科技创业投资责任公司的印章，在《决议》中显示为"辽宁科技创业投资责任公司"，股东大连科技风险投资基金有限责任公司，虽原名是

"大连科技风险投资有限公司"，但在 2003 年名称就已经变更，且原印章有数码，而加盖于《决议》中的印章没有数码。另有两名法人股东的印章也被鉴定为与公司在工商部门备案登记的印章不一致。另外还有一名法人股东和一名自然人股东未在《决议》上签章。在《股东会担保决议》中共盖有 5 枚印章，除振邦集团公司外所盖印章均不是真实的。

问题

振邦股份公司是否要承担担保责任？

裁判理由及结果

本案一、二审法院均以《股东会担保决议》未经过股东会同意为由，认定该对外担保行为无效。同时认为，振邦股份公司有过错，招行东港支行因未尽到审查义务，也存在过错，自己要承担相应责任，故判决振邦股份公司应当对振邦集团公司不能清偿部分的债务承担二分之一的赔偿责任。

招行东港支行不服，申请最高人民法院再审，再审法院就关键问题推理如下："《公司法》第十六条第二款规定'公司为公司股东或者实际控制人提供担保的，必须经股东会或者股东大会决议'。上述公司法规定已然明确了其立法本意在于限制公司主体行为，防止公司的实际控制人或者高级管理人员损害公司、小股东或其他债权人的利益，故其实质是内部控制程序，不能以此约束交易相对人。故此上述规定宜理解为管理性强制性规范。对违反该规范的，原则上不宜认定合同无效。另外，如作为效力性规范认定将会降低交易效率和损害交易安全。譬如股东会何时召开，以什么样的形式召开，何人能够代表股东表达真实的意志，均超出交易相对人的判断和控制能力范围，如以违反股东决议程序而判令合同无效，必将降低交易效率，同时也给公司动辄以违反股东决议主张合同无效的不诚信行为留下了制度缺口，最终危害交易安全，不仅有违商事行为的诚信原则，更有违公平正义。故本案一、二审法院以案涉《股东会担保决议》的决议事项并未经过振邦股份公司股东会的同意，振邦股份公司也未就此事召开过股东大会为由，根据《公司法》第十六条规定，作出案涉不可撤销担保书及抵押合同无效的认定，属于适用法律错误，本院予以纠正。在案事实和证据表明，案涉《股东会担保决议》确实存在部分股东印章虚假、使用变更前的公司印章等瑕疵，以及被担保股东振邦集团公司出现在《股东会担保决议》中等违背公司法规定的情形。振邦股份公司法定代表人周某良超越权限订立抵押合同及不可撤销担保书，是否构成表见代表，招行东港支行是否善意，亦是本案担保主体责任认定的关键。合同法第五十条规定：'法人或者其他组织的法定代表人、负责人超越权限订立的合同，除相对人知道或者应当知道超越权限的以外，该代表行为有效'。本案再审期间，招行东港支行向本院提交的新证据表明，振邦股份公司提供给招行东港支行的股东会决议上的签字及印章与其为担保行为当时提供给招行东港支行的签字及印章样本一致。而振邦股份公司向招行东港支行提供担保时使用的公司印章真实，亦有其法人代表真实签名。且案涉抵押担保在经过行政机关审查后也已办理了登记。至此，招行东港支行在接受担保人担保行为过程中的审查义务已经完成，其有理由相信作为担保公司法定代表人的周某良本人代表行为的真实性。《股东会担保决议》中存在的相关瑕疵必须经过鉴定机关的鉴定方能识别、必须经过查询公司工商登记才能知晓、必须谙熟公司法相关规范才能避免因担保公司内部管理不善导致的风险，如若将此全部归属于担保债权人的审查义务范围，未免过于严苛，亦有违合同法、担保法等保护交易安全的立法初衷。担保债权人基于对担保人法定代表人身份、公司法人印章真实性的信赖，基于担保人提供的《股东会担保决议》盖有担保人公司真实印章的事实，完全有理由相信该《股东会担保决议》的真实性，无需也不可能进一步鉴别担保人提供的《股东会担保决议》的真伪。因此，招行东港支行在接受作为非上市公司的振邦股份公司为其股东提供担保过程中，已尽到合理的审查义务，主观上构成善意。本案周某良的行为构成表见代表，振邦股份公司对案涉保证合同应承担担保责任。"

评析

在没有证据表明招行东港支行明知或者应知振邦股份公司的担保行为是越权担保的情况下，需要明确的是，招行东港支行有没有形式审查的义务。其有没有形式审查义务，关键在如何解读 2023 年《公司法》第 15 条（2023年修订之前的《公司法》第 16 条）中的公司对外担保规定，即它到底是对债权人（接受担保的人）具有拘束力的强制性效力性规定，还是它仅仅为公司内部遵守的管理性规定。对此，目前业界有不同的看法。从近些年司法实践来看，该第 15 条是对债权人有拘束力的规定，债权人需要对公司决议作形式审查，债权人有义务见到决议文件，《九民纪要》甚至要求债权人核对人数和名称与公司章程是否相符。债权人自证善意即自证做到形式审查应是《九民纪要》相关观点的要义。

本书认为，对于外界而言，公司对外担保能力是一项正常的商业能力。同时，对市场经济而言，它也是商业活动中不可或缺的一种能力，有利于增进商业诚信，提高交易效率。尽管《公司法》要求通过决议方能对外提供担保，但这只是为确定公司内部职责所需，并不能因此限制其正常的对外经营能力，不能苛求债权人对决议进行审查。再者，纯粹的形式审查也没有实际意义，因为形式审查义务可以被轻易规避，而实质审查义务不可能做到，也不经济。至于其他股东和公司因越权担保而受到损害，理应基于内外有别原则从内部法律关系去追究越权人的责任，或者通过刑罚手段追究其法律责任（这有待刑法作相应修订）。从国外立法例来看，少有国家有这种审查要求。综上，除非公司有证据证明债权人是恶意接受担保，否则不应当确认担保无效。

案例2：关联公司人格混同，关联公司及控股股东是否要承担连带责任（指导案例15号）

（改编于［2011］苏商终字第0107号案）

提要

相同的股东投资的多个公司，这些公司之间出现人格混同，可适用人格否认规则否认关联公司之间的人格独立性。股东与这些公司之间不存在人格混同，则不能适用人格否认规则否认股东与这些公司之间的人格独立性。

案情

股东王某礼等人分别注册成立了成都川交机械公司、四川瑞路公司和成都川交工贸公司，三家公司的实际控制人均为王某礼等人。在与徐工集团公司交易往来时，三家公司共同向徐工集团公司表明，四川瑞路公司和成都川交工贸公司均是为扩张成都川交机械公司而另外注册的公司，三家公司与徐工集团公司的往来账目均记在成都川交工贸公司的名下。

由于成都川交工贸公司拖欠徐工集团公司的货款，后者诉至法院，要求三家公司及王某礼等人承担连带责任，理由是：三家公司人格混同，三家公司的实际控制人王某礼等人作为公司股东，他们的个人资产与公司资产混同。

有证据表明三家公司确实存在资产和人员混同，而没有证据表明股东们与关联公司之间存在财产混同。

问题

（1）三家公司是否要对徐工集团公司的债务承担连带责任？

（2）王某礼等人作为公司股东和实际控制人，是否要对徐工集团公司的债务承担连带责任？

裁判理由及结果

关于第一个问题。该问题实际上是股东相同的关联公司之间，若出现财务混同，是否需要承担连带责任。如果仅从《公司法》第20条规定（注：指2023年修订以前的条文，下同）的文字意思来看，该条并没有规定关联公司之间需要承担连带责任。也正因如此，裁判中一种意见认为，公司之间的人格混同不同于股东与公司之间的人格混同，其具体理由如下：第一，混同的主体不同；第二，违背的法律原则不同，前者违背的是公司法人独立地位原则，后者违背的是公司独立法人地位和股东有限责任原则；第三，适用的法律不同，前者适用公司法和民法，后者仅适用公司法。该种意见倾向于认为，由于原告的主张没有法律依据、缺乏请求权基础，不应当要求该案中的关联公司承担连带责任。另一种意见认为，只要存在股东滥用法人独立地位和股东有限责任的情形，即便是某些滥用的情形不在《公司法》第20条第3款的规定中，也在该规则调整范围之内。从认定滥用法人人格的核心要件角度来看，滥用公司独立人格造成责任财产混同，是产生连带责任的核心要件和法理基础。另外，在比较法上，美国司法实践中有"企业整体"之说，也就是同样的股东设立的多个企业，若企业之间缺乏独立性，可视为一个整体，从而一体承担责任。本案一、二审法院均采纳了第二种意见，判令关联公司承担连带责任。

关于第二个问题。对该问题，裁判中也有两种不同意见。一种意见认为，股东与各关联公司之间并不存在责任财产混同的事实，各关联公司之间虽然存在责任财产混同，但股东们设立多个公司实际上是一个整体，这个整体相对股东还是保持了独立性。另一种意见认为，关联公司的控股股东不承担责任与公司法人人格否认制度的基本法理相悖，其结果不仅对该制度的基本理论和价值提出了挑战，还有可能给公司法人制度的发展带来障碍。本案一审法院判令控股股东承担连带责任，二审法院则撤销该项判决，否定了控股股东的连带责任。

评析

关于第一个问题。前述第二种意见在理论上更有说服力。需要补充的是，在民商法领域，因对"请求权基础"理论的误读，理论和实务中不少人认为，该类案件中要求关联公司之间相互承担连带责任缺乏法律依据或请求权基础。本书认为，在民商法领域，当原告和被告都没有具体的法律规则或一般性的法律原则作为裁判的法律依据时，并不必然意味着原告的请求没有权利基础；若法律没有明文限制某一民事主体的权利边界，那么别人的权利和自由就是边界，一旦某民事主体侵入别人的边界，别人就享有请求救济的权利。据此，当关联公司之间出现责任财产混同时，公司之间是否需要承担连带责任，取决于这种混同行为是不是会损害债权人的权利、利益和自由。这个问题的结论是明确的。再者，若允许关联公司之间责任财产混同而不需要承担连带责任，则会在一定程度上导致 2023 年修订前的《公司法》第 20 条（修订后的第 23 条）的目的落空。2023 年《公司法》第 23 条第 2 款规定"股东利用其控制的两个以上公司实施前款规定行为的，各公司应当对任一公司的债务承担连带责任"，这可以说是对本就存在的商事规则的确认。

关于第二个问题。本书认为，前述第一种观点更合理。关联公司之间的责任财产混同，只要各关联公司承担连带责任，并不会致使债权人处于更不利的境地。这也就达到了 2023 年修订前的《公司法》第 20 条禁止滥用公司独立人格的立法目的。

案例3：母子公司人格混同的认定及其责任承担

(改编于［2003］民二终字第93号案，最高人民法院
2003年第6期公报案例)

提要

母子公司的人员、财产和地址都存在一定的混同，但不足以否认子公司的独立人格。子公司与银行有多笔贷款，仅有证据证明母公司使用了其中一笔贷款，母公司仅就该笔贷款承担连带责任。

案情

某银行A分行与某省B畜产公司分别于1995和1997年签订了两份借款合同，合同金额分别为2 000 000元（95×××号合同）和2 500 000元（970×××××号合同）。某银行A分行依约履行了放款义务，但某省B畜产公司并未依约还款。2002年某银行A分行诉至法院，要求某省B畜产公司及其所属C集团公司承担责任。

另查，C集团公司的唯一核心企业即某省B畜产公司；C集团公司与某省B畜产公司在很长一段时间内的法定代表人为同一人，并在同一地点办公；C集团公司登记注册资金明细表中，记载了C集团公司的固定资产包括某省B畜产公司及其下属分公司财产；1995年7月C集团公司向某银行A分行发出《关于美元贷款展期的申请》，其中载明"我公司1995年在贵行贷款200万（汇流字199××××），用于进口水貂皮，该笔贷款合同到期无钱偿还，特向贵行申请对该笔贷款展期"。

问题

能否适用《公司法》公司人格否定规则要求C集团公司承担责任？

裁判理由及结论

一审法院认为，C集团公司虽是B畜产公司申请组建的，但其与B畜产公司都是作为独立的法人存在。B畜产公司是在C集团公司成立后，与某银行A分行签订借款合同形成债务关系，B畜产公司的债务系其独立行为造成的，与C集团公司无关。因此，应由B畜产公司对相应债务承担偿还责任。虽然C集团公司于1995年7月7日以其名义向某银行A分行提出《关于美元贷款展期的申请》，但是该申请未得到某银行A分行的同意，且单凭此申请也无法认定C集团公司取代B畜产公司的地位。B畜产公司既是签约主体，又是合同履行主体，某银行A分行也一直向B畜产公司主张权利，而没有向C集团公司主张权利。依工商登记，C集团公司与B畜产公司都是独立法人，且没有证据证明C集团公司承接了B畜产公司的债权债务，B畜产公司作为独立法人仍然存在，因此，C集团公司不应对B畜产公司的债务承担责任。

二审法院认为，C集团公司系B畜产公司申请组建，B畜产公司为C集团公司唯一核心企业。C集团公司的注册资金，包含有B畜产公司及其分公司的固定资产。两家公司也曾经有办公地点和法人代表同一的事实。因此，可以认定两家公司之间存在一定的关联关系。95×××号合同项下贷款到期后，C集团公司向某银行A分行发出《关于美元贷款展期的申请》。根据该申请，C集团公司使用95×××号合同项下的贷款用于进口水貂皮和狐狸皮加工出口服装，C集团公司为贷款的实际使用人，并且在该申请书中C集团公司也承认自己为贷款人。该院认为，根据C集团公司与B畜产公司之间存在一定关联关系的基本事实，以及C集团公司向某银行A分行发出的《关于美元贷款展期的申请》，在95×××号合同形成的借贷关系中，C集团公司与B畜产公司之间存在借款人身份混同的事实，两者之间构成了共同债务人关系，C集团公司应当与B畜产公司共同承担偿还该笔贷款的法律责任。一审判决关于C集团公司不承担95×××号合同项下贷款本金及利息的裁判，应予纠正。在某银行A分行与B畜产公司签订的970××××号合同所形成的借贷关系中，无充分证据证明C集团公司与B畜产公司构成共同债务人关系，某银行A分行要求C集团公司承担连带责任的请求，二审法院不予支持。

评析

司法实践上，裁判者对于公司法人人格否定的问题，总体上采取比较保守的态度。虽然该案中存在否认公司独立人格的多个考虑因素，但并不是满足任何一个因素就足以成为否定的充分理由。该案中人员、财产和办公地址都存在一定的混同，但综合起来也不足以否认公司独立人格。不过，C 集团公司出具的《关于美元贷款展期的申请》表明，1995 年某省 B 畜产公司的 200 万借款实际使用者是 C 集团公司，故就该笔借款（也仅限于该笔借款），C 集团公司的行为符合股东滥用公司独立人格严重损害债权人的要件，故就该笔借款某银行 A 分行可以向 C 集团公司追索。

模块三、热点、难点论辩

一、投资风险有限、收益无限的有限责任制度是否正当?

论辩提示:

(1) 辩论区分为正方和反方,正方立论为"股东以出资额为限承担责任有正当性",反方立论为"股东以出资额为限承担责任没有正当性"。

(2) 这是一个基础理论辩题,不宜以现有法律规定作为论证的论据。

(3) 正方可以从有限责任带来的社会效果的角度(效率)进行论证,反方可以从利益平衡的角度(公平)进行论证,但不限于上述角度。

二、公司是否应当承担社会责任?

论辩提示:

(1) 辩论区分为正方和反方,正方立论为"法律应当要求公司承担社会责任",反方立论为"法律不应当要求公司承担社会责任"。

(2) 这是一个基础理论辩题,不宜以现有法律规定作为论证的论据。

(3) 正方可以从公司应当兼顾利益相关者利益的角度进行论证,反方可以从公司目的就是为股东营利的角度进行论证,还可以从责任可落实性角度进行论证,但不限于上述角度。

三、公司对外进行慈善捐赠,应经过何种程序?

论辩提示:

(1) 万科捐赠事件、茅台捐赠事件、雅戈尔集团捐赠事件均引起社会广泛关注。其中茅台和雅戈尔集团捐赠事件,其合法性均受到股东的质疑。公司对外捐赠,就公司内部决策而言,到底需要通过什么程序才是合法的,值得讨论。

(2) 实务中公司所作的捐赠,有些公司由法定代表人决定,有些公司由董事会决定,有些公司由股东会决定。论辩时,对于捐赠的决策权,可有三种不同的观点，即决策权应归法定代表人，或应归董事会，或应归股东会。

（3）论辩时，可从慈善捐赠的紧急性、捐赠的社会效益、公司社会责任、捐赠对中小股东的影响、公司的目的等角度论证自己的观点。

四、其他值得论辩的问题

（1）公司的法定性与公司自治原则是否存在冲突？

（2）我国公司法立法是否应当引进法律规范三分法立法技术？

（3）公司法关于对外担保的规制，是对公司对外经营能力的限制还是对公司内部职权的限制？

◤ 模块四、项目任务（作业）

（1）检索、收集有关资料，整理出公司的产生过程。

（2）检索、收集有关资料，整理出公司法的发展历程。

（3）收集整理学术资料，综述公司越权对外担保效力的学术观点。

（4）检索司法案例资料，综述公司越权对外担保效力的实务观点。

第二编

公司登记、设立

模块一、知识理论

第一章 公司登记

本章涉及的规则主要来源于 2023 年《公司法》第二章"公司登记"、《市场主体登记管理条例》以及《市场主体登记管理条例实施细则》。

第一节 一般规则

一、登记目的

《公司法》意义上的公司登记目的，主要不是为了方便登记机关或其他机关的管理，而是为了确认公司这一市场主体的状态，并将这一状态公之于众，从而便于市场主体相互识别对方的状态，促进市场经济活动。

二、登记类型

根据《市场主体登记管理条例实施细则》的规定，登记的具体类型包括设立登记、变更登记、歇业、注销登记、撤销登记等。

三、登记管理的原则

《市场主体登记管理条例》第 4 条规定："市场主体登记管理应当遵循依法合规、规范统一、公开透明、便捷高效的原则。"

四、主管部门

《市场主体登记管理条例》第 5 条规定："国务院市场监督管理部门主管

全国市场主体登记管理工作。县级以上地方人民政府市场监督管理部门主管本辖区市场主体登记管理工作，加强统筹指导和监督管理。"

第二节　登记事项

一、登记事项

（一）名称

一家公司只能登记一个名称，经登记的公司名称受法律保护。公司名称由申请人依法自主申报。

（二）住所

一家公司只能登记一个住所。申请人应当依法向其住所所在地具有登记管辖权的登记机关办理登记。

（三）注册资本

注册资本以人民币表示，外商投资企业的注册资本可以用可自由兑换的货币表示。股东可以用货币出资，也可以用实物、知识产权、土地使用权、股权、债权等可以用货币估价并可以依法转让的非货币财产作价出资；股东不得以劳务、信用、自然人姓名、商誉、特许经营权或者设定担保的财产等作价出资。根据 2023 年《公司法》的规定，实行认缴制的有限责任公司，注册资本最长缴纳期限为 5 年，自公司成立之日起计算；股份有限公司不再实行注册资本认缴制。

（四）经营范围

公司的经营范围包括一般经营项目和许可经营项目。经营范围中属于在登记前依法须经批准的许可经营项目，公司应当在申请登记时提交有关批准文件。公司应当按照登记机关公布的经营项目分类标准办理经营范围登记。

（五）法定代表人的姓名

有《公司法》第 178 条规定情形的人，或者有法律、行政法规规定的其他情形的人，不得担任公司法定代表人。申请人申请登记公司法定代表人，应当符合章程规定。

（六）有限责任公司股东、股份有限公司发起人的姓名或者名称

根据《公司法》第 32 条第 2 款规定，公司登记机关应当将前述登记事项

通过国家企业信用信息公示系统向社会公示。

二、公示事项

除了前述登记事项由登记机关公示外，根据《公司法》第 40 条的规定，公司应当通过国家企业信用信息公示系统公示下列事项：

（1）有限责任公司股东认缴和实缴的出资额、出资方式和出资日期，股份有限公司发起人认购的股份数。

（2）有限责任公司股东、股份有限公司发起人的股权、股份变更信息。

（3）行政许可取得、变更、注销等信息。

（4）法律、行政法规规定的其他信息。

公司应当确保前款公示信息真实、准确、完整。

第三节　登记规范

一、各类登记一般规则

（一）对登记申请主体的要求

1. 自行或委托办理

申请人可以自行或者指定代表人、委托代理人办理公司登记。

2. 申请人签章

申请人须在申请材料上签名或者盖章。申请人可以通过全国统一电子营业执照系统等电子签名工具和途径进行电子签名或者盖章。申请人须对申请材料的真实性、合法性、有效性负责。

3. 实名认证

在办理登记时，申请人应当配合登记机关通过实名认证系统，采用人脸识别等方式对下列人员进行实名验证：①法定代表人；②有限责任公司股东，股份有限公司发起人，公司董事、监事及高级管理人员；③公司登记联络员、外商投资公司法律文件送达接受人；④指定的代表人或者委托代理人。

因特殊原因，当事人无法通过实名认证系统核验身份信息的，可以提交经依法公证的自然人身份证明文件，或者由本人持身份证件到现场办理。

4. 特殊投资者

根据《市场主体登记管理条例实施细则》第24条的规定，外国投资者在中国境内设立外商投资公司，其主体资格文件或者自然人身份证明应当经所在国家公证机关公证并经中国驻该国使（领）馆认证；中国与有关国家缔结或者共同参加的国际条约对认证另有规定的除外。香港特别行政区、澳门特别行政区和台湾地区投资者的主体资格文件或者自然人身份证明应当按照专项规定或者协议，依法提供当地公证机构的公证文件；按照国家有关规定，无需提供公证文件的除外。

（二）申请登记的方式

办理公司登记，申请人可以到登记机关现场提交申请，也可以通过市场主体登记注册系统提出申请。

（三）申请的处理

1. 材料齐全、符合法定形式时的处理

申请材料齐全、符合法定形式的，应予登记。能当场登记的，应当场登记，并出具登记通知书，及时制发营业执照。不予当场登记的，应在3个工作日内对申请材料进行审查；情形复杂的，经登记机关负责人批准，可以延长3个工作日，并书面告知申请人。

2. 材料不齐全或者不符合法定形式时的处理

申请材料不齐全或者不符合法定形式的，登记机关应当将申请材料退还申请人，并一次性告知申请人需要补正的材料。申请人补正后，应当重新提交申请材料。

3. 申请不合法时的处理

公司登记申请不符合法律、行政法规的规定或者国务院决定的，或者可能危害国家安全、社会公共利益的，登记机关不予登记，并出具不予登记通知书。

4. 利害关系人异议的处理

利害关系人就公司申请材料的真实性、合法性、有效性或者其他有关实体权利有异议，且对登记机关依法登记造成影响的，登记机关应告知利害关系人依法提起诉讼或者仲裁。申请人应当在诉讼或者仲裁终结后，再向登记机关申请办理登记。

（四）登记前须审批的处理

公司登记前依法须审批的，在办理登记时，应当在有效期内提交有关批准文件或者许可证书。有关批准文件或者许可证书未规定有效期限的，自批准之日起超过 90 日，申请人应当报审批机关确认其效力或者另行报批。

公司设立后，前述批准文件或者许可证书内容有变化、被吊销、撤销或者有效期届满的，应当自批准文件、许可证书重新批准之日或者被吊销、撤销、有效期届满之日起 30 日内申请办理变更登记或者注销登记。

（五）营业执照

公司营业执照应当载明公司名称、法定代表人姓名、公司类型、注册资本、住所、经营范围、登记机关、成立日期、统一社会信用代码。电子营业执照与纸质营业执照具有同等法律效力，公司可以凭电子营业执照开展经营活动。

公司在办理涉及营业执照记载事项变更登记或者申请注销登记时，须在提交申请时一并缴回纸质营业执照正、副本。公司拒不缴回或者无法缴回营业执照的，登记机关应在完成登记后，通过国家企业信用信息公示系统公告营业执照作废。

二、各类登记具体规则

（一）设立登记

1. 设立登记的法律效果

在不同国家，公司设立登记的法律效果不同。有的采取成立要件主义，有的采取对抗要件主义。成立要件主义，是指依法必须登记的公司，非经登记不得成立；未经登记，不具有民事主体资格，不得从事经营活动，不具有民事行为能力；法国、德国采取成立要件主义。对抗要件主义，是指公司一经成立，即使未经登记，也具有法人之权利能力，但不能对抗善意第三人；未经登记，可以法人名义从事经营活动，但不能对抗善意第三人；公司登记行为只是一个具有确权意义的具体行政行为，其目的在于公示已经成立公司的各种营业信息；英国、美国等采取登记对抗要件主义。2005 年日本修改其《公司法》之前，采取对抗要件主义。

我国采取成立要件主义。根据我国《公司法》的规定，只有经过登记并取得营业执照，公司才算成立，才能取得独立法律人格。经过登记并经登机关将相关信息公示后，公司取得名称专用权。只有登记后取得营业执照，才算取得经营资格，才可以从事章程规定的营业活动，否则将被定性为"冒用公司名义"。

2. 公司设立登记须提交的材料

普通公司设立登记须提交以下材料：①申请书；②申请人主体资格文件或自然人身份证明；③住所相关文件；④公司章程；⑤法定代表人、董事、监事和高级管理人员的任职文件和自然人身份证明。

公司募集设立股份有限公司，除须提交前述材料外，还应当提交验资证明和国务院证券监督管理机构的核准或者注册文件。涉及发起人首次出资属于非货币财产的，还应当提交已办理财产权转移手续的证明文件。

（二）变更登记

1. 变更登记的时限

公司登记事项发生变更的，应当自作出变更决议、决定或者法定变更事项发生之日起 30 日内向登记机关申请变更登记；变更登记事项涉及分支机构登记事项变更的，应当自前述变更登记之日起 30 日内办理分支机构的变更登记。

2. 须审批的变更登记

变更登记事项属于依法须经批准的，申请人应当在批准文件有效期内向登记机关申请变更登记。

3. 住所变更登记

公司变更住所跨登记机关辖区的，应当在迁入新的住所前，向迁入地登记机关申请变更登记。迁出地登记机关无正当理由不得拒绝移交档案等相关材料。

4. 法定代表人变更登记

公司变更法定代表人的，变更登记申请书由变更后的法定代表人签署。

5. 申请变更登记应提交的材料

公司申请办理变更登记，应当提交申请书。若变更事项涉及章程修改的，应当提交修改后的章程或者章程修正案；若需要对修改章程作出决议决定的，还应当提交相关决议决定。

（三）歇业

1. 歇业事由

因自然灾害、事故灾难、公共卫生事件、社会安全事件等原因造成经营困难的，公司可以自主决定在一定时期内歇业，法律、行政法规另有规定的除外。公司决定歇业的，应当在歇业前与职工依法协商处理有关事项。在歇业前，公司应当向登记机关办理备案，登记机关应对此予以公示。

2. 歇业期间的法律文书送达

歇业期间，公司可以以法律文书送达地址代替住所，但不改变歇业公司的登记管辖。

3. 歇业期限

公司歇业的期限最长不得超过 3 年。在歇业期间开展经营活动的，视为恢复营业，公司应当通过国家企业信用信息公示系统向社会公示。公司备案的歇业期限届满，或者累计歇业满 3 年，视为自动恢复经营，决定不再经营的，应当及时办理注销登记。

（四）注销登记

1. 注销登记的类型

公司因解散、宣告破产以及其他法定事由需要终止的，应依法向登记机关申请注销登记；公司被注销后，公司登记机关应及时公告公司终止。2023 年《公司法》规定了三种注销方式。

（1）普通注销

《公司法》第 239 条规定："公司清算结束后，清算组应当制作清算报告，报股东会或者人民法院确认，并报送公司登记机关，申请注销公司登记。"

（2）简易注销

2023 年《公司法》新增了简易注销的规定，该法第 240 条规定："公司在存续期间未产生债务，或者已清偿全部债务的，经全体股东承诺，可以按照规定通过简易程序注销公司登记。通过简易程序注销公司登记，应当通过国家企业信用信息公示系统予以公告，公告期限不少于二十日。公告期限届满后，未有异议的，公司可以在二十日内向公司登记机关申请注销公司登记。公司通过简易程序注销公司登记，股东对本条第一款规定的内容承诺不实的，应当对注销登记前的债务承担连带责任。"

（3）强制注销

2023 年《公司法》新增了强制注销的规定，该法第 241 条规定："公司被吊销营业执照、责令关闭或者被撤销，满三年未向公司登记机关申请注销公司登记的，公司登记机关可以通过国家企业信用信息公示系统予以公告，公告期限不少于六十日。公告期限届满后，未有异议的，公司登记机关可以注销公司登记。依照前款规定注销公司登记的，原公司股东、清算义务人的责任不受影响。"

2. 注销登记的时限

依法需要清算的，应当自清算结束之日起 30 日内申请注销登记。依法不需要清算的，应当自决定作出之日起 30 日内申请注销登记。

3. 须提交的材料

申请注销登记，须提交以下资料：①申请书；②依法作出解散、注销的决议或者决定，或者被行政机关吊销营业执照、责令关闭、撤销的文件；③清算报告、负责清理债权债务的文件或者清理债务完结的证明；④税务部门出具的清税证明。

若因公司合并、分立而申请注销登记，不用提交前述第三项材料；若是人民法院指定清算人、破产管理人进行清算，除须提交前述材料外，还应当提交人民法院指定清算的证明。

（五）撤销登记

1. 撤销公司登记的事由

《公司法》第 39 条规定："虚报注册资本、提交虚假材料或者采取其他欺诈手段隐瞒重要事实取得公司设立登记的，公司登记机关应当依照法律、行政法规的规定予以撤销。"

2. 撤销登记的申请人资格

《市场主体登记管理条例实施细则》第 51 条第 1 款规定："受虚假登记影响的自然人、法人和其他组织，可以向登记机关提出撤销市场主体登记申请。"

3. 可以不予撤销公司登记的情形

根据《市场主体登记管理条例实施细则》第 55 条的规定，下列情形可以不予撤销登记：①撤销公司登记可能对社会公共利益造成重大损害；②撤销公司登记后无法恢复到登记前的状态；③法律、行政法规规定的其他情形。

4. 部分登记事项的撤销登记

前述撤销登记主要是指撤销公司主体资格登记，需要提示的是，撤销登记也包括对部分登记事项的撤销登记。当同一登记包含多个登记事项，其中部分登记事项被认定为虚假，撤销虚假的登记事项不影响公司存续的，登记机关可以仅撤销虚假的登记事项，例如《公司法》第28条规定的撤销依瑕疵决议已经办理的登记。

第四节　登记管理

一、档案管理

（一）建档职责

登记机关应当负责建立公司登记管理档案，提供公司登记管理档案查询服务。

（二）档案查询

申请查询公司登记管理档案，应当提交下列材料：

（1）公安机关、国家安全机关、检察机关、审判机关、纪检监察机关、审计机关等国家机关进行查询，应当出具本部门公函及查询人员的有效证件。

（2）公司查询自身登记管理档案，应当出具授权委托书及查询人员的有效证件。

（3）律师查询与承办法律事务有关公司登记管理档案，应当出具执业证书、律师事务所证明以及相关承诺书。

（三）档案迁移

公司发生住所迁移的，登记机关应当于3个月内将所有登记管理档案移交给迁入地的登记机关。档案迁出、迁入应当记录备案。

二、监督管理

（一）公示管理

公司应当公示年度报告和登记相关信息。公司应于每年1月1日至6月30日，通过国家企业信用信息公示系统报送上一年度的年度报告，并向社会公示。歇业的公司应当按时公示年度报告。

（二）营业执照管理

公司应当将营业执照置于住所的醒目位置。从事电子商务经营的公司应当在其首页显著位置持续公示营业执照信息或者相关链接标识。任何单位和个人不得伪造、涂改、出租、出借、转让营业执照。营业执照遗失或者毁坏的，公司应当通过国家企业信用信息公示系统声明作废，申请补领。

登记机关依法作出变更登记、注销登记和撤销登记决定的，公司应当缴回营业执照。拒不缴回或者无法缴回营业执照的，由登记机关通过国家企业信用信息公示系统公告营业执照作废。

（三）登记事项的监督检查

登记机关应当随机抽取检查对象、随机选派执法检查人员，对公司的登记备案事项、公示信息情况等进行抽查，并将抽查检查结果通过国家企业信用信息公示系统向社会公示。

第五节　行政法律责任

本书此处主要介绍 2023 年《公司法》规定的关于违反登记义务应承担的行政法律责任。

一、欺诈登记的行政法律责任

《公司法》第 250 条规定："违反本法规定，虚报注册资本、提交虚假材料或者采取其他欺诈手段隐瞒重要事实取得公司登记的，由公司登记机关责令改正，对虚报注册资本的公司，处以虚报注册资本金额百分之五以上百分之十五以下的罚款；对提交虚假材料或者采取其他欺诈手段隐瞒重要事实的公司，处以五万元以上二百万元以下的罚款；情节严重的，吊销营业执照；对直接负责的主管人员和其他直接责任人员处以三万元以上三十万元以下的罚款。"

二、违反公示义务的行政法律责任

对于公司有不按照该规定公示或不如实公示的行为，《公司法》新增了第251 条，规定由公司登记机关责令改正，可以对公司处以 1 万元以上 5 万元以下的罚款；情节严重的，可以对公司处以 5 万元以上 20 万元以下的罚款，对直接负责的主管人员和其他直接责任人员处以 1 万元以上 10 万元以下的罚款。

三、未经登记而以公司名义开展活动的行政法律责任

未经登记不得以公司或分公司名义开展活动，若擅自以未经登记的公司

或分公司的名义开展活动，将被定性为冒用公司名义，根据《公司法》第259条规定，由公司登记机关责令改正或者予以取缔，并可以处10万元以下的罚款。

四、拒绝开业或违法歇业的行政法律责任

领取营业执照后，应当及时并持续开展营业活动。若公司成立后无正当理由超过6个月未开业，或者开业后自行停业连续6个月以上，且不依法办理歇业的，根据《公司法》第260条第1款规定，公司登记机关可以吊销其营业执照。

五、拒绝办理变更登记的行政法律责任

《公司法》第260条第2款规定："公司登记事项发生变更时，未依照本法规定办理有关变更登记的，由公司登记机关责令限期登记；逾期不登记的，处以一万元以上十万元以下的罚款。"

除了以上行政法律责任外，《市场主体登记管理条例》及其实施细则规定了其他行政法律责任。需要注意的是，当责任主体的财产不足以同时承担民事赔偿责任和行政处罚责任时，《公司法》第263条明确规定民事赔偿责任优先。

第二章　公司设立概述

第一节　公司设立的概念

一、公司设立的含义

公司设立，是指为组建公司并取得公司法人资格而实施的一系列筹建行为的总称。公司设立与公司成立不同，公司设立概念意在强调公司创立的过程，而公司成立概念意在强调公司创立行为的结果。公司设立与公司成立的关系，类似于合同订立与合同成立的关系。

关于公司设立是否包括公司设立登记行为在内的问题，学界有不同看法。本书认为，公司设立有广义和狭义之分。狭义的公司设立，仅指设立人为设立公司实施的一系列筹建行为。广义的公司设立，则包括设立登记行为。

二、公司设立行为的特征

（一）是由一系列公司成立前的筹建行为构成

这些筹建行为包括：订立发起人协议，制定公司章程，确定公司的种类、名称、经营范围、资本总额、股东出资额度、股东出资比例、出资方式，确定公司住所，组建公司机关，申请公司设立登记，其他筹建活动。

（二）是取得公司独立法律人格的行为

公司设立行为的目的很明确，就是为了成立具有独立法律人格的企业组织。

（三）设立行为的重心在法律行为

设立行为包括法律行为、准法律行为、事实行为，广义的设立行为还包括行政行为，但重心在法律行为。一般认为，设立行为中的法律行为属于共同法律行为。当然，一人公司的设立行为则是一种例外。一般认为，共同行为具有如下特征：第一，行为人具有共同的目标；第二，行为人形成共同的意思；第三，行为人取得同质的预期效果；第四，行为人承担共同的责任。

第二节 公司设立的性质

关于设立行为的性质，尽管学界趋同于认可它是法律行为，但对于它具体属于哪种法律行为或法律行为组合，则有不同的观点。

一、单独行为说

单独行为说认为，公司设立行为是每个设立人以成立公司为目的而单独实施的行为。这些单独行为围绕着一个共同的目标而结合在一起。单独行为说侧重强调每个设立人的单独责任。

二、共同行为说

共同行为说认为，公司设立行为是设立人基于成立公司的共同意思而实施的法律行为。其中的"共同意思"，到底是指所有设立人的意思还是多数设立人的意思，学界有不同观点，主流意见认为"共同意思"是所有设立人一致的意思。共同行为说侧重强调多个主体目的意思的同向性，设立人之间不须相互承担债权债务。共同行为说是大陆法系的通说，尽管该说发源于德国，但后来德国学界也逐渐接受契约行为说。我国学者大多接受共同行为说。

三、契约行为说

契约行为说，又被称为合伙契约说。该说认为，设立人订立发起人协议、确定公司章程、选举成员组建公司机关等行为都是合伙契约。证成该说的一个例证是，募集设立股份有限公司的，认股人认购股份的行为是契约行为，即入股契约。合伙契约说并不认同所有设立人的意思都是同向的，例如关于机关成员的任免和盈余分配的目的意思，不同设立人的目的就有区别。该说为英美法系的通说。

四、合并行为说

合并行为说，又称混合行为说。合并行为说又分为两种学说：一种是单独行为与契约行为合并，一种是单独行为与共同行为合并。

在本书看来，在确定设立行为的性质之前，应明确这样的前提性问题：设立行为到底是一个法律行为，还是数个法律行为？如果是数个法律行为，它们是可区分的独立法律行为，还是数个法律行为的组合？

第三节　公司设立的准入政策

一、公司准入政策的历史沿革

公司准入政策，是指设立人设立公司时，国家对公司进入市场的干预程度与措施。公司准入政策反映的是设立人与国家之间的关系。综合全世界公司准入的历史情况来看，公司的准入政策大致历程是从自由主义到特许主义，再到核准主义，进而到单纯准则主义，最后到严格准则主义。

二、各种准入政策的含义

（1）自由主义，是指政府对公司的设立不施加任何干预，公司设立完全依设立者的主观意愿进行。欧洲早期的无限公司多采取自由主义准入政策，现在采取这种准入政策的国家很少。

（2）特许主义，是指公司须经特别立法或基于国家元首的命令方可设立。如英国的东印度公司就是依国王特许令而设立。

（3）核准主义，即许可设立主义，是指公司的设立需经过行政审批机关的许可以及登记机关登记注册，方可设立。特许主义与核准主义区别是：前者是王室或立法机关审批，后者是行政机关审批。

（4）单纯准则主义，是指法律规定公司设立要件，公司只要符合这些要件，经登记机关依法登记即可成立，无须行政机关的审批或核准。这种准入政策为英国《1862年公司法》首创，盛行于西方，尤其是美国。

（5）严格准则主义，近些年有关国家对单纯准则主义也进行了完善，实行所谓的严格准则主义，如进一步严格规定公司的设立要件，加重公司发起人的设立责任，增强公示要求等。我国《公司法》对普通公司设立采取严格准则主义。

第三章　公司设立方式、条件、程序

第一节　公司设立方式

一、设立方式的分类

在大陆法系国家或地区，公司设立有两种方式：一种是发起设立，另一种是募集设立。法国、瑞士、荷兰和意大利等国家的投资人大多采取发起设立的方式，日本的投资人则大多采取募集设立方式。

在英美法系国家，由于认购资本并不是公司设立的必要条件，所以并没有这种分类。公司注册仅仅是一种履行确认和公示目的所必需的手续，公司设立人是在公司成立后才以公司名义发行股票、筹集资本。因此在公司成立之前，不需要发起人认购股份，也不需要向社会募集股份。

我国《公司法》第 91 条规定，设立股份有限公司，可采取发起设立方式，也可以采取募集设立方式。

二、发起设立

发起设立，又称共同设立或单纯设立，是指由发起人认购设立公司时应发行的全部股份而设立公司。发起设立的优点是，设立程序更简单，设立周期短，设立成本低，因此很适合中小公司的设立。德国等少数国家仅规定了发起设立。

三、募集设立

（一）含义

募集设立，又称渐次设立、复杂设立，是指由发起人认购设立公司时应发行股份的一部分，其余股份向社会公开募集或者向特定对象募集而设立公司。

（二）我国立法关于募集设立的有关规定

我国《公司法》第 97 条第 2 款规定："以募集设立方式设立股份有限公司的，发起人认购的股份不得少于公司章程规定的公司设立时应发行股份总数的百分之三十五；但是，法律、行政法规另有规定的，从其规定。"第 101 条规定："向社会公开募集股份的股款缴足后，应当经依法设立的验资机构验资并出具证明。"而发起设立则不是必须经过外部验资机构验资。

（三）具体方式

1. 公开募集

从 1994 年 7 月 1 日《公司法》施行到 1998 年 "8.5 通知" 之前的四年间，有一部分企业，严格说是大中型国有企业，是以公开募集方式设立股份有限公司。比如东风汽车首次公开募股（以下简称 IPO）时间是 1999 年 6 月，1999 年 7 月注册成立股份公司；邯郸钢铁 IPO 时间是 1997 年 11 月，1998 年 1 月注册成立股份公司；中兴通讯 1997 年 10 月通过 IPO 完成其 "募集设立"，注册为股份公司的时间是 1997 年 11 月。但此后，这一公开募集设立方式便销声匿迹。按照中国证监会的规定，首次公开募股条件之一是要求股份有限公司合法存续，也就是无法在成立前公开募集，但是在《首次公开发行股票并上市管理办法》（2020 年修正）第 8、9 条中留了一个 "活口"，即国务院批准除外。这两条的内容分别为 "发行人应当是依法设立且合法存续的股份有限公司。经国务院批准，有限责任公司在依法变更为股份有限公司时，可以采取募集设立方式公开发行股票"。"发行人自股份有限公司成立后，持续经营时间应当在 3 年以上，但经国务院批准的除外。有限责任公司按原账面净资产值折股整体变更为股份有限公司的，持续经营时间可以从有限责任公司成立之日起计算。" 2022 年的修正案将第 9 条第 1 款中的 "但经国务院批准的除外" 删除了。再后来发布的《首次公开发行股票注册管理办法》（同时废止了《首次公开发行股票并上市管理办法》）第 10 条则规定 "发行人是依法设立且持续经营三年以上的股份有限公司，具备健全且运行良好的组织机构，相关机构和人员能够依法履行职责。有限责任公司按原账面净资产值折股整体变更为股份有限公司的，持续经营时间可以从有限责任公司成立之日起计算"。根据前述规定，以公开募集方式直接设立股份有限公司，实际上没有操作空间；只有有限责任公司转制为股份有限公司，才可以采取公开募集方式设立。

2. 定向募集

定向募集，又称私募，是指公司发行的股份由发起人认购外，其余股份向特定对象（社会个人、法人或职工）发行。2005 年的《公司法》将定向募集作为公司设立的方式。根据《公司法》第 92 条和《证券法》第 9 条的规定，特定对象的人数不能超过 200 人，若超过了则不属于定向募集，而属于公开发行。

第二节　公司设立条件

我国《公司法》针对有限责任公司和股份有限公司分别规定了不同的设立条件，下文作具体介绍。

一、主体条件

《公司法》第 42 条规定，设立有限责任公司，股东个数为 1 个以上 50 个以下。《公司法》第 92 条规定，设立股份有限公司，发起人的个数，应为 1 人以上 200 人以下，且这些人应当有半数以上在中国境内有住所。需要注意的是：针对有限责任公司，法律限定的是股东人数；而针对股份有限公司，法律限定的是发起人的人数。

二、注册资本条件

针对有限责任公司，《公司法》第 47 条规定的注册资本条件为：不要求实缴注册资本，可以是认缴，但缴足资本的期限不能超过 5 年；没有要求注册资本的最低限额；若法律、行政法规以及国务院决定对公司注册资本是否需要实缴、注册资本最低限额、股东出资期限另有规定的，则从其规定。针对股份有限公司，2023 年《公司法》规定不再实行认缴制。

三、组织要素

（一）名称

公司名称是方便人们进行商业识别的文字符号，是公司必备的组织要素。2023 年《公司法》新增第 6 条规定："公司应当有自己的名称。公司名称应当符合国家有关规定。公司的名称权受法律保护。"

《企业名称登记管理规定》专门针对企业名称做了规定，这里主要提示以下几点：①一个公司只能登记一个名称。②公司设立登记时需进行名称的预先核准。预先核准的名称保留期为6个月。③公司名称不得有法律、行政法规以及国家规定禁止用名的情形。④企业名称由行政区划名称、字号、行业或者经营特点、组织形式等要素组成。另外，根据《公司法》第7条的规定，公司名称要明确是有限责任公司还是股份有限公司。

（二）住所

公司住所具有多项实际法律意义：①确定民事主体的状态，确定某些民事法律关系发生、变更、终止的地点；②确定债务的履行地；③确定案件的管辖法院；④确定法律文书的送达和某些特定行为的实施地；⑤确定涉外民事关系的准据法；⑥确定登记、税收及其他管理关系；等等。

关于公司住所，主要有以下规定。《公司法》第8条规定："公司以其主要办事机构所在地为住所。"《公司法》第33条第2款规定："公司营业执照应当载明公司的名称、住所、注册资本、经营范围、法定代表人姓名等事项。"《市场主体登记管理条例》对公司等市场主体的住所做了较为具体的规定。该条例第11条前两款规定："市场主体只能登记一个住所或者主要经营场所。电子商务平台内的自然人经营者可以根据国家有关规定，将电子商务平台提供的网络经营场所作为经营场所。"第16条规定："申请办理市场主体登记，应当提交下列材料……（三）住所或者主要经营场所相关文件……"第27条规定："市场主体变更住所或者主要经营场所跨登记机关辖区的，应当在迁入新的住所或者主要经营场所前，向迁入地登记机关申请变更登记。迁出地登记机关无正当理由不得拒绝移交市场主体档案等相关材料。"第30条第5款规定："市场主体歇业期间，可以以法律文书送达地址代替住所或者主要经营场所。"《市场主体登记管理条例实施细则》第10条对住所与登记管辖机关的隶属关系作了进一步的规定："申请人应当根据市场主体类型依法向其住所（主要经营场所、经营场所）所在地具有登记管辖权的登记机关办理登记。"根据上述规定，申请公司设立登记时，住所应当满足这样的条件：其一，住所只能登记一个；其二，应当提交证明住所的相关文件；其三，住所地应当与登记管辖机关的管辖区保持一致。

实践中，存在设立人将公园等特殊场所作为住所或经营场所的情形。对此，住房和城乡建设部曾于2013年发布《关于进一步加强公园建设管理的意见》，强调严禁任何与公园公益性及服务游人宗旨相违背的经营行为。

实践中，还存在设立人把公司住所设在住宅的情形。《民法典》第279条对于住宅能否用于经营做了规定："业主不得违反法律、法规以及管理规约，将住宅改变为经营性用房。业主将住宅改变为经营性用房的，除遵守法律、法规以及管理规约外，应当经有利害关系的业主一致同意。"

（三）章程

《公司法》第5条规定："设立公司应当依法制定公司章程。公司章程对公司、股东、董事、监事、高级管理人员具有约束力。"据此规定可知，章程是公司的必要文件，对公司、公司股东和公司高级管理层均有约束力。公司设立行为的性质，通说之所以认为是法律行为，集中体现在公司章程，即它体现了公司股东整体意思。需要注意的是，设立时的初始章程与后续修改的章程有一定区别。初始章程一般是公司所有股东意思一致的产物，而后续修改的章程，则不需要所有股东一致同意，只需要绝对多数股东同意即可。后续章程中有的内容甚至不需要其他股东同意，如有限责任公司股权转让后产生股东变更，这种变更不需要其他股东同意。根据《公司法》规定，有限责任公司章程由全体股东制定；发起设立的股份有限公司章程由发起人制定；募集设立的股份有限公司章程由发起人制订，经成立大会通过。

根据《公司法》第46条规定，有限责任公司章程应当包括以下内容：①公司名称和住所；②公司经营范围；③公司注册资本；④股东的姓名或者名称；⑤股东的出资额、出资方式和出资日期；⑥公司的机构及其产生办法、职权、议事规则；⑦公司法定代表人的产生、变更办法；⑧股东会认为需要规定的其他事项。股东应在章程上签名或盖章。

根据《公司法》第95条规定，股份有限公司章程应当包括以下内容：①公司名称和住所；②公司经营范围；③公司设立方式；④公司注册资本、已发行的股份数和设立时发行的股份数，面额股的每股金额；⑤发行类别股的，每一类别股的股份数及其权利和义务；⑥发起人的姓名或者名称、认购的股份数、出资方式；⑦董事会的组成、职权和议事规则；⑧公司法定代表人的产生、变更办法；⑨监事会的组成、职权和议事规则；⑩公司利润分配办法；⑪公司的解散事由与清算办法；⑫公司的通知和公告办法；⑬股东会认为需要规定的其他事项。

在设立登记时，为了方便设立人行事，登记机关往往会提供公司章程示范文本，这种示范文本又称"傻瓜章程"。在实务中，一些地方的工商登记机关或其工作人员也会强制设立人必须使用其提供的示范文本，不接受设立人自己提供的章程文本。这种行为严重损害了市场主体的合法权益，应予纠正。

（四）公司机关

设立人成立具有独立法律人格的公司，意在使公司能独立表达自己的意思，可独立履行权利和承担义务。因此，组建公司机关是公司设立的必要条件。公司机关一般包括股东会、董事会、监事会和法定代表人，不过一人公司和国有独资公司就不存在股东会的说法。规模较小或股东人数较小的有限责任公司和股份有限公司，可以不设董事会和监事会，而设一名董事（本书称"独任董事"，2023 年修订之前的《公司法》称"执行董事"）和一名监事（本书称"独任监事"，2023 年修订之前的《公司法》设一至两名监事）。2023 年《公司法》规定，监事会或监事不再是公司的必设机关，可以在董事会中设置审计委员会，履行监督职能；针对股份有限公司，还特别规定"审计委员会成员为三名以上，过半数成员不得在公司担任除董事以外的其他职务，且不得与公司存在任何可能影响其独立客观判断的关系"。

我国公司法规定的法定代表人是由自然人担任的公司机关，法定代表人只能是一个自然人不能是多个自然人；该自然人不存在《公司法》第 178 条以及《市场主体登记管理条例》第 12 条规定的情形；法定代表人依照公司章程的规定，由代表公司执行公司事务的董事或者经理担任。法定代表人对外代表公司，其代表权一般不需要另外特别授权，特殊事项除外。公司是否设置经理，取决于采取哪种公司类型：如果是有限责任公司，根据《公司法》第 74 条规定，可以设经理，也可以不设经理；如果是股份有限公司，根据该法第 126 条规定，也必须设经理；如果是国有独资公司，2023 年修订前的《公司法》第 68 条规定"国有独资公司设经理，由董事会聘任或者解聘"，2023 年《公司法》第 174 条规定"国有独资公司的经理由董事会聘任或者解聘"，由于国有独资公司的组织形式不再限于有限责任公司，故是否必须设置经理，取决于采取哪种公司组织形式。

第三节　公司设立程序

一、有限责任公司设立程序

（一）签订发起人协议

发起人协议，是发起人签订的、以明确发起人在设立公司过程中发生的权利、义务和责任的协议。2023年《公司法》第43条把有限责任公司中的发起人协议称为设立协议。在实务中，鉴于有些登记机关会强势要求设立人采用章程示范文本，设立人既不想与登记机关发生冲突，又想让股东们的意思能够在公司中得到贯彻，常常会赋予发起人协议宽泛的功能。需要注意的是，若想让发起人协议在公司设立后继续有效且对内效力优于章程，则宜在发起人协议中注明"本协议在公司设立后继续有效，工商备案章程与本协议不一致的，以本协议为准"字样。签订发起人协议并不是有限责任公司设立的必要程序，但其实际价值不可轻视。

（二）申请名称预先核准

根据《企业名称登记管理规定》，登记申请人应预先申请名称核准。

（三）共同制定公司章程、认购出资

由设立时的全体股东共同制定并签署公司章程。由于股东认购的出资须记载于公司章程，故初始股东认购出资的行为须在章程确定之前或同时完成。认购出资是一种出资承诺而不一定需要即时缴纳，承诺的内容包括出资额度、出资比例、出资期数以及每一期的缴纳时间和额度等。

（四）行政批准（针对特殊行业）

根据《公司法》第29条第2款的规定，拟成立的公司若是从事特殊行业，根据法律、行政法规规定需要报经批准的，应当在公司登记前依法办理批准手续。在2016年9月3日修改涉及外资和台资的四部法律之前，外商投资设立公司，均需要商务部门审批，修改之后，仅就特殊项目需要核准，非特殊项目则仅要求备案。2019年通过的《外商投资法》第29条再次确认："外商投资需要办理投资项目核准、备案的，按照国家有关规定执行。"具体哪些项目需要审批，可在互联网检索平台检索"工商登记前置审批事项目录"相关字样。

（五）缴纳出资

《公司法》第 49 条规定："股东应当按期足额缴纳公司章程规定的各自所认缴的出资额。股东以货币出资的，应当将货币出资足额存入有限责任公司在银行开设的账户；以非货币财产出资的，应当依法办理其财产权的转移手续。股东未按期足额缴纳出资的，除应当向公司足额缴纳外，还应当对给公司造成的损失承担赔偿责任。"如果股东认购的出资依章程规定应在设立时缴纳，股东就需要办理资产权属转移手续。与 2023 年修订前的相应规定相比，2023 年《公司法》以"还应当对给公司造成的损失承担赔偿责任"取代"还应当向已按期足额缴纳出资的股东承担违约责任"。

另外，《公司法》第 50 条规定，公司设立时的瑕疵出资，设立时的股东彼此之间负有连带责任，故公司设立时股东有权利也有义务监督其他股东如实出资；《公司法》第 51 条还规定，公司在成立后，董事会对股东出资负有核查和催缴义务。

股东认缴的出资期限由章程规定，但最迟应在公司成立之日起 5 年内缴足。

（六）组建公司机关

公司机关应在设立登记之前组建或设置完毕。

1. 决策机关

有限责任公司设股东会，但只有一个股东的有限责任公司不设股东会。首次股东会会议由出资最多的股东召集和主持。

2. 执行机关

有限责任公司设董事会，规模较小或股东人数较少的有限责任公司可以不设董事会，设一名独任董事。董事会的董事由股东会选举产生（《公司法》第 59 条），也不排除通过其他方式（如特别约定）产生；不设股东会的公司则由股东委任或委派，董事会中的职工代表由公司职工通过职工代表大会、职工大会或者其他形式民主选举产生。公司董事长和副董事长的产生办法由公司章程规定。国有独资有限责任公司的董事会成员中，应当过半数为外部董事，并应当有公司职工代表；董事会成员由履行出资人职责的机构委派；董事会成员中的职工代表由公司职工代表大会选举产生；董事会设董事长一人，可以设副董事长；董事长、副董事长由履行出资人职责的机构从董事会成员中指定。

3. 监督机关

公司可以单独设监事会或一名独任监事，经股东一致同意，可以不设监事（《公司法》第83条），也可以在董事会中设审计委员会（《公司法》第69条）。若公司设监事会，则要求有职工代表担任监事，且所占比例不低于1/3；若设一名独任监事或审计委员会，则没有硬性要求。监事会成员三人以上，监事由股东会选举产生，董事、高级管理人员不得兼任监事；监事会设主席一人，由全体监事过半数选举产生。《公司法》第59条、第76条第3款关于有限责任公司非职工监事和监事会主席的产生规定，应是非强制性规定。监事会中的职工代表由公司职工通过职工代表大会、职工大会或者其他形式民主选举产生。国有独资公司不设单独的监督机关，只在董事会中设审计委员会。具体规定可参见《公司法》第69、76、83、176条。结合第68条规定，《公司法》要求300人以上的公司不管怎么设置执行机关和监督机关，这两种机关中至少有一种须有职工代表。

4. 法定代表人

法定代表人是对外代表机关。根据《公司法》第10、32、33、46条的规定，法定代表人是公司设立时的必设机关。法定代表人由代表公司执行公司事务的董事或者经理担任。

5. 经理

经理是辅助执行机关。有限责任公司可以不设经理。《公司法》第67、74条规定，经理由董事会决定聘任或者解聘，但这些规定并非强制性规定，当事人可依商事自治原则另行约定经理的任免办法。规模较小或股东人数较少的有限责任公司的独任董事可以兼任经理。

（七）申请设立登记

当公司具备了前述条件，并完成了前述程序，应当依据《公司法》第29条第1款规定向公司登记机关申请设立登记。申请设立公司，应当提交设立登记申请书、公司章程等文件，提交的相关材料应当真实、合法和有效。申请材料不齐全或者不符合法定形式的，公司登记机关应当一次性告知需要补正的材料。（《公司法》第30条）

（八）审核、登记、公示与发照

经登记机关审核，符合登记条件的，给予登记；不符合条件的，不得登记。登记的事项包括：①名称；②住所；③注册资本；④经营范围；⑤法定代表人的姓名；⑥有限责任公司股东、股份有限公司发起人的姓名或者名称。公司登记机关应当将前述登记事项通过国家企业信用信息公示系统向社会公示。

《公司法》第 33 条规定："依法设立的公司，由公司登记机关发给公司营业执照。公司营业执照签发日期为公司成立日期。公司营业执照应当载明公司的名称、住所、注册资本、经营范围、法定代表人姓名等事项。公司登记机关可以发给电子营业执照。电子营业执照与纸质营业执照具有同等法律效力。"

二、股份有限公司设立程序

（一）签订发起人协议

《公司法》第 93 条第 2 款规定："发起人应当签订发起人协议，明确各自在公司设立过程中的权利和义务。"

（二）申请名称预先核准

与有限责任公司的相关内容相同，不再赘述。

（三）发起人制订公司章程

《公司法》第 94 条规定："设立股份有限公司，应当由发起人共同制订公司章程。"

（四）发起人认购股份

《公司法》第 97 条规定："以发起设立方式设立股份有限公司的，发起人应当认足公司章程规定的公司设立时应发行的股份。以募集设立方式设立股份有限公司的，发起人认购的股份不得少于公司章程规定的公司设立时应发行股份总数的百分之三十五；但是，法律、行政法规另有规定的，从其规定。"

（五）行政核准（针对特殊行业）

与有限责任公司的相关内容相同，不再赘述。

（六）发起人缴纳股款

《公司法》第 98 条规定："发起人应当在公司成立前按照其认购的股份全额缴纳股款。发起人的出资，适用本法第四十八条、第四十九条第二款关于有限责任公司股东出资的规定。"据此规定，发起人的出资为实缴出资，而不是认缴出资；发起人可以用货币出资，也可以用实物、知识产权、土地使用权、股权、债权等可以用货币估价并可以依法转让的非货币财产作价出资；

股东未按期足额缴纳出资的，除应当向公司足额缴纳外，还应当对给公司造成的损失承担赔偿责任。发起人之间对彼此在公司设立时的瑕疵出资负有连带责任。

值得指出的是，《公司法》没有规定募集股款前发起人必须缴足股款并验资。

（七）公开募集股份

（1）公开发行股票的行政注册（《证券法》第9条）；

（2）公告招股说明书、制作认股书（《公司法》第100、154条）；

（3）与证券公司签订承销协议、与银行签订代收股款协议（《公司法》第155、156条）。

需要注意的是，发起设立及定向募集均无此程序。

（八）认股人认购并缴纳股款

《公司法》第100条规定："发起人向社会公开募集股份，应当公告招股说明书，并制作认股书。认股书应当载明本法第一百五十四条第二款、第三款所列事项，由认股人填写认购的股份数、金额、住所，并签名或者盖章。认股人应当按照所认购股份足额缴纳股款。"

（九）验资并出具证明

《公司法》第101条规定："向社会公开募集股份的股款缴足后，应当经依法设立的验资机构验资并出具证明。"

（十）制作并置备股东名册

《公司法》第102条规定："股份有限公司应当制作股东名册并置备于公司。股东名册应当记载下列事项：（一）股东的姓名或者名称及住所；（二）各股东所认购的股份种类及股份数；（三）发行纸面形式的股票的，股票的编号；（四）各股东取得股份的日期。"

（十一）召开成立大会

发起设立成立大会的召开和表决程序由公司章程或者发起人协议规定（《公司法》第103条第2款）。以下是募集设立成立大会的必经程序。

（1）召开时间：股款缴足之日起30日内。

（2）会议主持人：由发起人主持大会。

（3）组成人员：发起人、认股人。

（4）通告要求：发起人应当在成立大会召开15日前将会议日期通知各认

股人或者予以公告（《公司法》第 103 条第 1 款）。

（5）举行要求：成立大会应当有持有表决权过半数的认股人出席，方可举行。

（6）成立大会的职权：①审议发起人关于公司筹办情况的报告；②通过公司章程；③选举董事、监事；④对公司的设立费用进行审核；⑤对发起人非货币财产出资的作价进行审核；⑥发生不可抗力或者经营条件发生重大变化直接影响公司设立的，可以作出不设立公司的决议。（《公司法》第 104 条第 1 款）

本书认为，由于《公司法》并没有将股份有限公司严格限定为开放型公司，故关于成立大会选择董事、监事这一职权的规定，对于非开放型的股份有限公司而言，并不是强制性规定；若当事人对董事、监事任免有特别约定的，成立大会无权否决该约定，也不能作出与该约定不一致的决议。

（7）决议：成立大会对前款所列事项作出决议，应当经出席会议的认股人所持表决权过半数通过。

（十二）组建公司机关

公司机关应在设立登记之前组建或设置完毕。

1. 决策机关

股份有限公司设股东会，但只有一个股东的公司不设股东会。

2. 执行机关

股份有限公司设董事会，规模较小或股东人数较少的公司可以不设董事会，设一名独任董事。董事会的董事一般由股东会选举产生，也不排除通过其他方式（如特别约定）产生，不设股东会的公司则由股东委任或委派，董事会中的职工代表由公司职工通过职工代表大会、职工大会或者其他形式民主选举产生。股份有限公司的董事长和副董事长产生办法，与有限责任公司不同，根据《公司法》第 122 条第 1 款规定，股份有限公司的董事长和副董事长由董事会以全体董事的过半数选举产生。本书认为，针对非开放型的股份有限公司而言，这一规定不是强制性规定。

国有独资股份有限公司的董事会成员产生及董事长、副董事长的任免规则，与国有独资有限责任公司相同。

3. 监督机关

公司可以单独设监事会或一名独任监事，也可以在董事会中设审计委员会。若公司设监事会，则要求有职工代表担任监事，且所占比例不低于 1/3；若设一名独任监事或审计委员会，则没有硬性要求。监事会成员 3 人以上，监事由股东会选举产生，董事、高级管理人员不得兼任监事；监事会设主席一人，可以设副主席，监事会主席和副主席由全体监事过半数选举产生。对于非开放型股份公司而言，《公司法》第 104 条第 1 款、第 130 条第 3 款关于股份有限公司非职工监事和监事会主席、副主席的产生规定，应是非强制性规定。监事会中的职工代表由公司职工通过职工代表大会、职工大会或者其他形式民主选举产生。国有独资股份有限公司不设单独的监督机关，只在董事会中设审计委员会。具体规定可参见《公司法》第 121、130、133、176 条。结合第 120 条规定，《公司法》要求 300 人以上的公司不管怎么设置执行机关和监督机关，这两种机关中至少有一种须有职工代表。

4. 法定代表人

法定代表人是对外代表机关。根据《公司法》第 10、32、33、95 条的规定，法定代表人是公司设立时的必设机关。法定代表人由代表公司执行公司事务的董事或者经理担任。

5. 经理

经理是辅助执行机关。股份有限公司设经理。经理由董事会决定聘任或者解聘。规模较小或股东人数较少的股份有限公司的独任董事可以兼任经理。

（十三）申请设立登记

《公司法》第 106 条规定："董事会应当授权代表，于公司成立大会结束后三十日内向公司登记机关申请设立登记。"

（十四）审核、登记、公示与发照

与有限责任公司的相关内容相同，不再赘述。

第四章　设立不能与设立无效

第一节　设立不能

一、含义

设立不能，又称设立失败，是指未能完成公司设立的情形。

二、设立不能的情形

1. 条件不能

《公司法》第 31 条规定，不符合本法规定的设立条件的，不得登记为有限责任公司或者股份有限公司。除此规定外，《公司法》第 105 条第 1 款规定了股份有限公司两种设立不能的情形：其一，公司设立时应发行的股份未募足的；其二，发行股份的股款缴足后，发起人在 30 日内未召开成立大会的。

2. 自行停止

针对股份有限公司，《公司法》第 104 条第 1 款第 6 项还规定："发生不可抗力或者经营条件发生重大变化直接影响公司设立的，可以作出不设立公司的决议。"

三、设立不能的法律后果

针对有限责任公司，《公司法》第 44 条第 2 款规定："公司未成立的，其法律后果由公司设立时的股东承受；设立时的股东为二人以上的，享有连带债权，承担连带债务。"

针对股份有限公司，除适用前述第 44 条第 2 款外，第 105 条第 1 款还规定，"认股人可以按照所缴股款并加算银行同期存款利息，要求发起人返还"。

第二节　设立无效

一、含义

设立无效，也称为设立瑕疵，是指已经设立登记但因欠缺必要要件或违反法律强制性规定导致公司自始不具备独立法人资格。

二、设立无效的事由

以下所介绍的事由均是域外立法规定的事由：①公司的设立人违反主体资格的要求，如《法国商事公司法》第365条规定"公司成立后，因一股东无行为能力，公司无效"；②公司设立人不符合法定人数的要求，如《意大利民法典》第2332条规定公司设立无效的原因中第8款为：欠缺必要数目的设立股东；③公司章程绝对记载事项欠缺或记载违法，如《韩国公司法》规定"章程的绝对记载事项不齐全时"公司设立无效，德国也有类似规定；④发起人未召集成立大会或成立大会决议公司设立无效，如《日本公司法》规定，股份发行事项未经全体发起人同意，或没有召集成立大会的，公司设立无效；⑤公司设立的目的违法或违背社会公共利益，如《欧共体第一号公司法》指令第11条第2款指出，公司的目的范围非法或者有悖于公共政策，可以确认公司设立无效；⑥公司注册资本不足或公司注册资本虚假，如《韩国公司法》规定，设立时发行股份总数的认购或缴纳缺陷显著，仅靠发起人的认购、缴纳担保责任不能确保资本真实的股份有限公司设立无效；⑦公司登记无效，如韩国公司法规定，设立登记无效的股份有限公司、设立登记无效的无限公司、设立登记无效的两合公司，都应该宣布其设立无效；⑧从事特定事业的公司未经主管部门批准。

三、设立无效的法律效果

通说认为，设立无效可以补正，若不能补正，则产生如下法律后果：①即行进入清算程序；②对此前的民事交易活动不具有溯及力，依外观主义法理以保护交易对方的信赖利益；③缴清股款，以保护债权人利益；④发起人对公司债务承担连带责任。

四、我国的公司设立无效制度

我国《公司法》第 39 条规定："虚报注册资本、提交虚假材料或者采取其他欺诈手段隐瞒重要事实取得公司设立登记的，公司登记机关应当依照法律、行政法规的规定予以撤销。"第 250 条规定："违反本法规定，虚报注册资本、提交虚假材料或者采取其他欺诈手段隐瞒重要事实取得公司登记的……情节严重的，吊销营业执照……"据此规定，三种情形导致设立无效：第一，虚报注册资本；第二，提交虚假材料；第三，采取其他欺诈手段隐瞒重要事实。需要注意的是，并非存在这三种情形就会导致设立无效，即便是"情节严重"，若存在一定情形，也允许公司存续，具体可参见《市场主体登记管理条例》有关规定。

第五章　发起人与设立中公司

第一节　发起人

一、发起人概念

确定发起人概念的意义主要在于确定发起人的义务和责任。

（一）含义

1. 外国公司法对发起人的界定

（1）形式定义：凡是在公司章程上确认签名的人。如德国的公司立法采取形式定义。

（2）实质定义：实际参与公司设立或者筹办组建公司的人。

2. 我国法律对发起人的界定

根据最高人民法院《关于适用〈中华人民共和国公司法〉若干问题的规定（三）》（以下简称《公司法司法解释三》）第1条的规定，发起人是指为设立公司而签署公司章程、向公司认购出资或者股份并履行公司设立职责的人，包括有限责任公司设立时的股东。

二、发起人人数

（一）有限责任公司

没有明确规定，但不能违反股东人数的法定限制，即1个以上50个以下。

（二）股份有限公司

股份有限公司的发起人人数为1人以上200人以下。

三、成为发起人的资格条件

（一）积极条件

自然人、法人和其他组织均可以做发起人。法律政策上常对非营利性法人和非法人组织做发起人有所限制。另外，股份有限公司发起人应当有半数以上在中华人民共和国境内有住所（《公司法》第 92 条）。

（二）消极条件

一般认为，发起人为自然人时，须具有完全民事行为能力。有观点认为，以下几种人不能做发起人：具有《公司法》第 178 条规定情形的人；国家公务员、军人等；受到竞业禁止的人，如其他公司的董事、高管，或合伙企业的合伙人。

四、发起人地位

（一）涉及发起人的几种关系

1. 发起人之间的关系

英美法系国家公司法认为发起人之间是信托关系，大陆法系国家公司法认为发起人之间是合伙关系，我国《公司法司法解释三》也认为发起人之间是合伙关系。发起人之间按照协议享有权利、承担义务，如果没有签订协议，则按照法律上的合伙规则来确定权利义务。从实务的角度来看，发起人之间宜尽可能签订发起人协议，以明确彼此之间的权利和义务。

2. 发起人与设立中公司之间的关系

此两者关系存在不同学说，包括无因管理说、为第三人利益契约说、设立中公司机关说。无因管理说认为，发起人与设立中的公司之间是一种无因管理关系，在公司成立后，设立行为产生的权利义务依无因管理的原理归于公司。为第三人利益契约说认为，发起人因设立行为而与他人建立的法律关系，是为拟成立的公司作为第三人利益而建立的法律关系。设立中公司机关说认为，发起人作为一个整体，是设立中公司的意思机关和执行机关。

3. 发起人与设立后公司之间的关系

一般而言，成立的公司当然承继发起人因设立行为而产生的费用、债权债务等，但若因发起人过错产生的债务，公司可以追偿。

4. 发起人与外部债权人之间的关系

确定发起人与外部债权人之间的关系应区分两种情形，一种情形是设立失败或设立无效，另一种是成功设立公司。第一种情形下按照合伙与合伙债权人关系处理，第二种情形下发起人与外部债权人之间原则上不再存在债权债务关系。

（二）发起人的职权

股份有限公司的发起人，承担公司筹办事务，签订发起人协议，明确各自在公司设立过程中的权利和义务。发起人的职权包括：①制订公司章程（《公司法》第 94 条）；②办理募集股份事务（《公司法》第 100 条）；③主持召开成立大会（《公司法》第 103 条）；④筹办其他事务（《公司法》第 104 条第 1 款第 1 项）等。这些职权，各发起人可以单独执行，也可以共同执行，有约定则从约定，但如果法律规定必须由所有发起人共同执行的，则须依照规定行事。

（三）发起人的义务与责任

发起人的主要义务与责任包括：①公司未成立，对设立行为产生的费用和债务（含侵权产生的债务）承担连带责任（《公司法》第 44 条）；②股份有限公司不能成立时，对认股人认缴的股款及利息负返还责任（《公司法》第 105 条）；③对公司设立时其他发起人的瑕疵出资承担连带责任（《公司法》第 99 条）。

五、发起人协议

关于发起人协议，注意以下三个要点：①发起人协议的性质为合伙协议；②原则上，发起人协议仅对订立协议的当事人产生拘束力，但不排除其可以作为公司董事、监事和高管等遵守的文件；③一般而言，发起人协议的时间效力限于设立阶段，公司成立后往往被章程和章程细则等吸收，在非开放型公司中，发起人可以赋予这种协议后续效力或高于章程的效力。

第二节　设立中公司

一、概念和特征

（一）含义

设立中公司，也称为先公司，是指设立公司过程中有成员、有一定意思能力、逐步形成财产和机关的一种组织状态。这种状态自发起人形成设立公司的合意起至公司成立止；若公司成立不能，则至债权债务和财产清算终结止。至于如何判断发起人是否形成了合意，一般以发起人协议为准，若没有发起人协议，则需要通过其他行为或者文件来判断，例如是否认购出资或签署公司章程等。

（二）特征

设立中公司具有如下特征：

（1）时间的特定性。设立中公司仅存在于设立公司期间。

（2）过程的渐进性。设立中公司的名称、成员、意思能力、财产和机关都有不确定性，但逐渐确定。

（3）责任的连带性。设立中公司发起人对设立期间的债务承担连带责任，但成立后一般由公司承继。

（4）事务的限定性。设立中公司只能开展与设立有关的事务，不能从事经营活动。

（5）目的的明确性。设立中公司以设立具有独立法律人格的公司为目的。

二、性质

（一）无权利能力社团说

该说认为，设立中公司虽不具有独立的权利能力，但具有社团的实质，该社团可与第三人发生交易，并承担相应的后果。

（二）合伙说

该说认为，设立中公司是一种合伙关系。

（三）特殊的非法人团体说

该说认为，设立中公司既不是无权利能力社团，也不是合伙，而是一种特殊的非法人团体。与前两说相比，该说更强调过渡性和临时性。

三、设立中公司涉及到的法律关系

（一）设立中公司与发起人之间的关系（前文已述）

（二）设立中公司与成立后的公司之间的关系

（1）同一体说，即公司一经成立，先公司的权利义务自然归属于公司。德国和日本皆采纳该说。

（2）继承说，即先公司债权债务由成立后的公司继承。该说有一个缺陷：既然是继承，那么成立后的公司依继承法理可以拒绝继承。

（3）代理追认说，即先公司是代理人，而成立后的公司是本人。该说存在这样的缺陷：先公司合同义务并不必然归属于公司，除非公司追认。

（三）设立中公司与债权人之间的关系

设立中公司与债权人的关系见下文"先公司合同"部分。

四、先公司合同

（一）先公司合同责任的承担

根据《民法典》《公司法》《公司法司法解释三》的有关规定，对我国先公司合同责任的承担情况介绍如下：

1. 一般原则

若公司不能成立或虽成立但不予认可，全部债务均由发起人承担，但当事人另有约定的除外。

2. 具体情形具体分析

（1）发起人署自己名的合同

《公司法》第44条第3款规定："设立时的股东为设立公司以自己的名义从事民事活动产生的民事责任，第三人有权选择请求公司或者公司设立时的股东承担。"这款规定既适用于有限责任公司也适用于股份有限公司，它与《民法典》第75条第2款规定基本一致。本书认为，这一规定本身存在瑕疵，它表面上赋予了第三人选择权，实际上却是令第三人承担了选择行为可能带来的不利后果，故此规定有待日后修订。

《公司法司法解释三》（2014年修正）第2条第2款规定："公司成立后对前款规定的合同予以确认，或者已经实际享有合同权利或者履行合同义务，合同相对人请求公司承担合同责任的，人民法院应予支持。"这一规定衍生出这样的问题，能否将公司认可债务认定为债务加入？

（2）发起人署设立中公司的合同

发起人署设立中公司的合同，常表现为在合同中署"×××公司（筹）""×××公司筹备组"等。因这种合同产生的债务，债权人请求公司承担，由公司承担；若发起人为自己利益订立合同，公司可举证免责，但不得对抗善意相对人（《公司法司法解释三》第3条）。从实务的角度来讲，若发起人想要在公司成立后免责，宜在合同中约定公司担责；同理，若相对人想要发起人担责，宜在合同中约定发起人担责，甚至可以约定发起人与成立后的公司共同承担责任。

（3）发起人署拟设立公司全名的合同

国外立法普遍认定由发起人承担责任，具体理由如下：其一，构成虚假陈述；其二，根据代理规则，因本人不存在，故应由代理人担责；其三，根据代理规则，代理人对其代理权负有担保责任。我国法律对这种情况未予规定。

第六章　公司章程

第一节　概述

一、公司章程的概念与特征

（一）含义

公司章程又称公司宪章，有形式章程和实质章程之分。公司章程的形式定义，是指关于公司组织和行为的基本规则的书面文件，文件名冠以"章程"字样。公司章程的实质定义，是指对公司及其成员具有拘束力的关于公司组织和行为的自治性规则。理解这一点，可避免在司法实践中固守形式定义。

（二）表现形式

不同国家，公司章程表现形式不一样。

英国的公司章程分为组织大纲（Memorandum of Association）和组织章程（Articles of Association），组织大纲属于外部宪章，组织章程属于内部宪章。美国的公司章程分为设立章程（Articles of Incorporation/Association）和章程细则（Bylaw），设立章程是要向州务卿报送注册的公司文件，章程细则是基于设立章程而制定的公司内部治理规则。大陆法系国家没有内外章程之分，只有一份公司章程。

我国《公司法》没有章程和细则之分，但《上市公司章程指引》规定董事会可以依照章程制定细则。

（三）特征

1. 法定性

公司章程的法定性，主要体现在：第一，章程制定和修改程序的法律要求比较高，初始章程一般是一致决的结果，章程的修改需要绝大多数股东同意；第二，内容要素的法律要求比较高，一些内容要点是法律规定必须记载的事项；第三，公司章程需要采取书面形式，即形式法定；第四，公司章程不仅对股东（签署者）有拘束力，而且法律直接规定约束公司、董事、监事和高管等；第五，章程是登记时必须具备的法定条件。需要注意的是，对公司章程的法定性理解不宜绝对化。

2. 半公开性

有人认为，章程供股东查阅和复制即是公开性的体现。此说法实为不妥。公司章程是否具有公开性，既不在于其是否向签署者或法定遵守者公开，也不在于其是否需要向登记机关备案，而在于章程是否向潜在的交易对方或公众公开以便其获悉信息。从我国现有规定来看，公司章程尚不具有完全的公开性，而应当算是具有半公开性。根据《公司法》第32条、第40条的规定，公司章程并不属于公示事项。而根据《市场主体登记管理条例》第8条、第9条的规定，公司章程并不在"一般登记事项"范围，而在"备案"事项范围。根据《市场主体登记管理条例实施细则》第60条的规定，想要查询公司章程等登记管理档案，需要申请，且仅限于三类人员申请查询。目前能真正做到向公众公开的，只有上市公司和非上市公众公司的章程。所以，除开放型公司外，司法实践上要求交易对象根据公司章程来行事，如在公司对外担保时要求债权人审查公司章程，是缺乏充分理由的。

3. 可靠性

公司章程是公司自治宪章，其理应真实反映公司团体意志。加之章程除了股东需要遵守外，董事、监事、高管等都需要遵守，自然也要求其真实可靠。不过，在公司登记实务中，有些登记机关或登记人员因业务能力不强或者仅为了自身工作便利考虑，迫使设立人采用章程示范文本，使得章程并不真实反映团体意志，这严重降低了公司章程的可靠性。

4. 自治性

公司章程自治性体现在：公司成员根据法定程序确定公司章程，它体现的是股东们的合成意志，不是法律强制的结果。

二、公司章程的制定

（一）制定建议

公司章程是公司自治宪章，只要不违反法律的强制性规定（包括公序良俗），那么公司章程宜最大限度体现公司股东的合成意志。在章程中，调整公司团体利益的条款应体现效率价值，调整成员个体利益的条款应体现公平价值，调整团体向个人过渡性利益的条款应坚持市场支配资源的视野。章程应尽量能让大小股东各得其所、权责义利配置合理，各公司机关各司其职，避免公司治理僵局。初始章程是公司建立和发展的基础性文件，制定时更应充分酝酿，既要考虑现实利益，还要考虑长远发展。

（二）制定程序

有限责任公司初始章程由发起人共同制定。

股份有限公司初始章程，由发起人共同制订（《公司法》第94条），由成立大会审议通过（《公司法》第104条）。

三、公司章程的修改

此处略，具体内容见本书第六编中的"章程修改"一节。

第二节　章程记载事项分类

一、域外公司法规定的章程记载事项分类

（一）英美法系国家的分类

（1）强制记载事项：必须记载；不记载，章程不生效。

（2）任意记载事项：可以记载；经记载，该事项生效。

（二）大陆法系国家的分类

（1）绝对必要记载事项：必须记载；不记载，章程无效。

（2）相对必要记载事项：宜记载；不记载，可补救。

（3）任意记载事项：可以记载；经记载，该事项生效。

二、中国公司法记载事项分类

我国《公司法》下的公司章程可分为绝对必要记载事项、相对必要记载事项和任意记载事项。本书对此做了必要的分类整理。为了简化表述，《公司法》法律条文序号简化为这种格式"F＊｜＊（＊）"，其中F代表《公司法》，"｜"前的"＊"代表条文序号，其后的第一个"＊"代表款号，"（）"中的"＊"代表项号。

（一）《公司法》规定的绝对必要记载事项

（1）有限责任公司：F46 前 7 项。

（2）股份有限公司：F95 前 12 项。

以上绝对必要记载事项是公司章程必不可少的，换个角度说，只要具备了绝对必要记载事项，就是一份在事项要素上合法的公司章程。

（二）《公司法》规定的相对必要记载事项

1. 适用于两类公司的相对必要记载事项：

F15 | 1：公司对外投资和担保；

F59（9）/F112：股东会享有的其他职权；

F70 | 1/F120 | 2：董事任期；

F67（10）/F120 | 2：董事会享有的其他职权；

F76 | 2/F130 | 2：监事会职工监事的具体比例；

F78（7）/F131 | 1：监事会享有的其他职权；

F81 | 2/F132 | 2：监事会议事方式与表决程序；

F215 | 1：聘用、解聘公司审计业务的会计师事务所。

2. 适用于有限公司的相对必要记载事项：

F62 | 2：定期会议；

F66 | 1：股东会的议事方式和表决程序；

F68 | 2：董事长、副董事长的产生办法；

F73 | 1：董事会的议事方式和表决程序；

F209 | 1：会计报告交各股东的期限。

3. 适用于股份有限公司的相对必要记载事项：

F113（6）：召开临时股东会的情形；

F117 | 1：是否实行累计投票制；

F121 | 5：设置审计委员会公司的审计委员会议事方式和表决程序；

F142：面额股或无面额股的选择和转换；

F160 | 2：董监高转让股份的限制。

（三）《公司法》规定的任意必要记载事项

1. 概括性授权条款

F46（8）：股东会会议认为需要规定的其他事项；

F95（13）：股东会会议认为需要规定的其他事项。

2. 分散授权条款

公司法中有类似"公司章程另有规定的除外"或"全体股东另有约定的除外"这样表述的条款，这类条款属于分散授权条款。这类条款，有些适用于有限责任公司，有些适用于股份有限公司，有些适用于两类公司。

（1）适用于有限责任公司的条款：

F64｜1：召开股东会的通知日期；

F65：股东会会议的表决权比例；

F69：设置审计委员会；

F84｜3：股权转让规则；

F90：股权的继承规则。

（2）适用于股份有限公司的条款：

F115｜2：临时提案；

F121｜1：在董事会中设置审计委员会；

F144：发行类别股。

（3）适用于两类公司的条款：

F11｜3：公司追偿过错法定代表人；

F24：公司会议和表决的电子通信方式选择；

F27（3）：章程规定的公司会议出席人数或表决权数；

F27（4）：章程规定的同意会议决议人数或表决权数；

F74｜2/F126｜2：经理的职权；

F89｜1（3）/161｜1（3）：章程规定的其他解散事由；

F121｜6：在董事会中设置其他委员会；

F182：董监高与公司交易；

F183：董监高谋取属于公司的机会；

F184：董监高经营与公司同类的业务；

F210｜4：分配利润是否按出资比例；

F219｜2：公司合并支付的价款不超过本公司净资产 10%的决策权；

F224｜3：减资时股东是否按比例减资；

F227：增资时股东是否享有优先权；

F232：自行清算中清算组的组成；

F265（1）：章程规定的高级管理人员。

（四）关于上市公司章程的特别规范

详见《上市公司章程指引》。

第三节　章程的效力

一、时间效力

（一）生效时间

（1）有限责任公司：全体股东签字或盖章时章程生效。

（2）股份有限公司：成立大会通过时章程生效。

（二）失效时间

（1）整体失效时间

①确定公司设立失败时；

②公司终止时。

若公司设立登记被撤销，公司章程一般被认为是自始无效，但涉及清算的条款仍应有效。

（2）部分失效时间

①部分条款因修改而失效，该部分条款自被修改之时起失效；

②部分条款因与新法强制性规定相抵触而失效，该部分条款自新法生效之时起失效。

二、对人效力

根据《公司法》第5条、第179条的规定，公司章程对公司、股东、董事、监事和高级管理人员均具有拘束力。原则上，公司章程对公司交易相对人和公众没有拘束力。

三、违反章程的法律效果

公司股东会或董事会等机关的决议内容违反公司章程，可以撤销该决议（《公司法》第26条）。出席会议的人数或者所持表决权数未达到公司章程规定的人数或者所持表决权数，或同意决议事项的人数或者所持表决权数未达到公司章程规定的人数或者所持表决权数，公司决议不成立（《公司法》第

27 条)。

股东违反公司章程，可要求其承担章程规定的责任。如章程没有规定相应的责任，可依据公司法的有关规定要求股东承担责任。股东违反章程的最严重后果为被除名。

董事、监事和高级管理人员违反公司章程，给公司造成损失的，应当承担赔偿责任（《公司法》第 188 条）；董事和高级管理人员违反公司章程，损害股东利益的，股东可以向人民法院提起诉讼（《公司法》第 190 条）。需要注意的是，损害股东利益与给公司造成损失的情形有两点不同：第一，损害股东利益的情形，只能追究董事和高级管理人员的责任，不包括监事；第二，损害股东利益的情形，其后果在立法上的措辞是"股东可以向人民法院提起诉讼"，而不是"应当承担赔偿责任"。

案例1：章程中的重大事项"一致决"条款能否被法院强制变更

（改编于虞政平：《法院是否享有变更公司章程条款之效力》，载《公司法案例教学》（上），人民法院出版社 2018 年版，第 43 页起；北京市［2012］二中民终字第 01571 号案；［2018］粤 03 民终 8608 号案）

提要

公司初始章程规定，股东会决策重大事项时须经全体股东一致同意，此种规定并不违反法律的强制性规定，法院也无权变更该规定。但当公司依此种规定导致公司的作为或不作为损害股东具体权益时，可寻求相应的救济。

案情

甲、乙、丙三人均等投资 A 公司，各占 1/3 股权。公司初始章程第 19 条规定"股东会决策重大事项时，必须经过全体股东一致同意"。一个月后乙征得甲、丙同意后，将自己所持有的股权全部转让给了丁，并向工商部门办理了股东变更手续。

由于丙业务能力最强，丙被推选为执行董事和法定代表人，公司的经营管理活动由他负责。其余两人一直未参加公司的具体经营活动。三年后，其余两人觉得公司经营状况出了问题，并就如何经营管理公司与丙产生了严重分歧。三人几经交涉后，甲、丁正式提出要求修改公司章程或解散公司。

丙不想对公司做任何改变，并以"股东会决策重大事项时，必须经过全体股东一致同意"为由拒绝甲、丁两人修改章程或解散公司的主张。随后甲、丁将公司（丙作为第三人）诉至法院，请求法院判令变更公司章程，变更到法律规定的重大事项三分之二多数决。

问题

法院能否将公司章程中的"一致决"变更为2/3多数决？

业界不同看法

案件反映的公司章程中的这种规定，在实务中并不鲜见。对此，业界有不同看法。

有意见认为，2/3或3/4多数决乃是各国公司法通行的根本制度。案件中关于一致同意的规定，即使形式上不违反《公司法》的规定，但因此举会导致公司无法适应经营管理的变化，不利于实现《公司法》的宗旨和基本价值目标，也会导致两原告的合法权益无法实现。《公司法》中关于"资本多数决"的制度，任何公司都不能以契约性规范对抗法定的义务性规范，否则客观上会造成少数股东左右股东会，甚至导致公司陷入僵局。故这种规定实质上违反了《公司法》的立法精神，应变更为法律上规定的2/3以上多数决。

也有意见认为，在小型的封闭性公司中，公司股东之间基于信任基础而建立，具有很强的人合性特征。公司章程中这种"一致同意"的规定不仅符合这类公司的性质特点，也符合这类公司股东之间关系的特点，是正常经营管理之举。公司章程的这种规定，属于公司治理与运行决策，公司意思自治应享有更高的价值，这种"一致同意"的规定属于高于法定要求的自我约束规则，不应当认定为违反法律规定。

评析

公司章程是公司的自治宪章，在不违反法律的强制性规定的情况下，法院无权变更公司章程的内容。关于《公司法》上规定的修改公司章程等重大事项决策须经2/3多数决是不是强制性规定的问题，本书认为，对于封闭型公司而言，不应轻易把《公司法》的多数决规定纳入强制性规定的范围。尽管初始章程中的"一致决"规定确实可能会造成实质上的少数决或一人决的局面，但这原则上属于公司意思自治的领域，司法权不宜轻易干预。封闭型公司章程规定的一致决，不宜直接通过法院的裁判权进行变更。当前多数案例倾向于接受这种观点，如［2008］海民初第 10313 号、［2015］东中法民二终字第 1746 号、［2009］高民终字第 1147 号等。当然，当这种规定导致的作为或不作为损害股东权益时，可寻求相应的救济。法院可以在一致决与股东权利发生冲突时，优先保障股东权利。

案例2：公司设立失败，谁为发起人

（改编于［2009］一中民终字第7756号案；

［2007］海民初字第5455号案）

提要

虽然另案裁定系12家单位投资设立公司，但该12家单位未曾实施设立公司的法律行为，公司章程中所载股东名字为该12家单位的负责人，且均由这12名负责人签字，故应认定该12名负责人为公司发起人。

案情

吴某明起诉王某海、冯某成、潘某明、王某、孙某刚5人对公司成立前的经济活动进行清算，吴某明提供的证据如下：①一份由王某、冯某成出具的证明，载明由北京12家企业单位组合成立联合体，共同代理经营产品，各家出资6万元，交由王某海统一管理；②一份由王某海出具的证明，载明望烠公司（王某海任法定代表人）受11家单位法人委托拿出预备账户供联合体使用，负责代收股款每家6万元，准备成立包括望烠公司在内的12家单位组成的联合体，当时由12家单位共同推荐5人为联合体核心成员，负责决策、开展业务及办照等事宜；③潘某明及孙某刚的证明，载明由12家单位组织成立联合体，每家投资6万元，由王某海所在公司即望烠公司负责保管投资款。此外，吴某明还提供了《北京市十二家联合公司章程》，载明由王某海、吴某明、潘某明、王某、冯某成、孙某刚等12人，每人出资10万元，共同设立有限责任公司，章程正文部分记载的股东名字均为12名自然人的名字，章程尾部股东签章处系12名自然人签字。

另案生效裁定认定了这样的事实：拟设立公司的投资主体是12家企业而不是个人。

问题

公司的发起人是 12 家单位还是 12 名自然人？

裁判理由及结果

该案一审法院认为，尽管章程是由 12 名自然人签署，但由于另案生效裁定认定了拟设立的公司的投资人是 12 家企业，且原告吴某明提交的有关被告出具的证明以及当事人陈述，均表明拟设立公司的投资主体是 12 家企业而不是自然人，故在没有其他证据佐证是 12 名自然人为投资主体的情况下，不足以推翻另案生效裁定认定的事实。根据《公司法》的规定，在设立失败的情况下，拟设立公司的出资人而非具体筹备人员为清算义务主体，被告等人不负清算义务，因此被告主体不适格，故裁定驳回原告的起诉。原告不服，上诉。

二审法院认为，虽然拟设立的公司章程标题为"北京市十二家联合公司章程"，但在章程第 5 条股东名称中明确写的是 12 名自然人，股东签章处签章的也是 12 名自然人。纵观全案，没有任何证据证明拟投资的股东是 12 家企业。在有限责任公司设立失败的情况下，所有拟设立公司的 12 名自然人都是清算义务人。故裁定指令由一审法院对案件进行实体审查。

评析

从案情来看，起初的意图有可能是以各单位负责人所在的企业作为投资人设立公司，但该意图最后并没有得到落实，也没有相应证据证明各自所在企业同意充当投资人的角色。尽管可能有前述意图，但这种意图并未通过有效文件确定下来，故以企业作为投资人共同设立公司，只是一种投资意向，还不足以成为具有拘束力的法律行为。公司章程是证明股东资格的有效文件。该案中公司章程正文记载的股东均是自然人的名字，且股东签章处也均以个人名字署名，假如章程的本意是以企业作为投资人，即便是在签章处尚可以企业法定代表人或授权代表签名，但至少在股东名称栏应是企业名称，否则应当认定该 12 名自然人为投资人。吴某明应是基于章程确定的投资人、投资款和其他约定，才支付投资款，因此，12 名自然人理应是投资人，他们应在公司设立失败时承担清算义务。

案例3：发起人为设立公司以自己名义签订合同，该合同债务由谁承担

（改编于（2015）穗中法民二终字第593号案；[2014]青民二商终字第979号案；[2013]民提字第212号案）

提要

依现有相关规定，公司发起人与债权人签订合同，公司成立后，由债权人选择发起人或设立后的公司承担债务。该规定实际上将债权不能实现的风险配置给债权人，为不合理之规定。设立后的公司明示或默示认可设立前的债务的，应推定为债务加入。

案情

2011年5月23日，保笙公司与苏某晨签订《桑丽园养生会馆空调工程合同》，合同约定由保笙公司承包苏某晨发包的桑丽园养生会馆空调工程；工程合同总价款为390 000元。案涉合同签订后，苏某晨依约向保笙公司支付了首期工程款117 000元。后来，苏某晨、桑丽园酒店公司又向保笙公司支付了工程款217 000元。保笙公司、苏某晨、桑丽园酒店公司均确认：保笙公司就案涉工程向桑丽园酒店公司开具了票面金额为194 000元的发票；在案涉合同履行过程中，桑丽园酒店公司曾向保笙公司支付过案涉合同的工程款。

桑丽园酒店公司成立于2011年7月1日。保笙公司、苏某晨、桑丽园酒店公司均确认：签订合同的时候，桑丽园酒店公司尚未成立，合同系为了桑丽园酒店公司的成立、经营。另，桑丽园酒店公司的股东为苏某晨、张某恩。

保笙公司与苏某晨、桑丽园酒店公司就空调工程费发生纠纷，保笙公司诉至法院，请求苏某晨、桑丽园酒店公司共同承担空调安装工程款180 865元。

问题

保笙公司能否要求苏某晨、桑丽园酒店公司共同承担债务？

裁判理由及结果

一审法院认为，作为发起人的苏某晨在签订案涉合同时其实质是为了桑丽园酒店公司设立而以自己名义对外签订合同；后来桑丽园酒店公司对案涉合同予以确认并已实际享有合同权利和履行合同义务，且保笙公司在案涉合同签订时亦明知案涉合同系为了桑丽园酒店公司设立而签订，故案涉合同的权利义务依法应由桑丽园酒店公司享有和承担，保笙公司要求苏某晨对案涉款项承担责任，缺乏法律依据，该诉求应予以驳回。保笙公司不服，提起上诉。

二审法院认为，《公司法司法解释三》（2014 年修正）第 2 条规定 "发起人为设立公司以自己名义对外签订合同，合同相对人请求该发起人承担合同责任的，人民法院应予支持。公司成立后对前款规定的合同予以确认，或者已经实际享有合同权利或者履行合同义务，合同相对人请求公司承担合同责任的，人民法院应予支持"，该规定赋予了合同相对人请求发起人或者公司承担合同责任的选择权，但一经选定，就不得变更。保笙公司主张苏某晨、桑丽园酒店公司共同承担责任，于法无据。法院应向当事人释明二选一。经二审法院释明，上诉人选择苏某晨作为责任主体。二审法院改判由苏某晨承担合同责任。

评析

关于发起人在设立公司过程中以发起人名义为公司签订合同而产生的债务该由谁来承担的问题，在该案诉讼发生时，应根据《公司法司法解释三》第 2 条的规定确定。业界将该规定普遍理解为债权人应在发起人或公司中 "二选一"。后来《民法典》在此基础上规定 "设立人为设立法人以自己的名义从事民事活动产生的民事责任，第三人有权选择请求法人或者设立人承担"（第 75 条第 2 款）。2023 年《公司法》第 44 条第 3 款作出了与此基本一致的规定。

本书之所以把该案作为本书的分析对象，主要借此案例来分析《公司法司法解释三》第 2 条、《民法典》第 75 条第 2 款、《公司法》第 44 条第 3 款规定的合理性。前述规定被认为是确立了"二选一"规则。这种规则很有可能被用来损害债权人的利益，具体可能会发生两种恶意情形。一种情形为，发起人为了规避债务风险甚至恶意逃避债务，指使或操控他人作为名义发起人签订合同，这时一旦债权人选择名义发起人承担责任，就会面临债权落空的风险。另一种情形为，多个发起人为了规避债务，安排其中一名资信不佳的人签订合同，这种情况下债权人同样面临债权落空的风险。而若债权人选择公司作为责任主体，则债权人可能面临公司资不抵债的风险。本书认为，公司设立是动态的行为过程，在这个过程中，因法律主体不确定从而引起法律关系的不确定。这种不确定性的风险，并非是债权人导致的，债权人也无法控制这类风险。这种风险尽管被贴上了选择权标签，但这种风险由债权人承担，不符合风险分担的逻辑。从立法角度来看，把公司明示或默示认可债务的行为，视为债务加入更合理。

案例 4：买卖计生用乳胶制品是否超越公司经营范围

（改编于虞政平：《公司经营范围对合同效力之影响》，载《公司法案例教学》（上），人民法院出版社 2018 年版，第 106 页起）

提要

案件的关键是，要判断计生用乳胶制品是否属于特许经营产品，进而判断买卖合同是否有效。依有关部委的产品归类表，计生用乳胶制品属于化工产品而不属于医药产品，不需特许，故案涉买卖合同有效。

案情

20 世纪 80 年代后期的某年 3 月初，某国营甲公司与某中外合资乙公司签订了一份计划生育用乳胶制品买卖合同。合同约定了两种规格，一种是 33 毫米，一种是 35 毫米，数量各 180 万只，总金额 34.92 万元，交货时间为当年 3 月底。后因甲公司迟于 3 月底发货，且所发货物 360 万只均为 33 毫米规格，致使乙公司与第三方的相关合同履行产生纠纷并造成乙公司损失。于是乙公司以甲公司超越经营范围、无相应特许经营资质为由，主张双方签订的合同无效，甲公司应当赔偿乙公司因为合同无效造成的损失，遂向法院提起诉讼。

甲公司的经营范围为：主营有机玻璃及其制品、土产品、日用杂品、塑料制品、其他食品，兼营五金、纺织品、服装百货、化工产品。乙公司的经营范围为：食品饮料、酒席、日用百货、土特产、中西成药、家用电器的销售及批发业务。乙公司没有取得药品经营许可证。乙公司在交易之前，向当地省工商局打过报告，请求省工商局确认该计生用乳胶制品是否在其经营范围内，省工商局批示："该计划生育用乳胶制品属于药品药具类，同意一次性经营。"

问题

甲的行为是否属于超越经营范围经营需特许资质产品的行为？

裁判理由及结果

该案是经过最高人民法院批复的案件，具有典型意义。

该案一、二审法院均以甲公司超越经营范围为由，确认买卖合同无效，并判决甲公司应对自己的过错行为给乙公司造成的经济损失负担全部责任。一、二审法院作出判决的重要依据是，当地省工商局答复称：案涉产品属于计生药品药具类，不属于化工类。

甲公司不服，向当地高级人民法院申请再审。当地高级人民法院对此案的结论存在严重分歧。一种观点认为，尽管乙公司经营范围包括中西成药，但没有取得药品经营许可证，省工商局当时给乙公司的报告批示不合法，因此乙公司自己的经营行为超越了经营范围，故合同应无效，乙公司自己有过错，应当对合同无效承担责任。另一种观点认为，不管乙公司是否有中西成药经营范围，其经营案涉产品经过了省工商局的批准，即便是省工商局有错误，也不应当由乙公司承担，故乙公司的经营行为有依据，其不存在过错，不应承担合同责任。由于意见分歧严重，该院报请最高人民法院批复。

最高人民法院经研究后认为：该计生用乳胶制品的产品归类是合同是否有效的关键。案涉所在地的省工商部门的意见是，该计生用乳胶制品属于计生药品药具；而当地省医药部门的意见是，该计生用乳胶制品属于中西成药，不属于化工产品。但甲公司提出（原）化工部乳胶局、（原）国家技术监督局标准化司、（原）国家计划生育委员会证明，认为该类产品属化工部归口管理，应属化工产品。经查阅（原）国家工商总局发布的产品归类表，该类乳胶制品在化工产品栏，归口（原）化学工业部管理，而不属于（原）卫生部管理，也不属于其他医药部门管理。据此，最高人民法院认为，案涉产品属于乳胶制品，属于化工产品，甲公司可以经营。同时，乙公司具有经营"中西成药"的资格，对该经营范围作扩大解释可以包括案涉产品，不过案涉产品绝对不是药，它只是起一种隔离作用，没有任何药的成分，且乙公司的该次经营行为事先经过了省工商部门的批准，应视为合法。因此，甲乙公司此次经营活动均合法，不因超越经营范围而无效。当地高级人民法院依据最高人民法院的批复作出了相应裁判。

评析

本书认为，最高人民法院的批复是符合事实和法律的。乙公司以甲公司超越经营范围、没有相应特许经营资质为由主张合同无效，该理由不成立。当然，若乙公司的损失确实是因甲公司的其他违约行为造成的，乙公司应当另寻合适理由要求甲公司承担违约责任。

案例5：公司登记住所与实际经营场所不一致，如何确定诉讼管辖法院

（改编于［2014］成华民管初字第112号案）

提要

当公司的登记住所地与其实际营业或办公场所不一致的，其实际营业或办公场所不能随意认定为主要办事机构所在地，即便是被认定为主要办事机构所在地，在诉讼管辖上也不足以对抗善意的对方当事人，不应允许公司从自己的违法行为中获得管辖益处。

案情

××市B区人民法院受理原告何某国诉被告某省赢合投资公司借款合同纠纷一案后，被告在提交答辩状期间对管辖权提出异议，认为依照最高人民法院《关于适用〈中华人民共和国民事诉讼法〉的解释》第3条"……法人或者其他组织的住所地是指法人或者其他组织的主要办事机构所在地。法人或者其他组织的主要办事机构所在地不能确定的，法人或者其他组织的注册地或者登记地为住所地"以及《公司法》第10条（2023年《公司法》第8条）"公司以其主要办事机构所在地为住所"等规定，本案应属被告主要营业地或主要办事机构所在地法院管辖。而被告的主要营业地及主要办事机构所在地为××市A区××大道×段×××号总部经济港，虽原注册地为B区，但办事机构从8年前已迁入A区，公司作为被告的案件均已由A区人民法院审理，故应由A区人民法院管辖。另外，本案中因原被告双方均在A区，故合同履行地在A区，也应当由××市A区人民法院管辖。综上，请求将本案移送至××市A区人民法院审理。

问题

本案该由哪家法院管辖？

裁判理由及结果

审理该案的法院认为，《民事诉讼法》第 23 条（2021 年修订后为第 24 条）规定："因合同纠纷提起的诉讼，由被告住所地或者合同履行地人民法院管辖。"《公司法》第 10 条（2023 年《公司法》第 8 条）规定："公司以其主要办事机构所在地为住所。"最高人民法院《关于适用〈中华人民共和国民事诉讼法〉若干问题的意见》第 4 条也规定："……法人的住所地是指法人的主要营业地或者主要办事机构所在地。"虽然被告工商登记注册地为××市 B 区，但根据被告提交的证据材料证明，被告公司的主要办事机构所在地为××市 A 区××大道二段×××号总部经济港商务中心 4 楼。因此被告公司的住所地位于××市 A 区。另外，原告住所地位于××市 A 区，根据原告陈述及被告提供的加盖有被告公司财务专用章的收据，可以认定借款合同履行地也位于××市 A 区。因此，本案应当由××市 A 区人民法院管辖。

评析

从制度目的来看，管辖制度主要是为了保障案件及时有效地处理，但在实务中，当事人选择管辖法院或对管辖法院提出异议，并非都是基于这个目的，而是基于某种实际利益。所以，管辖权的问题，不仅仅是案件处理效率问题，也涉及实际利益问题。由于当前有关公司或法人住所的若干法律规定之间的逻辑并不严谨，以致依住所确定案件管辖地并非易事。

从 2023 年《公司法》第 8、33 条和《民法典》第 63 条以及《市场主体登记管理条例》第 27 条等规定来看，公司的主要办事机构所在地应当与登记的住所保持一致，若有变更应及时办理变更登记。但现实中有些公司登记的住所地与实际的经营场所或办公场所不一致，且长期不做变更。最高人民法院为了解决这种不一致而导致的管辖困难问题，其出台的最高人民法院《关于适用〈中华人民共和国民事诉讼法〉的解释》第 3 条规定："……法人或者其他组织的住所地是指法人或者其他组织的主要办事机构所在地。法人或者其他组织的主要办事机构所在地不能确定的，法人或者其他组织的注册地或者登记地为住所地。"这一规定并不能合理、有效地解决相关管辖问题。以该案为例,首先,若没有明显且强有力的证据证明原告知道被告的主要办事机构所在地为 A 区,被告不能因自己的违法行为(即未按规定及时变更住所登记)而获得管辖的益处;其次,×市的两个区,既然 B 区人民法院已经受理,再移送到另外一个区人民法院管辖,则非但不利于反而有碍于案件及时有效处理,至少加长了本应当有的诉讼时限,这就与管辖制度的初衷背道而驰;再次,"主要办事机构"虽然已经作为一个法律概念规定在有关法律中,但何谓"主要办事机构"并无明确规定,不能说主营业地就是主要办事机构所在地,因为至少市场上有不少公司多个营业场所的营业业绩难分伯仲;最后,主要办事机构所在地是公司内部的事情,不一定为交易对方所知悉,其实际情况与登记的事项不一致的,也不能在管辖上取得对抗善意相对人的效果。综上,本书认为,当公司主张由其所谓的主要办事机构所在地法院管辖,而对方当事人主张登记住所地管辖时,原则上应当由登记住所地法院管辖,这也是《公司法》第 34 条登记对抗规则的自然延伸。

案例6：公司设立失败，如何确定发起人
责任纠纷诉讼管辖法院

（改编于［2016］京01民辖终547号案）

提要

尽管《民事案件案由规定》将发起人责任纠纷列为独立于公司设立纠纷的案由，但因发起人责任法律关系属于公司设立法律关系，故发起人责任纠纷的诉讼管辖应按照公司设立纠纷确定管辖法院。

案情

上诉人程翔公司因与被上诉人具步公司、针某君发起人责任纠纷一案，不服北京市昌平区人民法院管辖权异议民事裁定，向二审法院提起上诉。程翔公司上诉称，北京昌平工商部门已经作出了公司具体登记注册行为的第一步，案件发生于公司设立过程中，故本案应当按照公司设立纠纷处理，进而案件应由公司住所地法院即北京市昌平区人民法院管辖。

问题

案件应由哪家法院管辖？

裁判理由及结果

二审法院认为，本案应按发起人责任纠纷确定管辖权。因发起人责任纠纷提起的诉讼，原则上以《民事诉讼法》中管辖的相关规定为基础，也要综合考虑公司住所地等因素来确定管辖法院。根据《民事诉讼法》（2021年修正）第24条的规定，因合同纠纷提起的诉讼，由被告住所地或者合同履行地人民法院管辖。本案中，虽然当事人拟设立的公司住所地位于北京昌平，但最终双方拟设立的公司并未设立成功，因此，本案并无明确的公司住所地，

所以程翔公司依照拟设立公司的住所地确定管辖法院的法律依据不足，二审法院不予支持。依据本案另一被告针某君之管辖权异议请求，申请将本案移送至其住所地北京市丰台区人民法院管辖，该主张符合法律规定，北京市丰台区人民法院对案件享有管辖权。综上，程翔公司的上诉理由及请求，二审法院不予支持。

评析

关于设立纠纷的诉讼管辖，《民事诉讼法》（2021年修正）第27条（下同）有明确规定，即因公司设立纠纷提起的诉讼，由公司住所地人民法院管辖。关于发起人责任纠纷的诉讼管辖，该法并无明文规定。有意见认为，应以《民事诉讼法》关于地域管辖的一般规定为基础，并结合《民事诉讼法》第27条的规定综合考虑。该案二审法院的裁判思路是，要确定该案的诉讼管辖，先要判断该案法律关系纠纷的性质，即它到底是公司设立纠纷还是发起人责任纠纷。从二审法院的裁判思路来看，公司设立纠纷与发起人责任纠纷的诉讼管辖有实质性区别。

景汉朝所作《民事案件案由新释新解与适用指南》（第2版）认为，公司设立纠纷，是指公司设立过程中，发起人、设立中的公司和债权人等利害关系人相互之间的权利义务争议；发起人责任纠纷，是指发起人在公司设立过程中，因公司不能成立对认股人应承担责任的纠纷，或者公司成立时因发起人过失导致公司利益受损应承担责任的纠纷。公司设立规则，主要规范发起人与设立中公司、债权人之间的权利义务关系；发起人责任规则，主要规范发起人的责任关系。

前述观点没有厘清设立纠纷与发起人纠纷的关系。要厘清两者的关系，需要明确公司设立与发起人的概念。公司设立，是指发起人为组建公司并取得公司法人资格而实施的一系列筹建行为的总称。发起人，是指为设立公司而签署公司章程、向公司认购出资或者股份并履行公司设立职责的人，包括有限责任公司设立时的股东（《公司法司法解释三》第1条）。据此，设立公司的行为不一定非得由发起人实施，但发起人的行为一定是设立公司的行为。准确地说，给某社会主体贴上发起人的标签，就意味着该社会主体实施的行为就是设立公司行为，至于该主体后来以公司名义实施的行为，或者该主体实施的个人行为，其法律身份不被称为"发起人"。从概念逻辑来看，即便是发起行为不等同于设立行为，也应是被设立行为包含。因此，公司设立法律关系包含了发起人因发起行为产生的法律关系。发起人因发起行为产生的法律关系包括了发起人实施发起行为产生的责任关系。所以，发起人责任纠纷理应属于公司设立纠纷的范围。尽管《民事案件案由规定》将发起人责任纠纷独立于公司设立纠纷，但也并不必然意味着该规定否定了公司设立纠纷与发起人责任纠纷的包含关系，而应理解为发起人责任纠纷属于公司设立纠纷，只不过鉴于该类纠纷特别多或其他特殊性，将该类纠纷单列为一类纠纷。所以，原则上发起人责任纠纷理应根据《民事诉讼法》第 27 条的规定确定诉讼管辖法院，除非有充分理由表明《民事案件案由规定》之所以把发起人责任纠纷与公司设立纠纷分列开来，正是基于前者在管辖上有别于后者考虑的结果。

综上，不管该案件被认定为设立纠纷还是发起人责任纠纷，均应根据《民事诉讼法》第 27 条的规定确定管辖法院，即由公司的住所地法院管辖。另外，由于该案中发起人仅仅在昌平工商部门作出具体登记注册行为的第一步，所以拟设立公司的登记机关所在地（即昌平工商部门所在地）能不能认定为《民事诉讼法》第 27 条中的"公司住所地"，又是一个值得讨论的问题。立法者在设置《民事诉讼法》第 27 条时，理应考虑到设立失败的情形，所以该条中的"公司住所地"应当包括设立中公司的住所地，在没有开展经营活动的情况下，将登记机关所在地认定为拟设立公司的住所地，比较合理。

案例7：发起人转股后是否应就之后产生的公司债务承担连带出资责任

（改编于［2013］浙杭商终字第1376号案）

提要

公司尚有资本未到缴纳期，发起人转让股权，后公司产生新的债务，公司资产不足以偿付该债务。发起人应就该债务在认缴出资范围内承担连带责任。

案情

琮仁公司于2007年2月12日注册成立。设立时的股东为庞某、严某希和常桨公司，各持琮仁公司股权比例为55%、5%和40%。琮仁公司注册资本7000万元，以货币方式分期出资，其中首期出资5000万元，首期出资到位。根据公司章程，其余2000万元在公司成立后二年内出资到位。2007年7月8日，常桨公司将其持有的琮仁公司40%股权转让给庞某。至2008年8月20日，琮仁公司的股东为庞某和黎某蕴，股权比例分别为80%和20%。琮仁公司的第二期出资额2000万元至今未予缴纳。

2008年3月12日，杰敖公司与琮仁公司签订了承揽合同。琮仁公司因该承揽合同应承担的债务，经生效判决确定为：返还预付款735万元、支付违约金245万元；案件受理费80 400元，保全申请费5000元，由琮仁公司承担。杰敖公司依据该判决申请执行，因未发现有可供执行的财产，杰敖公司遂申请追加第三人庞某、常桨公司等为被执行人。该申请最后被否定。后杰敖公司对常桨公司提起诉讼，要求常桨公司承担发起人责任。

问题

琼仁公司发起人常桨公司是否应对琼仁公司的债权人杰敖公司承担连带补充赔偿责任？

裁判理由及结果

一审法院认为，常桨公司的出资方式符合《公司法》（2005 年修订）第 26 条有关首次出资额不低于注册资本的 20% 的规定，同时也符合公司章程第 4 条关于分期出资的约定。因此，对杰敖公司提出的常桨公司未完全履行出资义务的理由，一审法院不予采纳。关于第二期出资的性质。公司资本旨在维系公司的责任能力。市场交易主体可以通过查阅注册资本的登记情况了解公司的履约能力。在第二期出资期间，发起人仅有保证其转股之前交易的义务。就本案而言，常桨公司在股权出让之前，基于各交易主体对其缴足出资的信赖，故其应当承担相应保证责任。但杰敖公司与琼仁公司之间的交易发生在股权转让之后，杰敖公司完全有机会查阅当时的股东情况，并根据受让股东庞某缴足出资的信赖程度，作出是否进行交易的判断。综上，杰敖公司提出的诉讼请求，一审法院不予支持。

二审法院认为，发起人的连带补充赔偿责任，属于资本充实责任。资本充实责任因公司设立行为而产生，其理论基础是设立公司行为的共同行为理论，其适用范围应限于股东在公司设立中的不当行为。我国《公司法司法解释三》第 13 条第 3 款将发起人承担连带补充赔偿责任的适用前提限定为股东在"公司设立时"未履行或者未全面履行出资义务，公司设立后的二期出资违约行为则未予涉及。同时，《公司法司法解释三》第 14 条规定，公司设立后股东有抽逃出资这一违反出资义务行为的，只有协助抽逃出资的股东等主体才需承担连带责任。可见，从《公司法司法解释三》的本意来看，发起人并非当然需要对股东的任何出资违约行为承担连带责任，其适用是有条件的。故基于现行法律，法院无法就常桨公司对其他股东在公司设立后的违反出资义务行为科以连带责任，上诉人的上诉请求不予支持。

评析

一审法院的基本观点是，当以债务发生时间与发起人转股时间的先后作为确定发起人是否承担连带责任的依据。一审法院观点的合理性恐怕仅仅限于这样的情形——转让后公司发生的债务到期日后于转让前发生的债务到期日，且公司严格按照债务到期的先后顺序偿付债务。这种情形我们可以这样表述，发起人转让股权之前公司仅有一笔未到期的 A 债务，而转让股权之后，公司产生新的 B 债务，A 债务先于 B 债务到期；在股权转让时，公司资产足以支付 A 债务，但不足以支付 B 债务，公司按照债务到期的先后顺序先偿付了 A 债务，但未能偿清 B 债务。根据一审法院的观点，B 债务的债权人不可以要求发起人承担连带责任。但我们可以很轻易地假设另外一种情形，其他情节一致，差异在于 B 债务先于 A 债务到期且公司先偿清了 B 债务，但未能偿清 A 债务。根据一审法院的观点，A 债务的债权人可以向发起人主张连带补缴责任。对比这两种情形，对于已转让股权的发起人而言，并没有实质性区别，但其承受的责任却截然不同。这种截然不同的结果就会造成一种明显的不公。另外，这种观点很有可能引起另外一种社会效果，即发起人转让股权后的股东可能会故意采取第二种情形的交易结构来让发起人承担责任。

二审法院的基本观点是，要求发起人承担连带责任，条件是发起人的行为系"共同"且"不当"的行为。尚不论二审法院"不当"的具体含义不清，即便是含义清晰明确，也不能说只有在"共同"且"不当"的情况下才能要求发起人承担连带责任。在现有法律规则下，行为人承担连带责任并不限于因共同的不当行为。再者，发起人在该案件中是不是真的不存在诸如"共同"的"不当"行为，尚有商榷余地。

尽管业界已经将公司信用的重心从资本转移到资产，但并没有否定资本的担保功能。当前，业界始终没有厘清的问题是，授权资本、认缴资本与实缴资本三种资本的意义。本书认为，授权资本并不具有担保功能，其意义在于降低因增资程序造成的成本；认缴资本具有信用担保功能，其意义在于公司和股东可以根据市场需求约定缴纳期限，进而起到节约资本、优化资源配置的作用；实缴资本具有资产担保功能而非信用担保功能，其意义自然是能够被公司实际支配。因此，公司已发行、股东已认缴但尚未实缴的资本，对于社会而言，不管是在授权资本制下，还是在法定资本制下，都属于信用担保资本，均具有信用担保功能。现有的立法和司法政策上十分明确的是，公司须以股东认缴的所有注册资本即信用担保资本（认缴而未缴的资本）和资产担保资本（实缴资本）之和对外承担责任。如果允许公司不以认缴的注册资本总额承担责任，不仅损害公司信用，而且有违认缴制的初衷，还影响整个市场诚信。因此，当公司从股东们那里获得的实缴资本不能清偿债务时，债权人有权利、公司有义务要求包括认缴股东在内的负有信用义务的主体充实公司资本，这时相关主体的信用义务便转化为实实在在的出资责任。

发起人作为认缴股东，对其自己认缴的出资，当然负有信用义务。这种义务不因其股权转让而转移，否则发起人会为了规避信用义务而将股权转让给没有资信能力的第三人，进而会损害公司信用，拉低市场整体信用度。因此，发起人股东对其认缴而未实际缴纳的出资，在股权已经转让的情形下，仍应当承担信用义务，一旦公司不能清偿其负债，该发起人就应与受让股东共同承担连带出资责任。

比较困难的问题是，发起人是否要对其他股东在公司设立时认缴的出资负担信用义务？这个问题的结论取决于公司资本信用与发起人的共同行为的关联程度。本书认为，发起人的共同行为与公司资本信用关联程度很高，足以使发起人就设立时的认缴出资承担连带责任。具体理由如下。第一，从意思表示的角度来看，公司所有发起人发起设立公司并按约定认缴出资，是共同意思表示行为。第二，从企业成员责任比较的视角来看，相较于合伙企业的普通合伙人，公司发起人之所以能获得法人资格的庇护，前提是公司须依认缴资本总额承担责任。反之，若公司不能以认缴资本总额承担责任，则发起人之间的共同行为与普通合伙人的共同行为没有本质区别，由此引起的责任也应当是连带的。第三，从认缴制的机制角度来看，对于债权人而言，瑕疵出资的外延包括公司未能清偿负债情形下未届出资期的认缴出资。在公司法内外有别的原则下，瑕疵出资概念是一个相对概念而非绝对概念。在未届实缴期的情形下，对于公司而言，股东认缴而未缴出资不是瑕疵出资，但对于债权未能得到满足的债权人而言是瑕疵出资。具体来说，虽然立法上确立了认缴制，但并没有改变公司债务的担保资本仍是注册资本总额这一法律要求，故认缴制实际上是立法者给公司内部提供的一个契约空间或机制，即法律允许股东之间或股东与公司之间通过契约来节省公司暂时不需要的资本。所以，对于公司而言，只要未届缴纳期，不管公司负债如何，股东出资状态都不能算是瑕疵出资，公司没有权利要求股东提前缴纳出资；但对于公司债权人而言，只要公司不能清偿债务，就属于瑕疵出资，而不论缴纳期限是否届至，债权人有权利对股东主张瑕疵出资责任，公司有义务（但不是权利）

催缴出资。根据瑕疵出资责任规则，发起人要对设立时认缴的瑕疵出资承担连带责任。第四，从实际效果的角度来看，不要求发起人对设立时其他股东的认缴出资承担连带责任，其他股东无节制的认缴行为会使公司无法兑现以全部资产承担责任的制度要求，进而会损害公司信用，降低社会诚信度，且这种虚夸的认缴资本也不能给社会带来益处。也许人们会担心，要求发起人对设立时其他股东认缴而未缴纳的出资承担连带责任，会给社会带来不利的后果，尤其会导致认缴制变成一个没有实际意义的制度。这种担心的理由是，理性的股东都不愿意为他人承担连带责任。要求发起人承担连带责任，确实会抑制认缴制的功能，但并不会消灭该制度的存在价值。如前所述，认缴制是立法者给予公司的一种内部契约机制，因此，认缴制仍需要通过市场契约机制来实现自我约束和自我发展。第五，域外立法也不乏要求发起人承担责任的立法例。如《日本商法典》第 191 条、《法国商法典》第 L223-9 条、《意大利民法典》第 2338 条等均规定了发起人的出资连带责任。

这里有一项附带的立法建议。鉴于要求发起人承担连带责任会抑制认缴制的功能发挥，使投资人不敢轻易认缴出资。这会带来一个弊端，即当公司经营了一段时间后确实需要更多资本金时，在我国现有公司资本制度下，公司不得不启动增资程序，而这种程序既繁琐又很难达成绝对多数意见，因此会给公司增加资本金带来高额的成本。之所以会衍生这种不利后果，其根本原因不宜归结为要求发起人承担连带责任，而是认缴资本制负担了过重的功能，它既负担了节约资本的功能，又负担了降低增资程序造成的成本的功能。本书认为，另外一种制度能更好地负担后一项功能，即授权资本制。认缴制与授权资本制两种制度共存带来的张力比单一的认缴资本制大得多。遗憾的是，2023 年《公司法》仅针对股份有限公司规定了授权资本制，没有规定有限责任公司可以适用授权资本制；此外，它不再允许股份有限公司实行认缴制。这就导致授权资本制与认缴制并不能实现较好的结合。如何让两者完美结合，应当作为未来修改公司法的关注点。

模块三、热点、难点论辩

一、你赞成设立行为性质的哪一种学说？

论辩提示：

（1）关于设立行为的性质，有四种学说，即单独行为说、共同行为说、契约行为说和合并行为说。可分四个讨论小组，每组持一说。

（2）辩论的目的并非强求辩论者证明本组选择的学说正确，而是通过辩论开拓思路。

（3）本编"知识理论"模块中提到的两个前提，可供论辩参考。

二、设立时被冒名登记，如何救济被冒名的人？

论辩提示：

该问题宜分情形讨论。

第一种情形是，公司只有一名冒名股东，如何救济？

第二种情形是，公司包含有一名冒名股东，如何救济？

第三种情形是，公司只有一名冒名股东，且已经过了5年的最长行政诉讼起诉期限，如何救济？

第四种情形是，公司包含有一名冒名股东，且已经过了5年的最长行政诉讼起诉期限，如何救济？

三、设立中公司经营行为的利润与责任应当归属于谁？

论辩提示：

（1）辩论区分为正方和反方，正方立论为"设立中公司经营行为的利润与责任归属于发起人"，反方立论为"设立中公司经营行为的利润与责任归属于公司"。

（2）这一辩题，立法上并无明文规定，但却是需要解决的实践问题。

（3）正反双方都可以从权责义利平衡的角度展开辩论。

（4）法律上比较明确的是，设立中的公司不能开展经营活动，只能从事与设立相关的行为，故需要注意的是，此论题与设立行为产生的债务由谁来承担的问题有区别。

四、其他值得论辩的问题

（1）有限责任公司股东人数能否突破50人的上限？

（2）章程规定"股东轮流担任法定代表人"是否有效？

（3）工商备案章程与公司内部章程不一致，应以哪个为准？

（4）公司章程中规定"退休或离职即退股"，这种规定是否有效？

（5）股份有限公司不再实行认缴制，是否会造成资本闲置？

（6）2023年修订前的《公司法》第28条第2款规定："股东不按照前款规定缴纳出资的，除应当向公司足额缴纳外，还应当向已按期足额缴纳出资的股东承担违约责任。"修订后的《公司法》第49条第3款把违约责任的内容删除，这是否意味着股东不需要承担违约责任？

◤ 模块四、项目任务（作业）

（1）模拟设立一家 5 名股东的有限责任公司

（2）模拟起草一份股份有限公司章程

（3）模拟起草一份股份有限公司发起人协议

第三编

公司资本、债与财会

第一章　公司资本

第一节　概述

一、概念与意义

（一）概念

资本，又称为股本，是投资人将财产的权属转移给公司并藉此获得公司股东成员资格和权益，这种财产即为资本。

（二）意义

（1）资本是公司得以成立并运营的物质基础。公司启动生产经营活动，有赖于注册资本。

（2）资本是公司承担财产责任的基本保障。尽管公司是以其全部财产而非全部资本对公司的债务承担责任，但确定和维持公司一定数额的资本，对于保障公司基本的债务清偿能力，具有重要的意义。

（3）资本是股东对于公司的永久性投资。在一般情况下，只有公司有可分配利润，股东才能从可分配利润中分得财产；公司没有可分配利润，股东则不能从公司取得财产，否则属于抽逃出资。只有在依法减资、回购或终结公司等特殊情形下，股东才能取回部分或全部所投资本。这是资本投资与借贷投资的显著区别，借贷投资本金可依约定收回。

二、类型

综合各国公司法，资本有如下这些下一位阶的概念：

（一）注册资本

注册资本指公司成立时注册登记的资本总额。将资本作为登记注册的重要事项，是很多国家公司法的通行做法，但一般都未明确使用"注册资本"的术语。我国是少有的在公司法中对"注册资本"进行明确界定的国家。注册资本是公司确定的资本规模，是责任资本，对外具有担保功能。

（二）发行资本

发行资本指公司已经发行并由股东认购的资本总额，包括实缴资本与待缴资本。发行资本与注册资本在金额上是同一的。

（三）认缴资本

认缴资本指股东承诺购买的公司已发行的资本。

（四）实缴资本

实缴资本指公司已发行、股东已承诺购买且已向公司缴纳的资本。如果发行的资本全部缴足，实缴资本即等于发行资本。

（五）待缴资本

待缴资本指公司已发行、股东已承诺购买但尚未向公司缴纳的资本。对于待缴资本，公司有权按法律和章程规定向股东催缴，股东有义务按规定缴纳。

三、与资产的联系和区别

（一）资产的概念

资产是公司实际拥有的全部财产，又称责任财产。《公司法》规定的"公司以其全部财产对公司的债务承担责任"，这里的"全部财产"，就是指公司的资产。

（二）联系

资本属于资产的组成部分。从财产来源看，公司的资产主要来自股东的出资即公司资本、公司负债（负资产）以及公司运营所得的收益。其中，公司资本是公司负债和公司运营的基础，进而构成公司资产的基础。

（三）区别

资产外延大于资本。在公司的资产负债表中，资产表现为负债与所有者权益之和。所有者权益又包括股本、资本公积金和未分配利润等。

四、从资本信用到资产信用

如前所述，公司的资产除了公司资本外，还包括公司对外的负债以及公司运营所得的收益等。公司成立后，随着公司生产经营活动的展开，公司的资产处于流动状态。公司盈利后，公司资产会多于公司资本；反之，则会少于公司资本。公司资本并不能实时准确反映公司的真实资产价值，资本虽然是公司承担责任的基础，对外具有一定的担保功能，但并不是直接的责任资产。

在我国公司法理论界和实务界，曾经认为公司资本是公司对外承担责任的基本保障，即公司的信用取决于公司资本的多寡，因而我国公司法的早期立法，实行的是严格的法定资本制。随着公司理论和实践的发展，人们逐步认识到，公司对外承担责任的范围，取决于公司资产，而不是公司资本。对公司信用的认识，也相应从资本信用转化为资产信用。这一观念的转变，带来了公司资本制度的一系列变革。2005 年、2013 年《公司法》关于公司资本制度的几次变革，都与此相关。

第二节 资本原则

公司资本制度在长期发展过程中，形成了若干基本准则。这些基本准则的集中体现，就是学界所称的"资本三原则"：资本确定原则、资本维持原则和资本不变原则。

一、资本确定原则

（一）概念

所谓"资本确定"，是指公司设立时，须在章程中对公司的资本总额作出明确的规定，并全部认足，否则公司不能成立。这里的资本总额，在我国公司法上即指注册资本额。

（二）要求

（1）章程必须明确规定注册资本总额。

（2）章程所规定的注册资本必须由股东认足。

（3）出资形式由法律确定。

二、资本维持原则

（一）概念

所谓"资本维持"，是指公司存续期间，应保持与其资本额相当的财产，以具体财产充实抽象资本。

（二）体现资本维持原则的规则

（1）禁止股东退股。公司成立后，股东不得抽逃出资。

（2）限制折价发行股份。股份可以平价发行或溢价发行，一般不允许折价发行。

（3）按规定提取和使用法定公积金。公司盈利后，在分配利润前，必须提取相应额度的法定公积金。法定公积金的首要作用是弥补公司的亏损。

（4）无盈利不分红。公司盈利首先应用于弥补公司的亏损。公司没有盈利，不得分配资产。

（5）限制回购股份。公司回购股份，必须满足法律规定的特定条件。

（6）禁止公司接受本公司股份做质押。

三、资本不变原则

（一）概念

所谓"资本不变"，是指资本一经确定，非经法定程序不得随意增减。

（二）与维持原则的关系

资本不变原则与资本维持原则的宗旨，都是防止资本总额减少，避免公司责任财产减少，从而保护债权人的利益。但两者的角度不同。资本维持原则是从公司资产与公司资本相吻合的角度防止公司资本的实质减少，资本不变原则是从维持资本额度不变角度防止公司资本的形式减少。二者相辅相成，共同维持资本的真正充实。

四、我国立法上体现"资本三原则"的规定

（一）体现资本确定原则的规定

（1）公司章程必须明确记载公司的注册资本（《公司法》第46、95条）。

（2）有限责任公司的注册资本即全体股东认缴资本总额，股份公司注册资本即为已发行的股本总额（《公司法》第47、96条）。

（3）特定行业的最低注册资本制（《公司法》第47、96条）。

（4）明确规定股东的出资形式（《公司法》第48、98条）。

（二）体现资本维持原则的规定

（1）公司成立后，股东不得抽逃出资（《公司法》第53条）。

（2）初始股东对非货币形式的出资承担差额填补连带责任（《公司法》第50、99条）。

（3）禁止折价发行股份（《公司法》第148条）。

（4）严格限制公司回购股份（《公司法》第89、162条）。

（5）明确法定公积金的提取和使用（《公司法》第210、211条、214条）。

（6）公司在弥补亏损、提取法定公积金之前，不得向股东分配利润（《公司法》第210条）。

（7）禁止公司接受本公司股份做质押（《公司法》第162条）。

（三）体现资本不变原则的规定

对公司的减资行为，《公司法》进行了严格的规制（《公司法》第224、225、226条）。

第三节 资本形成制度

公司的资本是通过股东的出资而形成的。各国公司法对资本的形成方式有不同的设计，由此产生了法定资本制、授权资本制和折中资本制三种不同类型的资本形成制度。

一、法定资本制

（一）概念

法定资本制，是指公司设立时，必须符合法定最低资本限额要求，同时章程须明确规定资本总额，且一次性发行和认足，否则公司不得成立。

（二）主要内容

（1）公司设立时，章程明确规定资本总额（无形资产出资往往有比例限制）。

（2）公司设立时，资本一次性全部发行，并由股东、发起人全部认足。

（3）资本认足后，各认购人应根据发行规定缴纳认购款。

（4）公司成立后，未通过股东会决议及修改章程等法定程序，不得增资。

（5）法律明确规定公司设立必须符合最低出资数额要求。

二、授权资本制

（一）概念

授权资本制，是指公司设立时，章程载明资本总额，但不必一次性发行和认足，公司即可成立，其余部分授权董事会择机发行。立法上采取授权资本制有利于降低增资成本。2023 年《公司法》就股份有限公司规定了授权资本制。

（二）主要内容

一般而言，授权资本制包括如下内容：

（1）公司设立时，章程明确规定资本总额。

（2）资本总额不必一次发行和认足。

（3）第一次发行和认缴没有比例和数额限制。

（4）其余资本发行和认缴授权董事会决议，无须股东会决议及变更公司章程（授权资本制的核心）。

（5）章程载明的资本总额是公司预计取得的资本总额而不是责任资本总额，只有公司已经发行、股东已认购的资本总额才是责任资本总额。

2023 年《公司法》设置了授权资本制的有关规定。该法第 152 条规定："公司章程或者股东会可以授权董事会在三年内决定发行不超过已发行股份百分之五十的股份。但以非货币财产作价出资的应当经股东会决议。董事会依照前款规定决定发行股份导致公司注册资本、已发行股份数发生变化的，对公司章程该项记载事项的修改不需再由股东会表决。"第 153 条规定："公司章程或者股东会授权董事会决定发行新股的，董事会决议应当经全体董事三分之二以上通过。"

三、折中资本制

折中资本制是在扬弃法定资本制和借鉴授权资本制的基础上设计的公司资本形成制度，又分为折中授权资本制和许可资本制等类型。

（一）折中授权资本制

折中授权资本制，是指公司设立时，章程载明资本额，首次发行、认购部分资本，公司即可成立，未发行部分授权董事会根据需要发行，但首次发行和认足的资本额不得低于法定比例。

（二）许可资本制

许可资本制，是公司设立时，章程载明公司资本额，并一次性全部发行、认足，公司方可成立；同时，公司章程可以授权董事会在公司成立后一定期限和一定比例范围内，无须股东会决议和变更公司章程，即可发行新股，增加资本。许可资本制也有利于降低增资成本。

四、资本形成制度的基本原理

资本，是股东与公司投资关系的客体，也是对外承担责任的基础财产。随着资本市场的发展，章载资本、发行资本与责任资本须一致的法律要求，越来越不合时宜，这种要求既会导致资本配置效率低下，又不能灵活适应公司、股东、管理层和债权人之间形成的不同经济关系。基于市场配置资本资源的效率价值需要，市场上逐步衍生了包容性越来越大的资本形成方式：如允许章载资本大于发行资本即责任资本，授权董事会择机发行章载资本的其余部分，在一定程度上减少了不必要的增资成本；又如允许发行资本（即股东认购的责任资本总和）大于实收资本，在一定程度上既减少了增资成本，也避免了资金闲置、提升了资本的利用效率，又不至于损害公司信用和债权人利益；甚至还允许董事会在章载资本之外增发资本，既在一定程度上减少了增资成本，又能进一步扩大股东与董事之间契约自由的范围。资本是商品，这种商品的形成方式，只要不损害底线公平又能提高经济效率，立法者宜建立包容性强的资本形成制度，尊重市场主体的自主选择，让市场在资本形成方式中真正起主导作用。

明白了资本形成制度的基本原理，就从根本认知上破解了认缴制下股东出资义务能否加速到期的难题，也能更好地理解授权资本制度的合理性，还能为未来进一步修改和完善资本形成制度提供理论基础。

五、资本缴纳制度

2023 年修订之前的《公司法》实行的是学界所称的"全面认缴制"，2023 年《公司法》对此作了较大修改，主要是：其一，股份有限公司的发起人应实缴出资（第 98 条）；其二，有限责任公司实行的是有确定缴纳期限的认缴制，即允许最长 5 年的认缴期，且明确规定是自公司成立之日起算（第 47 条第 1 款），即便是增资也如此（第 228 条第 1 款）；其三，明确了股东出资义务可因公司债务清偿不能而加速到期（第 54 条）。

关于新旧缴纳制度的衔接，《公司法》第 266 条第 2 款规定："本法施行前已登记设立的公司，出资期限超过本法规定的期限的，除法律、行政法规或者国务院另有规定外，应当逐步调整至本法规定的期限以内；对于出资期限、出资额明显异常的，公司登记机关可以依法要求其及时调整。具体实施办法由国务院规定。"

2023 年《公司法》资本缴纳制度的改革，被认为很大程度上回到了 2013 年修订前的《公司法》。此前司法实践中对出资责任加速到期的争论，以及此次只允许有限责任公司实行 5 年期认缴制的改革，这两个现象反映了学术界和理论界对资本的功能和形成机制尚无清晰认知。

第二章　股东出资

第一节　出资概述

一、概念

股东出资，是指出资人为获得股权，在公司设立或增资时依法向公司履行给付义务的行为。

二、法律意义

第一，出资是股东的约定义务和法定义务。股东违反出资义务，在公司成立前，应对其他股东承担违约责任；公司成立后，同时构成公司法上的违法行为。

第二，股东出资是公司资本的来源。公司资本来源于股东的出资，全体股东的实缴出资总和就是公司的实收资本总额。

第三，取得完整股权的对价。虽然股东只要认缴而不需要实缴即可获得股东资格，但要享有完整的股权，则一般须足额缴纳所认缴的资本。另外，一般来说股东的出资比例也决定了其股权的大小。

第四，获得责任豁免的基础。股东出资是其享受有限责任"特权"的前提条件，股东如未适当履行出资义务，则不能获得有限责任的庇护，且应在差额范围内对公司债务承担责任。

第二节　出资形式

在学理上，将出资形式分为典型出资形式和非典型出资形式。非货币出资必须具备两大条件：一是可以用货币估价，即具有价值上的可评估性；二是可以依法转让，即具有流通性。

一、典型出资形式

（一）货币

货币是最常见、最普通的出资形式。货币因为有确定的金额，不需要对资产价值进行评估，因此也是唯一不会引起争议的出资形式。货币往往也是最受欢迎的出资形式，因为有了货币，公司运营所需要的物质基础都可以购买。有些国家的公司法对货币资本占总资本的比例有一定要求。

（二）土地权

可转让可估价的土地权可以作为出资形式。我国实行土地公有制度，能够用于出资的不是土地所有权，而仅指土地使用权，包括建设用地使用权和土地承包经营权。其中，将划拨的建设用地使用权用于出资，会受到严格限制。另外，宅基地使用权一般也不可以用于出资。

（三）实物

"实物"是指民法上的物，包括动产和不动产。可以转让和评估作价的实物是重要的出资形式。用于出资的实物一般应是公司运营所需要的。实物出资需要股东将实物的所有权转移给公司，实物的权属转移遵循物权变动规则。实物的价值需要评估，具体由出资股东之间协商确定（一般是针对初始出资而言），或出资股东与公司董事会协商确定（一般是针对后续出资而言）。

（四）知识产权

知识产权出资是指知识产权所有人将能够依法转让的知识产权专有权或者使用权作价，投入目标公司以获得股东资格的一种出资形式。可以用于出资的知识产权，包括专利权、商标权、非专利技术、企业名称权和著作权中的财产权等。

二、非典型出资形式

以下几种出资形式为非典型出资形式，其中股权和债权两种出资形式得到了 2023 年《公司法》第 48 条的认可。

（一）股权

股权出资，即股东以其对另一公司的股权作为出资财产投入公司，以获得股东资格的一种出资形式。股权出资本质上属于股权的转让，是将股东对另一公司拥有的股权转让给公司。相对于其他现物出资形式，股权出资的特殊性在于其价值相对不稳定，需要参照公司净资产及证券市场上的行情确定。因此，以股权出资，通常需要对股权所属的公司进行资产评估与财务审计。

《公司法司法解释三》规定，出资人以其他公司股权出资，需符合下列条件：①出资的股权由出资人合法持有并依法可以转让；②出资的股权无权利瑕疵或者权利负担；③出资人已履行关于股权转让的法定手续；④出资的股权已依法进行了价值评估。作为出资形式的股权，在出售变现之前，其功能有限。

（二）债权

债权出资，指股东以其对第三人的债权转让给公司，以获得股东资格的一种出资形式。债权出资的特殊性在于其风险性和不确定性，如果债务人到期不能清偿债务，公司就不能获得预期的资本。股东以债权出资，股东们或公司应对债权的价值进行评估。一旦双方对出资债权的价值达成一致并完成出资，即使最终风险变为现实，债权不能实现，也应当认定出资真实、有效。作为出资形式的债权，在变现之前，其功能有限。

（三）其他用益物权

除了建设用地使用权和土地承包经营权外，我国特别法上规定的其他用益物权，如采矿权、取水权、渔业权等，也符合价值可评估和依法可转让两大条件，可以成为股东出资的标的。此外，公路收费权（经营权）等不动产收益权也可用于出资。

第三节　股东瑕疵出资的表现形式和法律责任

一、瑕疵出资的表现形式

瑕疵出资是指股东违反出资义务的行为，主要包括股东未履行出资义务、未全面履行出资义务和抽逃出资等三种表现形式。

股东未履行出资义务，是指股东根本未出资，主要包括以下情形：①拒绝出资，股东在认购、认缴后拒绝按约定出资；②出资不能，股东因客观原因无法履行出资义务；③虚假出资，股东宣称已出资，但事实上未出资，在性质上构成欺诈。

股东未全面履行出资义务，是指股东的出资不符合法律规定或当事人约定，主要包括以下情形：①部分履行，股东未足额缴纳出资；②迟延履行，股东未按约定或章程规定的期限履行出资义务；③狭义的瑕疵出资，包括出资财产存在质量瑕疵或权利瑕疵等。

抽逃出资，是指股东已经向公司履行出资义务之后，又通过违法手段将出资抽回，但仍保留股东身份和原有出资数额的行为。《公司法司法解释三》第 12 条规定："公司成立后，公司、股东或者公司债权人以相关股东的行为符合下列情形之一且损害公司权益为由，请求认定该股东抽逃出资的，人民法院应予支持：（一）制作虚假财务会计报表虚增利润进行分配；（二）通过虚构债权债务关系将其出资转出；（三）利用关联交易将出资转出；（四）其他未经法定程序将出资抽回的行为。"

股东瑕疵出资的，需承担相应的民事责任、行政责任和刑事责任。

二、瑕疵出资的法律后果

（一）瑕疵出资的民事责任

1. 瑕疵出资股东对公司的资本充实责任和损害赔偿责任

关于违约股东对公司的资本充实责任，《公司法》第 49 条和第 99 条规定，有限责任公司的股东和股份有限公司的发起人，未按照公司章程的规定缴足出资的，对公司负有补缴的责任。《公司法》第 50 条和第 99 条规定，公司成立后，发现作为设立公司出资的非货币财产的实际价额显著低于公司章程所定价额的，应当由交付该出资的股东和发起人补足其差额。《公司法》第 53 条和第 107 条规定，股东抽逃出资，对公司负有返还的责任。

股东的瑕疵出资行为给公司造成其他损失的，理应承担该损失。股东要承担其他损失的明文规则主要见于《公司法司法解释三》第 6、13、14 条规定。第 6 条针对股份有限公司认股人延期缴纳股款造成损失作出规定，第 13、14 条针对瑕疵出资造成利息损失作出规定。虽然明文规则不多、不全，但这并不意味着瑕疵出资股东的赔偿责任仅限于司法解释有明文规定的损失，依契约法和侵权法需要承担的损失自然要承担。

2. 瑕疵出资股东对其他股东的违约责任

2023 年修改前的《公司法》第 28 条第 2 款和第 83 条第 2 款均规定了瑕疵出资股东的违约责任。2023 年《公司法》不再作相关规定。

3. 相关主体对公司债权人的损害赔偿责任

股东的瑕疵出资行为，除了损害公司和其他股东的利益外，也会损及公司债权人的利益。在公司现有资产不足以清偿到期债务时，公司债权人有权请求瑕疵出资的相关主体在公司债务不能清偿的范围内承担补充赔偿责任。这些相关主体包括瑕疵出资的股东、发起人、失职高管以及失职的中介机构。

《公司法司法解释三》第 13 条的第 2、3、4 款分别规定了瑕疵出资的股东、其他发起人、失职高管的补充赔偿责任："公司债权人请求未履行或者未全面履行出资义务的股东在未出资本息范围内对公司债务不能清偿的部分承担补充赔偿责任的，人民法院应予支持；未履行或者未全面履行出资义务的股东已经承担上述责任，其他债权人提出相同请求的，人民法院不予支持。股东在公司设立时未履行或者未全面履行出资义务，依照本条第一款或者第二款提起诉讼的原告，请求公司的发起人与被告股东承担连带责任的，人民法院应予支持；公司的发起人承担责任后，可以向被告股东追偿。股东在公司增资时未履行或者未全面履行出资义务，依照本条第一款或者第二款提起诉讼的原告，请求未尽公司法第一百四十七条第一款规定（注：2023 年修订前的《公司法》，2023 年《公司法》第 189、190 条）的义务而使出资未缴足的董事、高级管理人员承担相应责任的，人民法院应予支持；董事、高级管理人员承担责任后，可以向被告股东追偿。"

《公司法》第 257 条第 2 款规定了中介机构的赔偿责任："承担资产评估、验资或者验证的机构因其出具的评估结果、验资或者验证证明不实，给公司债权人造成损失的，除能够证明自己没有过错的外，在其评估或者证明不实的金额范围内承担赔偿责任。"

4. 瑕疵出资导致的股东失权

2023 年《公司法》新增了一项民事法律后果，即股东失权。该法第 52 条规定："股东未按照公司章程规定的出资日期缴纳出资，公司依照前条第一款规定发出书面催缴书催缴出资的，可以载明缴纳出资的宽限期；宽限期自公司发出催缴书之日起，不得少于六十日。宽限期届满，股东仍未履行出资义务的，公司经董事会决议可以向该股东发出失权通知，通知应当以书面形式发出。自通知发出之日起，该股东丧失其未缴纳出资的股权。依照前款规定丧失的股权应当依法转让，或者相应减少注册资本并注销该股权；六个月内未转让或者注销的，由公司其他股东按照其出资比例足额缴纳相应出资。

股东对失权有异议的，应当自接到失权通知之日起三十日内，向人民法院提起诉讼。"根据该法第 107 条规定，该规则同样适用于股份有限公司。

根据前述规定，股东失权须符合以下要件：第一，股东未按照章程规定的日期缴纳出资；第二，公司向股东书面进行过催缴；第三，催缴通知给予的宽限期届满；第四，宽限期届满后须书面通知股东丧失其未缴纳出资的股权。需要注意的是，股东失权制度并不免除其所有瑕疵出资责任，若失权之前公司已经不能清偿债务，失权股东仍负有出资责任。

（二）瑕疵出资的行政责任

1. 虚假出资的行政责任

《公司法》第 252 条规定："公司的发起人、股东虚假出资，未交付或者未按期交付作为出资的货币或者非货币财产的，由公司登记机关责令改正，可以处以五万元以上二十万元以下的罚款；情节严重的，处以虚假出资或者未出资金额百分之五以上百分之十五以下的罚款；对直接负责的主管人员和其他直接责任人员处以一万元以上十万元以下的罚款。"

值得注意的是，《公司法》第 251 条与第 252 条都规定了直接负责的主管人员和其他直接责任人员的行政责任，但两个条文中前述人员承担责任的前提不同，第 251 条承担责任的前提是情节严重，而第 252 条不需要情节严重，因为第 251 条"情节严重"前用的是句号，而第 252 条"情节严重"前用的是分号。

2. 抽逃出资的行政责任

《公司法》第 253 条规定："公司的发起人、股东在公司成立后，抽逃其出资的，由公司登记机关责令改正，处以所抽逃出资金额百分之五以上百分之十五以下的罚款；对直接负责的主管人员和其他直接责任人员处以三万元以上三十万元以下的罚款。"

（三）瑕疵出资的刑事责任

我国《刑法》第 158 条、第 159 条分别规定了虚报注册资本罪、虚假出资罪和抽逃出资罪等罪名。2014 年出台的全国人民代表大会常务委员会《关于〈中华人民共和国刑法〉第一百五十八条、第一百五十九条的解释》，明确了这两个条文仅适用依法实行注册资本实缴登记制的公司，对于普通公司来说，瑕疵出资不再承担刑事责任。

第三章　公司债券

第一节　概述

一、概念与特征

（一）概念

按我国公司法的规定，公司债券是指公司依照法定程序发行、约定在一定期限还本付息的有价证券。

（二）特征

（1）公司债券是有价证券。

（2）公司债券是表彰债权的证券。

（3）公司债券是要式证券。

（4）公司债券是可流通证券。

（5）公司债券属于公司债务的一种类型。

二、分类

（一）公开发行公司债券与不公开发行公司债券

此种分类以公司债券的发行方式为标准。我国证券法规定，向200人以下的特定对象发行的债券是不公开发行公司债券，向200人以上的特定对象或向不特定对象公开发行的是公开发行公司债券。2023年《公司法》第194条明确了公司债券可以公开和非公开发行。

（二）记名公司债券与无记名公司债券

此种分类以债券是否记载持有人的姓名、名称为标准。发行无记名公司债券的，只需要在公司债券持有人名册上载明债券总额、利率、偿还期限和方式、发行日期及债券的编号，而发行记名公司债券的，还应当在公司债券持有人名册上载明持有人姓名、名称、住所等事项。2023年《公司法》取消了无记名债券。

（三）可转换公司债券与不可转换公司债券

此种分类以债券能否转换为股份为标准。2023年修订前的《公司法》只规定了上市公司经股东会决议可以发行可转换公司债券。2023年《公司法》第202条规定："股份有限公司经股东会决议，或者经公司章程、股东会授权由董事会决议，可以发行可转换为股票的公司债券，并规定具体的转换办法……发行可转换为股票的公司债券，应当在债券上标明可转换公司债券字样，并在公司债券持有人名册上载明可转换公司债券的数额。"与此对应，不可转换公司债券则不可转换为公司股份。

第二节　公司债券的发行、转让、债券持有人会议以及债券托管

一、发行

（一）发行主体

1993年出台的《公司法》曾经限制多数有限责任公司发行公司债券的能力，现行公司法修改了这一规定。也就是说，只要符合现行《公司法》和《证券法》等规定的发行条件，任何公司都可以发行公司债券。

（二）发行条件

《公司法》规定，公司债券的发行和交易应当符合《证券法》等法律、行政法规的规定。

（三）发行程序

1. 申请注册

《证券法》规定，申请公开发行公司债券，必须依法报经国务院授权的部门或者证券监督管理机构注册。2023年《公司法》第195条第1款也规定："公开发行公司债券，应当经国务院证券监督管理机构注册，公告公司债券募集办法。"

2. 发行公告

《证券法》规定，债券发行申请经注册后，发行人应当按规定在发行前公告公开发行募集文件，并将该文件置备于指定场所供公众查阅。

3. 公开发行

《证券法》规定，发行证券需通过有承销资格的证券公司以代销或包销方式向社会公开发行。

4. 登记结算

发行债券应交由证券登记结算机构登记结算。《公司法》规定，记名债券的登记结算机构应建立债券登记、存管、付息、兑付等相关制度。

二、转让

公司债券的转让，是公司债券可流通性的体现。《公司法》第 200 条规定："公司债券可以转让，转让价格由转让人与受让人约定。公司债券的转让应当符合法律、行政法规的规定。"

三、债券持有人会议

2023 年《公司法》新增了债券持有人会议相关规定，该法第 204 条规定："公开发行公司债券的，应当为同期债券持有人设立债券持有人会议，并在债券募集办法中对债券持有人会议的召集程序、会议规则和其他重要事项作出规定。债券持有人会议可以对与债券持有人有利害关系的事项作出决议。除公司债券募集办法另有约定外，债券持有人会议决议对同期全体债券持有人发生效力。"

四、债券托管

2023 年《公司法》新增了债券托管相关规定，该法第 205 条规定："公开发行公司债券的，发行人应当为债券持有人聘请债券受托管理人，由其为债券持有人办理受领清偿、债权保全、与债券相关的诉讼以及参与债务人破产程序等事项。"第 206 条规定："债券受托管理人应当勤勉尽责，公正履行受托管理职责，不得损害债券持有人利益。受托管理人与债券持有人存在利益冲突可能损害债券持有人利益的，债券持有人会议可以决议变更债券受托管理人。"

第三节 可转换公司债券

一、可转换公司债券的法律特征

除前述公司债券的基本特征外，可转换公司债券还具有以下独有特征：

（一）主体的限定性

2023 年修订之前的《公司法》第 161 条仅明确规定了上市公司可转换公司债券的发行，2023 年《公司法》第 202 条则规定"股份有限公司经股东会决议，或者经公司章程、股东会授权由董事会决议，可以发行可转换为股票的公司债券"，扩大了发行可转换债的主体范围，但仍限于股份有限公司可以发行可转换债券。

（二）利益结构的复合性

可转换公司债券承载的权利具有复合性，即同时承载债权、股权和期权，是一种利益结构复杂的复合型证券。

（三）较强的投机性

发行公司经营状况向好时，投资者通过换股或出售债券，可以获得较高的回报；发行公司经营状况变差时，投资收益低于公司债券，投资者就不会选择债转股。

（三）较高的风险性

发行公司经营业绩越好，转股比例越高，还本付息的压力越小；反之，发行公司经营业绩越差，转股比例越低，还本付息的压力越大。

（五）法律规制的严格性

可转换公司债券的发行、交易与转换，由于关涉债券与股票两个证券市场，故受到比普通公司债券更为严格的法律规制。

二、转换

（一）转换权

《公司法》第 203 条规定："发行可转换为股票的公司债券的，公司应当按照其转换办法向债券持有人换发股票，但债券持有人对转换股票或者不转换股票有选择权。法律、行政法规另有规定的除外。"转换权就是债券持有人享有的对转换股票或者不转换股票的选择权。

（二）转换期

债券持有人应当在债券发行时确定的转换期内行使转换权。如到期未转换，则转换权消灭。

（三）转换的法律效果

债券持有人一旦在转换期内行使转换权，则可将公司债券转换为公司股票，债券持有人转换为公司股东，发行公司与持有人之间的债权关系转换为股权法律关系。对发行公司来说，公司负债随之减少，公司股份和实收资本相应增加，财务结构随之改变。

第四章　公司财务会计

第一节　公司财务会计制度

一、基本规定

公司财务会计，是指以货币形式，对公司在一定会计期间内的生产经营活动和财务状况进行全面系统地核算和监督，为公司管理者和其他利害关系人定期提供财务信息的活动。我国公司法对公司财务会计作了以下基本规定：

（一）建立财务会计制度

《公司法》第207条规定："公司应当依照法律、行政法规和国务院财政部门的规定建立本公司的财务、会计制度。"

（二）编制与审计财务会计报告

《公司法》第208条规定："公司应当在每一会计年度终了时编制财务会计报告，并依法经会计师事务所审计。财务会计报告应当依照法律、行政法规和国务院财政部门的规定制作。"

（三）会计报告需报股东知晓

《公司法》第209条规定："有限责任公司应当按照公司章程规定的期限将财务会计报告送交各股东。股份有限公司的财务会计报告应当在召开股东会年会的二十日前置备于本公司，供股东查阅；公开发行股份的股份有限公司应当公告其财务会计报告。"

（四）依章程聘用、解聘承办审计业务的会计师事务所

《公司法》第215条规定："公司聘用、解聘承办公司审计业务的会计师事务所，按照公司章程的规定，由股东会、董事会或者监事会决定。公司股东会、董事会或者监事会就解聘会计师事务所进行表决时，应当允许会计师事务所陈述意见。"

（五）确保会计资料真实、完整，不得另立会计账簿

《公司法》第 216 条规定："公司应当向聘用的会计师事务所提供真实、完整的会计凭证、会计账簿、财务会计报告及其他会计资料，不得拒绝、隐匿、谎报。"第 217 条规定："公司除法定的会计账簿外，不得另立会计账簿。对公司资金，不得以任何个人名义开立账户存储。"

（六）公司会计行为违法的法律责任

《公司法》第 254 条规定："有下列行为之一的，由县级以上人民政府财政部门依照《中华人民共和国会计法》等法律、行政法规的规定处罚：（一）在法定的会计账簿以外另立会计账簿；（二）提供存在虚假记载或者隐瞒重要事实的财务会计报告。"与 2023 年修订之前的《公司法》相比，新《公司法》删除原第 203 条的规定，即删除了未依法提取法定公积金的行政责任。

二、制度意义

对股东来说，规范化的公司财务、会计制度，建立了股东顺畅获得公司经营情况的信息获取渠道，保障了股东的知情权，有利于股东监督和维护自身利益。对债权人来说，一方面公司财务、会计制度禁止公司在弥补亏损、提取法定公积金之前进行利润分配；另一方面规范化的公司财务、会计制度所提供的公司经营信息也有助于债权人准确评估公司信息状况，从而采取预防措施维护自身利益。对社会公众来说，规范化的公司财务、会计制度为其进行投资、交易，提供了决策参考。《公司法》明确规定，向社会公开发行新股的公司，必须公告其财务会计报告。对公司管理者来说，规范化的公司财务、会计制度能确保公司管理者忠实、勤勉履行其管理职责。对政府部门来说，规范化的公司财务、会计制度能确保公司经营相关监管部门和财税部门准确把握公司经营情况，切实发挥监管与财税征收职能。

三、财务会计报告的构成

在公司实务中，公司财务会计的载体主要是公司财务会计报告，由资产负债表、利润表、现金流量表、所有者权益变动表等组成。上述四表中列示的项目，有些需要进行详细说明和明细展示，构成每个报表的附注。

资产负债表是根据"资产＝负债+所有者权益"这一恒等式，将公司在某一特定日期（通常为各会计期末）的资产、负债和所有者权益进行分类、分

项列示编制而成的主要会计报表。资产负债表反映公司在某一特定日期静态的财务状况，学理上称为静态会计报表。

利润表也称损益表，是根据"收入-费用=利润"这一公式，将各项收入、费用及构成利润的各个项目分类分项列示，反映公司一定会计期间经营成果的报表。利润表体现了公司在一定期间的动态经营状况，学理上称为动态会计报表。

现金流量表是反映一定会计期间现金和现金等价物流入和流出的报表。现金流量表是公司财务健康的重要标志。如果公司的现金储备不能清偿到期债务，就可能进入破产程序，关系公司的生死存亡。

所有者权益变动表是反映一定会计期间构成所有者权益的各组成部分增减变动情况的报表。所有者权益变动表关系到股东的切身利益，也是潜在投资者对公司投资价值作出评估的重要参考。

第二节　公积金制度

一、概念和特征

（一）概念

公积金是指公司根据法律和章程的规定，从公司盈余或资本中提取，用于弥补亏损、扩大生产或增加资本的储备资金。

（二）特征

1. 来源法定

公积金可以分为资本公积金和盈余公积金，前者一般来源于股东出资时应纳入公积金的部分，后者从公司盈余中提取而来。

2. 程序合法

公积金的提取以及使用，必须符合法律和章程的规定。

3. 用途特定

公积金只能用于弥补公司的亏损、扩大公司生产经营或者转增为公司资本，其中资本公积金不得用于弥补公司的亏损。

二、提取

（一）盈余公积金

盈余公积金是从公司盈余中提取的储备资金，根据提取方式的不同，可分为法定公积金和任意公积金。

法定公积金是基于法律的规定而强行提取的公积金。《公司法》第210条第1款规定："公司分配当年税后利润时，应当提取利润的百分之十列入公司法定公积金。公司法定公积金累计额为公司注册资本的百分之五十以上的，可以不再提取。"《公司法》第210条第2款规定："公司的法定公积金不足以弥补以前年度亏损的，在依照前款规定提取法定公积金之前，应当先用当年利润弥补亏损。"

任意公积金是公司在提取法定公积金后，根据公司章程或股东会决议而特别提取的公积金。《公司法》第210条第3款规定："公司从税后利润中提取法定公积金后，经股东会决议，还可以从税后利润中提取任意公积金。"

（二）资本公积金

资本公积金是依照法律规定，将出资人缴纳出资的溢价或公司发行股份所获得的溢价，列入资本公积账户的储备基金。《公司法》第213条规定："公司以超过股票票面金额的发行价格发行股份所得的溢价款、发行无面额股所得股款未计入注册资本的金额以及国务院财政部门规定列入资本公积金的其他项目，应当列为公司资本公积金。"其中的"其他项目"主要包括：法定财产重估增值、资本汇率折算差额、接受现金捐赠、股权投资准备、拨款转入等。

三、使用

（一）弥补亏损

《公司法》第214条第1、2款规定："公司的公积金用于弥补公司的亏损、扩大公司生产经营或者转为增加公司注册资本。公积金弥补公司亏损，应当先使用任意公积金和法定公积金；仍不能弥补的，可以按照规定使用资本公积金。"2023年修订前的《公司法》规定资本公积金不得用于弥补公司的亏损。

（二）扩大生产经营

公司扩大生产经营时，所需资金除了通过借贷、发行新股、债券等途径筹集外，也可以通过公积金转化这一途径筹集。

（三）转增资本

《公司法》第214条第3款规定："法定公积金转为增加注册资本时，所留存的该项公积金不得少于转增前公司注册资本的百分之二十五。"

第三节　利润分配制度及其改革

一、利润分配制度的意义

公司通过经营活动获得收益并将该收益分配给股东，是公司营利性特征的体现，也是股东投资的目的所在，《民法典》第76条表达了这个意思。如果股东不能从公司盈利中获得相应的投资回报，股东就失去了投资的动力，公司的存在和发展也就失去了根基。但是，公司进行利润分配意味着公司财产的减少，从而影响了公司债权人的利益。平衡公司股东与公司债权人之间的利益冲突，是公司利润分配制度的基本功能。

二、分配原则

我国公司法对利润分配确立了如下基本原则：

（一）无盈利不分配

利润分配必须以公司盈利为前提，没有盈利不得分配。不过，需要指出的是，"会计政策的可选择性"和"会计估计的不可靠性"为企业提供了很大的利润"调节"空间，如固定资产折旧、无形资产摊销、无形资产计量、计提坏账准备、长期股权投资计量、商誉计量等，这些会计估量方式的改变均会对利润结果产生影响。由于调节空间较大，也极易出现财务造假虚构利润的现象，如獐子岛扇贝逃跑事件、参仙源财务造假事件。

（二）公司不得向自己分配利润

公司有时基于实际需要会临时持有本公司股份，但公司在分配利润时不得向自己分配利润。

（三）按股分红

我国《公司法》规定有限责任公司的股东按照实缴的出资比例分取红利，

股份有限公司按照股东持有的股份比例分取红利。同时，公司可以依据章程或股东会决议对瑕疵出资股东的利润分配请求权作出合理限制。

（四）同股同利、优股优先

同股同利是指同一种类的股份应该分配相同的股利，优股优先是指优先股在股利分配上优先于普通股。

三、分配形式

（一）现金分配

现金分配又称派现，是指公司以现金形式向股东派发股利。现金分配是最常见的股利分配方式，也是最受欢迎的股利分配形式。

（二）股份分配

股份分配包括派送股票和股份分割两种。派送股票，是指公司以发行新股的方式分配股利，俗称"派股""送股"；股份分割，是指按照一定比例降低股票面值从而增加股份的数量。

（三）财产分配

财产分配是公司以现金和股份以外的公司财产向股东分配股利。这些公司财产包括公司持有的证券和公司所有的实物等。

（四）负债分配

负债分配是公司以发行债券或者应付票据的形式向股东分配股利。股东获得债券或应付票据时，即享有对公司的债权。

（五）股份回购

公司通过股份回购能够间接达到分配股利的目的。股份回购后，股东持有的股份权益保持不变，但股东却得到了股份回购价款。

四、分配实施的时限

2023年《公司法》新增了实施分配时限的规定："股东会作出分配利润的决议的，董事会应当在股东会决议作出之日起六个月内进行分配。"（《公司法》第212条）

五、违法分配利润的法律后果

我国《公司法》第211条规定："公司违反本法规定向股东分配利润的，

股东应当将违反规定分配的利润退还公司；给公司造成损失的，股东及负有责任的董事、监事、高级管理人员应当承担赔偿责任。"与 2023 年修改之前的《公司法》第 166 条第 5 款相比，除改动了退还分配款的前提外，还新增了违法分配利润的责任主体及赔偿责任等内容。原来的前提强调"股东会、股东大会或者董事会违反前款规定，在公司弥补亏损和提取法定公积金之前向股东分配利润的"，2023 年改为"公司违反本法规定向股东分配利润的"。虽然从表面文义上看，修改前的前提条件限定得更窄，修改后的前提条件涵盖了修改前的前提条件，但本书认为，这一修订应当这样解释：该分配款退还规则意在保护债权人利益，当公司的分配行为损害了公司债权人利益，公司和债权人有权要求股东退还；若不损害债权人利益，仅涉及公司内部利益纷争，则公司不必然有权要求退还。对内而言，过于强调公司的独立人格，将公司抽象化，并不科学合理。

六、利润分配制度的改革

这里的改革，是指全球市场国家应对目前通行的以多数决为要义的利润分配制度进行改革。

罗伯特·C. 克拉克（美国）明确指出利润分配纠纷是公司法上"最困难的冲突类型"，李哲松（韩国）则一针见血地指出公司法上的利润分配制度是"如此不分派的不公平之制度"。本书认为，公司法上的利润分配制度是造成发达国家中产阶层塌陷的关键法律原因，也是影响我国橄榄型社会结构形成的重要法律因子。

从权利的角度来看，世界通行的分红权设置违反了权利的基本逻辑：分红权是实在法中不多见的、义务主体意志超越权利主体意志的"权利"，从而使得股东分红权既不平等也不能获得有效救济。分红权是股权投资者的目的性权利，其在股权投资者权利体系中应处于核心地位，其他权利都应围绕着分红权展开，公司法上所提到的选择管理者的权利和参与经营管理的权利（两者均属于参与性权利），都应服从和服务于分红权。综观世界各市场国家公司法立法，或有在宣示性条款中将分红权列为目的性权利的做法，但在权利实现的具体条款上，几乎无一例外要求通过表决权这种参与性权利去实现投资目的，这就把本应当具有契约属性的交易法上的权利，设置成了具有服从属性的组织法上的"权利"。公司多数派或控制人藉此获得了掌控利润的权力（也极大地助长了缺乏正当性的控制权交易）。从整个社会经济结构来看，以多数决为要义的利润分配制度，使得中产阶层从牙缝里挤出的余粮，也变成了大资本的囊中物。

由此看来，世界范围内的利润分配制度改革，理应是未来全球市场国家公司法改革的重点。改革的基本方向应是，让资本与利润的关系回归到交易关系，让市场真正起到配置可分配利润的主导作用。

模块二、案例分析

案例 1：未届出资期限，股东是否要对公司债务承担连带责任

（案例改编于文化公司诉刘某、陈某、朱某等股东出资纠纷案，
北大法宝引证码：CLI. C. 431508042；[2021] 最高法民申 1080 号案；
[2019] 最高法民终 230 号案；[2021] 苏 01 民终 5473 号案）

提要

根据资本的逻辑，不管是在破产情形下，还是在非破产情形下，只要公司不能清偿到期债务，发起人股东和现有股东均负有加速出资责任；过手股东若能证明其持股期间公司的成本和负债与公司债务不能清偿之间没有因果关系，可以免责。

案情

2015 年 9 月 9 日，朱某、季某、马某、许某作为发起人设立文化公司，注册资本 500 万，每人认缴出资 125 万元，出资时间为 2045 年 8 月 28 日。2016 年 12 月 23 日，经股权转让，原股东退出，文化公司股东变更为刘某、佟某，刘某持股 95%，佟某持股 5%，出资时间仍为 2045 年 8 月 28 日。后经多次转让，刘某持股 76.5%，惠某持股 10%，陈某、王某、黄某分别持股 4.5%，出资时间仍为 2045 年 8 月 28 日，上述股权转让协议中均约定股权转让款为 0 元。2019 年 9 月 18 日，文化公司进入破产程序，经破产管理人核查，刘某、陈某、王某未履行出资义务，遂起诉主张刘某、陈某、王某出资

义务加速到期，朱某、季某、马某、许某和佟某对上述债务承担连带责任。

问题

文化公司的诉求能否得到支持？

裁判理由与结果

一审法院认为，法律上规定的"股东未履行或未全面履行出资义务"，其中的"股东"包括发起人和过手股东，遂判决支持文化公司的诉讼请求。二审法院认为，本案中，出资期限为 2045 年 8 月 28 日，公司四名发起人已于 2016 年 12 月 23 日转让股权，而佟某虽于 2016 年 12 月 23 日受让股权，但在出资届满及破产前已经将股权转让，不属于股东未履行或者未全面履行出资义务的情形，而法律、行政法规并未禁止股东在出资期限届满前转让股权，故对文化公司要求四名发起人朱某、季某、马某、许某及过手股东佟某承担连带责任的主张不应支持。

评析

为了能从基本原理上把握出资责任加速到期的问题，下文除讨论破产情形下发起人和过手股东是否要承担出资责任外，还讨论"非破产情形下"股东是否有加速出资的责任。在破产情形下，现有股东须承担加速到期的出资责任，因《破产法》第 35 条已有明确规定，自当不用多言。发起人股东和过手股东是否要承担连带出资责任？在非破产情形下，股东出资责任是否应加速到期？本书认为，不管是在破产情形下，还是在非破产情形下，也不论是否具备"破产原因"，只要公司不能清偿到期债务，现有股东和发起人均须承担出资责任，而过手股东是否承担责任，则要看过手股东持股期间的公司经营成本和负债情况。

2013 年修正的《公司法》确立了全面认缴制。不过，对于认缴制的基本原理和资本的经济逻辑，不管是学界还是实务界，迄今仍不清晰，以致 2023 年修订的《公司法》仍存在较大的修改空间。从资本的经济逻辑来看，有远见的投资者会做资本投资规划，投资者规划的资本只是投资规模的意愿表达，对外不具有拘束力，所以即便是投资资本规划已示人，也不需要就此规划资本额度对外承担责任。发起人或公司为了让公司获得责任财产，必须征集资本，这就是资本的发行。资本的发行，可以在公司设立时由股东确定发行全部规划资本；也可以只发行规划资本的一部分，而剩余部分授权公司董事日后根据公司发展需要发行，这种做法在一定程度上有利于免除日后增资的繁琐程序，降低增资成本。公司已发行的资本就是公司的责任财产，也是股东受到有限责任庇护的前提条件。股东一旦认缴了公司发行的资本，就负有充实资本的义务。不过，由于公司初创时期资金需求一般并不大，股东将所有认缴资本都实缴给公司，会造成资金的闲置，即经济资源配置的低效率。为了提高资本的利用效率，股东与公司之间可以约定：认缴的资本可以暂时不全部实际缴纳，先缴纳一部分，在公司需要时再缴纳。什么时间是"公司需要时"？一种做法是完全取决于公司的决定，这种做法可能会引起大股东或公司管理层滥用权力；另一种做法是由股东与公司商定。但不管采取哪种做法，它们都属于内部契约安排，不能对抗外部债权人，因为责任资本是发行资本而非仅限于实缴资本。所以，"公司需要时"的标准应由外部市场来确定，即当公司不能及时清偿外部债务时，股东应及时向公司缴纳出资。外部债权人在公司不能清偿其债权时，可以直接要求股东承担责任，因为股东对外之所以可以享受有限责任的庇护，前提条件是其足额支付了责任财产；反之，股东仅仅认缴了出资而未实缴出资，表明其责任出资并未到位，股东就不能享受有限责任和公司独立法律人格的庇护。前述应是资本制度立法的基本逻辑，就司法审判实践而言，只要是没有法律规定，或法律规定不明，或规定冲突的，应当以此逻辑作为断案的司法逻辑。需要提示的是，不少人拒绝承认公司法上的内外有别原则，认为立法机关将股东与公司之间约定缓缴出资这一契约行为方式上升为国家认可的通约性行为模式（即法律规范），就是赋予了股东对抗债权人的期限利益。这种观点有失偏颇。

明确了前述逻辑，就容易推导出，不管公司是否进入破产程序，只要公司未能清偿债务，现有股东均负有加速出资责任。至于已转让股权的发起人，由于发起人认缴了公司发行的资本，那么其对发行资本就负有缴足的义务，而且这种义务既是对公司的义务也是对债权人的义务，根据债权债务转让的基本原理，即便是允许这种义务在转让方与受让方之间转让，也不能对抗公司和债权人，所以尽管发起人股东已经转让股权，但仍应对其认缴的出资承担加速出资责任。对于过手股东而言，主要看其持股期间公司的经营成本或负债与债务不能清偿之间有没有因果关系，如果他能举证证明没有因果关系，则不用承担责任，反之则应承担责任。

2023 年《公司法》第 54 条确认了股东提前出资的规则。不过，关于公司有权要求股东提前出资的规则，仍有分情况优化的空间；公司与股东之间的出资关系，是公司内部契约关系，遵循契约原理，与债权人要求股东提前出资的原理存在根本区别。

案例2：公司支付对价的土地使用权能否算作股东出资

（改编于［2016］最高法民再357号案）

提要

股东承诺以尚未取得权证且未支付对价的土地使用权出资，后土地使用权证直接办理在公司名下且由公司支付对价。再审判决将公司支付对价的行为推定为代履行行为，进而认定股东已履行相应出资义务。此种裁判观点容易鼓励部分股东投机、损害其他股东利益，甚至损害债权人利益。

案情

乐澳公司、忆忠公司与澄海二建公司于1993年12月25日签订设立忆瑚公司的《中外合资协议》，协议约定乐澳公司以9.3亩土地使用权作价1333万港元，占股43%。1994年1月11日，忆瑚公司取得5.65亩土地使用权，1994年4月11日，忆瑚公司取得营业执照。忆瑚公司取得的5.65亩土地，原系惠城公司、乐生公司和陈某湖与南某县委宣传部签订的合同涉及的土地，该两家公司和乐澳公司的实际控制人均为陈某湖，该5.65亩土地在陈某湖的"运作"下办理到忆瑚公司名下。1994年12月20日，惠城公司与忆瑚公司签订合同，转让前者与南某县委宣传部签订的合同的权利和义务，约定由忆瑚公司向惠城公司支付后者前期投资费用185万元；当月底忆瑚公司支付了该185万元。

1995年3月31日，忆瑚公司记账凭证记载，乐澳公司交付5.65亩土地使用权，按实收资本人民币8 098 333元入账，并附有忆瑚公司出具的收到乐澳公司人民币8 098 333元的《收款收据》。1996年6月28日，忆瑚公司委托会计师事务所出具的《验资报告》载明，"截至1995年12月31日，乐澳公司已交付海滨路北侧 5.65 亩土地使用权，折合人民币 8 098 333 元，占认缴资本 1333 万港元的 60.74%"。对此，诉争前各股东均未表示过异议。

另查明：1993 年 12 月 17 日，南某县国有资产管理办公室出具证明，同意乐澳公司以 9.3 亩土地使用权参与合资经营忆瑚公司。前述 5.65 亩土地使用权从南某县委宣传部取得，根据相关协议的约定，应交付 4800 平米新建房、120 万元搬迁费和 68 万元的补偿费等作为对价。1999 年 10 月 19 日，忆瑚公司向南某县委宣传部交付 3300 平米新建房。2012 年 3 月 30 日，忆瑚公司召开董事会议，对乐澳公司在忆瑚公司的股东权利作出限制，忆忠公司、澄海二建公司的代表陈某波、陈某功、黄某波参加会议并在会议纪要上签名。会议结束后，忆瑚公司书面通知乐澳公司：因乐澳公司未履行出资义务，乐澳公司对忆瑚公司不享有利润分配请求权、新股优先认购权和剩余财产分配请求权等股东权利。2012 年 4 月 9 日，南某县人民政府作出《批复》，同意南某县委宣传部就原合同的有关条款与忆瑚公司进行协商，彻底解决文化大楼的遗留问题。2012 年 4 月 28 日，忆瑚公司与南某县委宣传部签订合同，约定由忆瑚公司支付 180 万元不足 4800 平米部分的补差、征地费 50 万元和拆迁补偿费 36 万元（2012 年 5 月 14 日支付完毕）。

忆瑚公司成立后，陈某湖任公司总经理，负责公司的日常经营管理，直到 2011 年 6 月 4 日，均由陈某湖方负责公司的日常经营管理。

2012 年 4 月 28 日，忆忠公司以乐澳公司未履行出资义务为由，请求法院确认：①乐澳公司未履行向忆瑚公司出资的义务；②乐澳公司不享有利润分配请求权等。

问题

忆瑚公司取得的 5.65 亩土地使用权是否属于乐澳公司履行出资义务？

裁判理由及结果

该案一、二审法院支持了忆忠公司的前述诉讼请求，再审法院则驳回了前述诉讼请求。案件的关键问题是忆瑚公司取得的该 5.65 亩土地使用权是否属于乐澳公司履行出资义务。对此，再审法院认为，尽管该 5.65 亩土地使用权的对价是忆瑚公司支付的，但忆瑚公司的支付行为应当是代乐澳公司履行支付义务。不能将股东履行出资义务的行为与因股东履行出资义务而对外支付对价的行为混淆。故忆珺公司取得该 5.65 亩土地使用权应属于乐澳公司履行出资义务的结果。至于代为履行后两者之间形成的债权，可另寻途径解决。关于忆珺公司支付给惠城公司的 185 万元，不能认定为忆珺公司直接从惠城公司取得 5.65 亩土地使用权，因为对外经济贸易部与原国家工商行政管理局联合发布的《中外合资经营企业合营各方出资的若干规定》第 5 条规定："合营各方未能在第四条规定的期限内缴付出资的，视同合营企业自动解散，合营企业批准证书自动失效……"根据该规定，若乐澳公司未履行出资义务，忆珺公司应自动解散，不可能继续经营并从第三方受让取得土地使用权。据此，一、二审法院认定乐澳公司未履行出资，属事实认定错误，应予纠正。

评析

从裁判文书推断，被告乐澳公司应是更愿意承担忆珺公司代履行后的追偿之债。这说明此种结果对其更有利，进而说明诉争时相应股权价值应是高于忆珺公司支付的土地使用权对价。这也是当事人纠纷的利益实质所在。再审法院支持被告的核心理由是，把忆珺公司支付 5.65 亩土地使用权对价的行为认定为代乐澳公司履行付款义务。此观点值得商榷：

第一，这种认定不符合民法上的法律行为基本原理。就如何得出这一认定结论，再审法院并没有给出清晰的推理。根据委托代理的基本原理，代履行的前提是基础委托关系，并取得授权后实施。代付行为的基础委托关系理应包含代付之债的处理问题。但通过判决文书，未见到存在基础委托关系，也未见到对代付之债如何处理的约定。相反，从后续支付有关对价的事实来看，乐澳公司并未主动去支付相应对价，而是忆珺公司与原权利人直接商定对价并作支付。从案情来看，若原权利人没有得到对价，不排除该土地使用权有可能被收回去的风险。所以，忆珺公司支付对价的行为，应认定是履行自己与原权利人之间土地使用权买卖合同义务的行为，退一步讲也顶多算是被迫的债务加入，而不应认定为代付行为。裁判文书中提到的忆珺公司向被告支付 185 万元，更进一步表明忆珺公司向原权利人付款的行为并不属于代付行为。更值得一提的是，若把此举认定为代付，即公司为股东负担巨额负债；公司为股东负担这种巨额负债，却没有公司决议，这既不符合法律规定，也不符合常理。

第二，这种认定容易损害资本维持原则和债权人利益。案涉 1996 年 6 月

2 日的《验资报告》载明被告股东已经履行了 5.65 亩土地使用权（价值 8 098 333 元）的出资义务，但事实上当时土地使用权仅登记在公司名下，对价尚未支付；且由于有被收回的可能，故对于公司而言，当时土地使用权的净值基本上为 0 元，该 8 098 333 元土地使用权资本价值实际上是虚置的。公司后来动用源于其他股东出资形成的资产去支付该土地价款，也不能改变该部分资本为虚置的事实。法院认定被告股东已经履行了 8 098 333 元的出资义务，违反资本维持原则。在公司对外负有不能清偿的外债的情况下，还会损害债权人的利益。

第三，这种认定会鼓励部分股东"空手套白狼"。再审裁判结果无疑是帮助被告降低了投资风险。这种裁判会起到鼓励部分股东，尤其是容易鼓励大股东、管理股东"空手套白狼"，对其他股东是不公平的。当然，假如其他股东同意部分股东"空手套白狼"，也无可厚非。但在没有比较强有力的证据证明其他股东同意部分股东"空手套白狼"的情况下，不应轻易认可这种空手套白狼的行为。

第四，这种认定有违诚实信用原则。当事人于 1993 年底签订合资协议，但直到 2012 年 4 月份诉讼发生时，均没有对公司进行任何性质的投资。从诚信角度讲，投资人早就该向公司支付款项。

案例3：微信账号能否作为公司出资的有效形式

（改编于卢某齐与宋某佳股东出资纠纷
上诉案，北大法宝引证码 CLI. C. 309357296）

提要

按照公司法的规定，公司股东以非货币财产出资，需满足可用货币估价、可依法转让且不违反法律法规强制性规定等要求。微信账号经运营产生商业价值，在账号注册人依法享有使用权，且使用权可依法转让的情况下，可以作为公司出资的有效形式。

案情

重庆自然客公司成立于2015年，卢某齐为公司法定代表人。2015年9月，卢某齐用本人身份证实名认证的手机号码注册并绑定"ziran-ke"微信账号。注册该微信账号时，卢某齐与腾讯公司签订腾讯微信软件许可及服务协议约定，微信账号的所有权归腾讯公司所有，使用权仅属于初始申请注册人，初始申请注册人不得许可他人使用微信账号。该账号申请成功后，用于自然客公司经营使用。

2018年1月，卢某齐与孙某等人建立自然客公司，并将然客公司微信公众号等有形、无形资产划归自然客公司所有，并由公司授权员工宋某佳使用。之后，宋某佳将微信账号绑定了其本人使用的手机号，并将案涉微信账号用于公司经营使用。

之后，卢某齐与自然客公司在合作中产生纠纷，自然客公司随后授权宋某佳，将案涉微信账号财付通账户绑定的卢某齐银行卡变更为宋某佳使用的银行卡，将财付通账户实名认证人和身份证号码均变更为宋某佳本人的信息。现案涉微信账号已被腾讯公司冻结。卢某齐认为宋某佳变更其微信账号的行为构成侵权，遂向法院起诉：请求判令宋某佳立即停止使用涉案微信账号，配合卢某齐完成微信账号"ziran-ke"相关注册信息更正。

问题

自然客公司变更微信账号"ziran-ke"的行为是否构成侵权？

裁判理由与结果

一审法院经审理认为，卢某齐使用案涉微信账号出资既不符合 2023 年修订之前《公司法》第 27 条规定的法定出资方式，也不满足公司法关于非货币出资"可评估作价+可依法转让"的条件，该出资实为案涉微信账号使用权的转移，自然客公司可以按照约定继续使用案涉微信账号。但在未取得卢某齐授权和同意的情况下，宋某佳根据公司授意变更案涉微信账号的实名认证信息，侵害了卢某齐作为原始使用者的权利，构成侵权。

一审宣判后，宋某佳不服提起上诉。二审法院经审理认为，卢某齐作为然客公司法定代表人，其以出资的方式向自然客公司转让微信账号使用权，属于当事人之间的真实意思表示，并未违反法律、行政法规的强制性规定。腾讯协议系腾讯公司与微信软件用户之间订立的民事合同，其内容仅能约束协议双方，对微信软件用户之间转让微信账号使用权的行为并无对抗效力。宋某佳作为自然客公司员工，在微信账号的使用权转移至自然客公司后，基于工作需要经公司授权更改案涉微信账号的实名认证信息，并未侵犯卢某齐的合法权益。遂撤销一审判决，驳回被上诉人卢某齐的诉讼请求。

评析

本案争议的关键点在于股东以微信账号使用权出资是否合法有效。对此，我国《公司法》规定非货币财产出资形式要满足"可以用货币估价+可以依法转让"两项要求。就可以用货币估价的条件而言，本案中，关于卢某齐以微信账号使用权出资并转移给自然客公司的行为，经公司内部股东协商一致确认同意，因此可推定公司股东实际认可了该账号具有一定商业价值。就可以依法转让的条件而言，本案中，卢某齐将自己为初始申请人的微信账号使用权转移给自然客公司，账号转移后公司员工宋某佳也完成了对微信账号认证信息的修改，并实际用于运营，该微信账号成为公司运营中的重要载体，据此可认定卢某齐已完成了将微信账号使用权转移给自然客公司的行为。综上，微信账号使用权实际已转移给自然客公司，自然客公司根据经营需要，对如何使用微信账号享有决定权和处分权，该使用行为并未侵犯卢某齐的合法权益。

案例4：约定的出资方式不符合 公司法的规定，该种约定是否有效

（改编于［2011］民提字第6号案；［2020］京03民终119号案）

提要

与民事主体资格难以分离的"资源"不是法律认可的出资客体，但相关"资源"对公司确实有价值，股东间约定在工商登记上以一方合法出资方式替代另一方的该种"资源"出资，该种约定是一种值得保护的可弥合法律规定与现实需求鸿沟的契约安排。

案情

启迪公司、豫信公司与国华公司协议设立科美公司用于创办某大学，《投资协议》约定：总投资7000万元，其中注册资本1000万元；启迪公司、豫信公司以教育资源出资，国华公司负责实际筹集该7000万元，启迪公司、豫信公司、国华公司的占有股权分别为55%、15%、30%。协议签订后，国华公司分别将550万元、150万元打入启迪公司、豫信公司账户，启迪公司、豫信公司再将该资金转入科美公司账户。

另外，投资协议还约定：在国华公司7000万资金收回完毕之前，公司利润按照启迪公司16%、豫信公司4%、国华公司80%分配；在国华公司7000万资金收回完毕后，三方股东按照出资比例分配，即启迪公司55%、豫信公司15%、国华公司30%。

在科美公司运行过程中，三名股东产生矛盾。国华公司向法院提起诉讼，称其履行了所有出资义务，但启迪公司与豫信公司未出资无权占有股权，出资比例与股权比例不一致的约定无效。故请求判令：科美公司的全部股权归国华公司所有。

问题

《投资协议》关于出资比例与股权比例不一致的约定是否有效？

裁判理由与结果

生效判决认为，股东认缴的注册资本是构成公司资本的基础，但公司的有效经营有时还需要其他条件或资源。因此，在注册资本符合法定要求的情况下，我国法律并未禁止股东内部对各自的实际出资数额和占有股权比例作出约定，这样的约定并不影响公司资本对公司债权担保等对外基本功能的实现，并非规避法律的行为，应属于公司股东意思自治的范畴。启迪公司、国华公司、豫信公司约定对科美投资公司的全部注册资本由国华公司投入，而各股东分别占有科美投资公司约定份额的股权，对公司盈利分配也作出特别约定。这是各方对各自掌握的经营资源、投入成本及预期收入进行综合判断的结果，是各方当事人的真实意思表示，并未损害他人的利益，不违反法律和行政法规的规定，属有效约定，当事人应按照约定履行。在《投资协议》签订后，国华公司分别将550万元、150万元打入启迪公司、豫信公司账户，启迪公司、豫信公司再将该资金转入科美公司账户。表明启迪公司、豫信公司已经履行了出资义务，故国华公司的诉求不应被支持。

评析

从案情来看，当事人之所以会在《投资协议》中作出出资比例与股权比例不一致的约定，盖因目前法律并没有承认诸如人脉资源、管理能力、信用之类的资源可以作为出资客体。注册资本具有担保功能，由于前述资源与民事主体的人身难以分离，对外很难起到担保作用，故法律上并不承认前述资源作为出资客体。但这些资源客观上有价值，对公司发展也有意义。如何来解决法律规定与现实需求的矛盾？实务界通常采取类似前述案例的这种内部约定来解决矛盾。这种内部约定是否合法有效，可以依公司法上的内外有别原则寻求合理答案。法律上赋予注册资本担保功能，主要是为了保护公司外部债权人的利益，由于与特定主体的身份不能分离的资源难以落实担保功能，所以对外登记的注册资本不能是这类资源。但其他股东自愿以法律上规定可以出资的财产替代拥有该类资源的股东履行出资义务，这种契约安排并不损害公司外部人的利益，还有助于弥合法律规定与现实需求的鸿沟，是值得认可和保护的商业行为方式。

案例5：恶意垫资的瑕疵出资，垫资人是否要承担连带责任

（改编于［2014］皖民二终字第00156号案）

提要

《公司法司法解释三》修订稿虽删除了垫资人连带责任规则，但若垫资人的行为符合侵权责任的构成要件，垫资人仍要承担相应侵权责任。

案情

2011年1月，吴某木与其他四人成立银润融资担保公司，因无资金，吴某木等五人商定借钱充当注册资本，待验资取得工商营业执照后，再将验资资金抽出归还借款。陆某楠明知五人的此种安排，仍从某典当行筹款9800万元并按五股东在公司中所占股份比例，汇入五人的账户中，再转至银润融资担保公司，成功验资后，再通过抵押担保、票据贴现等方式将资金转出。陆某楠为此收取了高额利息。

2011年12月26日，吴某木向黄某勇出具借条一份，载明："今向黄某勇借款人民币150万元整用于公司周转，将于2012年2月26日归还。借款人：吴某木，担保人：赵某军，借款日期：2011.12.26。"银润融资担保公司在借条上盖章。黄某勇通过银行转账方式将上述款项汇入吴某木个人账户。后因未能偿还借款，黄某勇向法院提起诉讼，要求陆某楠对借款及利息承担补充赔偿责任。

另查明：2013年10月12日，吴某木等五人及陆某楠被生效刑事判决确认犯虚报注册资本罪。

问题

陆某楠是否要对其协助虚假出资的行为承担补充赔偿责任？

裁判理由及结果

生效判决认为，陆某楠明知吴某木等人借款是为了取得公司工商登记，并在公司成立后抽逃出资，仍然出借款项，共同故意明显，且该事实已被生效刑事判决所确认，陆某楠也因此受到刑事处罚，故原判陆某楠连带承担吴某木等公司发起人因抽回出资而产生的相应责任，符合原《公司法司法解释三》第15条的规定。但自2014年3月1日起，《公司法司法解释三》删去了原第15条，并规定在该决定施行后尚未终审的股东出资相关纠纷案件适用该决定。因此，原审判决陆某楠连带承担发起人因抽回出资而产生的相应责任的法律依据，因公司法和相关司法解释的修改而没有法律依据，故陆某楠的此节上诉理由成立。

评析

原《公司法司法解释三》（2011年）第15条规定："第三人代垫资金协助发起人设立公司，双方明确约定在公司验资后或者在公司成立后将该发起人的出资抽回以偿还该第三人，发起人依照前述约定抽回出资偿还第三人后又不能补足出资，相关权利人请求第三人连带承担发起人因抽回出资而产生的相应责任的，人民法院应予支持。"该条后来被删除。前述案件的生效判决认为，《公司法司法解释三》修订后再要求垫资人承担连带责任，于法无据。不过，我们发现，在《公司法司法解释三》修订后，仍有生效裁判认为垫资人应承担连带责任，如［2016］苏民终1130号案和［2021］苏13民终2901号案裁判文书均持这种观点。

本书认为，不能排除垫资人承担责任（包括连带责任）的可能。具体理由如下：其一，原《公司法司法解释三》第15条规定垫资人承担连带责任，这种规定放在《公司法》的司法解释中不合适，因为第三人垫资不属于公司法的调整范围，而应属于侵权责任法的调整范围，故理应删除；其二，该条仅规定在"双方明确约定"的情形下，垫资人承担连带责任，这一规定与侵权责任法的基本法理相悖，根据侵权责任的一般原理，因共同侵权承担连带责任的事由不限于"明确约定"的情形；其三，该条删除后，并不意味着垫资人不需要承担相应法律责任，如果垫资人的行为符合侵权（含共同侵权）的构成要件，理应按照侵权责任法的规定承担责任。

案例6：司法流拍后以股抵债，继受股东应否承担瑕疵出资责任

（改编于《未足额出资股权经司法拍卖以股抵债后补缴出资责任的承担》，载 http://www.zjbar.com/info/346b7b 71cfff48cf80e737ebb41c18a9）

提要

司法拍卖程序中获得的瑕疵股权，继受股东不需要承担瑕疵出资责任。鉴于司法拍卖是股权最后也是公允的价值实现途径，若令继受股东承担瑕疵出资责任，则会使股权价值难以甚至无法实现。

案情

A公司持有B公司100%的股权，其中尚有9亿元注册资本未缴足。C小贷公司根据生效判决申请执行A的财产。甲市中级人民法院公告拍卖A公司持有的B公司100%的股权，公告内容包含了B公司需对外承担大额保证责任（即对D信托公司的保证担保责任），且资产评估报告中明确指出B公司仍有9亿余元注册资本未缴足。该拍卖因无人应拍而流拍。小贷公司自愿申请以保留价接受该股权以抵销其拥有的债权，甲市中级人民法院作出以股抵债裁定。事后，相关当事人做了工商变更登记，C小贷公司成为B公司的唯一股东。

在另案中，D信托公司向A公司提供了2.9亿元融资，由B公司提供了担保，后经法院判决B公司需承担连带清偿责任，而B公司无可供执行的财产。在B公司股东由A变更为C小贷公司后，D信托公司随即向乙市中级人民法院申请追加C小贷公司为被执行人，乙市中级人民法院依据最高人民法院《关于民事执行中变更、追加当事人若干问题的规定》（2020年修正）第17条的规定，裁定C小贷公司应在未缴纳出资范围内对B公司不能清偿的债

务依法承担责任。

此后，C 小贷公司即以重大误解为由向甲市中级人民法院申请撤销原以股抵债裁定，甲市中级人民法院裁定支持。C 小贷公司随即进行股东变更登记，B 公司股东由小贷公司又变更回 A 公司。与此同时，C 小贷公司向乙市中级人民法院提起执行异议之诉，要求撤销追加裁定。

问题

司法流拍后以股抵债获得瑕疵股权，继受股东是否要承担瑕疵出资责任？

裁判理由及结果

乙市中级人民法院判决认为，因甲市中级人民法院的撤销以股抵债裁定已作出，C 小贷公司现已不再是 B 公司股东，原追加被执行人裁定自动失效，不再追加 C 小贷公司为被执行人。

评析

乙市人民法院没有直接就前述问题作出判断，而是以另一法院对以股抵债的裁定已撤销为由，认定其追加裁定自动失效而不再追加 C 小贷公司为被执行人。两家法院的这种操作，在程序法是否合法暂且不论。限于主题，本书不对程序问题多加评论。此处主要就司法流拍后以股抵债获得瑕疵股权，继受股东是否要承担瑕疵出资责任这一问题做分析。

有观点认为，知情继受股东要承担瑕疵出资责任，理由是符合风险自甘原则，符合《公司法司法解释三》第 18 条规定的应当承担连带责任的情形。2023 年《公司法》第 88 条也确立了知情受让股东承担连带责任的规则。但本书认为，知情受让股东承担连带责任的规则并不能适用于司法流拍后以股抵债获得瑕疵股权的情形。假如公司注册资本为 15 亿元，尚有 9 亿元出资未缴足。C 小贷公司通过合法的司法拍卖程序取得该股权，尽管拍卖公告里告知尚有 9 亿元出资未缴足，且 B 公司对外有保证担保债权，但并不意味着 C 小贷公司愿意就该担保债权在 9 亿元未出资范围内承担补缴出资责任。从价值角度来讲，C 小贷公司是在司法拍卖程序中以股抵债的方式取得 A 公司股权，所谓以股抵债，应是股权的价值刚好与债权的价值相当，而该价值是在 15 亿元总注册资本扣减 9 亿元未缴资本的基础上，综合 B 公司的其他资产评估出来的，并不必然包括 9 亿元的瑕疵出资负担。从对公司其他债权人的影响来看，该种以股抵债行为并不会给其他债权人造成不利的影响。从股权经济功能实现的角度来看，由于非司法拍卖程序中的股权转让，受让方明知股权瑕疵仍受让股权，他需要承担瑕疵出资责任，故受让方往往不愿意通过非司法拍卖程序受让股权，但若通过司法拍卖程序取得股权仍要求受让方承担瑕疵出资责任，不仅使得股权的实在价值难以实现，而且会使债权人少了一种债权实现方式。

案例7：有分配决议但现金不足
且未提取法定费用，如何处理该决议

（改编于［2018］豫04民终2443号案）

提要

公司利润分配决议未依法扣除税款和公积金等法定费用，并非整个决议无效，依法扣除法定费用后的剩余部分当属有效。公司现金不足以支付利润，不是阻却股东要求按决议支付利润的事由。

案情

2009年12月6日，张某欣、尹某套两人共同投资设立巨某丰公司，注册资本1000万元，尹某套负责公司经营管理。后李某东成为公司股东。2011年2月13日，公司全体股东召开股东会，并形成决议：①公司前期投资总额4 123 019.50元，其中张某欣前期投入2 200 000元……；②股东前期投资根据公司法规定，股东投资款按利润分成，按股东协商比例年底分红；③截至2010年11月30日，公司账面利润4 795 684.73元。后因公司未向张某欣支付利润，故向法院提起诉讼。

另查明：2010年11月30日巨某丰公司的账面未分配利润4 795 684.73元，货币资金1 024 582.37元。2010年12月31日的账面盈余公积457 040.02元，利润总额4 573 597元，年度累计所得税3196.77元。

问题

在现金不足且未提取税费和公积金的情况下，张某欣能否依决议要求公司支付利润？

裁判理由及结果

该案被发回重审后的一审法院认为，根据《公司法》的有关规定，公司在向股东分红前，先要弥补亏损，再提取法定公积金，留足公司正常生产经营所需资金后，根据公司章程向股东分红。巨某丰公司账面未分配利润 4 795 684.73 元，但同时显示货币资金仅有 1 024 582.37 元；另外，按照《企业所得税法》的规定，公司应纳税额为 1 143 399.25 元（4 573 597 元×25%），按照《公司法》的规定应提取的公积金为 500 万元（1000 万元×50%）。故张某欣要求分配利润的请求不予支持。

二审法院认为，至 2010 年 12 月 31 日，巨某丰公司运营刚满一年，在扣减 25% 的应纳税和提取 10% 的公积金后，余下的公司应按张某欣实缴资本的比例即 53.36% 支付利润。

评析

案例原型经一、二、再审，检察院抗诉，发回一审法院重审，二审才终结该纠纷。法院也根据张某欣的申请和该二审判决实施了强制执行，包括强制拍卖公司资产。前述裁判理由及结果为发回重审后的有关裁判情况。在发回重审前，抗诉机关认为：巨某丰公司货币资金仅有 588 812.63 元；原审判决巨某丰公司按账面利润向张某欣支付利润 2 058 497.6 元，不啻于强行提取公司全部的货币资金并强制公司将非货币性资产立即变现，损害公司自主权，危及公司正常经营与生存。但发回重审的二审判决并未采纳抗诉机关的抗诉意见。（注：该案判决后，2019 年 8 月，张某欣又提起诉讼，要求分配 2010 年 12 月 1 日至 2011 年 7 月的利润。巨某丰公司辩称公司已资不抵债、名存实亡，全部资产已被法院执行完毕，要求驳回张某欣的诉求。但法院认为，巨某丰公司未提供企业申请破产和清算的相关证据，结合工商登记信息，可认为巨某丰公司目前仍处于正常运营状态，故巨某丰公司的抗辩理由不符合法律规定，二审法院不予支持。）

从生效判决来看，法院针对 2011 年 2 月 13 日的决议，并没有因为未扣除税款和公积金而确认整个决议无效，而是在扣减相应费用后，按照股东持股比例支持了股东的诉求。关于未扣除税款和公积金的分红决议，司法实践上有与前述判决不同的裁判观点，即认为该种决议因违反法律规定而无效。本书赞成前述判决的观点，理由是：虽然决议分红的款额未扣除依法应扣除的款项，但并不意味着整个决议无效，在对相应款项做依法扣除后，余额仍为有效的可分配额，根据决议和章程仍可继续分配。

关于公司现金不足能否阻却股东分红请求的问题，该案二审判决以及后来的另案判决，均未把现金不足作为阻却股东分红请求的有效事由，司法实践上有与前述判决不同的裁判观点。本书亦赞成前述判决的观点，理由是：假如允许公司以现金不足为由对抗决议，则会导致公司大股东或管理层在分红决议前或决议后恶意支配公司现金，使公司现金低于决议分配额，阻却公司支付利润，损害其他股东利益。至于公司的正常经营，根据《民法典》第76条规定"以取得利润并分配给股东等出资人为目的成立的法人，为营利法人"可知，公司经营是手段，股东取得利润是目的，当公司目的与公司手段存在冲突时，不应当随意以手段否定目的。至于债权人保护，若因分配利润而资不抵债，可依破产法处理。

案例8：公司已决议分配利润，能否再作决议推翻前决议

（改编于［2016］京03民终4101号案；［2016］京02民初198号案）

提要

公司利润分配决议与公司就经营事项作出的决议不同。根据现行规则，利润分配决议一旦作出，针对已确定分配的利润，股东与公司之间的关系已转化为个人法上的债权债务关系，公司无权再通过决议推翻该利润分配决议。

案情

被告德某霖公司是中外合资经营公司，原告詹姆斯为该公司外方股东。2010年9月董事会作出分红决议（以下简称"分红决议"），詹姆斯应得利润10 347 308.76元，詹姆斯作为董事在决议上签字。2011年5月4日，董事会作出决议（以下简称"挂账决议"），决议内容显示：①公司全体董事均出席了本次会议；②确认了所有股东的应得利润，其中詹姆斯应得利润为10 347 308.76元；③为加大公司的投入，决定所有股东"分得利润暂挂账不做具体资金支出"。但该董事会决议上未见董事詹姆斯签字，仅有其他两名董事签字。事后詹姆斯也未对决议效力问题提起撤销之诉或决议无效之诉。后詹姆斯要求德某霖公司支付分红款，德某霖公司以挂账决议拒绝支付分红款，詹姆斯遂诉至法院。

问题

"挂账决议"能否推翻"分红决议"？

裁判理由及结果

生效判决驳回原告的诉讼请求，理由是：①挂账决议并未在该决议作出

之日起 60 日内被诉撤销，该决议的内容亦不违反法律、行政法规的规定，故该决议应属合法有效。②詹姆斯未举证证明挂账决议对其明显不公，故在德某霖公司就具体利润资金支出未作出新的决定前，法院对其诉讼请求亦不予支持。③德某霖公司的董事会有义务保障该公司全体股东权利的实现，且公司对于是否分配利润决策的考量可能包含许多商业因素，包括市场环境、行业竞争、公司发展等诸多情况，但只要公司的决议不违反法律、行政法规或者公司章程的规定，就应当作为公司自治的范畴。从保护公司的自治权考虑，詹姆斯作为德某霖公司的股东，亦应先用尽公司内部救济手段，比如提议召开董事会临时会议审议盈余分配方案等。

评析

对于生效判决的推理和结果，本书难以认同，具体理由如下。

根据原来的外资法，公司的权力机关是董事会，董事会有权决定包括利润分配在内的公司重大事项和其他经营决策事项。公司利润分配决议行为属于一种法律行为。根据法律行为原理，法律行为一旦作出，即能产生法律关系变动的效果。公司执行机关和辅助执行机关就应当按照决议意思执行。股东则可以根据决议向公司主张分配利润。前述案件涉及的关键问题是：在公司作出分红决议后，能不能基于部分成员翻悔而再做决议推翻之前的决议？

本书认为，只要公司作出了"分红决议"，后面的决议就不能否决在前的"分红决议"，除非所有股东一致同意。因为在现行利润分配规则下，利润分配决议一旦作出，起到的法律效果就是将原来的利润分配法律关系由团体法法律关系变动为个人法法律关系，法律关系的主体、内容、客体和性质均发生变化：原来的利润分配法律关系，其主体是公司团体内部成员，内容是利润分配的意思形成，客体是公司可分配利润，性质为少数服从多数的组织关系；而变动为个人法上的法律关系后，其主体是公司与投资人，其内容是股东有获得决议确定的利润的权利，客体是决议确定的应分配利润，性质为地位平等的当事人之间的债务关系。从权利的角度来看，该种决议一旦作出，利润分配请求权就由抽象的请求权变为具体的请求权，权利性质也发生变化，即由成员权转变为债权。

案例9：请求支付利润的诉讼时效从何时起算

（改编于［2021］最高法民再23号案，2023年第1期公报案例）

提要

公司未按照利润分配方案确定的时间支付利润，股东自该时间起享有起诉的权利，也是自该日起计算诉讼时效。

案情

2013年7月30日起，乾某达公司成为万某城公司股东。2014年3月27日，万某城公司全体股东召开股东会议，并形成［2014］2号股东会决议，决议内容为：公司2013年度实现利润总额227 050 779.10元，可供股东分配的利润为218 930 221.51元，本年度已分配支付利润162 000 000元，剩余未分配利润56 930 221.51元暂未支付，决定2014年6月份之前，将这部分剩余未分配利润分配完毕。2014年6月25日，万某城公司召开2014年第二次临时股东会，并形成《临时股东会议纪要》，会议纪要第6条：会议同意对万某城公司2013年未分配利润在7月底之前进行分红，2014年按季度分红。2015年9月24日，乾某达公司将其持有的万某城公司52.5%股权转移登记到乾某达公司下属全资子公司乾某达管理公司名下。2015年12月17日，乾某达管理公司将股权转让给赵某堂。2017年10月10日，乾某达公司向万某城公司、全体公司股东及赵某堂送达一份《公司函件》，相关人员均已对该函件进行签收。函件载明：乾某达公司要求万某城公司向乾某达公司支付2015年6月18日前的利润34 732 804.98元。万某城公司未予应允。乾某达公司遂向法院提起诉讼。万某城公司辩称乾某达公司请求支付利润的诉讼时效已过。

问题

乾某达公司请求万某城公司支付利润的诉讼时效从何时起算？

裁判理由及结果

一审法院认为，在股权转让给赵某堂之前，乾某达公司一直是万某城公司控股股东及公司主要经营管理人，具有权利人和义务人双重身份，无法实现自己向自己主张权利，故本案应从乾某达公司已非万某城公司控股股东之日起计算诉讼时效。自 2015 年 12 月 17 日到 2017 年 10 月 10 日，并未超法定诉讼时效期间。

二审法院认为，公司两次股东会决议仅就 2013 年度待分配的利润总数作了决议，并未确定每位股东的应得利润，属于分配方案不具体。虽然万某城公司章程中规定按照股东持股比例进行分红，但公司章程并不能代替股东会决议，故乾某达公司尚不享有具体的利润分配请求权，因此本案不涉及是否超过诉讼时效的问题。

再审法院认为，万某城公司决议的利润分配方案具体明确。在 2014 年 8 月 1 日万某城公司仍未分配利润时，乾某达公司权利即受到侵害，自此开始计算诉讼时效。乾某达公司当时是万某城公司大股东也并不影响其向万某城公司主张权利。乾某达公司于 2017 年 10 月 10 日才向万某城公司发函首次要求支付利润，诉讼时效期间已经届满。故乾某达公司要求万某城公司向其交付 2013 年度未分配利润的请求不能得到支持。

评析

诉讼时效的起算点应为权利人知道或者应当知道权利被侵害之日。利润分配请求权的诉讼时效，也应当是从股东享有具体的利润分配请求权且该权利被侵害时开始计算。按照现行公司法司法解释的规定，只有公司作出了方案具体的利润分配决议后，股东才享有具体的利润分配请求权。股东可以根据公司利润分配决议确定的时间要求分配利润，公司未在决议确定的期限内分配利润，则侵害了股东的权利。股东自该期限届满之日起可以向法院提起盈余分配纠纷之诉，也是自该日起，股东的诉讼时效开始起算。前述案例中，公司［2014］2 号股东会决议明确了公司于 2014 年 6 月份之前分配利润，此后又以股东会的方式确认在 2014 年 7 月底分配利润，结合公司章程的规定，该利润分配方案可行，符合公司法司法解释所称"具体"，故自 2014 年 8 月 1 日起，公司仍未向股东支付利润，属于股东权利受到侵害，该日应为股东知道或应当知道权利被侵害之日。再审法院以 2014 年 8 月 1 日作为诉讼时效的起算点是正确的。至于一审法院提到的"具有权利人和义务人双重身份，无法实现自己向自己主张权利"，这种说法没有法律和事实依据，理由是：根据公司法规定，在赵某堂受让股权之前，尽管乾某达公司先后直接、间接持股超过 50%，可以控制万某城公司，但并不等于乾某达公司就是万某城公司，也不妨碍乾某达公司向万某城公司要求支付利润。

2023 年《公司法》第 212 条规定公司应当在决议后 6 个月内进行分配，这一规定可有效减少相关事项中的诉讼时效纷争。

案例10：超出注册资本的投资款是
股权性资金还是债权性资金

(改编于 [2020] 最高法民终 292 号案)

提要

当事人对投资额超过股东应缴注册资本的款项性质约定不明，则不论是认定为股权性资金还是债权性资金，均应按照私法自治原则和公平原则处理。公司若认可大股东可以主张该等款项为债款而得以抵销，则不能禁止小股东主张抵销。

案情

2013 年 3 月 8 日，爱某依公司股东《合作协议》约定：甲方隋某彬、乙方王某琦、丙方张某军为公司的股东，甲方占股 60%、乙方占股 20%、丙方占股 20%，经营美庐天地购物广场；计划于 2013 年 6 月 25 日前增加注册资本到 5000 万元；前期投资款总计 3.5 亿元；协议各方应实际出资为……丙方占股 20%，对应出资 7000 万元；经营过程中发生资金不足时，需要各方弥补资金的，各方按照所持有出资（股权）比例弥补经营资金。各股东陆续向公司注入资金，截至 2016 年 2 月 3 日，张某军投资金额为 8350 万元，超出注册资本 7350 万元。

2016 年 6 月，张某军向爱某依公司借款 4000 万元，后未归还该借款。爱某依公司诉请返还 4000 万元及利息。张某军辩称，其投入公司金额超过注册资本的部分为借款，抵销该 4000 万元后，仍剩 3350 万元，故案涉借款已清偿。

另查明：在公司财务资料中，公司先将此类超出注册资本的资金记为"预付账款"和"资本公积"，后又改为"其它应付款—往来借款"。一审法院委托的《鉴定报告》认为：该等款项认定为股东借款更为合规、合理。另外，其他股东也有此种财务处理方式和结果，其中涉及大股东隋某彬向公司借取一笔 3400 万元借款。

问题

张某军注入公司的超过注册资本的 7350 万元为何种性质的款项？

裁判理由及结果

一审法院委托会计师事务所对"案涉资金 4000 万元，爱某依公司是否已做减资"进行司法会计鉴定。鉴定报告认为，爱某依公司的账目混乱，数据记录不实且相互冲突，根据账目难以界定爱某依公司是否进行减资，故仅建议法院将案涉款项作为归还向股东张某军的借款处理。对这个鉴定结论，一审法院并未认可。一审法院认为，根据《合作协议》，三名股东对项目均有出资的义务，对张某军超过注册资金的部分应认定为系张某军对项目的投入资金。依照《公司法》的规定，公司减资有严格的条件和程序，张某军并未举证证明公司股东会已形成减资决议并办理相应法定程序。故现有证据不足以证实该 4000 万元借款可以从张某军总投资款 8350 万元中扣减。张某军的抗辩理由不能成立，判令张某军偿还爱某依公司借款本金 4000 万元及利息。张某军不服，上诉。

对于《鉴定报告》，二审法院认为，该鉴定结论并非法院委托的鉴定事项，且并未就公司是否减资一节得出实质结论。一审法院对该鉴定报告的处理并无不当。本案当事人在签订《合作协议》时，没有约定张某军对公司的投入属于借款，现有证据不足以认定张某军超出注册资本对公司投资金额的性质为借款。基于《合作协议》的约定，张某军投入的款项应认定为投资款。既然是投资款，须经严格的减资程序才能转为负债。在张某军并未举证证明公司已决议减资的情况下，张某军仅以公司账目将该 7350 万元列为"其它应付款—往来借款"为由主张抵销，依据不足，故维持一审判决。

评析

对于超过注册资本的投资款性质约定不明的，如何确定其性质，司法实践上有不同观点，如［2013］民二终字第 119 号案、［2016］最高法民终 202

号案和［2019］粤 01 民终 20873 号案认为属于借款。从概念上讲，投资可分为资本性（股权性）投资和债权性投资。"出资"属于《公司法》使用的法律概念，因此，若当事人使用了"出资"的概念，在没有相反证据证明的情况下，"出资"应属于资本性投资。不过，尽管该案当事人使用了"出资"概念，但能否确定其为资本性投资，值得进一步探讨。

有两个事实可能影响到三名股东投资超过注册资本的"出资"的定性。一个事实是《鉴定报告》对相应款项做的定性，该报告认为，在通过财务会计凭证无法确定是债权性资金还是股权性资金的情况下，宜将相应资金作为借款处理。这一事实虽然不是案涉法律关系中的事实，但这一事实在一定程度上表明，商业上的惯例是把这种款项作为借款。另一个事实是其他股东也有此种财务处理方式和结果，尤其是占股 60% 的大股东与公司之间存在这种财务处理行为。尽管公司认为大股东实际投入公司中的资金远超出应认缴出资额 24 750 万元，但并没有否认大股东将其借款与其超过注册资本的投资款抵销的事实。这一事实，从意思表示的角度来看，在一定程度上表明公司认可超过注册资本的款项属于借款；从公平的角度来看，既然允许大股东有权抵销，那就没有理由不允许小股东抵销。

另外，根据资本三原则，对资本性投资有确定要求的是注册资本和资本公积金，即资本性投资形成的注册资本和资本公积金是不能随意减少或抽逃的，至于股东之间商定的其他投资，不管把它当作股权性（资本性）投资还是债权性投资，只要不损害公司债权人利益，法律并不禁止按照当事人的意思自治进行处理。该案中超过注册资本的投资，既不属于注册资本，也不属于资本公积金的范畴（［2013］民提字第 226 号案把这类资金认定为资本公积金的观点不妥；资本公积金的来源、功能都具有法定性，而股东约定根据经营需要所投的超过注册资本的投资款具有意定性），属于股东自行约定的投资款。根据意思自治原则和公平原则，既然其他股东尤其是大股东可作为债权抵销，那么小股东也有抵销的权利。

综上，该案二审法院将约定不明的投资款认定为资本性质的投资款，并不妥当。

案例 11：约定保底收益的投资，
是股权投资还是债权投资

(改编于［2020］最高法民申 7050 号案)

提要

投资协议尽管约定了保底收益，但由于投资人已登记为公司股东，且协议也没有表达回购或退回投资本金的意思，这种投资不能被认定为以股权让与做担保的债权投资，否则既不符合当事人的真实意思，又损害债权人的利益。

案情

2015 年 4 月，某益公司（甲方）与付某华（乙方）签订《投资合作协议》，协议约定：甲方融资后总投资额 1 亿元，乙方投资 1300 万元；建设期内（1 年）按实际收益的 15% 计算分红，建设期满后，年净收益不足 3000 万元时，按 3000 万元计算分红，超过 3000 万元时，按实际净收益计算分红；甲方承诺四年内支付给乙方的收益达到乙方投资额度，未达到的，用甲方收益弥补并支付给乙方；分红每年一次；因甲方经营管理不善造成亏损，乙方不承担经济损失，并按约定标准计算投资收益。协议签订后，付某华共计向某益公司转款 1300 万元。

2015 年 5 月 24 日，公司股东会决议新增付某华为股东，林某海将持有公司 96 万元的出资额转让给付某华，付某华新增注册资本 372 万元，付某华占某益公司 13% 的股份，付某华在股东名册上签字确认。工商登记信息显示：2015 年 6 月 9 日，增加付某华为新股东，占公司股份的 13%，同日注册资本由 1600 万元变更为 3600 万元；2015 年 6 月 15 日，付某华将 468 万股权质押给中绿融资担保有限公司。2016 年 3 月 15 日，某益公司注册资金由 3600 万元变更为 1600 万元。付某华占某益公司股权比例一直是 13%。再查明，某益公司股东名册记载付某华出资额为 468 万元；股东会成员名单记载付某华出资额为 260 万元。

后来付某华多次向某益公司要求支付其固定收益，但是某益公司均未履行。双方发生纠纷，多次协商未果。付某华对某益公司提起诉讼，请求：①解除《投资合作协议》；②某益公司向付某华偿还 1300 万元借款及利息。

问题

约定保底收益的投资，是股权投资还是债权投资？

裁判理由及结果

该案一、二、再审法院的结果都是一致的，即均认为付某华的投资款属于借款而不属于资本投资款。理由也大致相同。下文简要概括二审法院的裁判理由。二审法院认为，从《投资合作协议》约定的内容来看，付某华不参与某益公司的经营管理，其投入的资金不承担任何经营风险，只收取固定收益，并不具有共同经营、共享收益、共担风险的投资合作特征，而具有借款特征。关于工商登记付某华为公司股东一节：案涉协议系付某华与某益公司签订，款项亦支付给某益公司，某益公司未举证证明付某华与公司原股东签订过股权转让协议，故不具有规范的股权转让特征；某益公司主张系公司增资扩股，但付某华向某益公司支付款项为 1300 万元，公司增资金额与付某华付款金额及付某华所持有的某益公司股权数额、出资额等均不对应，而且，某益公司发生增资减资变动，付某华的股权比例亦始终不变，故不具有规范的公司增资扩股特征。因此，付某华抗辩其成为某益公司股东并持有某益公司股权，系股权让与担保行为，理由成立。至于某益公司主张双方协议中未约定本金偿还期限故不属于借款的理由，因合同法对借款期限没有约定或约定不明确的情形，均有相关规定，故并不能以此否定双方存在借款关系。

评析

本书之所以要评析这个案例，是因为当前对于这类问题的分歧比较严重，如《最高人民法院民二庭第 5 次法官会议纪要（2017）》、[2018] 最高民再 154 号、[2019] 最高法民终 793 号、[2020] 最高法民申 2759 号等案件的生

效裁判认为收益保底投资应认定为债权投资，而［2020］最高法民申 2759
号、［2016］沪民终 497 号、［2019］苏 09 民终 1131 号、［2018］最高法民终
765 号等案件的生效裁判并没有将这种收益保底投资认定为债权投资。

就前述个案而言，本书对裁判结果及理由难以认同，具体理由如下：第
一，以前人们普遍认为股权投资具有共同经营、共享收益、共担风险的特征。
这种观点已不合时宜。人们越来越认识到，中小股东参与共同经营没有多大
实际意义，收益也在利润分配多数决规则下难以真正实现共享，有关对赌的
广泛商业实践和司法认可，在很大程度上证明了这一点；中小股东或非管理
股东为了更好地保障自己的股权投资收益，与大股东或管理股东之间采取了
租赁、承包和对赌等商业契约安排，均属于具有固定收益特征且合理的股权
投资安排；股权投资与债权投资的本质区别是，股权投资收益劣后于债权投
资。在该案中，付某华的固定收益的请求权自然是劣后于公司债权人。第二，
保底收益的股权投资，与明股实债、对赌和股权让与担保等相似，但有实质
性区别，至少在意思表示的性质上存在显著不同：保底收益的股权投资属于
常态下本金不可撤回的投资意思表示；明股实债系通谋虚伪、表里不一的两
个意思表示，与保底收益的股权投资显著的区别是，本金要撤回；对赌属于
包含业绩承诺的股权投资意思表示，它既可能包含保底收益的意思，又可能
包含撤回本金的意思，它与保底收益股权投资的区别是后者不与公司业绩关
联，与明股实债的区别是撤回本金只是一种可能；股权让与担保属于是为了
保障主债务的从债务意思表示，股权虽然登记在债权人名下，该股权一定是
受让于他人，不是也不可能是受让于公司，因为公司非法定特殊情形下不能
持有自身的股权，且让与担保中让与人行使股权受到限制，无权质押股权。
基于此，既然该案审判法院不承认付某华的股权源于他人，故此也就得不出
该案股权登记行为属于股权让与担保行为；再者，付某华将股权质押给他人
的事实，也与股权让与担保中担保权人无权质押股权的特征不符。另外，案
涉协议里没有可以撤回本金的意思表示，法院认为本金可以根据相关规定返
还，这种判断的事实依据不足；再者，撤回本金也会损及公司债权人利益。

综上，付某华的投资应认定为股权投资，尽管协议中约定保底收益会损
害公司债权人利益，但并不因此就可以认定其投资性质为债权投资。

模块三、热点、难点论辩

一、有限责任公司能否实行授权资本制？

论辩提示：

（1）2023年《公司法》就股份有限公司确立了授权资本制，但就有限责任公司而言，没有相应的规定。

（2）有人认为有限责任公司也可以实行授权资本制，有人反对。故论辩时可区分为正方和反方，正方立论为"有限责任公司可实行授权资本制"，反方立论为"有限责任公司不可实行授权资本制"。

（3）辩论时可以从以下几个方面考虑：授权资本制能够解决什么问题，或者说具有什么功能，有没有必要性；有限责任公司实行授权资本制，在技术上会不会存在障碍，尤其是会不会存在根本障碍。但不限于上述角度。

二、"资本三原则"是否已经过时？

论辩提示：

（1）所谓"资本三原则"是指资本确定原则、资本维持原则和资本不变原则。在法定资本制下，"资本三原则"得到各国公司法的普遍认可，成为公司资本制度的基本准则。但随着公司资本制度的发展，"资本三原则"越来越受到质疑。有人赞成应坚持"资本三原则"，有人反对。故论辩时可区分为正方和反方，正方立论为"'资本三原则'没有过时"，反方立论为"'资本三原则'已经过时"。

（2）不管是正方还是反方，对本论题的基本概念，应建立共识，资本确定原则、资本维持原则和资本不变原则都有明确的内涵界定，在这点上不应产生分歧。这是本辩题进行有效论辩的前提。

（3）正方可以从"资本三原则"的重要意义、"资本三原则"在我国公司现行立法中的体现以及国外公司法立法例等角度论证，反方可以从"资本三原则"对资本制度发展的阻碍、"资本三原则"不符合现代公司发展实践等角度进行论证。但不限于上述角度。

三、是否应允许以劳务出资?

论辩提示:

(1) 该问题源于《市场主体登记管理条例》第 13 条第 2 款的规定:"出资方式应当符合法律、行政法规的规定。公司股东、非公司企业法人出资人、农民专业合作社(联合社)成员不得以劳务、信用、自然人姓名、商誉、特许经营权或者设定担保的财产等作价出资。"这一问题关系到该规定是否具有合理性。

(2) 有人赞成应允许以劳务出资,有人反对。故论辩时可区分为正方和反方,正方立论为"应允许以劳务出资",反方立论为"不应允许以劳务出资"。

(3) 正方可以从劳务出资的重要意义、劳务出资符合出资形式的"可以货币计价"和"可转让"两大条件以及国外立法例等角度论证,反方可以从我国现行法禁止劳务出资的立法背景和立法理由以及劳务出资可能造成的问题等角度进行论证。但不限于上述角度。

四、发起人的瑕疵出资连带责任规则是否合理?

论辩提示:

(1) 该问题即是对 2023 年《公司法》第 50、99 条以及《公司法司法解释三》第 13 条第 3 款的规定之合理性的思考。

(2) 有人赞成废止该规则,有人反对。故论辩时可区分为正方和反方,正方立论为"发起人的瑕疵出资连带责任规则不合理",反方立论为"发起人的瑕疵出资连带责任规则合理"。

(3) 正方可以从足额出资的股东履行监督义务时的主观过错程度、公司的资合性以及国外立法例等角度论证,反方可以从我国现行规定的立法背景与立法理由以及废止该规则可能造成的问题等角度进行论证。但不限于上述角度。

五、出资款验资后又转出，应否被界定为抽逃出资？

论辩提示：

（1）该问题源于《公司法司法解释三》第12条对"抽逃出资"行为的司法认定。2011年《公司法司法解释三》出台时，将"将出资款项转入公司账户验资后又转出"定性为典型的抽逃出资行为，但2014年对《公司法司法解释三》进行修改时，删除了这一项。这一问题关系到该修改是否具有合理性。

（2）有人赞成将该种行为界定为抽逃出资，有人反对。故论辩时可区分为正方和反方，正方立论为"出资款验资后又转出，应被界定为抽逃出资"，反方立论为"出资款验资后又转出，不应被界定为抽逃出资"。

（3）正方可以从该种行为对公司设立时资本充实的影响、规避目的以及国外立法例等角度论证，反方可以从我国现行规定的立法背景和立法理由以及我国出资制度的发展趋势等角度进行论证。但不限于上述角度。

六、其他值得论辩的问题

（1）不论是否盈利，公司都要向部分股东支付固定收益的约定是否有效？

（2）公司能否将拒绝履行出资义务的股东除名或减少其股权比例？

（3）公司股东会能否通过多数决要求股东提前缴纳出资？

（4）股权作价出资，其资本价值如何实现？

（5）债权作价出资，是以出资时评估的价值还是以最终实现的价值为准？

（6）违法犯罪所得的货币出资，是否构成瑕疵出资？

（7）债权人向瑕疵股东主张补充赔偿责任，瑕疵股东是否享有先诉抗辩权？

（8）在没有约定的情况下，守约股东能否依《公司法司法解释三》第13条规定起诉瑕疵出资股东？

（9）认缴制下，股东享有有限责任庇护是否必须以实缴资本为前提？

（10）股东能否与公司约定：若有股东瑕疵出资，公司承担损害赔偿责任？

（11）投资者协商确定非货币财产出资价值的方式是否属于评估作价方式？

（12）股东抽逃出资，是否会导致股东失权？

（13）作价出资的资产价值不足，是否会导致股东失权？

（14）最高人民法院《关于审理民间借贷案件适用法律若干问题的规定》（2020 第二次修正）规定公司法定代表人以个人名义签订借贷合同，所借款项用于公司的，个人与公司承担连带责任，这一规定是否符合法理？

（15）债券持有人会议能否修改债券募集办法中的会议召集程序、会议规则等？

（16）公司、债券受托管理人、债券持有人三者之间法律关系的性质是什么？

模块四、项目任务（作业）

（1）检索、收集有关资料，整理出我国从确定到取消最低法定资本限额的制度背景。

（2）检索、收集有关资料，整理出我国公司法上资本制度的发展历程。

（3）整理国内外有关文献资料，比较不同国家公司的资本形成制度。

（4）收集整理学术资料，梳理学界在股东出资方式特别是禁止出资方面的学术观点。

（5）收集整理近 10 年省级高级人民法院及以上法院审理的股东出资纠纷案例，并梳理出裁判的基本观点。

（6）收集整理近 10 年省级高级人民法院及以上法院审理的股东利润分配纠纷案例，并梳理出裁判的基本观点。

（7）整理国内外有关文献资料，比较不同国家公司的利润分配制度。

（8）试试厘清注册资本、授权资本、发行资本、认缴资本、实缴资本这几个概念及它们的关系。

第四编

股东与股权

第一章　股东

第一节　股东资格

一、股东的概念和特征

（一）概念

股东，是指其资产权属让渡与公司，公司赋予其相应股权的投资者。

（二）特征

（1）股东是公司的成员

在组织关系意义上，股东与公司之间的关系，属于部分与整体的关系。从这个意义上讲，股东与公司之间具有纵向性组织服从关系。需要注意的是，并非在任何意义上两者的关系都属于部分与整体关系。

（2）股东是股权的主体

股东通过让渡投资资产的权属进而从公司处取得股权。从这个意义上讲，股东与公司是权利义务对立统一的商事主体，两者地位是平等的。

（3）股东是相对于特定公司的一种身份

股东必然是特定公司的股东，没有特定公司就没有所谓的股东。

（4）股东所投资财产归属于公司

股东将投资财产让渡与公司后，不再直接对该财产享有相应权利，不得再以个人身份支配该财产。

二、取得股东资格的条件

（一）条件

自然人作为股东，一般而言，与国籍无关，既可以是中国人，也可以是外国人；与行为能力也无关，任何自然人均可成为公司股东。法人和非法人组织都可以成为公司股东，民办非企业单位（民非组织）也可以成为公司股东。

（二）特别限制

我国公司法上对一些特殊民事主体做股东有相应的限制，主要包括：国家公务员受到限制；发起人须具有完全民事行为能力；原则上公法人不能进行投资活动；公司不能成为自己的股东（临时持有除外）；对境外投资人成为股东有一定限制。

三、取得股东资格的方式

（一）原始取得

1. 概念

股东资格原始取得，是指其基于直接股权投资而取得股东资格。

2. 原始取得的具体方式

（1）设立公司时通过投资取得。

（2）公司增资或发行新股时通过投资取得。

对于通过增资扩股取得股东资格，如果从持股比例来看，也可以认为是通过股权转让取得，这一点在有限责任公司中体现得更为明显。

（二）继受取得

1. 概念

股东资格继受取得，是指股东基于其他合法原因从他人处取得股东资格。

2. 继受取得的具体方式

继受取得的方式主要包括：①从公司原股东处受让股权而取得；②因接受公司原股东赠与股权而取得；③因继承而取得；④因一公司合并另外一公司而取得（该另一公司持有第三方公司股权）；⑤因抵税而取得等。

（三）善意取得

1. 概念

股东资格善意取得，是指受让人从无权处分人处基于善意受让股权而取得股东资格。

2. 善意取得的条件

股东资格的善意取得，需符合以下条件：①股权有效且可以处分；②须从无权处分人处取得；③取得人须是善意。

四、股东资格的丧失

股东资格可因以下事由丧失：股权转让、公司终止、股份注销、股份回购、除名、没收、股票灭失（一般限于无记名股票）、其他事由（如股份或股票的抛弃）。

第二节　股东资格的认定

一、股东资格的表征

在常态下，享有某特定公司股东资格的商事主体，具有如下表征：①向公司出资或认购股份（实质要求）；②名字或名称被记载于章程或股东名册（形式要求）；③股东持有出资证明或持有股票；④在工商部门登记为股东（注：股份有限公司发起人才需要登记）。

有些投资人投资后，并不具备前述表征，如：①履行了出资义务或继受了股权，但章程或名册未记载投资人姓名或名称；②章程或名册未记载投资人姓名或名称，且出资有瑕疵（包括继受的股权存在出资瑕疵）；③履行了出资义务或继受了股权，但未向投资人签发出资证明书或交付股票；④履行了出资义务或继受了股权，但未将投资人登记于工商管理机关。股东若存在前述情形，为了有效保护自身股权，宜分别：①请求公司在章程或名册中做记载；②及时补足出资，否则可能会被缩股或除名；③请求公司签发证明书或交付股票；④请求公司及时进行工商登记。

二、股东资格的认定原则

股东资格认定问题，在我国是一个比较突出的问题，域外则鲜有这类问题。这主要是因为我国公司股东出资的财产来源，有些是不干净的。加上法律对投资人身份作了一定的限制、社会整体诚信度不高等原因，股东资格认定问题在我国比较突出。认定股东资格一般应遵循以下原则。

（一）利益平衡

认定股东资格时应注意公司、股东和公司债权人三方利益平衡。

（二）组织稳定

股东资格认定主要发生在有限责任公司，这类公司更强调人合性，故在认定股东资格时需注意保持公司组织的稳定性。

（三）区分内外

除了前述三方利益平衡外，在处理这种三方关系时，应坚持内外有别原则，尽量做到处理内部纠纷时不对外部人造成不利的影响。

（四）抑制隐名

股东资格认定问题大多源于隐名，这种隐名行为与股东身份信息公开原则和诚实信用原则格格不入，理应采取抑制态度。

此外，股东资格认定还应考虑意思自治和保护弱者等原则。

三、股东资格诉讼

（一）当事人

1. 被告

股东资格诉讼中，被告应为公司。因为某一社会主体是否为股东，取决于公司是否认可。

2. 第三人

有利害关系的社会主体可以作为第三人参加诉讼。

（二）举证责任

有关主体在其股东资格受到合理怀疑时应承担举证责任，证明其具有股东资格。一般来说，受到怀疑的主体主要就其是否尽到出资义务承担举证责任。

（三）证据

证明股东资格的证据，可分为源泉证据、推定证据和对抗证据。刘俊海教授在《现代公司法》中对此作了较为详细的介绍，概要如下。

1. 源泉证据

这里的源泉证据，是指可以直接证明股东资格的基础证据。可证明原始取得的源泉证据包括：①出资证明书；②公司章程；③设立协议（股东协议）；④增资协议；⑤股款收据；⑥支付股款的银行汇款回单等。可证明继受取得的源泉证据包括：①转让合同；②赠与合同；③遗嘱；④遗赠扶养协议；⑤离婚判决书或调解书；⑥夫妻财产分割协议；⑦共有财产分割协议；⑧国有股权划拨决定等。

2. 推定证据

这里的推定证据，是指据此可以推定具有股东资格的证据。可证明股东资格的推定证据包括：①股东名册；②股东会通知；③会议决议书；④财会报告；⑤受领股利的通知等。

3. 对抗证据

这里的对抗证据，是指据此得以对抗他人具有股东资格的证据。在工商部门登记并公示或备案的信息，可以作为对抗证据。

四、名实不符的股东

（一）隐名股东

隐名股东，是指在一定范围内隐匿其是投资财产之实际出资人。原则上，隐名股东不是公司股东，但仍需根据具体情形作具体分析。

1. 对公司和其他股东隐名

在这种情形下，隐名股东对公司不享有股东资格。

2. 对公众隐名，对公司和其他股东未隐名

根据公司和其他股东知悉隐名情况的时间节点，可将这种情形细分为四种情况：①设立时知悉隐名；②增资时知悉隐名；③受让时知悉隐名；④后来知悉隐名的事实。

上述四种情况可取得如下对应效果：在①②③的情况中，如果隐名股东与显名股东之间的关系倾向于代理关系，对公司及其他股东而言，应认定其具有股东资格；在①②③的情况中，如果隐名股东与显名股东之间的关系倾向于信托关系，对于公司及其他股东而言，应认定其不具有股东资格；在④的情况中，若未经相应追认程序，即使隐名股东与显名股东之间的关系倾向于代理关系，也不具有股东资格。本书认为，但凡对公众隐名，本着抑制隐

名持股的法律政策，在隐名股东的利益与显名股东之债权人的利益发生冲突时，原则上应优先保护显名股东之债权人的利益。

3. 仅对股权受让人隐名

若受让人不知隐名事实，则隐名股东不能直接对受让人主张权利。

4.《公司法司法解释三》的有关规定

《公司法司法解释三》第24、25、26条规定了隐名持股的问题，不过它采用的是实际出资人和名义股东等概念。该三条规定主要表达以下几点意思：①隐名股东与显名股东之间的约定应为有效，除非违反效力性规定（第24条第1款）；②投资权益（但不是股权）应归属于隐名股东（第24条第2款）；③在有限责任公司中，隐名股东不能成为股东，除非经公司其他股东半数以上同意（第24条第3款），不过，需要注意的是2023年《公司法》已经删除了同意规则；⑤显名股东处分股权，参照《民法典》第311条对善意人的权利予以保护（第25条）；⑤显名股东对债权人承担瑕疵出资责任，享有事后向隐名股东追偿的权利（第26条）。

5. 外资企业中的股权代持

（1）隐名股东转正条件：①已经实际投资；②名义股东以外的其他股东认可；③诉讼期间征得了外资企业审批机关同意（最高人民法院《关于审理外商投资企业纠纷案件若干问题的规定（一）》第14条）。

（2）代持协议效力。原则上有效，但违反效力性规定的除外。

6. 名实股东之间法律关系的性质

两者关系的性质，有委托代理说、信托说、借名说（挂名说）、股权转让说和个案分析说。本书认为，对于两者关系的性质，要看具体情形，因为两者关系的利益内容在不同名实股东之间相差很大。具体情形包括：显名股东以委托代理人的身份代为实施法律行为；实际出资人只问收益不问经营；实际出资人借用别人的名字或名称，自己参与经营管理等。

（二）冒名股东

冒用别人身份证件和有关信息，将别人登记为股东，该被冒名的人被称为冒名股东。被冒名的人不具有股东资格，也无需承担瑕疵出资责任（《公司法司法解释三》第28条）。被冒名的人一般也不享有追认权。

第三节　股东名册

一、概念

股东名册，是指公司依照法律规定设置的记载股东及其所持股份的簿册。

二、股东名册记载事项

（一）有限责任公司股东名册记载事项

根据《公司法》第 56 条规定，有限责任公司股东名册的记载事项包括：①股东姓名或者名称及住所；②股东认缴和实缴的出资额、出资方式和出资日期；③出资证明书编号；④取得和丧失股东资格的日期。

（二）股份有限公司股东名册记载事项

根据《公司法》第 102 条规定，股份有限公司股东名册的记载事项包括：①股东的姓名或者名称及住所；②各股东所认购的股份种类及股份数；③发行纸面形式的股票的，股票的编号；④各股东取得股份的日期。

三、股东名册的效力

（一）推定效力

依据股东名册可推定名册所载人是股东（《公司法》第 56 条）。

（二）对抗效力

在股权被他人恶意转让的情况下，可对抗股权受让人。

（三）免责效力

公司只需对载于名册上的股东负责，除非明知该名册所载之人并非真正股东。

四、股东名册封闭

（一）概念

股东名册封闭，是指公司为了确定股东并向股东履行义务而在一定时期停止股东名册的记载。

（二）股东名册封闭的有关规定

我国《公司法》第 159 条第 2 款对股份有限公司的股东名册封闭作了规

定："股东会会议召开前二十日内或者公司决定分配股利的基准日前五日内，不得变更股东名册。法律、行政法规或者国务院证券监督管理机构对上市公司股东名册变更另有规定的，从其规定。"

（三）股东名册封闭的意义

（1）便于确定股东以及股东权利的行使。

（2）禁止封闭期内未取得股份的人行使股东权利。需要注意的是，封闭期内只是股东名册不发生变更，并不禁止股东转让股权。

第二章　股份与股权

第一节　股份

本节主要介绍股份有限公司的股份及股票相关内容。

一、股份概述

（一）股份与股票的概念

1. 股份的概念

股份有限公司的资本以股份数为计量单位，如某股份有限公司资本总数计为 5000 万股，也可以说该公司资本总共有 5000 万份。需要注意的是，这 5000 万股并不意味着注册资本的金额就是 5000 万元，也不意味着公司资产为 5000 万元，而是公司的所有者权益即股东权益被切割成了 5000 万份。在类别股制度下，每一股或者说每一份所承载的权益并不一定等同。

2. 股票的概念

股票是股份的表达方式，是公司签发的证明股东所持股份的凭证。2023 年《公司法》只承认记名股票，不再承认无记名股票。

股票的表现形式，可以是纸面形式，也可以是国务院证券监督管理机构规定的其他形式。股票采用纸面形式的，应当载明下列内容：①公司名称；②公司成立日期或者股票发行的时间；③股票种类、票面金额及代表的股份数，发行无面额股的，股票代表的股份数；④股票的编号，法定代表人的签名，公司印章。发起人股票采用纸面形式的，应当标明"发起人股票"字样。

（二）类别股

1. 类别股制度的确立

2023 年修订的《公司法》确立了类别股制度，涉及类别股的相关规定包括第 95、116、143、144、145、146、149、151、154 条等。

2. 类别股发行要求

类别股股份的发行，实行公平、公正的原则，同类别的每一股份应当具有同等权利。同次发行的同类别股份，每股的发行条件和价格应当相同；认购人所认购的股份，每股应当支付相同价额。

3. 类别股的种类

公司可以按照公司章程的规定发行下列与普通股权利不同的类别股：①优先或者劣后分配利润或者剩余财产的股份；②每一股的表决权数多于或者少于普通股的股份；③转让须经公司同意等转让受限的股份；④国务院规定的其他类别股。

需要注意的是：公开发行股份的公司不得发行第②③种类别股，公开发行前已发行的除外；对于监事或者审计委员会成员的选举和更换，第②种类别股与普通股每一股的表决权数相同。

4. 章程对类别股的记载

发行类别股的公司，除了要记载每一类别股的股份数及其权利和义务外，还应载明下列事项：①类别股分配利润或者剩余财产的顺序；②类别股的表决权数；③类别股的转让限制；④保护中小股东权益的措施；⑤股东会认为需要规定的其他事项。

5. 类别股的特别保护

《公司法》第 146 规定："发行类别股的公司，有《公司法》第一百一十六条第三款规定的事项等可能影响类别股股东权利的，除应当依照第一百一十六条第三款的规定经股东会决议外，还应当经出席类别股股东会议的股东所持表决权的三分之二以上通过。前述事项即指修改公司章程、增加或者减少注册资本的决议，以及公司合并、分立、解散或者变更公司形式的决议。公司章程可以对需经类别股股东会议决议的其他事项作出规定。"这一规定应解读为《公司法》对各种类别股中表决权处于弱势的类别股的特别保护。

（三）无面额股

1. 无面额股制度的确立

2023 年修订的《公司法》新增了无面额股制度，涉及无面额股的相关规定包括第 142、149、151、213 条等。

2. 无面额股的选择

根据《公司法》第 142 条的规定，公司可以选择采用面额股或者无面额股，但只能择其一，不能同时发行两种股份。两种不同的股份之间可以转换；若转换，则须全部转换。

3. 无面额股的股款与注册资本

采用无面额股的，应当将发行股份所得股款的 1/2 以上计入注册资本。公司决议发行新股时，若发行的是无面额股，应当在决议中明确所有所得股款中有多少应计入注册资本。发行无面额股所得股款未计入注册资本的金额，应当列为公司资本公积金。

二、股份发行

（一）股份发行的基本规定

1. 发行原则

《公司法》第 143 条第 1 款规定"股份的发行，实行公平、公正的原则"。

2. 发行价格

《公司法》第 143 条第 2 款规定"同次发行的同类别股份，每股的发行条件和价格应当相同；认购人所认购的股份，每股应当支付相同价额"。

若是发行面额股，股票的发行价格可以按票面金额，也可以超过票面金额，但不得低于票面金额。

公司发行新股，可以根据公司经营情况和财务状况，确定其作价方案。

（二）新股发行决议

《公司法》第 151 条第 1 款规定："公司发行新股，股东会应当对下列事项作出决议：（一）新股种类及数额；（二）新股发行价格；（三）新股发行的起止日期；（四）向原有股东发行新股的种类及数额；（五）发行无面额股的，新股发行所得股款计入注册资本的金额。"

（三）授权发行

《公司法》第 152 条规定："公司章程或者股东会可以授权董事会在三年内决定发行不超过已发行股份百分之五十的股份。但以非货币财产作价出资的应当经股东会决议。董事会依照前款规定决定发行股份导致公司注册资本、已发行股份数发生变化的，对公司章程该项记载事项的修改不需再由股东会表决。"

授权董事会决定发行新股的，董事会决议应当经全体董事 2/3 以上通过。

（四）公开募集

公司向社会公开募集股份，应当经国务院证券监督管理机构注册，公告招股说明书。招股说明书应当附有公司章程，并载明下列事项：①发行的股份总数；②面额股的票面金额和发行价格或者无面额股的发行价格；③募集资金的用途；④认股人的权利和义务；⑤股份种类及其权利和义务；⑥本次募股的起止日期及逾期未募足时认股人可以撤回所认股份的说明。公司设立时发行股份的，还应当载明发起人认购的股份数。

公司向社会公开募集股份，应当与证券公司签订承销协议，由其承销；与银行签订代收股款协议，由其代收股款。代收股款的银行应当按照协议代收和保存股款，向缴纳股款的认股人出具收款单据，并负有向有关部门出具收款证明的义务。

公司发行股份募足股款后，应予公告。

第二节　股权概述

一、概念与特征

（一）概念

股权，是指股东对公司享有的资产收益、参与重大决策和选择管理者等权利。

（二）特征

（1）股权的权利主体是公司股东。

（2）股权的内容包括资产收益、参与重大决策和选择管理者等权利，但不直接享有公司财产权。

（3）股权的权利基础是出资或持有股份。

（4）保障股权实现的义务主体是公司。

（5）股权具有平等性。股权的平等性，是指股东基于相同股份量或出资额而享有平等权利，不是指人数的平等。

二、股权与有关权利的比较

（一）股权与公司财产权

公司财产权源于股东出资和公司积累的财产。

1. 两者的联系

股东只有让渡原属于自己的财产权才能取得股权，公司取得财产的所有权是以赋予股东股权为对价。

2. 两者的区别

（1）主体：股权的权利主体是股东，公司财产权的权利主体是公司。

（2）行使：股权由股东支配，公司财产权由公司通过机关支配，即股东不能直接行使公司财产权。

（3）性质：股权是一种独立的权利，公司财产权是所有权、知识产权、债权等权利的统称。

（二）股权与物权的区别

（1）体现的社会关系不同：股权体现的是相对关系，股东仅能对特定公司主张权利，物权体现的是绝对关系。

（2）性质不同：股权是权利束，其中多为请求权，物权是支配权。

（3）义务主体不同：股权的义务主体是公司，物权的义务主体是任何外人。

（4）内容不同：股权有非财产内容，如表决权，物权的内容一般仅为财产利益。

（5）客体不同：股权客体是公司经营决策事项和公司可分配收益，物权的客体是物。

（6）渊源不同：股权的权利来源丰富，包括法律、章程和协议；物权的权利来源单一，只能是法律。

（二）股权与债权的区别

股权不少内容与债权的性质相同，均为请求权，但区别明显。

（1）体现的社会关系不同：股权主要体现的是团体法上的社会关系，债权体现的是个人法上的社会关系。

（2）义务主体不同：股权的义务主体是公司，债权的义务主体是特定的债务人。

（3）公司资产清偿顺序不同：公司清算时，公司资产优先清偿公司债权人的债权，有剩余资产才分配给股东。

（4）存在期限不同：股权一般无时效问题，债权有时效约束。

三、股权的分类

股东权利束中的各项具体权利，根据不同的标准可分类出不同类别。

（一）自益权和共益权

以权利目的的不同为区分标准，可将股权分为自益权和共益权。

（1）自益权，是指股东为了自己的利益而行使的权利。自益权包括股利分配请求权（《公司法》第210条第4款）、剩余财产分配请求权（《公司法》第236条第2款）、新股认购请求权（《公司法》第227条）、退股权（《公司法》第89条）、股份转让权（《公司法》第84条）、股东名册变更请求权（《公司法》第87条）等。

（2）共益权，是指股东为了股东们的共同利益而行使的权利。共益权包括表决权（《公司法》第65、116条）、代表诉权（《公司法》第189条）、临时股东会会议动议权（《公司法》第62、113条）、临时股东会自行召集权与主持权（《公司法》第63条第2款、第114条第2款）、提案权（《公司法》第115条第2款）、质询权（《公司法》第110条、第187条）、股东会和董事会决议无效确认诉权（《公司法》第25条）、股东会和董事会决议撤销诉权（《公司法》第26条）、累积投票权（《公司法》第117条）、会计账簿和会计凭证查阅权（《公司法》第57条第2款、第110条第2款）、公司解散请求权（《公司法》第231条）等。

（二）单独股权与比例股权

以权利行使方法的不同为标准，可将股权分为单独股权与少数股权（又称比例股权）。

（1）单独股权，是指不论股东的出资金额大小或持股比例高低，任何份额的股东都可以行使的权利。单独股权包括：股利分配请求权、剩余财产分配请求权、新股认购优先权、退股权、股份转让权、表决权等。自益权均为单独股权，共益权有一部分是单独股权。

（2）少数股权，是指出资或持股比例达到法定门槛以上的股东才能行使的权利。少数股权包括：临时股东会会议动议权、股东会的召集和主持权（《公司法》第63条第2款、第114条第2款）、提案权（《公司法》第115条第2款）、临时董事会会议动议权（《公司法》第123条第2款）、代表诉权（《公司法》第189条）、解散公司请求权（《公司法》第231条）。

（三）固有权与非固有权

以能否依章程或决议予以剥夺或限制为标准，可将股权分为固有权与非固有权。固有权，不得依章程或决议予以剥夺或限制；非固有权，可依章程或决议加以剥夺或限制。一般而言，共益权多属固有权，自益权多属非固有权。

此外还有法定股权与章定股权、普通股权与特别股权之分。需要注意的是，普通股与优先股主要是利润分配和表决权上的差异化，权利的综合价值理应是相当的。

四、股权的性质

（一）所有权说

该说认为，公司的财产属于股东共有的财产，故股权就是一种物权上的共有权。另有观点认为，公司并存两个所有权，即股东所有权和公司所有权，即所谓的"所有权的双重结构"。

（二）债权说

该说认为，随着公司所有权和经营管理权的分离，股东的处分权丧失殆尽，股东的经营管理权也可有可无，股东几乎仅剩向公司请求支付股利之债的权利。

（三）社员权说

该说认为，公司是社团法人，股东是社团成员，所以股权就是社员权。自 1875 年德国学者瑞纳德（Renaud）首倡股东权为一种独特的社员权以来，该说逐渐成为德国和日本学界通说。但需要指出的是，社员权本身就是一个内涵与外延均不确定的概念。

（四）独立民事权利说

该说认为，并不能从传统民法的权利体系中找到其位置并对其定性，股权是一种目的性权利和手段性权利有机结合、团体性权利与个体性权利辩证统一、兼具有请求权和支配权等属性且自成一体的独立民事权利。该说为我国法学界的通说。

本书认为，股权不是一项单一的权利，而是多项权利的集合概念，犹如一个舰队由若干军舰组成，股权由多项具体权利组成，包括参与决策权、选择管理者权、知情权和投资收益权等。这些权利可结合，有些也可分离；这些权利有些是团体性权利，有些是个体性权利，还有些是过渡性权利，后者一直被忽略。股权属于民法上的权利，但其在民法权利体系中的地位和自身权利体系，亟待理论界进行科学定位和重构。

五、股东权利滥用的禁止

《公司法》第 21 条明确规定禁止股东滥用权利损害公司或其他股东的利益。控股股东利用关联关系损害公司利益，是股东滥用权利的一种表现方式（《公司法》第 22 条）；股东滥用公司法人独立地位和股东有限责任，损害债权人利益，也是股东滥用权利的一种表现方式（《公司法》第 23 条）。股东滥用权利给公司或股东造成损害的，应当承担侵权或违约责任；给债权人造成损害的，债权人通常有权直接追究股东责任。

第三节　股权的内容

我国《公司法》第 4 条第 2 款规定："公司股东对公司依法享有资产收益、参与重大决策和选择管理者等权利。"据此规定，股权的内容主要表现为资产收益权与公司事务参与权，具体包括以下权利。

一、分红权

分红权，又称股利分配请求权或利润分配请求权，是指基于投资而得以向公司请求支付红利的权利。

（一）现行法上的区分

以公司是否决议分配利润为界，将决议前的分红权称为抽象分红权，决议后的分红权称为具体分红权。另外，还有依"衡平"而施以救济的所谓"抽象可诉分红权"［如最高人民法院《关于适用〈中华人民共和国公司法〉若干问题的规定（四）》（以下简称《公司法司法解释四》）第 15 条但书规定的权利］。

1. 抽象分红权

抽象分红权一般不具有可诉性。学者普遍认为抽象分红权属期待权。本书不能苟同，因为期待权变为既得权并不取决于相应义务主体的意志，而抽象分红权转变成具体的股利请求权，除了要满足公司有可分配利润的条件外，还需取决于公司意志。另外，抽象分红权这个概念似乎空洞无物，假如说股东享有的分红决议动议权、提议权和表决权都是抽象分红权的权能，则不能说抽象分红权是抽象的权利，因为这几项权能都不抽象。且认为前述几项参与性权利或权能归属于抽象分红权，就无法解释《公司法》第4条第2款关于投资收益权与公司事务参与权的区分。

2. 具体分红权

公司决议分配利润后股东享有的分红权，称为具体分红权。它具有债权性，属于既得权的范畴。需要注意的是，根据《公司法司法解释四》第14、15条的规定，股东原则上须提交"载明具体分配方案的股东会或者股东大会决议"，其相应诉求才有可能得到支持。该两条规定很有可能被理解为：即便是股东协议或公司章程事先已经约定了具体的利润分配办法，没有必要通过事后的决议确定分配方案，但当股东根据协议或章程诉请分配利润时，法院仍可拒绝按照约定支持股东的诉请。本书认为：不论前述相关条文的本意如何，只要不损害债权人的利益，股东的约定理应受到尊重；反之，若不尊重股东的约定，则股利优先股的设置目的也恐怕会落空；在现行法语境下，只有在没有约定或约定不明确导致无法确定利润分配方案时，法院才有必要要求股东提供决议。

3. 抽象可诉分红权

为了解决公司利润分配中股东压榨问题，各国司法实践上均会根据"衡平"法理赋予股东在特定条件下起诉公司分配利润以获得救济的权利。一般而言，给予"衡平"救济的条件为：①违反法律规定滥用股东权利。比如身兼董事、高管之职或为实际控制人的股东，从公司领取过高薪酬；操纵公司购买汽车、房产等自用或消费；隐瞒或转移利润等。②前述滥用权利的行为导致公司不分配利润。③给其他股东造成了损失。我国《公司法司法解释四》第15条规定："股东未提交载明具体分配方案的股东会或者股东大会决议，请求公司分配利润的，人民法院应当驳回其诉讼请求，但违反法律规定滥用股东权利导致公司不分配利润，给其他股东造成损失的除外。"

本书认为，这种所谓的"衡平"救济陷入公平悖论，即它以承认大股东或控制人享有不经决议、非法攫取公司利润的"权利"为前提。

（二）分红权的行使

分红权被认为是股东的核心权利。不过，我国《公司法》对分红权的行使并没有作出多少规定。除规定了分配利润须以有可分配利润为前提条件外，仅笼统地将可分配利润的支配权配置给股东会。因此，原则上，作为请求权的分红权需在决议后才能行使。目前我国法律上规定有两种例外情形：第一种情形就是前述"抽象可诉分红权"，另一种情形则是根据国务院《关于开展优先股试点的指导意见》及《优先股试点管理办法》（2023 年修订）的相关规定，优先股股东可基于约定而享有优先股股息请求权。另外，《公司法》第210 条第 4 款规定，有限责任公司按照股东实缴的出资比例分配利润，全体股东约定不按照出资比例分配利润的除外；股份有限公司按照股东所持有的股份比例分配利润，公司章程另有规定的除外。2023 年《公司法》新增了决议后 6 个月内进行分配的规定。

（三）分红权的改革

在现行法下，分红权的实现存在机制性障碍：①抽象分红权几乎是一个空洞的概念，只要大股东或控制人在决议中投反对票，中小股东分红的意愿就无法实现，大股东或控制人可以通过违法或形式上合法的行为攫取公司利润，自然就没有分红的意愿；②即便是公司通过了分红决议，也不过是大股东基于其他因素考虑而作的"恩赐"；③抽象可诉分红权在底层逻辑上存在根本问题，即它实际上等于承认了大股东可以不经决议擅自非法攫取公司利润。

尽管业界试图把现行法上的分红权解读为期待权，但由于分红权的实现取决于义务主体的意志，根据权利的基本法理，任何权利，包括期待权，都不应当由义务主体意志决定权利主体的权利能否实现，故现行法上的分红权不属于期待权，严格来说，不属于权利。因此，理应对分红权进行改革。分红权确实应归属于期待权，但该期待权转变为既得权的条件，理应是公司具有符合法定条件的可分配利润，而不是公司决议。

二、剩余财产分配请求权

根据《公司法》第 236 条第 2 款规定，在清算程序中，清偿公司债务后的剩余财产，有限责任公司按照股东的出资比例分配，股份有限公司按照股东持有的股份比例分配。利润分配请求权与分红权有相似之处，权利客体都具有从团体利益向个人利益过渡的属性。所以，严格来说，它们均不属于团体法上的权利。

三、表决权

股东行使《公司法》第 4 条第 2 款所规定的经营管理决策权以及选择管理者的权利一般都通过表决权来实现。表决权项下包括股东会出席权（《公司法》第 64、111、115 条）、会议动议权（《公司法》第 62、113、123 条）、特定条件下的会议召集和主持权（《公司法》第 63、114 条）以及提案权（《公司法》第 115 条）、累积投票制下的集中投票权（《公司法》第 117 条）等。

从世界上各市场国家的公司立法来看，表决权整体呈现扩张态势，侵入到一些本该属于契约交易的领域。

四、知情权

知情权纠纷是实务热点，它往往是投资收益权和经营管理参与权行使的前提。以下分别对有限责任公司和股份有限公司股东知情权予以介绍。

（一）有限责任公司股东的知情权

根据《公司法》第 57 条规定，有限责任公司股东对公司和全资子公司享有复制权和查阅权。复制权的客体包括公司章程、股东名册、股东会会议记录、董事会会议决议、监事会会议决议和财务会计报告等。查阅权的客体除了复制权所及客体外，还包括公司会计账簿，2023 年《公司法》明确了会计凭证也是查阅权的客体。

股东行使查阅公司会计账簿请求权要遵循一定的程序，具体如下：第一，股东提出书面请求，并说明目的。第二，公司认为有不正当目的的，可拒绝查询，但应在 15 日内书面答复并说明理由。《公司法司法解释四》第 8 条描述了"不正当目的"的几种情形：①股东自营或者为他人经营与公司主营业务有实质性竞争关系业务的，但公司章程另有规定或者全体股东另有约定的除外；②股东为了向他人通报有关信息查阅公司会计账簿，可能损害公司合法利益的；③股东在向公司提出查阅请求之日前的三年内，曾通过查阅公司会计账簿，向他人通报有关信息损害公司合法利益的；④股东有不正当目的的其他情形。第三，股东遭拒绝，向法院诉请查阅或复制。

股东可以委托会计师事务所、律师事务所等中介机构行使查阅权。接受委托查阅、复制材料的中介机构，应当遵守有关保护国家秘密、商业秘密、个人隐私、个人信息等法律、行政法规的规定。

（二）股份有限公司股东的知情权

《公司法》第110条规定股份有限公司股东依法对公司和全资子公司享有查阅权、复制权。股东的查阅权和复制权的客体包括公司章程、股东名册、股东会会议记录、董事会会议决议、监事会会议决议、财务会计报告。就股份有限公司股东知情权，2023年《公司法》新增了几项规则：①连续180日以上单独或者合计持有公司3%以上股份的股东有权查阅公司的会计账簿、会计凭证，若公司章程对持股比例有较低规定的，从其规定；②股东有权依法要求查阅、复制公司全资子公司相关材料；③股东可适用第57条中的委托查阅规则行使查阅权；④上市公司股东查阅、复制相关材料的，应当遵守《证券法》等法律、行政法规的规定。

以上两类公司股东享有的知情权，属于固有权。根据《公司法司法解释四》第9条的规定，章程或协议无权剥夺股东的知情权。

五、优先认购权

《公司法》第227条规定了股东在增资时的优先认购权。需要注意两类公司股东优先认购权的区别：有限责任公司增资时，股东有权优先按照实缴的出资比例认缴出资，除非全体股东另有约定；股份有限公司增资时，股东不享有优先认购权，除非公司章程另有规定或者股东会有相应决议。

六、退股权

《公司法》第89条和第162条分别对有限责任公司和股份有限公司股东退股权作了相应规定，以下主要基于第89条的规定对退股权作适当展开。

（一）概念

退股权，又称评估权或异议股东股份收购请求权，是指股东会作出严重影响股东根本利益的决议时，股东有权请求公司回购自己所持股权。

（二）行使退股权的前提

一般而言，股东行使退股权的前提是对特定股东会决议事项投反对票。

（三）《公司法》第89、161条和第162条第1款第4项规定的股东退股权行使的情形包括：

（1）公司合并、分立、转让主要财产。转让主要财产，一般是指转让资产超过净资产30%或者转让公司核心业务资产。

（2）公司章程规定的营业期限届满或者章程规定的其他解散事由出现，股东会会议通过决议修改章程使公司存续。

（3）公司连续 5 年不向股东分配利润，而公司该五年连续盈利，并且符合本法规定的分配利润条件。

需要注意的是：第一，前述 3 种情形不适用于公开发行股份的股份有限公司；第二，就股份有限公司股东的退股权而言，2023 年修订之前的《公司法》第 142 条只规定了在公司合并和分立决议中持有异议的股东才享有退股权。

另外，针对有限责任公司，2023 年《公司法》第 89 条第 3 款还新增了控股股东压迫情形下其他股东享有退股权的规定"公司的控股股东滥用股东权利，严重损害公司或者其他股东利益的，其他股东有权请求公司按照合理的价格收购其股权"。这一规定中的"损害"，不仅限于其他股东的利益受到损害，也可以是公司利益受到损害；不过，损害须达到"严重"程度。

（四）退股权的行使期限

对于前述系因公司决议导致的退股权，股东与公司可以在决议通过之日起 60 日内协商，协商不成的，股东可以自决议通过之日起 90 日内向人民法院提起诉讼。

（五）转让或注销股权

公司因股东行使退股权而收购本公司股权，公司应当在 6 个月内依法转让或者注销。

七、诉权

股东前述权利受到公司侵害，一般均享有诉权，股东的利益若受到董事和高级管理人员的侵害，可依据《公司法》第 190 条等有关规定起诉董事和高级管理人员。此外，股东还享有三种特别的诉权：瑕疵决议诉权（《公司法》第 25、26、27 条）、股东代表诉权（《公司法》第 189 条）、强制解散公司诉权（《公司法》第 231 条）。

除上述权利外，股东还享有对公司经营的建议或者质询权（《公司法》第 79、110 条）、有限责任公司股东的股权优先购买权和转股权等。其中，股东的五大救济权利可依权利对公司的影响程度排序如下：知情权、分红权、转股权、退股权、解散公司诉权。

第三章 股权变动

第一节 概述

一、股权变动的概念

股权变动，是指因一定民事法律事实引起的股权产生、变更和消灭。

二、变动原因

股权变动也就是股权关系变动，股权变动原因的类型跟其他民商事法律关系变动原因的类型相同，包括法律行为、事实行为、事件和公法行为等。以下所讲股权变动，主要指股权转让。

三、股权变动模式

股权变动模式理论仿照物权变动模式理论。讨论股权变动模式也就是明确股权从原主体到新主体需要具备什么要件。

（一）有限责任公司股权变动模式

关于有限责任公司股权变动，理论上有以下几种模式：①纯粹的股权转让合同，就可以产生股权变动的效力，只不过不能对抗第三人；②股权转让合同+公司股东名册变更，才可产生股权变动的效力；③股权转让合同+公司股东名册变更+工商登记，才可产生股权变动的效力；④股权转让合同即可产生股权变动的效力，但要通知公司并经公司认可方能向公司主张股权。目前我国司法实践上采用第二种模式。这里的公司股东名册变更，实际上指向的是所有其他股东均放弃优先权（仅适用于有限责任公司）或公司可能要求的同意（仅适用于股份有限公司），若不满足这个条件，公司股东名册变更就没有合法依据。另外，第四种模式存在逻辑问题。

（二）股份有限公司股权变动模式

股份有限公司的股权变动采取所谓的债权形式主义，即股权变动以股权转让协议生效为前提，以交付或类似行为为股权变动生效要件（《公司法》第159条）。综合2023年《公司法》第144、145、157条的规定来看，公司法允许股份有限公司章程规定发行公司同意转让受限股，限制股权转让。

对第157条中这一内容"公司章程对股份转让有限制的，其转让按照公司章程的规定进行"的理解，可能存在分歧：一种理解是，公司章程对公司全部股份可以作转让限制；另一种理解是，公司章程仅就转让受限股可以作转让限制，对于普通股不能作此种限制。本书认为，针对非开放型股份公司，可以作第一种理解；针对开放型股份公司，应当作第二种理解。

另外需要提示的是，限制转让既不是法定一般情形，也不是法定例外情形，而只是法律允许的章定例外情形，因此，若公司限制股份转让，公司应当在章程中明确规定在什么样的具体情形下限制转让。

四、股权变动（转让）的效力

股权一经转让，相应权益理应归受让人。但对于股利的归属，却是实务中颇具争议的话题。一般而言，有约定从约定；若没有约定，在股利宣告前转让的，股利归受让方，反之则归转让方。

第二节　有限责任公司股权转让

一、股权转让的基本过程

有限责任公司股东转让股权的基本过程为：双方签订转股协议，对外转让需通知其他股东，其他股东均放弃优先购买权，然后通知公司变更公司章程（无需召开股东会，《公司法》第87条）和股东名册，要求公司签发股东证明，并办理工商变更登记。2023年《公司法》第86条中的"请求"，应当解释为"要求"，因为只要符合法律规定，公司不得拒绝签发证明和办理登记；如果公司无故拒绝签发证明和办理登记，属于侵权行为。

《公司法》第86条第2款规定："股权转让的，受让人自记载于股东名册时起可以向公司主张行使股东权利。"该条款不应被解释为有限责任公司股东此时取得股权，应当解释为当受让人的名字或名称记载于股东名册时，是受让人向公司主张股东权利，而不再是转让人向公司主张股东权利。

二、转让过程中需要注意的事项

(一) 股东之间内部转让

股东之间转让股权，其他股东无优先购买权或依比例优先受让权。章程另有约定的，从约定。

(二) 股东向外部转让

2023 年修订之前的《公司法》规定的股东向外转让股权，有三项要求：其一，需要书面通知其他股东，或以其他能够确认收悉的合理方式通知其他股东（《公司法司法解释四》第 17 条第 2 款）；其二，通知的事项包括股权转让的数量、价格、支付方式和期限等；其三，需要经其他股东过半数同意，同意的形式可以是股东会决议，也可以是其他书面形式；同意的行为方式可以是 30 日内书面答复（明示），也可以是法定期限内不做答复（默示），若不同意对外转让又不购买，也视为放弃优先购买权。2023 年《公司法》第 84 条删除了其他股东同意这一要求。

三、其他股东优先购买权

(一) 权利性质

其他股东优先购买权被认为是形成权，即依其他股东的单方意思表示即可使股权法律关系发生变动的权利。但本书认为，其他股东优先购买权不仅变动了其与出让股东的法律关系，还变动了其他股东与公司外股权受让人的关系，故它似乎应属于形成权的上一级权利，即变动权。不过，由于《公司法司法解释四》第 20 条赋予了出让股东反悔的权利，而这并不被变动权所包容，因此其性质就比较难以界定。当然，也许是该第 20 条规定的合理性存疑。

(二) 优先权冲突的解决

当数个其他股东都主张优先权，这时就存在权利行使上的冲突。这种冲突可以通过协商解决，若协商不成，则按照出资比例分摊优先购买的份额。

(三) 侵害优先权之转让行为的效力

侵害优先权之转让合同的效力，实践中有两种不同观点。一是无效说，如［2019］赣民终 541 号判决书持这种观点。另一是可撤销说，如［2017］京民终 796 号判决书持该种观点。另外，根据法律行为效力状态的法理，一般需要考虑受让方的主观状态。

本书认为，侵害优先权的合同，可参照《关于审理外商投资企业纠纷案件若干问题的规定（一）》第 11 条的规定，不管受让方主观状态如何，均属可撤销合同。理由是：受到侵害的是特定第三人而不是非特定第三人的权利，故宜将侵害优先权的合同归入可撤销合同；行使这种撤销权的期限属于除斥期间，在该期间内其他股东未行使撤销权，则新股东的加入应被视为并不影响公司人合性；若该种合同作无效处理，则因目前法律并未限定主张合同无效的期限，从而使得相关法律关系处于不确定状态，这就不利于公司发展，也容易滋生机会主义行为。

（四）同等条件

优先购买权是指同等条件下的优先购买权。

1. 同等条件的确定

严格来讲，只有股东与公司之外的受让人确定了转让的具体条件，才可以确定同等条件。而若转让条件确定，实际上也就意味着转让合同基本确定，且不能更改。因此，在通知其他股东行使优先购买权之前，转让方理应是与公司之外的受让人就转让条件达成了一致。

2. 同等条件的内容

根据《公司法》第 84 条规定，"同等条件"应当考虑转让股权的数量、价格、支付方式及期限等因素。

3. 同等条件与合同成立、生效制度

《公司法司法解释四》第 21 条第 3 款规定："股东以外的股权受让人，因股东行使优先购买权而不能实现合同目的的，可以依法请求转让股东承担相应民事责任。"此解释规则不合理。在常态下，受让人是知道其他股东优先购买权的存在，能够预见到合同目的有可能无法实现。因此，要求转让股东承担相应民事责任，并没有正当理由。当然，如果转让股东存在欺诈、保证或者合同约定了责任，则另当别论。

关于转让合同生效的问题。在转让股东与股东以外的股权受让人达成合意（即确定"同等条件"）时合同成立，但此时合同能否产生股权变动的目的效果，还取决于其他股东是否放弃优先权，所以不能说合同已生效。因此，有限责任公司股权转让合同可被称为"附法定生效条件的合同"。

（五）通知

股东对外转让股权，应将下列信息通知其他股东：受让人的姓名或名称、转让股权的类型、数量、价格、履行期限及方式。有观点认为不需要将受让人的姓名或名称这种信息通知其他股东。本书认为，这种信息恰恰是应通知的关键信息，因为其他股东要依赖这种信息来决定能否接纳受让人为新股东。

其他股东接到通知后，有30日的答复期，若未在此日期内答复，则视为放弃优先购买权。《公司法》第84条允许章程另有规定。

（六）执行程序中的优先权

执行程序中优先权的实现，有"跟价法"和"询价法"两种方法。"跟价法"，是指优先权人作为竞买人直接参与拍卖，拍卖过程中，有最高应价时，优先权人可以表示以该最高价买受，其他竞买人可有更高报价，如无更高报价，则归优先权人，若有更高报价，而优先权人不做表示，则归应价最高的竞买人。"询价法"，是指优先权人虽到拍卖现场但不直接参与拍卖，等最高应价者确定后，优先权人与最高应价者再展开竞价，但优先权人始终有权以最高应价者的应价优先获得买受权。两种方法的共同点是优先权人都有最高应价的优先购买权，不同点为前者是优先权人同所有竞买人竞价并可从他们的最高应价中享有优先购买权，而后者是优先权人同最高应价者竞价并可就最高应价者的最高应价主张优先购买权。最高人民法院《关于人民法院民事执行中拍卖、变卖财产的规定》（2020年修正）第13条第1款采用"跟价法"。根据该条第2款的规定，假如优先权人不止一人，而是两人或两人以上，则通过抽签决定。

四、转股后的出资责任

（一）未届出资期限的出资责任

《公司法》第88条第1款规定："股东转让已认缴出资但未届出资期限的股权的，由受让人承担缴纳该出资的义务；受让人未按期足额缴纳出资的，转让人对受让人未按期缴纳的出资承担补充责任。"

（二）瑕疵出资的出资责任

《公司法》第88条第2款规定："未按照公司章程规定的出资日期缴纳出资或者作为出资的非货币财产的实际价额显著低于所认缴的出资额的股东转

让股权的，转让人与受让人在出资不足的范围内承担连带责任；受让人不知道且不应当知道存在上述情形的，由转让人承担责任。"

五、有限责任公司国有股权转让

国有股权转让，除了要遵守《公司法》外，还需要遵守《企业国有资产法》《企业国有资产监督管理暂行条例》《企业国有资产交易监督管理办法》《国有资产评估管理办法》《关于规范国有企业改制工作意见的通知》《关于审理与企业改制相关的民事纠纷案件若干问题的规定》等。

六、外资企业股权转让

（一）主要法律依据

外资有限责任公司股权转让，除了要遵守《公司法》的规定外，还要遵守《外商投资法》《关于审理外商投资企业纠纷案件若干问题的规定（一）》（以下简称《规定（一）》）等。

（二）转让步骤

1. 签署协议

2. 征得合营他方一致同意

未经合营他方一致同意，根据《规定（一）》第11条的规定，其他股东可以请求撤销股权转让合同。

3. 报审批机构批准

2016年10月8日发布《外商投资企业设立及变更备案管理暂行办法》后，除涉及国家规定实施准入特别管理措施的外商投资企业的设立、变更需要审批外，其他的均采用备案制。因此，审批环节仅限于需要审批的项目。商务部和国家发展和改革委员会联合发布的2016年第22号公告，明确了外商投资准入特别管理措施的标准，即《外商投资产业指导目录（2015年修订）》（2017年又有修订，且2017年版中的鼓励类项目又经过几次修订）中规定的限制类、禁止类需要审批，鼓励类中有股权要求和高管要求的需要审批。

4. 办理变更登记

（三）未经审批的协议效力

1. 未经审批的协议属未生效合同

根据《规定（一）》第1条第1款的规定，未经审批的协议为未生效合同。

2. 报批义务具有可履行性和可诉性

根据《规定（一）》第 1 条第 2 款规定，报批义务条款独立于未生效合同，具有生效效力。

（四）未获审批但已经实际参与经营管理的外资股权转让协议处理

转让方可以请求法院责令受让方退出经营管理并支付扣除成本费用后的收益。

（五）侵害其他股东优先权的转让协议

根据《规定（一）》第 12 条的规定，侵害其他股东优先购买权的，其他股东享有撤销权。其他股东在知道或者应当知道股权转让合同签订之日起一年内未主张优先购买权的除外。

（六）未经审批的补充协议的效力

非重大或实质性变更，未经审批也有效；若为重大或实质性变更，则为未生效补充协议。以下事项变更为重大或实质性变更：注册资本、公司类型、经营范围、营业期限、股东认缴的出资额、出资方式的变更以及公司合并、公司分立、股权转让等。

（七）管辖

根据《民事诉讼法》第 279 条第 3 项的规定，"因在中华人民共和国领域内履行中外合资经营企业合同、中外合作经营企业合同、中外合作勘探开发自然资源合同发生纠纷提起的诉讼"，外资企业股权转让纠纷属于专属管辖。

第三节　股份有限公司股权转让

一、转让原则

股份有限公司的股权转让，以自由转让为原则，法律规定有限制或禁止的例外。

二、股权转让场所

（一）公司法的规定

《公司法》第 158 条规定："股东转让其股份，应当在依法设立的证券交易场所进行或者按照国务院规定的其他方式进行。"这一规定令人费解。第一，依"或者"之前的文义来看，该条是有关股份转让场所的规定，但"或者"之后的部分却表述为"其他方式"，为何这里表述为"方式"而不是场所？这个方式与《公司法》第 159 条的"方式"是同义还是不同义？第 159 条所指的"方式"明显不是指场所。第二，这里的"应当"到底作何解？是效力性规定还是其他规定？如果是效力性规定，那么除了《国务院关于全国中小企业股份转让系统有关问题的决定》所指"新三板"系统场所以及《国务院办公厅关于规范发展区域性股权市场的通知》所指"区域性股权市场"（仅限于该通知所规定的股权交易）外，并未见到国务院规定有其他法定方式或场所；故在没有提供相应场所的情况下，"应当"的表述就不宜理解为效力性规定。也正是基于此，［2018］最高法民终 60 号案的民事判决认为，该条规定"对股权转让关系效力并无影响"。

本书认为，当事人通过协议转让、赠与、继承和共有股份分割等，可以在自定的场所进行，而因行政划拨、司法裁判而发生股权变动，可以依便利行事原则在相应场所对股权进行变动。

（二）证券法的规定

《证券法》第 37 条分别规定了公开发行和非公开发行的证券的转让场所。前者应当在依法设立的证券交易所上市交易或者在国务院批准的其他全国性证券交易场所交易，后者可以在证券交易所、国务院批准的其他全国性证券交易场所、按照国务院规定设立的区域性股权市场转让。

三、股权转让方式

记名股票采取背书或法律法规规定的其他方式转让，转让后由公司将受让人的姓名或者名称及住所记载于股东名册（《公司法》第 159 条）。2023 年《公司法》不再规定无记名股票的转让规则。

四、转让限制

股份有限公司的股权转让原则上是自由的，但《公司法》也规定了特别限制。

（一）对上市公司股权转让的限制

《公司法》第 160 条第 1 款规定："公司公开发行股份前已发行的股份，

自公司股票在证券交易所上市交易之日起一年内不得转让。法律、行政法规或者国务院证券监督管理机构对上市公司的股东、实际控制人转让其所持有的本公司股份另有规定的，从其规定。"

（二）对董监高转让股权的限制

《公司法》第 160 条第 2 款规定："公司董事、监事、高级管理人员应当向公司申报所持有的本公司的股份及其变动情况，在就任时确定的任职期间每年转让的股份不得超过其所持有本公司股份总数的百分之二十五；所持本公司股份自公司股票上市交易之日起一年内不得转让。上述人员离职后半年内，不得转让其所持有的本公司股份。公司章程可以对公司董事、监事、高级管理人员转让其所持有的本公司股份作出其他限制性规定。"对此规定，可分解如下：第一，在就任时确定的任职期间每年转让不得超过 25%（但 1000 股以下例外）；第二，上市交易之日起 1 年内不得转让；第三，离职半年内，不得转让；第四，章程可以做出其他限制。这里的第一点和第三点存在解释上的分歧：假如张三就任时确定的任职期间是 3 年，实际上他只任职 1 年就离职，他的股份是自 3 年后的半年内不得转让，还是自 1 年后的半年内不得转让？再假如张三实际任职 3 年半，那是自 3 年半后的半年内不得转让，还是 3 年后的半年内不得转让？本书认为，当就任时确定的任职时间与实际任职时间不一致时，应当以较长者作为"半年内"的起算点，唯有这样解释，该条款的两点内容之间才能协调一致。

除《公司法》对股权转让有限制外，其他法律对股权转让也有限制，包括但不限于《证券法》第 36、42、44、63、70、73、74、75、170 条和《反垄断法》第 27 条等。另外，2023 年《公司法》第 157 条认可公司章程可以限制股权转让。2023 年《公司法》删除了原第 141 条第 1 款禁止发起人自公司成立 1 年内转让股份的内容。

五、禁止财务资助及例外

2023 年《公司法》第 163 条规定："公司不得为他人取得本公司或者其母公司的股份提供赠与、借款、担保以及其他财务资助，公司实施员工持股计划的除外。为公司利益，经股东会决议，或者董事会按照公司章程或者股东会的授权作出决议，公司可以为他人取得本公司或者其母公司的股份提供财务资助，但财务资助的累计总额不得超过已发行股本总额的百分之十。董事会作出决议应当经全体董事的三分之二以上通过。违反前两款规定，给公司造成损失的，负有责任的董事、监事、高级管理人员应当承担赔偿责任。"这是禁止财务资助及例外的规定。2023 年的这条新规定，第 1 款中的"公司实施员工持股计划的除外"与第 2 款中"为公司利益"之间的关系，有不同理解：第一种理解是，前者与后者系并列的平行关系；第二种理解是，前者即是后者；第三种理解是，后者包含前者。业界多有理解为平行关系。不管理解成什么关系，该条文的表述有进一步优化的必要。

六、股票失效

《公司法》第 164 条规定："股票被盗、遗失或者灭失，股东可以依照《中华人民共和国民事诉讼法》规定的公示催告程序，请求人民法院宣告该股票失效。人民法院宣告该股票失效后，股东可以向公司申请补发股票。"

七、股票上市与信息披露

《公司法》第 165 条规定："上市公司的股票，依照有关法律、行政法规及证券交易所交易规则上市交易。"第 166 条规定："上市公司应当依照法律、行政法规的规定披露相关信息。"

第四节　股权的非典型变动方式

股权非典型变动方式包括股权质押、股权让与担保、股份回购、股权继承、股权赠与、夫妻离婚股权分割、对赌等。

一、股权质押

（一）专门规定

与股权质押有关的专门规定主要包括《工商行政管理机关股权出质登记管理办法》《财政部关于上市公司国有股质押有关问题的通知》等。

（二）股权质押条件

股权质押主要规则有两条：第一，必须是依法可以转让的股权；第二，公司不得接受本公司的股份作为质押权标的。

（三）股权质权设立

根据《民法典》第 443 条的规定，股权质权自办理出质登记时设立。《工商行政管理机关股权出质登记办法》（2016 年修订）第 2 条规定："以持有的有限责任公司和股份有限公司股权出质，办理出质登记的，适用本办法。已在证券登记结算机构登记的股份有限公司的股权除外。"这就意味着，已在证券登记结算机构登记的股份有限公司的股权出质，应到证券登记结算机构办理登记，其他的股权设质登记，均在工商行政管理机关办理。

（四）几项特别规定

（1）《公司法》第 160 条第 3 款规定："股份在法律、行政法规规定的限制转让期限内出质的，质权人不得在限制转让期限内行使质权。"

（2）《公司法》第 162 条第 5 款规定："公司不得接受本公司的股份作为质权的标的。"

（3）《财政部关于上市公司国有股质押有关问题的通知》规定："三、国有股东授权代表单位持有的国有股只限于为本单位及其全资或控股子公司提供质押。四、国有股东授权代表单位用于质押的国有股数量不得超过其所持该上市公司国有股总额的 50%。"

二、股权让与担保

1. 概念

股权让与担保，是这样一种担保方式，为担保债务履行，将股权登记在债权人名下，并约定若债务人在债务届期后无法清偿债务，债权人有权请求对股权进行折价、拍卖或变卖而优先受偿。

2. 规则

最高人民法院《关于适用〈中华人民共和国民法典〉有关担保制度的解释》第 69 条就是调整股权让与担保的规则："股东以将其股权转移至债权人名下的方式为债务履行提供担保，公司或者公司的债权人以股东未履行或者未全面履行出资义务、抽逃出资等为由，请求作为名义股东的债权人与股东承担连带责任的，人民法院不予支持。"结合该解释第 68 条的规定，它们表达了如下意思：第一，允许当事人设置股权让与担保；第二，不允许做类似这样的约定"若债务人不履行债务，则股权归债权人"；第三，担保权人就登记在其名下的瑕疵股权，不需要承担瑕疵出资责任。

尽管让与担保的功能在担保，但从让与担保的外观上看，担保人将所有权或其他权利让与给了担保权人，借此起到公示效果，故对于第三人或公众而言，这种公示所产生的公信，不是信赖它是担保权而是信赖它是所有权或其他权利。当所有权或其他权利本身存在瑕疵或负担时，公信之信者，能否要求权利外观持有者承担权利瑕疵或负担，业界一直存有争议。本书认为，一种较务实的做法是，公信之信者有权要求权利外观持有者承担权利瑕疵或负担，除非权利外观持有者有充分证据证明其实际为担保权人，因为：第一，不排除虚构的担保权人；第二，抵押、质押等担保方式组合起来的担保体系已经比较齐全，没有太大必要采取这种手续更麻烦且对他人权利过度"侵入"的方式担保；第三，这种过度"侵入"他人权利以求得绝对安全的担保方式，会对物或权利的经济效用造成不必要的减损。这种务实的做法，既尊重了契约自由，又顾及涉他性，还考虑到物尽其用。

三、股份回购

（一）概念与特征

1. 概念

股份回购，是指公司依照法律规定从股东手中买回自己股份的行为。

2. 特征

（1）公司从股东手中买回股份的行为。

（2）回购的客体是公司自己的股份。

（3）法律上有严格限制，对股份回购采取原则禁止例外允许的态度。

（二）回购方式

回购分为自己标购和公开市场收购。

1. 自己标购

自己标购又分为两种：第一，固定价格购买，公司向股东发出固定报价的方式回购。报价往往高于市场价格。股东自由决定是否出售。如果股东愿意出售的股份超过了公司意欲购买的股份，公司应当按比例购买。第二，荷兰式拍卖，是指公司提出回购的股数和价格区间（最低价往往高于市场价），然后股东向公司提出出售的股数和价格区间能够接受的最低价，最后由公司确定可以接受的最低价。

2. 公开市场收购

公开市场收购，是指公司在公开市场上通过经纪人购买自己的股份，收购价格为市场价格。

（三）各国法律对回购的态度

有些国家允许公司自由回购，如美国。这可能是因为美国的库存股制度起到了很好的作用。多数国家原则禁止，例外许可，如德国。修正后的《日本公司法》完全放松了相关管制。

（四）禁止或限制回购的原因

禁止或限制回购的主要原因有：第一，逻辑上矛盾。公司持有自己股权，即意味着权利义务主体归于一体。第二，违反资本维持原则。允许公司回购股权等同于允许股东抽回资本。第三，违反三公原则。

（五）可以回购的情形

1. 各国实践上出现的情形

各国实践上出现的情形：与持有本公司股票的企业合并、减资、员工持股计划、股票期权计划、封闭性公司股东死亡导致公司临时持有、少数股东行使异议评估权、股利分配的一种方式等。

2. 我国公司法规定的情形

《公司法》第89、161和162条分别就有限责任公司、股份有限公司的回购作了规定。前述第89、161条的内容在第二章第二节"六、退股权"部分已经作了介绍。

《公司法》第162条规定："公司不得收购本公司股份。但是，有下列情形之一的除外：（一）减少公司注册资本；（二）与持有本公司股份的其他公司合并；（三）将股份用于员工持股计划或者股权激励；（四）股东因对股东会作出的公司合并、分立决议持异议，要求公司收购其股份；（五）将股份用于转换公司发行的可转换为股票的公司债券；（六）上市公司为维护公司价值及股东权益所必需。公司因前款第一项、第二项规定的情形收购本公司股份的，应当经股东会决议；公司因前款第三项、第五项、第六项规定的情形收购本公司股份的，可以按照公司章程或者股东会的授权，经三分之二以上董事出席的董事会会议决议。公司依照本条第一款规定收购本公司股份后，属于第一项情形的，应当自收购之日起十日内注销；属于第二项、第四项情形的，应当在六个月内转让或者注销；属于第三项、第五项、第六项情形的，公司合计持有的本公司股份数不得超过本公司已发行股份总数的百分之十，并应当在三年内转让或者注销。上市公司收购本公司股份的，应当依照《中华人民共和国证券法》的规定履行信息披露义务。上市公司因本条第一款第三项、第五项、第六项规定的情形收购本公司股份的，应当通过公开的集中交易方式进行。公司不得接受本公司的股份作为质权的标的。"

针对上市公司的股份回购，证监会于2022年出台了《上市公司回购股份规则》，上交所和深交所也都出台了规则或细则。

四、离婚夫妻的股权处理

根据最高人民法院《关于适用〈中华人民共和国民法典〉婚姻家庭编的解释（一）》第73条的规定，夫妻离婚时，若有限责任公司股权只登记在一方名下，另一方欲主张分割股权的，按照《公司法》第84条的规定，须其他股东放弃优先购买权。由于2023年《公司法》删除了"半数以上同意"的要求，因此，前述解释第73条中关于同意的要求也不再适用。

五、公司股权的继承

根据《公司法》第90、167条的规定，继承人可以继承股权，但章程另有规定的除外。

案例1：股权代持人能否诉请确认其不具有股东资格

（改编于［2009］浙民再字第73号案）

提要

股权代持人意图通过股东资格确认之诉来确认自己并不是公司股东，从而免除其基于股东身份承担的出资责任。根据公司法的内外有别原则，即便是代持人在公司内部不享有股东资格，也不影响其对外表彰的股东身份及应承担的义务。在这种股东资格确认之诉中，法院宜在裁判项中就代持股人的身份作内外区分。

案情

信雅公司于2003年4月7日成立，注册资本200万元。工商登记材料显示：公司由自然人郭某全、张某华、单某娟和方某华四人投资设立，出资比例分别为26%、25%、25%和24%。公司设立时已依法制定章程，四名股东均在章程上签字，且在股东名册中记载。公司注册资本200万元来源于郭某全的丈夫骆某森挪用的公款，该款项在验资和注册登记后归还。由于骆某森为公职人员，故以其妻子郭某全的名义登记，方某华的股份实际上也由骆某森控制。骆某森、单某娟、张某华直接参与了公司分红。

在另一案件中，法院判决信雅公司支付高得公司债务50万元。在该判决执行过程中，高得公司以信雅公司股东抽逃出资为由，申请追加郭某全、张某华、单某娟和方某华为共同被执行人，法院于2006年7月7日裁定予以追加。2006 年 9 月 22 日，方某华以其"虽被工商部门登记为信雅公司股东，但主观上并没有成为股东的真实意思，客观上也没有出资、参与公司经营管理、享受分红的事实"为由诉至法院，请求判决确认其不是信雅公司股东。

问题

方某华主张其不是信雅公司股东，该诉讼请求是否应予支持？

裁判理由及结果

该案一、二审法院均认为，信雅公司的工商登记材料、公司章程、股东名册等均记载方某华为股东，方某华在公司设立过程中自愿提供身份证、在公司章程上署名、处理公司验资事务等事实充分显示其具有成为股东的真意。实际出资只是股东享有权利的基础，未实际出资说明其为瑕疵股东，但并不否定其股东资格。

判决生效后，方某华仍不服，向检察机关申诉。检察机关抗诉认为：从形式特征来看，方某华具有股东资格，从实质特征来看，不具有股东资格。如果是处理内部争议，则应看实质特征，如果处理公司外第三人因股东资格发生的争议时，则优先适用形式特征。因本案属于内部关系，故应优先适用实质特征判断，进而不能因为方某华为公司设立提供了便利，而认定其具有股东资格。

再审法院认为，方某华的行为使得第三人对其股东资格有充分信赖。如以方某华不具真实意思为由否定其股东身份，将导致许多已经确定的法律关系发生改变，公司与第三人进行的交易将面临全面检讨，这不利于维护交易安全和经济秩序稳定，与商法公示主义和外观主义原理相背。而方某华恰恰又是在第三人提出该种权利要求而被追加为被执行人之后，才提起本案诉讼，目的是否定法院追加其为被执行人的裁定，从而意欲免除个人基于股东身份产生的债务，对此无法予以支持，故维持二审判决。

评析

从方某华的诉讼目的来看，意在否定法院追加其为被执行人的裁定，进而起到对抗第三人的效果。方某华的这种目的，自然没有让其实现的道理。不过，抗诉机关提出的意见也并非完全没有道理，没有证据表明方某华参与了经营管理并分享了利润，故对内而言可以不被认定为股东。公司法中有一项重要原则，即内外有别原则。根据这一原则，若当事人仅仅诉请确认其不具有股东资格，法院则应当分别确认当事人的内外身份资格，因为笼统确认或否认其股东资格，都不能有效解决问题，而且容易与其他裁判形成冲突。司法实践中确实存在不少生效裁判确认了相应股东不具有股东资格，给另案裁判造成困难。假如本案一审法院在判决项上明确了方某华对内没有股东资格，而对外具有股东身份，则抗诉机关也许就不至于提起抗诉。

案例2：如何认定外资规避部委规章之委托投资行为的效力

(改编于〔2002〕民四终字第30号案)

提要

当事人试图通过借款协议来掩盖真实的委托投资关系，从而规避部委规章关于禁止外资作为商业银行发起人的规定，这种规避行为被认定为无效的直接依据不应是因为它违反部委规章，而应当从法律行为无效的法定事由中寻找依据。

案情

1995年桦茂公司（香港公司）得知民生银行正在筹建，有意参与发起设立，但因我国法律禁止外资作为商业银行的发起人，遂通过由仲逍公司代持股的方式代为投资和持股。双方签订了《委托书》，委托仲逍公司全权管理和行使桦茂公司在民生银行的各项权利。为了应对外汇监管需要，双方就桦茂公司投资给民生银行的股本签订了《借款协议》。桦茂公司共向民生银行投资约合人民币1亿元，仲逍公司名下股权占6.53%。

后来，民生银行成功上市，原投资1亿元的资本，后增值到约50亿元。增值后，双方之间就股权及其价值归属发生争议。

问题

《委托书》和《借款协议》的效力如何？股权权属和股权的价值如何处理？

裁判理由及结果

一、二审法院均认为《借款协议》为虚假的意思表示，双方真实的意思为委托投资，故《借款协议》无效，双方真实的法律关系为委托投资法律关系。由于《委托书》违反了内地金融管理制度的强制性规定，也为无效合同。就无效合同后的法律后果，两审法院的结论并不相同，一审法院判决仲逍公司应当退还桦茂公司的本金，另外还应将其在民生银行分得的红利一并返还。二审法院判决仲逍公司应当退还桦茂公司的投资款，还应支付补偿款，即就诉争股份按判决之日前 20 个交易日的平均收盘价所计算的股份市值的 40% 的价款，加上该部分股份已经产生的所有分红款的 40% 之和。

评析

一、二审法院的判决存在如下问题：第一，一、二审法院就原被告关系的性质，并未界定清楚，对原被告之间的关系定性存在问题。相对委托代理和信托而言，委托是上位概念，由此，则二审法院均未明确到底是委托代理还是信托，委托代理投资可以说是代持，而信托则不能称为代持。第二，一、二审法院均未对外资委托内资投资金融机构违反中国人民银行《关于向金融机构投资入股的暂行规定》及原银监会《境外金融机构投资入股中资金融机构管理办法》为何认定为无效作出充分必要论证。有不少裁判以违反部委规章为由认定行为无效，这种做法既没有法律依据，在法理上也欠缺说服力。本书认为，已被纳入部委规章管制禁限的行为，原则上不能认定为无效行为，否则会导致部委规章僭越其应有的位阶，获得与法律法规平起平坐的地位，造成整个行为效力规则体系和原理紊乱甚至崩塌。第三，一、二审法院对法律后果的判决是否公平合理，有待商榷，尽管二审法院相对一审法院更多考虑到桦茂公司的利益，但这种判决结果客观上既鼓励了受托方的失信行为，也不能有效抑制违反强制性规定的行为。既然一、二审法院均认定委托投资行为违反了强制性规定，因这种强制性规定意在保护国家金融经济秩序，故这种委托增值的利益应当归属于受其损害的国家，因此该种增值利益应当予以没收。

案例 3：股东间转账应认定为代持股的投资款还是其他性质的款项

（改编于［2020］鲁 01 民终 12772 号案）

提要

证据表明股东的出资款来源于另一股东，该款项的法律性质存在多种可能，包括代持股的投资款或借款等。在存在多种可能的情况下，另一股东主张该款为代持股的投资款，根据举证规则，其应当就此主张承担举证责任。此外，股权代持不为法律政策所倡导，这种法律政策理应在个案实践中得到贯彻。

案情

一审法院查明，盛鸹公司注册资本 1000 万元，公司股东为陆某熙和易某宗，各自持股 50%，法定代表人为陆某熙。公司章程第 12 条规定"股东会会议由股东陆某熙行使表决权"，第 16 条规定"公司不设董事会，设执行董事一人，由陆某熙担任"，第 18 条规定"公司设监事一人，由股东会选举易某宗为监事，监事任期每届 3 年，任期届满，可连选连任"。易某宗对公司章程 12 条有异议，认为是涂改的，不应产生法律效力。2007 年 4 月 2 日，盛鸹公司决议：公司增资 800 万元，陆某熙出资 400 万元，易某宗出资 400 万元。决议之后，陆某熙转入盛鸹公司账户 400 万元。2007 年 4 月 3 日陆某熙分三笔转入易某宗的账户 400 万元。同日，易某宗从自己的另一账户转入盛鸹公司账户 400 万元。陆某熙认为，该 800 万元为其一人出资，请求法院确认登记在易某宗名下 400 万元的股权归其所有。易某宗认为该出资 400 万元为自己出资。

一审法院另查明，易某宗曾作为盛鸹公司的派生诉讼代表人，以损害公司利益为由将陆某熙、盛犸公司乳山分公司、山东陆氏禾舜公司诉至法院，该案经二审确定：陆某熙、陆氏禾舜公司共同赔偿盛犸公司房租损失 10 641 459.87元，赔偿盛犸公司土地使用权转让款损失 19 358 540.13 元。该案陆某熙和易某宗都未提及股权代持问题。二审法院认可一审法院查明的事实。

问题

陆某熙转入易某宗账户的 400 万元，是代持股的投资款还是其他性质的款项？

裁判理由及结果

一审法院认为，可以认定陆某熙是易某宗名下 400 万元出资义务的实际出资人。尽管易某宗提出如下抗辩：其作为盛犸公司持股 50% 的股东，没有代持股权的必要，双方也无任何股权代持协议；其以盛犸公司诉讼代表人身份提起前述派生诉讼前，陆某熙并未提起过股权代持事宜；陆某熙向其转款不是本案审查的范围等事实，因此陆某熙的起诉无任何事实及法律依据，请求驳回其诉讼请求。但一审法院认为，易某宗的抗辩，仅有公司登记机关登记证明作为证据，证据不足。

二审法院认为，案件的焦点是：在无书面股权代持协议的情况下，是否可以认定陆某熙与易某宗存在股权代持关系。对于这一焦点问题，二审法院认为，通过既有证据不足以认定陆某熙与易某宗存在股权代持关系，具体理由如下：其一，陆某熙于 2007 年 4 月 3 日向易某宗转账 400 万元，并于当日向盛犸公司转账 400 万元，这一事实是清楚的。尽管易某宗的收款账户与其履行出资义务的账户不是同一账户，但易某宗未对其出资来源另行提供反证，所以应认定易某宗出资的 400 万元即为通过陆某熙账户向其支付的 400 万元。其二，虽然陆某熙向易某宗转账 400 万元，但履行出资义务系易某宗从自己的账户转入盛犸公司账户，出资行为最终由易某宗完成。若无股权代持书面协议，双方转账行为更容易呈现债权债务关系的外观。本案中，在无书面协议且易某宗对股权代持不予认可的情况下，转账凭证不能证实双方存在合法有效的股权代持关系。最高人民法院《关于适用〈中华人民共和国民事诉讼法〉的解释》第 91 条第 1 项规定"主张法律关系存在的当事人，应当对产生该法律关系的基本事实承担举证证明责任"，故陆某熙主张代持关系，应举证证明代持协议成立的事实。因转账凭证等证据难以证实陆某熙与易某宗存在代持关系，故应由陆某熙承担举证不能的不利后果。一审法院认定股权代持的事实有误，本院应予纠正。一审法院未合理分配举证责任导致判决结果错误，二审法院予以纠正。

评析

该案一、二审法院认定的三项基础事实是一致的：其一，陆某熙于 2007 年 4 月 3 日向易某宗转账 400 万元；其二，易某宗将该 400 万元转入到盛犸公司账户；第三，该款是作为资本金进入到盛犸公司账户。但一、二审法院对前述基础事实的定性却有很大差异。一审法院认为，依转账流程以及转账后的用途，可以认定陆某熙是该 400 万元出资义务的实际出资人。二审法院认为，由于该 400 万的出资款是易某宗从自己账户转入公司账户，出资行为是易某宗完成的；在没有股权代持书面协议的情况下，双方之间的意图难以判断，陆某熙向易某宗转账的行为更容易呈现债权债务关系的外观。

从举证责任的角度来看，一、二审法院对举证责任的配置是不同的。抛开章程第 12 条是否被涂改的情节，结合易某宗另案提起的派生诉讼，二审法院将主要举证责任配置给了陆某熙，这种做法是正确的。一方面，陆某熙转账给易某宗，易某宗再将款项转入到公司账户作为资本金，这两个行为所能表达的意思，确实存在两种以上的可能，即可能是代为缴纳注册资本，也可能是陆某熙借款给易某宗，还可能是其他意思。在存在多种可能性的情况下，根据基本举证规则，理应由陆某熙负担举证责任，证明相关行为所表达的真实意思是股权代持。另一方面，股权代持行为不被法律政策所倡导，因为股权代持有违公开和诚信原则，不利于资本市场交易，理应受到抑制。二审法院将代持关系的证明责任配置给被代持人，有利于抑制股权代持行为。

另外，该案有个情节，两审法院都未给予应有的回应或确认。也就是一审法院提到的，公司章程第 12 条的规定"股东会会议由股东陆某熙行使表决权"。易某宗对该条内容是有异议的，认为是涂改的，不应产生相应法律效果。这个情节很重要。如果该条规定不是涂改的，那么可以在很大程度上证明易某宗是代持股权，陆某熙是真实的投资人，因为非代他人持股的人不大可能会在章程中认可自己无表决权，而由其他股东行使全部表决权。反之，若是涂改的，则这种失信行为本身对涂改人就会产生负面评价。

案例4：公司没有分配决议，股东能否诉请公司分配利润

（改编于〔2006〕民二终字第110号案）

提要

公司利润分配并不以决议为必要前提。公司章程或股东协议可以事先约定利润分配方案。公司利润分配虽属于公司内部自治事项，但当自治失败时，司法应当有效介入。

案情

1998年4月29日，胡某、王某平、李某、李某欣四人各出资75万元设立思维有限责任公司，胡某为董事长。公司章程第28条载明："公司分配当年税后利润时，提取法定公积金和法定公益金后所余利润（公司法定公积金累计额为公司注册资本金的百分之五十以上的，可不再提取），公司按照股东的出资比例分配。"2000年6月16日，胡某的董事长职务被免。思维公司2004年度企业财务会计报表载明，截至2004年12月底思维公司未分配利润（历年）期末数为103 812 679.64元，资本公积金期末数为34 803 668.26元，盈余公积金期末数为65 351 871.29元。2005年3月3日，胡某以思维公司自成立以来长期拒不向股东分红、损害股东利益为由，向法院提起诉讼，请求判令思维公司向其分红4000万元。

问题

公司未作利润分配决议，股东能否请求公司分配利润？

裁判理由及结果

一审法院认为，思维公司成立以来至2004年底未分配利润已有1亿元以

上，但公司自成立以来从未向股东分红。思维公司有巨额利润而长期拒不向股东分配，违反了公司法的规定，特别是在股东之间发生纠纷时，长期不分配利润损害了占股比例小的股东的利益。故胡某可以通过诉讼要求公司分配利润。思维公司依法应向胡某分红。按照公司法和思维公司章程的规定，胡某按照其出资比例对思维公司的盈余享有 25% 的分配权（25 953 169.91 元）。胡某请求分红的主张有相应的事实及法律依据，应受法律保护。二审法院认为，根据公司法的规定，有限责任公司利润分配方案应由公司董事会制订并由公司股东会审议批准。在公司董事会、股东会未就公司利润分配方案进行决议之前，公司股东直接向法院起诉请求判令公司向股东分配利润缺乏法律依据。

评析

公司利润分配问题，是公司法领域的热点和难点问题之一。关于引起公司利润分配的事由，《公司法》并没有作出特别明确的限定性规定，该法第59条（2023年修订之前为《公司法》第37条）虽然规定股东会的职权包括审议批准公司利润分配方案，但并没有明确规定利润分配只能由董事会起草、股东会议定。该法第95条（2023年修订之前为《公司法》第81条）规定公司章程应当载明公司利润分配办法。据此，公司设立人完全可以在公司章程中将"利润分配办法"事先细化为具体的利润分配方案。只有在没有具体方案或者方案不明确的情况下，才可推定通过决议的方式确定利润分配。

在该案中，公司实际上有可执行的年度利润分配方案，但这个事实却被二审法院认为是没有利润分配方案。案涉公司章程第28条有这样的措辞"公司分配当年税后利润时"，如无相反证据，则应认为四位股东的意思是在有可分配利润的情况下，每年都分配利润，否则"当年"一词则为多余。关于具体如何分配，章程所作的规定并不是不明确。根据章程，可以确定公司利润分配方案为：剔除各项法定扣除项目，剩余的利润均应予分配。如此清晰的分配方案，无需再召开股东会也具有可执行性。

退一步讲，即便是不将该规定认定为章程已确定的分配方案，在公司股东会自治方式无法解决股东之间利润分配纠纷时，司法裁判权也不能以公司自治为由拒绝干预利润分配纠纷。私法自治是防止公权力（包括司法裁判权）不当干预的理由，但不是法院拒绝给予正当干预的理由。私法领域都遵从自治原则,如司法裁判权尊重合同领域的自治,但在当事人无法通过自治方式解决纠纷时,司法裁判权就没有以合同自治为由拒绝干预的道理。正是基于同样的原因,也就不得不对《公司法司法解释四》第15条规定的合理性予以质疑。该条规定,与其说给予了中小股东利润分配压制的救济,倒不如说是扼杀了他们寻求救济的绝大部分空间。因为大股东往往并不需要"违反法律规定滥用股东权利导致公司不分配利润"来获益,他们完全可以利用控制地位通过形式上合法的交易来攫取公司利润。即便是大股东存在违反法律规定滥用股东权利的情形,中小股东也难以负担起相应的举证责任。

关于司法干预公司利润分配的原则,应当坚持由市场配置资源(可分配利润)的基本原则。即当公司不能证明其将利润留存于公司比分配给股东自由支配更高效时,法院可要求公司将留存的可分配利润分配掉。

案例 5：股权拍卖客体是否包括公司已宣布分配但尚未支付的利润

（改编于 ［2016］ 京 02 民初 198 号案）

提要

公司已经决议并宣布分配给股东的利润，具有债权性质。股东转让股权时，股权转让的客体不包括已经决议并宣布分配给股东的利润，当事人另有特别约定的除外。

案情

晶桦公司（原告）持有舜媒公司 9% 的股权。2009 年 3 月，舜媒公司（被告）作出了利润分配决议，因晶桦公司的股权及股息被冻结，相应利润 557 924.57 元一直未分配给晶桦公司。2014 年 12 月 29 日至 2015 年 1 月 26 日，晶桦公司破产管理人以 10 540 620.00 元的价格公开挂牌转让晶桦公司 9% 的股权，雅晟公司受让该股权，双方《股权转让协议》有这样一条约定：股权转让后，雅晟公司承认原舜媒公司的合同、章程及附加，愿意履行并承担晶桦公司在舜媒公司的一切权利、义务及责任。

2016 年 3 月 3 日，晶桦公司的股权解冻。2016 年 5 月，晶桦公司破产管理人诉至法院，请求判令舜媒公司支付 557 924.57 元的未分配利润。法院另查明，经审计的舜媒公司 2014 年度资产负债表显示，舜媒公司 2014 年 12 月 31 日的其他流动负债为 619 916.19 元，包括诉争的 557 924.57 元，舜媒公司也认可该负债为尚未实际支付的利润分配。

原告认为：①利润分配方案已经确定要给晶桦公司分配利润款，晶桦公司没有取得该款项是因为股权一直被冻结；②股权转让协议并不包括舜媒公司应向晶桦公司支付的利润款。

被告抗辩：①晶桦公司已不再是舜媒公司的股东，无权要求舜媒公司支付股息红利。②晶桦公司与雅晟公司交易时，已经确认将包括本案标的在内的一切股东权利转让给雅晟公司。③晶桦公司与雅晟公司股权转让价格确定的依据是截至 2013 年 12 月 31 日的评估价格。④舜媒公司在 2014 年发生巨额亏损，而晶桦公司与雅晟公司的交易发生在 2015 年，晶桦公司与雅晟公司于 2015 年 4 月 27 日签订的《股权转让协议》约定"雅晟公司承担晶桦公司在舜媒公司的一切股东权利、责任"。该约定表明晶桦公司与雅晟公司对未分配利润的认可。

问题

案涉利润款应当归谁？

裁判理由及结果

法院判决支持了原告晶桦公司的诉讼请求，即判令舜媒公司支付利润分配款 557 924.57 元。理由是：①晶桦公司直到 2015 年才将其持有的舜媒公司 9% 的股权转让，在舜媒公司召开 2009 年度股东会时，晶桦公司仍然是舜媒公司的股东。在公司就利润分配问题已经作出决议的情况下，晶桦公司有权要求舜媒公司按照股东会决议的内容支付利润款。②经审计的舜媒公司 2014 年度资产负债表中，该部分利润分配款计入"其他流动负债"科目，表明舜媒公司自己已将该部分款项作为负债。③晶桦公司对舜媒公司享有的该笔债权，并不因晶桦公司转让其持有的舜媒公司股权而消灭。晶桦公司破产管理人与雅晟公司签订的《股权转让协议》也并未明确约定晶桦公司将该笔债权转让给雅晟公司。

评析

已经转让股权的转让方能否向公司主张分红权，实际上取决于分红决议权和红利支付请求权的权利性质。对于这两种分红权的性质，目前尚无定论。本书认为，分红决议权应属于股权的范畴，而红利支付请求权则具有债权的本质特征，应属于债权的范畴。顺着这个权利逻辑，更容易解决转让方与受让方之间的相关纠纷，即以股权转让时公司是否作出分红决议为基准来判断谁享有分红款，如果在股权转让时公司还未作出分红决议，转让方不得向公司主张转让之后的决议分红款；如果在股权转让时公司已经作出分红决议，转让方可以向公司主张相应分红款。当然，当事人有约定的，从其约定。

股权转让，所转让的仅仅是原股东的"股权"本身，并不包括已经转化为债权性质的股利支付请求权。尽管前述案例的案涉《股权转让协议》载有"一切权利"的字样，但因该"一切权利"属约定不明，且该约定在股权转让的宏旨之下，故法院认为转让协议所转让的股权并不包括具有债权性质的红利支付请求权，并无不当。

案例 6：经催缴后股东缴足出资，公司决议按补缴前出资分配利润，该决议能否被撤销

(改编于 [2013] 沪二中民四（商）终字第 1009 号案)

提要

公司一贯按照股东实缴出资比例分配利润。公司准备终止经营并规划解散时向瑕疵出资股东催缴出资款，股东补缴了出资。公司此后通过决议议定各股东按照补缴前的出资比例分配利润。该决议意在将资本贡献与利润分享关联起来，应为有效决议。

案情

杰领公司原有注册资本为 500 万元，2003 年 4 月 30 日决议增资 100 万元。增资后，赖某某持有杰领公司 11.06%的股权，对应的应缴纳出资额为 663 600.00 元，其中未实际缴纳的出资 513 600.00 元。2011 年 8 月 5 日，杰领公司作出股东会决议，审议通过"关于上海杰领建设有限公司提前解散、终止经营的初步规划"；2011 年 11 月 29 日，杰领公司发出《催缴出资款的函》，要求赖某某补缴出资 513 600 元；其于 2011 年 12 月 2 日将 513 600 元汇入公司账户，并同时通知了公司；2011 年 12 月 7 日，公司股东会决议同意提前解散公司，并成立清算组对公司进行清算。2012 年 8 月 17 日，公司作出《股东会决议》（以下简称"817 决议"），其中部分决议内容为"一、同意清算小组的清算报告。二、关于赖某某补缴的 51.36 万元。因其未按公司股东会决议，即 2011 年 11 月底的所有者权益总额履行足额补缴义务。现决定其补缴的 513 600 元，因未参与实际经营，故不参与清算利润的分配，513 600 元退回。三、同意对清算后的可分配利润 3 096 990.15 元，按各股东的原实际出资（470 万元）比例进行分配（个人所得税由企业代扣代缴）。四、同意注

销公司。股东按出资额收回投资。"赖某某表决时在"不同意的股东"一栏书写："不同意分配方案。"其他股东均同意该决议。

嗣后，赖某某向原审法院提起诉讼，请求判令：确认"817决议"第3条及第4条中的"股东按出资额收回投资"部分无效。另查明：杰领公司章程第52条第3款约定，公司财产按前款规定清偿后的剩余财产，按照股东的出资比例分配。

问题

未及时履行出资义务的股东，经催缴后补足出资。公司决议按补缴前的出资比例分配利润。该决议是否有效？

裁判理由及结果

一审法院认为，赖某某已按照公司的《催缴出资款的函》将应补缴的513 600元汇入公司账户，并通知了公司。为此，赖某某已经履行了全部出资义务。依据我国《公司法》第186条第2款（2023年修订后为第236条第2款）的规定，对公司的剩余财产分配，有限责任公司按照股东的出资比例分配。"817决议"第3条、第4条中涉及"股东按出资额收回投资"等内容系对公司剩余财产的分配。该等内容与前述规定相违背，应为无效。至于杰领公司所称的法律依据，即《公司法司法解释三》第16条，该规定应为涉及股东权利行使纠纷的法律适用问题，并不适用于限制股东对公司剩余财产的分配纠纷。至于赖某某补缴的出资是否参与公司实际经营，是否为公司产生利润的问题与公司的剩余财产分配也无关。如果公司认为赖某某的瑕疵出资行为给公司造成了损失，可以依法行使自己的相关权利。基于以上原因，"817决议"的第3条及第4条中涉及"股东按出资额收回投资"等内容，应当认定为无效。

一审判决后，杰领公司不服，提起上诉。二审中，杰领公司及赖某某均认可，公司在历年的红利分配中，均以各股东实缴出资比例为分配基准。赖某某所享有的分配比例为15∶470，即3.19%左右。

二审法院认为，《公司法》第186条第2款（2023年修订后为236条第2款）规定，公司清算后的剩余财产由股东按照各自的出资比例分配。杰领公司章程第52条第3款亦约定，公司剩余财产按照股东的出资比例分配。《公司法》第34条（2023年修订后为第210条第4款）规定，股东按照实缴的出资比例分取红利。故前述条文中的"出资比例"理应指向实缴出资所占的比例而非认缴出资。同时，杰领公司历年分配红利均以各股东实缴出资比例为分配基准，各方均无异议，故案涉《股东会决议》第3条、第4条所载剩余财产分配内容并不违反《公司法》及公司章程的相关规定，应属有效。

此外，根据《公司法司法解释三》第16条的规定，股东未全面履行出资义务的，公司根据股东会决议对其剩余财产分配请求权等作出合理限制的，属有效行为。基于此，杰领公司股东会决议作出的有关剩余财产分配的决议亦不违反前述规定，并体现了公平合理原则。

关于赖某某经催缴后已补足出资这一情节，二审法院认为，赖某某如在2002年3月应缴日之后的合理期限内便及时补足出资，与其在公司已预备清算阶段的2011年12月再行补缴出资，两者的性质差异及后果不言而喻。事实上，杰领公司早在2011年8月5日的股东会决议中已将"审议通过股东大会提交的关于杰领公司提前解散、终止经营的初步规划"提上议事日程，且在赖某某补缴出资款后几日便作出了公司解散、清算的股东会决议。至于公司在预备清算阶段发函要求各出资不到位的股东补足认缴出资的做法，符合我国《公司法》第28条（2023年修订后为第49条）的规定，故并无不妥。赖某某作为公司的股东虽然已按要求补足了认缴出资，但因其补缴的出资款项并未实际应用于公司的运作以及为公司产生利润等，其仍无权获得以认缴出资比例分配公司剩余财产的权利。故案涉"817决议"内容合法有效，赖某某的请求不应获得支持。

评析

从该案的案情来看，此前公司利润分配一直按照股东实际出资分配利润。对此，赖某某也从未提出过异议。因此这种按实缴出资比例分配利润的做法，已经成为了股东一致认同的公司内部商业惯例。这一商业惯例，应理解为，股东们投资公司的共同意思是：股东实际出资与股东分取利润之间直接挂钩，股东分取利润是股东实际出资贡献的对价，没有实际出资，就没有对应的利润，也就不能分享利润。该惯例与《公司法》第210条第4款（2023年修订前的第34条）规定的有关内容相吻合。若没有其他足以导致这种分配惯例变更的情节或因素，司法裁判权自然应当尊重公司内部的商事惯例。

案涉公司在解散清算阶段，有这样一个情节，即公司在预备清算期间，通知赖某某补足出资。赖某某补齐了出资，并通知了公司。该情节可引发两个具体问题。其一，公司通知瑕疵出资股东补缴资本，这种通知行为能不能被视为全体股东约定不按照商业惯例分配利润？其二，瑕疵出资股东补缴出资后，能否认定该股东补缴的出资就是《公司法》第 210 条第 4 款规定的"实缴的出资"？假如可以认定为"实缴的出资"，那么案涉股东会决议能否被认定为符合《公司法司法解释三》第 16 条的规定？

关于第一个问题。公司通知瑕疵出资股东补缴资本，该通知不能被视为全体股东约定不按照商业惯例分配利润，至少从证据的角度来讲，该通知行为并不是在全体股东同意或约定变更利润分配惯例的基础上发出的。在没有证据证明通知行为是基于股东合意变更商业习惯的情况下作出的，该通知行为应认定为公司依法实施的催缴行为，并不会因此产生改变公司利润分配商业习惯的效果。

关于第二个问题。瑕疵股东补缴出资后，从此时的公司账面来看，该股东的实际出资确实为补缴后的出资额，但它不应当被认定为属于《公司法》第 210 条第 4 款规定的"实缴的出资"。假如补缴后的出资额可以被认定为"实缴的出资"，则明显会鼓励股东恶意欠缴出资，这既违反权利义务相关性和平衡性的法理，也违反诚实信用原则，还会助长机会主义损害其他股东的利益。所以，《公司法》第 210 条第 4 款规定的"实缴的出资"，不应做僵化理解，而应当考虑时间维度以及出资对公司累积财产的贡献。退一步讲，即便该出资额是被认定为《公司法》第 210 条第 4 款规定的"实缴的出资"，案涉股东会决议也应当被认定为符合《公司法司法解释三》第 16 条规定。因为该出资行为确实有瑕疵，而且是重大瑕疵，即公司达成了停止经营、解散和清算的初步规划，已经启动了公司消灭程序，股东才补缴的出资。这就意味着，公司剩余财产中的增值部分，与该股东后来补缴的出资没有关联。结合公司利润分配的惯例，股东会限制瑕疵股东分配剩余财产的决议，应被认定为合法有效。

案例7：有限责任公司股东能否请求查阅公司合同

(改编于〔2017〕京03民终12720号案；〔2017〕沪01民终2549号案)

提要

股东知情权侧重的是公司经营管理费用和交易的真实性，而非财会资料的合规性，合同是公司交易的关键法律文件，封闭型公司股东知情权的客体应当包括公司合同。允许股东查阅公司合同，既符合诚实信用原则，也是公司自治的有效手段，还是封闭型公司人合性的内在要求。

案情

严某鑫系锋荣公司法定代表人严某维之兄。锋荣公司成立于2000年7月。至2014年6月，公司注册资本为1000万元，股东为严某鑫及严某维，各持有公司45%及55%的股权份额，公司章程对于股东知情权未作约定。自2012年两股东矛盾激化，自2013年严某维将严某鑫打伤三次，严某维曾伪造严某鑫签名作出股东会决议。2013年4月21日，锋荣公司财务室两个文件柜被撬，里面的文件，包括股东会决议原件、个人借款单原件、工资单原件等均不见。后经公安机关询问，系严某维打开的文件柜。2014年1月，严某鑫以锋荣公司的名义报警，称严某维侵占锋荣公司资金3 500 640元，该案件在本案审结前仍在办理中。2015年7月13日，严某鑫向锋荣公司邮寄了《查阅申请》，申请中写明：鉴于严某维利用职务便利，篡改公司账册，侵占公司财产，涉嫌职务侵占罪；另，锋荣公司被税务机关稽查偷税、虚开增值税发票等事宜，且自公司成立以来未向股东进行分红，要求查阅锋荣公司自成立起至本案起诉日止的会计账簿（包括但不限于总账、明细账、日记账、其他辅助性账簿、记账凭证、相关合同等）及财务会计报告。上述邮件均被锋荣公司拒收。严某鑫表示其要求查阅相关合同是因为锋荣公司虚构合同，将款项支出后再转回。

问题

严某鑫是否有权要求查阅公司相关合同？

裁判理由及结果

针对严某鑫是否有权要求查阅相关合同这一争议焦点。一审法院认为，虽然法律没有明确规定股东可以查阅相关合同，但公司经营过程中部分资金往来的基础为公司履行与他人签订的合同，合同是否存在及合同的相关约定是公司会计账簿记载内容的依据，应视为公司会计账簿的一部分，严某鑫有权要求查阅。判决锋荣公司将相关合同供严某鑫查阅。锋荣公司不服，提起上诉。

二审法院认为，因《公司法》第 33 条（2023 年修订后为第 57 条）并未明确规定股东可以查阅公司的合同，故该争议焦点可限缩为合同是否属于公司会计账簿的一部分。对此该院认为，首先，《会计法》第 15 条并没有合同的相关表述，据此难以认定合同属于会计账簿的一部分。其次，北京市高级人民法院《关于审理公司纠纷案件若干问题的指导意见》第 19 条规定，有限责任公司股东有权查阅的公司会计账簿包括记账凭证和原始凭证。严某鑫主张合同属于会计原始凭证。在法律规定未明确会计原始凭证包括合同的情况下，严某鑫就其该项主张应当承担证明责任，现严某鑫既未能举证证明强制性的财务会计操作规范要求将合同作为会计原始凭证入账，也未能举证证明锋荣公司的会计原始凭证中确实包括合同，故亦难以认定合同属于会计原始凭证的一部分。最后，《公司法司法解释四》第 7 条规定，股东依据《公司法》第 33 条、第 97 条（2023 年修订后为第 110 条）或者公司章程的规定，起诉请求查阅或者复制公司特定文件材料的，人民法院应当依法予以受理。据此可以认为，股东通过诉讼要求行使知情权的内容应当是明确的、可以特定化的。严某鑫起诉要求查阅公司的相关合同，但其对于"相关合同"的指向既不明确，亦未能特定化，不符合法律规定的形式要件。因此，一审判决确认严某鑫可以查阅公司的"相关合同"确有不妥，二审法院予以纠正。

评析

我国《公司法》并未明确规定合同是否属于股东知情权的客体，但该类资料理应是有限责任公司股东知情权的客体，具体到本案例，法院应支持股东请求查阅合同的请求。具体理由如下。

第一，知情权属于一种监督权，它虽被广泛认为是共益权，但也是保障股东利润分配请求权等自益权的手段性权利。若要对股东的前述权利给予合理保障，知情权的客体就应包括公司合同。在没有证据证明查阅公司合同会有害于公司利益的情况下，公司没有理由拒绝股东查阅合同。

第二，二审法院认为，本案的争议焦点可限缩为合同是否属于公司会计账簿的一部分，并基于法律没有明确规定合同属于会计账簿的一部分，进而要求股东举证证明强制性规范规定了合同属于会计原始凭证，以及公司的会计原始凭证包括合同。尚不论二审判决要求原告证明某一国内法律规范是错误的，也尚不论要求须有强制性规范规定才可认定合同属于会计原始凭证是错误的，还尚不论二审判决的三项推理论据中两项论据与所限缩的争议焦点无关，该判决以 2023 年修订前的《公司法》第 33 条并未明确规定股东可以查阅公司的合同为由，将争议焦点限缩为合同是否属于公司会计账簿的一部分，此举不是私法裁判应有推理方式。在私法裁判中，若法律对争议事项没有作出明文规定，裁判者并不是必须根据既有具体的明文规则去裁判，也不是必须对原告的主张作出否定性评价，裁判者可以根据私法中的法律原则甚至立法目的做裁判。在私法裁判中，以法律没有明文规定而否定原告的主张，很有可能扼杀商人们的创造力和商业的活力。案涉争议的问题为股东是否有权查阅公司合同，若从《会计法》第 15 条中的"会计账簿"概念上做解释，显然会使原告陷入死胡同。因此，二审法院限缩争议焦点的推理方式，在逻辑上是有问题的。

第三，对于股东是否有权查阅合同的问题。该问题应否回归到股东是否有权查阅原始凭证的问题，尚有商榷的余地，但不论合同是不是原始凭证，这一点是确定的：股东享有的知情权本质上并非法律赋予的，而是商事组织发展的内在要求，它直指公司管理层的经营管理活动，包括经营交易活动和财务会计管理活动。虽然知情权的权能不包括直接从事公司经营交易活动和财务会计管理活动，但包含监督公司经营交易活动和财务会计管理活动。合同是公司交易的基础性和关键性法律文件，从私法而非会计管理法的角度来看，该类文件对于公司股东而言，其意义更胜于会计管理法上重视的会计文件。因为该类文件比会计管理法上明文规定的会计文件更能反映交易的原因以及真实情况。否定股东查阅公司合同的权利，不仅会使股东知情权落空，还会给控制人或管理层虚构交易或从事其他损害公司或股东利益的行为提供机会。相反，允许股东查阅合同，不仅能让股东有效行使知情权，还能带来一个好的副产品，即降低公司偷逃税费以及其他违法犯罪活动的几率。

第四，允许股东查阅有限责任公司的相关合同，既符合诚实信用原则，也是私法自治精神的体现，还是有限责任公司人合性特征的内在要求。一般而言，能够阻止股东行使知情权的理由有两个：一是可能会泄露公司商业秘密从而给公司利益造成损害；二是股东恶意增加公司的运行成本。现行法律已经给了公司拒绝股东行使知情权比较宽松的理由，即只要可能损及公司利益就可拒绝。在没有证据证明这种可能性的情况下，公司本着诚实信用原则，理应对股东公开公司交易的关键性文件。股东对交易性文件进行查阅以监督管理层的经营活动，也是公司内部自治的体现。法律没有明文禁止查阅合同，裁判者就没有理由限制公司内部的这种自治行为。当公司管理层拒绝股东的自治行为时，裁判者就有义务对公司管理层这种违反自治的行为作出否定性评价。特别值得一提的是，当前我国立法政策赋予了有限责任公司人合性特征，允许股东查阅公司合同，也是公司人合性的内在要求。与公众型公司不同的是，有限责任公司缺乏外力监督和干预。当管理股东的行为导致人合性丧失时，以及当因其他原因导致非管理股东对管理股东丧失了信任时，认可股东享有查阅公司合同的权利以防止管理股东利用签约权损害股东和公司利益，是商业规则应有之义。

2023年《公司法》第57、110条规定了股东有权查阅会计凭证，但由于相关法律并没有明确规定会计凭证与合同之间的关系，因而股东能否查阅合同，仍将是一个有争议的问题，前述分析思路仍值得参考。

案例8：非股权交易相对人与
被代持人，谁的利益应受优先保护

（改编于［2015］民申字第2381号案）

提要

基于代持行为应受抑制、内外有别、风险可预见以及节约司法成本等原则，非股权交易相对人的利益应当受到优先保护。至于名实股东之间的利益关系，可通过契约机制调整。

案情

某银行西安南郊支行（以下简称"南郊支行"）申请执行承程公司的财产，2009年2月25日法院依南郊支行申请冻结了登记在承程公司名下的股权。在冻结之前，即2009年2月9日桦观公司诉请法院确认该股权属于其所有，桦观公司的该诉请最终得到法院生效判决的支持。后桦观公司据此判决提出执行异议，法院裁定异议成立，南郊支行遂提起执行异议诉讼。

问题

非股权交易相对人与被代持人，谁的利益应受优先保护？

裁判理由及结果

生效裁定认为，商事外观主义作为商法的基本原则之一，其实际上是一项在特定场合下权衡实际权利人与外部第三人之间利益冲突所应遵循的法律选择适用准则，通常不能直接作为案件处理依据。外观主义原则的目的在于降低成本，维护交易安全，但其适用也可能会损害实际权利人的利益。根据《公司法司法解释三》第25、26条的规定，股权善意取得制度的适用主体仅限于与名义股东存在股权交易的第三人。据此，商事外观主义原则的适用范围不包括非交易第三人。案涉执行案件申请执行人南郊支行并非针对承程公司名下的股权从事交易，仅仅因为债务纠纷而寻查承程公司的财产还债，并无信赖利益保护的需要。若适用商事外观主义原则，将实质属于桦观公司的股权用以清偿承程公司的债务，将严重侵犯桦观公司的合法权利，故桦观公司的主张应予支持。

评析

非股权交易相对人与被代持人，谁的利益应受优先保护，实务界存在争议。前述案例生效裁判认为，不应优先保护非交易相对人的利益；而［2016］最高法民申 3132 号案的裁定书则认为，依据商事外观主义，名义股东（代持人）之非基于股权处分的债权人亦应属于法律保护的"第三人"范畴，这种债权人的利益应受到优先保护。

新修订的 2023 年《公司法》，就调整相关利益关系的法律规则，在表述上有所变化。2023 年修订前的《公司法》规定："公司应当将股东的姓名或者名称向公司登记机关登记；登记事项发生变更的，应当办理变更登记。未经登记或者变更登记的，不得对抗第三人。"2023 年修订后的《公司法》第 34 条第 2 款规定："公司登记事项未经登记或者未经变更登记，不得对抗善意相对人。"不少人认为，这一变化实质上是将"第三人"改为"交易的善意相对人"。也有人认为，这一变化仅仅是将不得对抗的对象作了一个相对更准确的表述，即限定于非恶意的且特定化的民事主体，实质含义并没有变化，并没有将"善意相对人"限缩为"交易的善意相对人"。

本书认同后一种观点。不管是修订前的表述，还是修订后的表述，未经登记可以对抗的范围应仅限于非善意的相对人，而不能对抗"非交易的善意相对人"。在非交易的善意相对人与被代持人的利益发生冲突时，应当优先保护非交易的善意相对人的利益，具体理由如下：

第一，隐名持股行为本身就不应当彰扬。隐名持股行为既违反公开和诚实信用原则，也不利于市场经济秩序的稳定。当被代持人与代持人的非股权交易债权人之间发生利益冲突时，理应优先保护债权人的利益。如广东省广州市中级人民法院［2016］粤 01 民终 8101 号案所言，"即使是名义股东，对善意的第三者而言，名义股东同样是其所持股东的责任承担者，同时也应该是权利享有者，而与实际股东无直接关联"。至于被代持人的利益受到损害，可以而且应当通过其他途径救济。最高人民法院《关于人民法院办理执行异议和复议案件若干问题的规定》第25条规定："对案外人的异议，人民法院应当按照下列标准判断其是否系权利人：……（四）股权按照工商行政管理机关的登记和企业信用信息公示系统公示的信息判断……"该司法解释之所以如此规定，也应是有不鼓励隐名持股的考虑。

第二，作此解释，更符合内外有别原则，也能更合理地解决利益冲突。内部代持或借名关系，自然可以也应当通过内部契约机制解决利益纠纷。

第三，作此解释，也符合风险可预见性原则。股权代持人或出借名义的当事人理应可预见到相应责任风险，其仍愿意代持或出借名义，这种风险一旦变成现实责任，就没有逃避责任的正当理由。

第四，作此解释，还能节约司法成本。由于股权代持关系属于内部关系，若承认这种内部关系可以对抗非交易的善意相对人，很容易给内部关系的当事人带来造假空间，裁判者要将事实认定清楚，需要耗费不少司法成本。况且，即便是耗费了大量成本，也难免因认定事实错误而导致错案。

案例9："人走股留、公司回购"强制退股章程条款是否有效（指导案例96号）

(改编于 [2014] 陕民二申字第00215号案)

提要

公司章程规定"人走股留、公司回购"的强制退股条款，不得违反公司减资的强制性规定。强制退股条款涉及到股东的固有权。将股东身份与职工身份捆绑起来，不符合资本与劳动力自由流动的市场经济发展内在要求和趋势，不宜彰扬。

案情

达桦公司成立于1990年4月5日。2004年5月，达桦公司由国有企业改制为有限责任公司，宋某军系达桦公司员工，出资2万元成为达桦公司的自然人股东。达桦公司章程第三章"注册资本和股份"第14条规定"公司股权不向公司以外的任何团体和个人出售、转让。公司改制一年后，经董事会批准后可在公司内部赠予、转让和继承。持股人死亡或退休经董事会批准后方可继承、转让或由企业收购，持股人若辞职、调离或被辞退、解除劳动合同的，人走股留，所持股份由企业收购"，第十三章"股东认为需要规定的其他事项"下第66条规定"本章程由全体股东共同认可，自公司设立之日起生效"。该章程经公司全体股东签名通过。2006年6月3日，宋某军向公司提出解除劳动合同，并申请退出其所持有的公司的2万元股份。2006年8月28日，经达桦公司法定代表人赵某锁同意，宋某军领到退出股金款2万元整。2007年1月8日，达桦公司召开2006年度股东会，会议应到股东107人，实到股东104人，代表股权占公司股份总数的93%，会议审议通过了宋某军、王某青、杭某国三位股东退股的申请并决议"其股金暂由公司收购保管，不得参与红利分配"。后宋某军以达桦公司的回购行为违反法律规定，未履行法定程序且公司法规定股东不得抽逃出资等为由，请求依法确认其具有达桦公司的股东资格。

问题

公司初始章程规定"人走即退股"，该规定的效力如何？

裁判理由及结果

该案的审判法院认为，国有企业改制为有限责任公司，其初始章程对股权转让进行限制，明确约定公司回购条款，只要不违反公司法等法律强制性规定，即可认定为有效。有限责任公司按照初始章程约定，支付合理对价回购股东股权，且通过转让给其他股东等方式进行合理处置的，人民法院应予支持。

评析

该指导案例涉及国有企业改制为有限责任公司时初始章程约定"人走股留、公司回购"条款的效力问题。有限责任公司章程规定对股权转让进行限制或强制退股，这种规定在企业改制中较为常见，但对于此类条款的效力，我国现行法律及司法解释中并无明确规定。本书认为，该案件的结论并不一定是错的，而且其是针对国企改制全体股东一致达成的章程做效力判断。不过，该前述判决中的部分内容，则有进一步探讨的空间。详言如下。

第一，对于有关强制退股的章程内容，这些内容是否违反强制性规定，尚未论证清楚。以"股东同意"作为认定章程不违反强制性规定的依据，不符合法律规定和法理。根据公司法的规定，股东没有任意退股的自由和权利，由此引出的问题是：股东在章程中签字同意退股的权利从何而来？公司法之所以限制退股，最终目的在于保护债权人的利益。由此引出的另外一个问题是：若法院允许章程规定自由规定退股，那么法定的减资程序和要求将处于何种地位？对这几个问题，在裁判文书中均没有做有效回应。

第二，股权中包含固有权与非固有权，固有权不因章程而剥夺，假如可以通过章程来剥夺股权，那么再谈固有权恐怕就没有意义。所以，本书认为，即便案件结果正确，也主要是因为股东自己预先同意放弃股权。

第三，尽管封闭型公司具有人合性，但这种人合性与职工身份没有必然联系，而且鼓励公司将股东身份与职工身份捆绑起来的倾向，并不符合鼓励资本与劳动力自由流动的市场经济内在要求和趋势。

案例10：能否以股份公司具有人合性为由拒绝离婚夫妻一方分割股权的请求

(改编于 [2005] 苏民二终字第198号案)

提要

股份有限公司是否具有人合性是立法政策问题，而不是事实问题，即便是有证据证明股份有限公司具有人合性，也不能对抗第三人。夫妻离婚时，法院不得以股份有限公司具有人合性为由拒绝分割一方名下的股权。

案情

牛某炳（男）与陈某兰（女）系夫妻，因感情不和诉至法院欲离婚。牛某炳持有某市A化学制品有限责任公司的股份3%。在婚姻纠纷期间，恰好该公司改制成股份有限公司。陈某兰在离婚诉讼中要求分割股权，牛某炳不同意。

问题

离婚夫妻一方能否主张分割另一方名下的股权？

裁判理由及结果

一审法院委托第三方评估该3%的股权，并在评估价值的基础上判决分割股权的价值。陈某兰不同意评估也不同意通过价值分割的方法处理该项财产，坚持要分割股权。一审败诉后，陈某兰上诉。在二审程序中，牛某炳提交了一份A化学制品公司出具的《证明》，内容是：牛某炳系因是A化学制品公司的职工，才有资格成为A化学制品公司的股东；现A化学制品公司虽然从有限责任公司改制为股份有限公司，但目前所有股东也都是公司职工，公司仍属于人合性公司。二审法院以此作为重要事实依据维持了一审判决。

评析

在我国，公司法以人合与资合为标准，将公司区分为有限责任公司和股份有限公司。在有限责任公司中，立法强调和尊重其人合性，集中体现在有限责任公司中股权对外转让需要其他股东放弃优先购买权。离婚夫妻分割财产时，若非持股方想要取得公司股权，同样也需要其他股东放弃优先购买权。但是股份有限公司在立法上没有这种要求，夫妻可以直接分割股份有限公司的股权。尽管业界确有关于股份有限公司是否可以具有人合性特征的争论，但立法政策导向很明确，股份有限公司不是人合公司而是资合公司。正如有判决认为的："是否允许股份有限公司以章程限制股份转让属于立法政策问题，除非立法有明文规定，否则司法不宜肯定"，"除非公司章程本身提供了相应救济手段，否则认可其效力将使得拟转让股份的股东丧失救济渠道，与股份有限公司的特性及立法精神相违"。是否具有人合性是立法政策问题，而不是事实问题。即便是确有证据证明股份有限公司具有人合性，也违背立法政策，更不能对抗第三人；若承认其人合性而否定股权的自由流转与分割，必然导致既定的立法政策发生紊乱。因此，该案一、二审法院均以人合性为由拒绝分割股权，于法无据。再者，并非是股东所在公司出具一纸《证明》就足以证明其具有人合性，恰恰是 A 化学制品公司的改制行为，足以证明其自废人合性而采取资合性。因此，一、二审法院所认定的人合性也没有事实依据。也许正是基于以上原因，再审法院否定了该公司的人合性，判决夫妻可以分割股权。

案例 11：禁售期内股份公司发起人
之间能否预先协议转让股权

（改编于［2005］苏民二初字第0009号案，载白慧林：
《股权转让热点问题：规则与实践的考量》，法律出版社2014年版，
第19页起）

提要

股份有限公司两发起人在禁售期内协议转让股权，并约定在解禁期到来后交割股权，双方还另外约定在禁售期内转让方委托受让方代转让方行使股权。两发起人的这种约定并没有规避《公司法》禁售规则的立法目的，为有效约定。

案情

章某某与汪某为普东股份公司（2014年11月1日成立）发起人，分别持股18%、17%。2014年11月25日，章某某与汪某签订《股权转让协议》，约定：①章受让汪股份，受让价8300万元，其中4300万在签订协议之日起10日内支付，其余在2014年12月31日之前付清；②自签订协议起至股份按期转让于章名下为过渡期，过渡期双方权利义务由《过渡期经营管理协议》约定。同日签订的《过渡期经营管理协议》约定：本协议自签署之日生效，至依照公司法规定合法有效地将持有股份转让于章名下之日终止，该期间即《股权转让协议》所指过渡期。协议签订后，章依约支付了4300万元，汪根据《过渡期经营管理协议》向章出具了《授权委托书》，委托章代汪行使股东权利。2014年12月30日章向汪发出付款通知，2014年12月31日汪担任法定代表人的金圣公司职员张某、陈某作为经办人向章出具收条并加盖公司财务专用章，收条内容是：领取了3800万元股款，其余股款待转让手续完备

确认后结算。2015年1月7日，汪向章发出通知，以其尚欠200万元股款构成根本违约为由终止解除合同。诉讼中，双方争议焦点为：《股权转让协议》和《过渡期经营管理协议》是否因违反公司法第141条（2023年修订后为第160条）关于禁售期的规定而无效。

问题

《股权转让协议》和《过渡期经营管理协议》是否因违反《公司法》第141条（2023年修订后为第160条）关于禁售期的规定而无效？

裁判理由及结果

该案的审理法院认为，两份协议均有效，理由是：法律上并不禁止预先订立合同；托管协议并未改变股东与公司之间的法律关系，托管行为并不被法律所禁止。

评析

公司法规定禁售期的意图是抑制投机、保护其他股东及公众利益。该案确有规避法律强行规定（脱法行为）之嫌。对于脱法行为，学界认为，脱法行为是否有效，分情况对待：若禁止性规定意在禁止某种行为之目的，行为人通过迂回方式达到同一目的，则该迂回方式之行为为无效行为；若意在禁止通过某种行为方式实现一定的效果，则通过迂回方式之行为实现同一效果，有效。

一般认为，立法上规定发起人在公司设立初期的禁售期内不得出售股份，其目的在于保护其他股东和公众的利益，防止发起人利用设立公司进行欺诈和其他不法行为给他们造成难以挽回的损失，确保公司在成立后一段时间内能够有序经营。也就是说，只要不规避该立法目的，则采取迂回方式达到当事人欲达到的、不被法律禁止的效果，未尝不可。该案中，股权仍在汪某名下，对外而言，汪某作为发起人该承担的义务和责任并未因协议而转移给章某某，故并没有规避立法设置禁售期的目的。

案例 12：股权转让分期付款协议是否适用分期付款买卖合同解约规则（指导案例 67 号）

（改编于［2015］民申字第 2532 号案）

提要

要排除分期付款买卖合同解约规则适用于股权转让分期付款合同纠纷，须确证股权转让不属于买卖。以消费性买卖与股权转让之间的不同，得出股权转让不属于买卖，进而得出该解约规则不适用于股权转让，这一逻辑有待商榷。

案情

原告汤某龙与被告周某海于 2013 年 4 月 3 日签订《股权转让协议》及《股权转让资金分期付款协议》。双方约定：周某海将其持有的成都某星电器有限公司 6.35% 股权转让给汤某龙。股权合计 710 万元，分四期付清，即 2013 年 4 月 3 日付 150 万元；2013 年 8 月 2 日付 150 万元；2013 年 12 月 2 日付 200 万元；2014 年 4 月 2 日付 210 万元。此协议双方签字生效，永不反悔。协议签订后，汤某龙于 2013 年 4 月 3 日依约向周某海支付第一期股权转让款 150 万元。因汤某龙逾期未支付约定的第二期股权转让款，周某海于同年 10 月 11 日，以公证方式向汤某龙送达了《关于解除协议的通知》，以汤某龙根本违约为由，提出解除双方签订的《股权转让资金分期付款协议》。次日，汤某龙向周某海转账支付了第二期 150 万元股权转让款，并按照约定的时间和数额履行了后续第三、四期股权转让款的支付义务。周某海以其已经解除合同为由，如数退回汤某龙支付的 4 笔股权转让款。汤某龙遂向人民法院提起诉讼，要求确认周某海发出的解除协议通知无效，并责令其继续履行合同。

另查明，2013 年 11 月 7 日，某星公司的变更（备案）登记中，周某海所持有的 6.35% 股权已经变更登记至汤某龙名下。

问题

股权转让分期付款协议是否适用分期付款买卖合同解约规则？

裁判理由及结果

法院生效判决认为，本案争议的焦点问题是周某海是否享有《合同法》第 167 条（现《民法典》第 634 条）规定的合同解除权。

第一，《合同法》第 167 条第 1 款规定："分期付款的买受人未支付到期价款的金额达到全部价款的五分之一的，出卖人可以要求买受人支付全部价款或者解除合同。"第 2 款规定："出卖人解除合同的，可以向买受人要求支付该标的物的使用费。"最高人民法院《关于审理买卖合同纠纷案件适用法律问题的解释》第 38 条（2020 年修订后为第 27 条）规定："合同法第一百六十七条第一款规定的'分期付款'，系指买受人将应付的总价款在一定期间内至少分三次向出卖人支付。分期付款买卖合同的约定违反合同法第一百六十七条第一款的规定，损害买受人利益，买受人主张该约定无效的，人民法院应予支持。"依据上述法律和司法解释的规定，分期付款买卖的主要特征为：一是买受人向出卖人支付总价款分三次以上，出卖人交付标的物之后买受人分两次以上向出卖人支付价款；二是多发、常见在经营者和消费者之间，一般是买受人作为消费者为满足生活消费而发生的交易；三是出卖人向买受人授予了一定信用，而作为授信人的出卖人在价款回收上存在一定风险，为保障出卖人剩余价款的回收，出卖人在一定条件下可以行使解除合同的权利。

本案系有限责任公司股东将股权转让给公司股东之外的其他人。尽管案涉股权的转让形式也是分期付款，但由于本案买卖的标的物是股权，因此具有与以消费为目的的一般买卖不同的特点：一是汤某龙受让股权是为参与公司经营管理并获取经济利益，并非满足生活消费；二是周某海作为有限责任公司的股权出让人，基于其所持股权一直存在于目标公司中的特点，其因分期回收股权转让款而承担的风险，与一般以消费为目的分期付款买卖中出卖人收回价款的风险并不同等；三是双方解除股权转让合同，也不存在向受让人要求支付标的物使用费的情况。综上特点，股权转让分期付款合同，与一般以消费为目的分期付款买卖合同有较大区别。对案涉《股权转让资金分期付款协议》不宜简单适用《合同法》第 167 条规定的合同解除权。

第二，本案中，双方订立协议的合同目的能够实现。汤某龙和周某海订立协议的目的是转让周某海所持某星公司 6.35% 股权给汤某龙。根据汤某龙履行股权转让款的情况，除第 2 笔股权转让款 150 万元逾期支付两个月以外，其余 3 笔股权转让款均按约支付，周某海认为汤某龙逾期付款构成违约要求解除合同，退回了汤某龙所付的 710 万元，但这不影响汤某龙按约支付剩余 3 笔股权转让款的事实的成立，且本案一、二审审理过程中，汤某龙明确表示愿意履行付款义务。因此，周某海签订案涉《股权转让资金分期付款协议》的合同目的能够得以实现。另查明，2013 年 11 月 7 日，某星公司的变更（备案）登记中，周某海所持有的 6.35% 股权已经变更登记至汤某龙名下。

第三，从诚实信用的角度来看，鉴于双方在股权转让合同上明确约定"此协议一式两份，双方签字生效，永不反悔"，因此周某海即使依据《合同法》第 167 条的规定，也应当首先选择要求汤某龙支付全部价款，而不是解除合同。

第四，从维护交易安全的角度来看，一项有限责任公司的股权交易，关涉诸多方面，如其他股东对受让人汤某龙的接受和信任，记载到股东名册和在工商部门登记股权，社会成本和影响已经倾注其中。本案中，汤某龙受让股权后已实际参与公司经营管理、股权也已过户登记到其名下，如果不是汤某龙有根本违约行为，动辄撤销合同可能对公司经营管理的稳定产生不利影响。

综上所述，对周某海依据《合同法》第 167 条之规定要求解除合同的主张，不予支持。

评析

生效裁判在努力论证股权转让分期付款合同纠纷为何可以排除适用《合同法》第 167 条（现《民法典》第 634 条），因此要评析的是，排除这样一项一般情况下应当适用的法律规则，到底应当遵循什么样的司法逻辑？股权关系一般属于《公司法》调整的对象，根据特别法优于一般法的适用规则，《公司法》若对股权转让合同关系有规定的，则适用《公司法》规则；如果没有特别规定（包含《公司法》上的商事习惯），仍适用一般法中的规则。在特别法没有规定，而一般法有规定的情况下，是否有排除适用一般法规则的可能，以及在什么情况下可以排除适用，这是业界一直没有重视的问题。

　　排除法律规则的适用，自然有非常高的要求。本书认为，若裁判者在法律适用中发现有如下情形，则存在规则排除适用的可能：规则中的前提假定并没有涵盖到实际案件中的基础情景，或规则的必要结构特征与纠纷案件的结构特征并不一致。之所以现实生活中会发生前述情形，一般是因为新技术产生了新型社会关系，以致这种新型社会关系超出了立法者立法时所能考虑到的前提假定或结构特征。如"上海法院审结全国首例代孕引发的监护权纠纷案（［2015］沪一中少民终字第 56 号案）"就是这种排除适用的较好例证。若存在前述情形，且若不排除相应规则的适用，会造成以下不良后果：明显违背常理常识、明显造成公共利益或第三人利益的损害、明显造成既有社会经济秩序的破坏（违反公序良俗）、明显鼓励违背诚信原则、明显违反禁止权利滥用原则、其他明显违反正义的。前述案件的生效裁判列举了四项理由，基于前文的分析，对这些理由做简要评论。

　　关于第一项理由。该理由的陈述逻辑欠严谨。裁判者欲通过论证股权转让关系与买卖关系具有不同的特征，进而证成股权转让分期付款合同关系不适用买卖合同分期付款解约规则。这个基本思路是对的，这也应该是裁判者欲排除适用第 167 条时需要充分阐述的理由，但裁判者的说理却难以令人信服。第一，由《合同法》第 167 条及有关司法解释无法推导出，分期付款买卖合同具有"多发、常见在经营者和消费者之间，一般是买受人作为消费者为满足生活消费而发生的交易"的特征。裁判者这一推导过程有两点逻辑硬伤：①规范命题不能直接推导出事实命题，《合同法》第 167 条及有关司法解释属于规范命题，而"多发、常见在经营者和消费者之间，一般是买受人作为消费者为满足生活消费而发生的交易"属于事实命题；②尚不论分期付款买卖合同"多发、常见在经营者和消费者之间"这一判断是否准确，即便是准确，这一判断也仅仅是前述规范命题所能涵摄的部分事实，部分事实的特征并不等于全部事实的特征，更不等于规范命题的特征。第二，把"以消费为目的的一般买卖"与"一般买卖""分期付款买卖"等同起来，不符合这三者本身的概念逻辑。虽然生效裁判并没有直接这么表述，但行文内容所表达的就是这个意思。这三者的关系应当是这样的：①以消费为目的的买卖不属于一般买卖，因为消费买卖属于《消费者权益保护法》调整的特殊买卖；②即便是以消费为目的的买卖属于另一种意义上的一般买卖，但以消费为目的的买卖不等于普遍意义上和法律意义上的一般买卖；③从规范意义上讲，由于法律对分期付款买卖作了特别规定，所以分期买卖不属于一般买卖而是特殊买卖。但这种特殊买卖仅是基于付款方式的特殊性而被贴上了"特殊"标签，它在标的物上没有做特别的排除，不排除一般标的物，也不排除用于消费的标的物。第三，如果能够根据股权转让合同与以消费为目的的一般买卖不同的特点，推导出股权转让合同不适用该 167 条，那么按照这样的逻辑同样可以推导出除了消费类买卖合同适用第 167 条外，所有其他类型的买卖合同都不能适用第 167 条。综上，不能以法律上的分期付款解约规则可适用于消费买卖，而推导出它不可适用于股权买卖。符合逻辑的推理应当是，所有可以适用第 167 条的分期付款买卖，它们的标的和主体的属性与股权转让的标的和主体所具有属性不同，且足以导致明显不良的后果，才能得出第 167 条不可适用于股权转让的结论。

关于第二、三项理由。由于这两项理由与"股权转让分期付款合同"和"是否适用第 167 条"没有必然联系，此处不作展开。

关于第四项理由。若裁判者能抓住股权转让分期付款合同纠纷适用第 167 条带来的经济秩序、交易安全、经济效率等确实比其他分期付款买卖合同糟糕得多，那么可能会使得判决更有说服力。

模块三、热点、难点论辩

一、隐名股东是否要对公司债权人承担补齐出资的义务？

论辩提示：

（1）有人赞成隐名股东要对公司债权人承担补齐出资的义务，有人反对。故论辩时可区分为正方和反方，正方立论为"隐名股东要对公司债权人承担补齐出资的义务"，反方立论为"隐名股东不需对公司债权人承担补齐出资的义务"。

（2）公司投资存在普遍隐名持股是我国特有的现象，对这一现象是否需要抑制，是论证时需要考虑的因素。

（3）正方可以从不令隐名股东承担义务可能会导致其利用隐名投资损害债权人利益的角度论证，反方可以从隐名股东与显名股东是合同关系并根据合同相对性的角度进行论证。但不限于上述角度。

二、公务员能否投资入股？

论辩提示：

（1）这个问题实际上是如何解释《公务员法》第59条第16项的规定，"公务员应当遵纪守法，不得有下列行为……（十六）违反有关规定从事或者参与营利性活动，在企业或者其他营利性组织中兼任职务；……"。

（2）这里包含两个具体问题：第一，投资入股是否必然属于从事或参与营利性活动？第二，如果属于，则此规定是效力性规定还是管理性规定。

（3）论辩时应当去考察目前的司法实践倾向，了解商业实务中公务员从事投资经营活动主要是通过什么方式进行。这种现状是不是一种合理的存在，本身需要反思。

（4）论辩时，宜从广域的社会角度来看待权力与资本的关系。另外，还要考虑股东死亡，其继承人为公务员的情形。

三、投资人以非法财产出资到公司，能否获得股东资格？

论辩提示：

（1）该辩题即是对《公司法》第48条"股东可以用货币出资，也可以用实物、知识产权、土地使用权、股权、债权等可以用货币估价并可以依法转让的非货币财产作价出资；但是，法律、行政法规规定不得作为出资的财产除外……"之但书内容的解释。

（2）有人认为，以法律、行政法规规定不得作为出资的财产出资，股东不能获得股东资格；有人认为，出资财产违法与股东资格无直接关联，股东资格并不因出资财产违法而不能取得股东资格；有人认为，要看违法财产的违法属性、程度以及财产本身的属性。

（3）在论辩时，注意考虑应否区分标的合法性与来源合法性。

四、股东获得保底分红的承诺是否有效？

论辩提示：

（1）随着对赌的广泛实践，公司大股东对中小股东所做的保底分红承诺，其效力逐步被司法界认定为有效。现在争议较大的是，公司能否对中小股东承诺保底分红。因此论辩时围绕着这个问题展开即可。

（2）辩论时，可区分正方与反方，正方的论点为"股东获得的保底分红承诺无效"，反方的论点为"股东获得的保底分红承诺有效"。

（3）正方可从保底分红不符合投资风险自担原则的角度论证，反方可从保底分红只要不损害债权人利益即可的角度论证。

五、夫妻对一方名下的股权是共享股权还是共享股权的价值？

论辩提示：

（1）夫妻离婚时可直接分割股份有限公司的股权，但在有限责任公司中，因受制于其他股东的优先购买权而难以直接分割股权，由此引发夫妻对一方名下的股权是共享股权还是共享股权的价值这一问题。

（2）夫妻离婚纠纷中的股权处置，既涉及婚姻法，也涉及公司法，故论辩时要考虑两个领域的规定和原理。

（3）论辩时也可考虑这类财产与住房类财产的异同，进而能在更广域的范围内讨论夫妻共有的商业性财产与非商业性财产的异同。

六、因其他股东行使优先权导致转股合同目的不能实现，转让股东是否要承担责任？

论辩提示：

（1）该问题源于《公司法司法解释四》第 21 条第 3 款规定："股东以外的股权受让人，因股东行使优先购买权而不能实现合同目的的，可以依法请求转让股东承担相应民事责任。"这一问题关系到如何理解该规定以及该规定的出现是否具有合理性。

（2）法律上明文规定股东向外转让股权需其他股东放弃优先权，这一规定对股权转让合同效力产生何种影响，是论辩时需要重点关注的问题点。

（3）意思表示理论和风险理论均可以作为论辩的理论依据。

七、是按照实缴出资比例还是按照认缴出资比例行使优先购买权？

论辩提示：

（1）《公司法》第 84 条只笼统地规定"协商不成的，按照转让时各自的出资比例行使优先购买权"，至于是按照实缴出资比例还是认缴出资比例，则未予明确。

（2）论辩时，可以考虑是否要区分未到缴纳期的情形与到了缴纳期但有部分股东未及时缴纳的情形。

八、其他值得论辩的问题

（1）隐名股东冒用名义股东签章将名义股东名下的股权转让给自己，转让行为是否有效？

（2）假如股东不同意公司对外做大额担保，可不可以行使退股权？

（3）股权转让是否需要公司认可？

（4）股权质权工商登记，是设权登记，还是对抗登记？

（5）质权人是否有权对损害公司利益的人提起代表诉讼？

（6）股东继承人要求返还财产份额，是否存在诉讼时效问题？

（7）有限责任公司转股，股东优先购买权可否转让？

（8）有限责任公司股权赠与，其他股东是否享有优先受让权？

（9）优先购买权规则是否适用于股权间接转让（即有限责任公司股东的股东发生变动）？（问题源于"外滩8-1地块案"）

（10）受让方可否以股权瑕疵为由抗辩转让方的股款请求权？

（11）股权让与担保中的让与人主张处置股权以偿付所担保的债务，该主张有没有诉讼时效的限制？（问题源于〔2022〕最高法民申1021号裁定书）

（12）股权让与担保中的担保权人能否不通知让与人而直接处分股权偿债？

（13）职工股权激励纠纷属于劳动纠纷还是公司股权纠纷？

（14）夫妻一方名下的股权可以不经另一方同意而转让，是因为该股权不属于夫妻共同财产还是其他原因？

（15）股份有限公司章程能否对公司所有股权的转让作限制？

模块四、项目任务（作业）

（1）模拟起草一份有限责任公司股权转让协议。

（2）收集整理近 10 年省高级人民法院及以上法院审理的隐名持股引起的股东资格纠纷类案件，并梳理出裁判的基本观点。

（3）综述股权性质学说及其论据。

（4）试论团体多数决与利润分配之间的逻辑关系。

（5）收集整理近 10 年省高级人民法院及以上法院审理的股东知情权纠纷案例，并梳理出裁判的基本观点。

（6）收集整理近 10 年省高级人民法院及以上法院审理的股东退股权纠纷案例，并梳理出裁判的基本观点。

（7）收集整理最高人民法院股权转让纠纷案例，并梳理出裁判的基本观点。

第五编

公司治理

模块一、知识理论

第一章　公司治理概述

第一节　基本理论

一、概念

公司治理有广义和狭义之分。广义的公司治理，是指调整公司各利益相关者之间的利益冲突关系，它包括内部治理和外部治理。狭义的公司治理，仅包含内部治理，是指调整股东与管理层之间的委托代理关系。一般认为，狭义的公司治理制度要调整的是因所有权与经营权分离而产生的委托代理关系。需要注意的是，不可迷信委托代理理论的解释力，否则难以解释公司剩余权和公司控制权。外部治理，主要关注外部社会和市场对公司内部利益和权利（或权力）配置的影响。本书未作特别说明的，一般指狭义的公司治理。

二、内部治理制度的构成

公司的内部治理制度由股东会制度、董事会制度、监事会制度、经理制度、法定代表人制度等组成。这些制度的调整对象对应公司权力机关、执行机关、监督机关、执行辅助机关和对外代表机关等。

三、处理内外部治理关系的基本原则

公司的内部治理，强调团体自治和效率；公司的外部治理，强调契约自由、公平和诚信。处理内外部治理的基本原则是内外有别原则。

四、公司治理的产生

（一）古典企业与现代公司的区别

（1）经营结构不同。古典企业治理结构简单，股东自己就是经理人，不委托代理人经营，没有太多的企业机关；现代公司，股东往往不参与经营管理，委托代理人管理，公司有一套完整的机关设置。

（2）权力结构不同。古典企业所有权与经营权两权合一，现代公司所有权与经营权两权分离。

（3）利益结构不同。古典企业只有纯粹的股东之间的利益关系，现代公司还涉及到股东与管理者之间的利益关系。

（二）代理理论

不同语境中的代理理论的实际内容并不相同。一种代理理论是指代理关系理论。它是现代公司治理的主流基础理论。根据该理论，股东与董事、经理等管理层之间是委托人与代理人的关系。代理关系理论的意义在于明确代理人的权限来源于委托人，这就意味着授权文件或法律未明确授予给管理层的权利，均属于股东层。另一种代理理论是指代理成本理论。根据该理论，由于委托人与代理人存在利益上的不一致，加上两类人之间信息不对称，代理人会利用代理权寻租或者怠于履行代理职责，为了防止代理人不忠不勤，委托人有必要设法对代理人进行监督，由此产生的费用、损失等均属于代理成本。代理成本可以通过内部治理机制和外部市场竞争机制降低。

需要注意的是：其一，代理理论只是解释公司治理现象的一种理论，且也只能解释部分公司治理现象，面对日益复杂的公司治理关系，任何单一的理论均不能解释公司治理中的全部现象，除了委托代理理论外，信托理论和分工理论等也有解释公司治理现象的功能；其二，公司治理中的代理并非法教义学意义上的代理。

五、公司良治的基本要求

公司良治的基本要求：权力透明、问责到位、代理忠诚、能有效契合公司相关主体的多元需求。

六、治理模式

不同国家公司法上的治理模式不一样。

（一）单轨制

英国和美国实行单轨制（或称单层制），即没有单独设置监事会。英国的治理结构由股东会、董事会、审计员组成，美国的治理结构由股东会和董事会（包括外部董事）组成。

（二）双轨制

德国实行典型的双轨制（或称双层制），即专门设置监事会，且赋予监事会选任董事的权力。

（三）选择制

法国公司法允许投资人自行选择单轨制或双轨制。日本公司法为社会提供了几十种具体的组织结构模式，立法上兼容了单轨制和双轨制。

（四）我国公司法的治理结构

我国2023年《公司法》一方面确立了单轨制，另一方面允许投资人选择双轨制或单轨制。不过，国有独资公司只允许实行单轨制。

七、公司机关

（一）概念与特征

1. 概念

公司机关，是指根据法律或章程的规定，各承担相应职能的个人或集体。

2. 特征

（1）分别行使决策、管理、监督和对外代表职能的机构。

（2）是公司不同意志的形成主体或执行主体。

（3）机关虽由自然人担任，但机关不等于自然人。尤其是由单一自然人任职的机关，尤其要注意这个区别。

第二节　不同类型公司的治理

公司的治理结构，与其大小和类型密切相关。小型封闭公司与大型公众公司分别代表着两种反差比较大的治理结构。

一、小型封闭公司

(一) 小型封闭公司治理的特点

(1) 重心在股东会。小型封闭公司的权力重心在股东会。

(2) 机关简化。公司可以没有董事会而仅设一名董事，可以没有监事会而仅设一名监事，可以不设经理这种辅助执行机关。

(3) 直接管理。股东们通常直接参与公司经营管理，所有权与经营权两权分离不是特别明显。管理合伙化特征较为明显，法律上对其程式性要求较少、较低。

(4) 退出不自由。资本交易缺乏股份市场，股东通过转股退出的自由度较小。

(5) 容易产生股东压制和公司僵局。由于股权不分散，大股东很容易压制小股东；在相对均衡的持股状态下，则容易形成公司僵局。另外，由于立法机关、公司登记机关和司法机关对小型封闭型公司的治理保有较强的干预倾向，这种倾向在一定程度上扼杀了公司当事人通过自治摆脱困境的空间。

(二) 小型封闭公司治理的优缺点

(1) 优点。治理结构灵活，能最大限度地体现自治。

(2) 缺点。很难找到破解股东压制和公司僵局的有效手段。

(三) 小型封闭公司股东压制和治理僵局

小型封闭公司资本流动性不强，也没法形成资本交易市场，通过市场破解僵局的方法一般行不通，主要依赖股东协议来解决股东压制和治理僵局问题。现有立法未能用尽转股和减资机制解决股东压制和治理僵局问题，导致实务中公司解散诉讼比较多。

二、大型公众公司

(一) 大型公众公司治理的特点

(1) 重心下移。大型公众公司的权力重心下移到董事层，在超大型公众公司中甚至下移到经理层。

(2) 机关完整。公司一般都有完整的"三会"机关，必设经理这种辅助执行机关。上市公司还必须设置董事会秘书。

(3) 间接管理。多数股东不直接参与公司经营管理，两权分离特别明显。

管理科层化特征较为明显，法律上对其程式性要求较多。

（4）退出自由。股东（尤其是中小股东）通过转股退出公司的自由一般不受限制。

（5）容易产生控制权。大型公众公司股权分散，由于逐利是人的本性，大股东虽难以垄断公司一切权力，但始终有利己动机，即攫取更多的权力从而获得更多的利益，故设法取得相对控制权是大股东的永恒追求；而小股东左右不了公司的任何事项，在代理成本上不付费搭便车也成为普遍现象。这就使得控制权的产生及私有化成为必然。

（二）大型公众公司治理的优缺点

（1）优点。公司治理中各种利益的平衡能够最大限度地通过市场实现。

（2）缺点。治理结构固定，立法及行政干预力度比较大。

（三）控制权与橄榄型社会结构

具有权力性质的公司治理权，异化出大股东私人享有的控制权，并且成为一种法律默认的私权利。控制权是公司法中并不多见的并非由市场机制生成的权利。这种权利不仅能够给大股东带来利益，而且还能交易。正是因为其合法性和正当性未受到质疑，并且可以给股东带来利益，由此产生了一个不容易洞察到的社会问题，即控制权严重影响了橄榄型社会结构。

第二章　公司机关

第一节　股东会

一、概念、特征与形式

（一）概念

股东会，是指由股东组成、对公司重大事项做出意思决策的公司机关。

（二）特征

（1）它是权力机关。国内主流观点认为，公司的一切治理权来源于股东会，所以股东会就是公司的权力机关。不过，信托理论或分工理论视野下的股东会就不被认为是权力机关。我国《公司法》第58、111条明确规定"股东会是公司的权力机构"。

（2）它是必备机关。除一人公司、国有独资公司外，其他公司都应设股东会，包括外商投资公司。不过，根据《外商投资法》第42条第2款的规定，外商投资公司自该法施行后五年内可以继续保留原企业组织形式，也就是说可以不设股东会。

（3）它是集体制机关。与法定代表人这类机关不同，股东会是集体制机关。

（4）它是非常设机关。股东会不需日常开会，属非常设机关。

（三）治理权行使的形式

1. 年会或定期会议

有限责任公司要召开定期会议，《公司法》没有要求每年必须召开，具体由章程确定。《公司法》规定股份有限公司股东会每年召开一次会议，简称"年会"。

2. 临时会议

除定期会议或年会外，基于一定的情形，应召开临时股东会。针对不同类型的公司，《公司法》规定的情形不一样。

（1）有限责任公司

《公司法》第 62 条规定，有下列情形之一的，应召开临时股东会会议：①代表 1/10 以上表决权的股东提议时；②1/3 以上的董事提议时；③监事会提议时。

（2）股份有限公司

《公司法》第 113 条规定，有下列情形之一的，应召开临时股东会会议：① 董事人数不足本法规定人数或章程所定人数的 2/3 时；②公司未弥补的亏损达股本总额 1/3 时；③单独或合计持有公司 10% 以上股份的股东请求时；④董事会认为有必要时；⑤监事会提议召开时；⑥章程规定的其他情形。

二、股东会的职权

《公司法》第 59 条和第 112 条第 1 款规定了股东会包括的职权，即"（一）选举和更换董事、监事，决定有关董事、监事的报酬事项；（二）审议批准董事会的报告；（三）审议批准监事会的报告；（四）审议批准公司的利润分配方案和弥补亏损方案；（五）对公司增加或者减少注册资本作出决议；（六）对发行公司债券作出决议；（七）对公司合并、分立、解散、清算或者变更公司形式作出决议；（八）修改公司章程；（九）公司章程规定的其他职权。股东会可以授权董事会对发行公司债券作出决议。对本条第一款所列事项股东以书面形式一致表示同意的，可以不召开股东会会议，直接作出决定，并由全体股东在决定文件上签名或者盖章。"相较于 2023 年修订前的《公司法》第 37 条，修订案第 59 条主要的变化是：①删除了"决定公司的经营方针和投资计划""审议批准公司的年度财务预算方案、决算方案"；②增加了"股东会可以授权董事会对发行公司债券作出决议"。这些变化削减了股东会的职权，是《公司法》中的治理被认为由原来的股东会中心主义向董事会中心主义转移的重要论据。

关于有限责任公司是不是必须召开年会的问题，本书认为，基于第 4 项规定，结合目前只有存在分红决议才能请求分配利润的司法实践，有限责任公司每年应当召开股东会，并就上一年度利润分配和弥补亏损作出决议。

三、股东会会议程序

(一) 召集人

1. 首次大会或成立大会

有限责任公司首次大会由出资最多的股东召集 (《公司法》第 61 条)，《公司法》并未规定股份有限公司成立大会由谁召集 (《公司法》第 105 条)。

2. 其他会议

其他会议的召集人有顺位区分。第一顺位是董事会，第二顺位是监事会，第三顺位是少数股东。对于少数股东作为召集人，法律上有一定的限制：在有限责任公司中，代表 1/10 以上表决权的股东可以自行召集 (《公司法》第 63 条)；在股份有限公司中，连续 90 日以上单独或者合计持有公司 10%以上股份的股东可以自行召集 (《公司法》第 114 条)。

对于 2023 年《公司法》第 114 条第 3 款的规定 "单独或者合计持有公司百分之十以上股份的股东请求召开临时股东会会议的，董事会、监事会应当在收到请求之日起十日内作出是否召开临时股东会会议的决定，并书面答复股东"，存在不同的理解：一种理解是，这条是对第 113 条第 3 项的一个限制，也就是赋予董事会、监事会否决前述股东请求召开股东会的权力；另一种理解是，董事会、监事会可以在收到请求后拒绝召集股东会，但无权否决前述股东有权召集股东会。本书认为，应当作第二种理解，理由有二：①若作第一种理解，会导致第 113 条第 3 项规定的股东权利虚设；②该款被置于 114 条，该条的主旨是规定股东会会议召集的顺位，而不是规定召开临时股东会的情形或会议动议权。未来修改《公司法》时，宜将该款中后一个 "召开" 改为 "召集"。

(二) 通告的要求

(1) 有限责任公司召开会议 15 日前通知股东，但章程另有规定或全体股东另有约定的除外。《公司法》没有规定通知应包括的内容。

(2) 股份有限公司的通知时间要求为：定期会议应在召开 20 日前通知；临时会议应在召开 15 日前通知；若有无记名股票的，应在召开 30 日前公告。《公司法》规定通知内容应包括会议召开时间、地点和审议事项。

(三) 对提案的要求 (下述内容仅限于股份有限公司)

(1) 提出主体：单独或合计持有 1%以上股份的股东，公司不得提高提出临时提案股东的持股比例；

（2）提出时间：召开 10 日前；

（3）提交对象：董事会；

（4）提案处理：董事会应在收到提案后 2 日内通知其他股东；

（5）合格提案的要求：①属于股东会职权范围，且不违反法律、行政法规和章程规定（《公司法》第 115 条第 2 款）；②有明确议题；③有具体决议事项。

（四）主持

1. 首次大会或成立大会

有限责任公司由出资最多的股东主持，股份有限公司由发起人主持（《公司法》第 61、103 条）。

2. 其他会议

其他会议的主持，有顺位区分。第一顺位是董事长，第二顺位是副董事长，第三顺位是过半数的董事共同推举的一名董事，第四顺位是监事会。监事会不召集和主持的，在有限责任公司中代表 1/10 以上表决权的股东，在股份有限公司中连续 90 日以上单独或者合计持有公司 10% 以上股份的股东，可以自行召集和主持。

（五）决议得以通过的表决比例要求

1. 有限责任公司

（1）一般事项，应当经代表过半数表决权的股东通过（第 66 条第 2 款）。这是 2023 年《公司法》新增的规定，原来是由章程规定。

（2）特别事项，应当经代表 2/3 以上表决权的股东通过。特别事项包括：①修改章程；②增减注册资本；③合并、分立、解散或变更公司形式。

（3）特别规定，书面一致可以不召开股东会（《公司法》第 59 条第 3 款）。

2. 股份有限公司

（1）一般事项，经出席会议的股东所持表决权过半数通过。

（2）特别事项，必须经出席会议的股东所持表决权的 2/3 以上通过。特别事项包括：①修改章程；②增减注册资本；③合并、分立、解散或变更公司形式。上市公司的重大交易也属于特别事项。

（六）会议记录要求

有限责任公司所有股东在会议记录上签名或盖章，股份有限公司由主持人、董事签名即可（《公司法》第 64、119 条）。

四、表决权的行使

（一）基本规则

在有限责任公司中，股东按出资比例行使表决权，但章程可另有规定；在股份有限公司中，实行一股一权，但类别股股东除外（《公司法》第 116 条第 1 款）。

（二）累积表决权

1. 概念

累积表决权，是指股东会选举董事或监事时，每一股份拥有与应选董事或监事人数相同的表决权，股东拥有的表决权可以集中使用。

2. 计算公式

（1）确定选举出一名董事所需的股份数：$S/（D+1）+1$，其中 S 表示参加投票的总表决权数，D 表示拟选出的董事人数。

（2）选出 N 名董事所需股份数的公式：$NS/（D+1）+1$。

（三）表决权代理

1. 代理人资格

同民法上的代理制度，但章程可另有规定。

2. 代理权的撤销

一般可以撤销，但特殊情况下不可撤销，如代理人具有如下特殊利害关系：①质押权人；②股权受让人；③代理人对公司有贷款；④代理人与公司订立有服务合同；⑤表决权委托是为了落实合法的集合协议条款（股东之间的联合投票协议）等。

3. 代理权的征集

异议股东为了夺取公司控制权，或公司（董事会）为了确保会议满足法定人数要求，异议股东或公司会征集表决代理权。相较于异议股东，公司征集表决代理权，需要披露更多的信息。

4. 有关规定

《公司法》第 118 条关于股份有限公司的规定："股东委托代理人出席股东会会议的，应当明确代理人代理的事项、权限和期限；代理人应当向公司提交股东授权委托书，并在授权范围内行使表决权。"《股票发行与交易管理暂行条例》（1993 年）第 65 条规定："股票持有人可以授权他人代理行使其同意权或者投票权。但是，任何人在征集 25 人以上的同意权或者投票权时，应当遵守证监会有关信息披露和作出报告的规定。"《上市公司治理准则》（2018 年修订）第 16 条规定："上市公司董事会、独立董事和符合有关条件的股东可以向公司股东征集其在股东大会上的投票权。上市公司及股东大会召集人不得对股东征集投票权设定最低持股比例限制。投票权征集应当采取无偿的方式进行，并向被征集人充分披露具体投票意向等信息。不得以有偿或者变相有偿的方式征集股东投票权。"此外，《上市公司独立董事管理办法》（2023 年）也有相关规定。

（四）表决权信托

1. 概念

表决权信托，是指在公司的簿册上将股份登记在表决权受托人名下从而使股份的表决权暂时但不可撤销地与股份受益权相分离的一种措施。

2. 立法态度

各国立法以前敌视表决权信托，现在趋向于承认其合法性。我国目前没有该项制度。

3. 一般国家表决权信托的法定要件

①信托的基本目的必须适当；②将股份转移给受托人；③协议有效期不超过法定最长期限（一般低于 10 年），但可以展期；④信托协议必须为书面形式；⑤协议必须备份于公司注册办公场所且可由股东及受益人检查。

4. 表决信托的经济权利归属

受托人只享有表决权，股利分配请求权和剩余财产分配请求权则属于该股份的受益所有人享有。

（五）表决协议

1. 概念

表决协议，又称集体协议，指两个或两个以上股东达成的联合投票协议。

2. 表决协议的要求

各国公司法一般会对表决协议作如下要求：①该种协议须记载在公司章程或细则中，或者经协议当事人股东的一致同意。②应在股票上将该种协议的存在显著地标示出来；若没有股票，则应在其他规定文件中披露；未标示或披露的，不知情的股份购买人可以解除合同。③须采用书面形式，并经全体当事人股东签字，同时须告知公司。④最长期限不超过法定期限（一般为10年），但协议可另定期限。⑤协议的副本须制备在公司的主要办公地。

第二节 董事会

一、概念、地位、职权

（一）概念

董事会，是指由股东选举或出资人指派董事组成的，执行股东会决议、履行公司经营管理决策职能的常设机关。它是必设的合议制机关。不过，规模较小的公司可只设一名董事而不设董事会，该董事可以兼任经理。（《公司法》第75条）

（二）地位

董事会是执行机关。（《民法典》第81条）

（三）职权

1. 法律规定

根据2023年《公司法》第67条和第120条第2款的规定，董事会有如下职权：①召集股东会会议，并向股东会报告工作；②执行股东会的决议；③决定公司的经营计划和投资方案；④制订公司的利润分配方案和弥补亏损方案；⑤制订公司增加或者减少注册资本以及发行公司债券的方案；⑥制订公司合并、分立、解散或者变更公司形式的方案；⑦决定公司内部管理机构的设置；⑧决定聘任或者解聘公司经理及其报酬事项，并根据经理的提名决定聘任或者解聘公司副经理、财务负责人及其报酬事项；⑨制定公司的基本管理制度；⑩公司章程规定或者股东会授予的其他职权。与修订前的《公司法》相比较，删除了"制订公司的年度财务预算方案、决算方案"，第十项增加了"或者股东会授予"。

公司章程可以对董事会职权进行限制，但不得对抗善意相对人。

2. 分类与性质

董事会的职权，一般分为两种：一种是法定职权，另一种是章定职权。前述10项职权还可以根据性质分为：①召集权；②执行权；③决定权（限于一般事项）；④起草权；⑤人事权；⑥监督权。在封闭型公司中，股东层对法律规定的董事会职权享有较大的自由调整空间。

二、组成

董事会成员为 3 人以上，由董事长（含副董事长）、董事组成。

（一）董事长

1. 董事长的产生

（1）有限责任公司：由章程规定产生办法（《公司法》第 68 条第 2 款）。

（2）股份有限公司：由全体董事过半数选举产生（《公司法》第 122 条第 1 款）。

2. 董事长的职权

（1）主持股东会。

（2）召集和主持董事会。

（3）表决权，原则上也是一票。有人主张，当表决僵局时，允许其行使第二次表决权。

（4）检查董事会决议的实施情况。

3. 履职替代

董事长不能或不履行职责，由副董事长履行职责；副董事长不能或不履行职责，由过半数董事推举 1 名董事履行职责。

（二）董事

1. 董事的概念

董事是以"会议"形式执行和管理公司业务的高级管理人员。

2. 董事的产生

（1）首届董事的产生

有限责任公司由发起人决定。股份有限公司，由成立大会选举。一人公司由股东指派。国有独资公司由国资委委派。职工董事由职工民主选举产生。

（2）非首届董事的产生

一般由股东会选举产生。在有限责任公司中，应当允许股东协议或初始章程等约定由各股东委派董事，且这种约定原则上不能被多数决变更。一人公司由股东指派。原外资公司 5 年过渡期内应由投资各方委派，过渡期之后由投资各方按约定确定或由股东会选举产生。国有独资公司由国资委委派。职工董事由职工民主选举产生。

3. 董事的任期

正常情况下为 3 年，可连选连任。董事任期届满未及时改选，或者董事在任期内辞职导致董事会成员低于法定人数的，在改选出的董事就任前，原董事仍应当依照法律、行政法规和公司章程的规定，履行董事职务（《公司法》第 70、120 条）。这一规定导致现实中的一种困境，即若公司不改选董事，即便是 2023 年《公司法》第 70 条第 3 款规定了董事有权辞任，但在这种情况下原董事仍应当继续履行职务。

4. 董事与公司的关系

董事与公司的关系，一般立法认为是委托关系，也有国家立法认为是委任关系，如日本的公司立法。前者是平权型关系，后者带有隶属服从性质；前者一般以普通民法调整，后者一般以劳动法调整。

5. 董事的解任

（1）董事自己辞职

（2）委聘方解职，具体内容如下

①解职权。一般坚持谁产生谁解职的原则，包括股东会解职、职工民主解职、委派方解职等，域外还有法院解职。

②解职理由。1993 年《公司法》需要说明解职理由，2005 年修订后不再需要说明理由。

③解职补偿。无故解职，可以主张补偿。具体救济方式，应根据公司与董事之间或产生方与董事之间到底是合同委托关系还是劳动雇佣关系而定。

6. 董事会空缺填补

有些国家公司法授权董事会选任空缺董事位。我国《公司法》第 113 条规定，股份有限公司董事不足法定人数或低于章定人数 2/3 时，应召开临时股东会。

7. 董事的权利

董事享有报酬请求权等。关于董事的知情权，被认为应受到如下限制：①与董事职责存在合理关联；②不会导致公司发生不适当的负担或费用；③不存在不纯动机。本书认为，董事知情权应受限制的观点，与董事应承担的履职功能相矛盾。

三、董事会会议程序

（一）启动原因

1. 有限责任公司依章程规定启动会议程序

2. 股份有限公司

（1）定期会议根据法律规定每年至少 2 次。

（2）以下情形应启动临时会议：①代表 1/10 以上表决权的股东提议；②1/3 以上董事提议；③监事会提议。另外上市公司全体独立董事 1/2 以上同意提议召开董事会（《关于在上市公司建立独立董事制度的指导意见》第 5 条）。

（二）召集

1. 召集与主持

召集和主持董事会的顺位如下：董事长、副董事长、过半数董事推举的董事。临时董事会应在接到提议后 10 日内召集和主持。

2. 通知

（1）有限责任公司

通知时间和内容由公司章程规定或股东协议约定。

（2）股份有限公司

①通知的时间要求

定期会议，会议召开 10 日前通知全体董事、监事、经理（列席）；临时会议，会议通知方式和时限由董事会另定。

②通知的内容要求

上市公司，需通知日期、地点、期限、事由及议题、发出通知的日期等；非上市股份有限公司，无明确规定。

（三）出席与列席

1. 出席会议

《公司法》对有限责任公司董事出席董事会会议没有专门规定。该法第 125 条第 1 款对股份有限公司出席董事会有明确规定"董事会会议，应由董事本人出席；董事因故不能出席，可以书面委托其他董事代为出席，委托书应载明授权范围"。其中的"因故"，应仅限于客观原因或其他合法原因，因为董事出席董事会不是行使权利，而是履行职务。

2. 列席会议

（1）强制性规定：经理必须列席会议（《公司法》第 74、126 条）。

（2）任意性规定：监事可以列席会议（《公司法》第 79、131 条）。

（四）表决

1. 出席人数要求

公司董事会会议，应当有过半数的董事出席方可举行。

2. 表决规则

一般情况下为一人一票。《到境外上市公司章程必备条款》（已被 2023 年的《境内企业境外发行证券和上市管理试行办法》废止）第 93 条规定，董事长在反对与赞成票相等时有权多投一票。

3. 表决方式

我国《公司法》仅规定了会议表决，没有规定书面表决。随着网络技术的发展，网络通信表决也成为一种会议表决方式。需要注意的是，董事不能采取无记名投票，因为法律规定董事要对决议承担责任，若实行无记名表决，无法确定责任。

4. 决议通过的票数要求

公司董事会作出决议，应当经全体董事的过半数通过，其中"过半数"的基数被认为不含回避董事。

5. 会议记录

董事会应当对会议所议事项的决定做成会议记录，出席会议的董事应当在会议记录上签名。为便于明确董事责任，异议董事的异议应记载于会议记录；该董事可据此免责（《公司法》第 125 条第 2 款）。

董事会会议记录，具有如下意义：①判断出席人数是否合法或符合章程规定；②藉此了解董事履职情况，确定派生诉讼的被告；③确定董事是否要对决议担责。

6. 表决权代理

针对股份有限公司而言，只能"因故"才可委托其他董事代理，且受托方仅限于其他董事。

7. 表决权排除

针对上市公司而言，与决议事项有关联关系的董事应回避，不能行使表决权。

四、董事会中的审计委员会

2023 年《公司法》新增了审计委员会制度，该制度主要由第 69、121、176 条组成。《公司法》第 69 条规定："有限责任公司可以按照公司章程的规定在董事会中设置由董事组成的审计委员会，行使本法规定的监事会的职权，不设监事会或者监事。公司董事会成员中的职工代表可以成为审计委员会成员。"《公司法》第 121 条规定："股份有限公司可以按照公司章程的规定在董事会中设置由董事组成的审计委员会，行使本法规定的监事会的职权，不设监事会或者监事。审计委员会成员为三名以上，过半数成员不得在公司担任除董事以外的其他职务，且不得与公司存在任何可能影响其独立客观判断的关系。公司董事会成员中的职工代表可以成为审计委员会成员。审计委员会作出决议，应当经审计委员会成员的过半数通过。审计委员会决议的表决，应当一人一票。审计委员会的议事方式和表决程序，除本法有规定的外，由公司章程规定。公司可以按照公司章程的规定在董事会中设置其他委员会。"《公司法》第 176 条规定："国有独资公司在董事会中设置由董事组成的审计委员会行使本法规定的监事会职权的，不设监事会或者监事。"根据前述规定可知：①有限责任公司和股份有限公司均可以在董事会中设置审计委员会，国有独资公司必须设置审计委员会；②审计委员会由董事组成；③若公司设置了审计委员会，就不设置监事会，由审计委员会行使监事会的职权；④《公司法》对股份有限公司审计委员会成员要求严于有限责任公司。

另外，《公司法》第 137 条对上市公司的审计委员会作了特别规定，详见本章"上市公司组织机构的特别规定"一节。

第三节　高级管理人员

一、概念

（一）内涵

高级管理人员，简称"高管"，一般是指由董事会聘任，对公司日常经营事务负责的高级雇员。

（二）外延

高级管理人员的外延包括：经理（总经理、总裁、CEO）、副经理（副总经理、副总裁）、财务负责人（财务部部长、CFO）、上市公司董事会秘书、章程规定的高级管理人员。《公司法》第 265 条第 1 项对高级管理人员的外延作了界定"是指公司的经理、副经理、财务负责人，上市公司董事会秘书和公司章程规定的其他人员"。

二、经理的职权

2023 年修改前的《公司法》第 49、113 条对经理的职权做了列举规定。2023 年修改后的《公司法》第 74、126 条不再列举经理的职权，而是规定"经理对董事会负责，根据公司章程的规定或者董事会的授权行使职权"。

三、经理的产生

经理由董事会决定聘任或者解聘，并对董事会负责。就封闭型公司而言，《公司法》关于经理任免的规定，不属于强制性规定，股东协议或章程另有规定的，应从其规定。

第四节　监事会

规模较小或股东人数较少的公司可以不设监事会，只设一名监事。为行文方便，不作区分，统称监事会。另外，规模较小或股东人数较少的有限责任公司，经全体股东一致同意，可以不设监事。

一、概念、特征、地位

（一）概念

监事会，是指对公司的财务及经营管理行为进行监督的机关。

（二）特征

（1）法定必设机关。在 2023 年修订《公司法》之前，监事会是必设机关，但之后不再是必设机关。根据 2023 年《公司法》第 69 条规定，公司可以在董事会中设置审计委员会，行使监事会的职权。

（2）对公司财务和经营管理行为进行监督的机关。

（3）独立于董事会，且主要职责就是监督董事会及其成员。

（三）地位

派生于股东会的监督机关，与董事会地位平行。不过，在德国法里，董事会不仅接受监事会的监督，监事会在某些方面的权力还高于董事会，监事会享有任命董事并决定其报酬、批准公司重大决策的权力。

监事会行使职权，一般实行集体制，但有些事项也不宜实行集体制，例如列席董事会会议时，行使质询权和建议权就不宜实行集体制。日本和法国公司法允许公司自由选择。

二、监事会的职权

1. 职权

根据《公司法》第 78 条规定，监事会的职权包括：①检查公司财务；②对董事、高级管理人员执行公司职务的行为进行监督，对违反法律、行政法规、公司章程或者股东会决议的董事、高级管理人员提出解任的建议；③当董事、高级管理人员的行为损害公司的利益时，要求董事、高级管理人员予以纠正；④提议召开临时股东会会议，在董事会不履行本法规定的召集和主持股东会会议职责时召集和主持股东会会议；⑤向股东会会议提出提案；⑥依照《公司法》第 189 条的规定，对董事、高级管理人员提起诉讼；⑦公司章程规定的其他职权。其中公司章程规定的其他职权，典型的如承办公司审计业务的会计师事务所的聘用和解聘权，2023 年《公司法》第 215 规定允许章程将该职权赋予给监事会，修订前的《公司法》仅允许公司章程选择由股东会或董事会享有该职权。

除前述职权外，监事还可以：①列席董事会，对决议事项提出质询或建议（《公司法》第 79 条第 1 款）；②发现公司经营情况异常，对公司进行调查；必要时，可以聘请会计师事务所等协助其工作，费用由公司承担（《公司法》第 79 条第 2 款）；③要求董事、高级管理人员提交执行职务的报告（《公司法》第 80 条第 1 款）。

2. 履职保障

监事会聘请会计师事务所的费用由公司承担（《公司法》第 79、131 条），行使职权所必需的费用也由公司承担（《公司法》第 82、131 条）。

三、监事会的组成

(一) 人数

普通公司，监事会成员 3 人以上（《公司法》第 76、130 条）；规模较小或股东人数较少的公司，可以是 1 人（《公司法》第 83、133 条）；国有独资公司在董事会中设置由董事组成的审计委员会，不设监事会（《公司法》第 176 条）。

(二) 任期

监事的任期每届为 3 年。监事任期届满，可连选连任。监事任期届满未及时改选，或者监事在任期内辞职导致监事会成员少于法定人数的，在改选出的监事就任前，原监事仍应当依法依章程的规定履行监事职务。由于监事的法定任期为 3 年，故一般认为任期内免职需要正当理由；而董事任期由章程规定（但不超过 3 年），任期内免职不需要理由。

(三) 成员构成

普通公司监事会由股东代表和职工代表组成，其中职工代表不少于 1/3，通过职工代表大会、职工大会或者其他形式民主选举产生。

国有独资公司监事会由国资委委派监事和职工代表组成，其中职工代表不少于 1/3，且仅能通过职工代表大会选举产生。

四、监事会主席的产生

普通公司的监事会主席，由全体监事过半数选举产生；国有独资公司的监事会主席，由国资委从监事中指定。

五、会议程序

(一) 启动原因

1. 定期会议

《公司法》对监事会定期会议有法定要求：有限责任公司每年度至少召开 1 次（《公司法》第 81 条），股份有限公司每 6 个月至少召开 1 次（《公司法》第 132 条）。

2. 临时会议

临时会议可由监事提议召开，《公司法》没有限定提起临时监事会会议的人数比例，因此单个监事提议召开监事会，其余监事即便是反对召开也无效。

（二）召集与主持

1. 有限责任公司

第一顺位由监事会主席召集和主持，第二顺位由过半数监事推举。

2. 股份有限公司

第一顺位由监事会主席召集和主持，第二顺位由副主席（若设有）召集和主持，第三顺位由过半数监事推举。

（三）决议通过的要求

监事会决议应当经过半数监事通过。

第五节　法定代表人

一、概念与地位

（一）概念

法定代表人，是指依法可以对外代表公司实施法律行为的自然人。

（二）地位

它是公司的常设机关。它是公司机关，虽由自然人担任但不是指自然人。我国立法只允许一人代表公司，与域外一些国家的立法有所不同。

二、职权

（一）对内执行权

法定代表人就下列事项享有对内执行权：股东会决议的执行、董事会决议的执行、公司的日常事务处理。

（二）对外代表权

法定代表人就下列事项享有对外代表权：对外营业、参加诉讼等。一般认为，若没有公司股东会或董事会特别授权，法定代表人对外没有代表公司做担保或转投资的权力。

法定代表人与经理职权有所不同，前者是代表权，后者是代理权。代表权无需公司另行授权，而代理权需公司另行授权。

三、选任和解任

（一）选任

《公司法》第 10 条前两款规定："公司的法定代表人按照公司章程的规定，由代表公司执行公司事务的董事或者经理担任。担任法定代表人的董事或者经理辞任的，视为同时辞去法定代表人。"这一规定一般被认为是强制性规定，即法定代表人只能由执行公司事务的董事或者经理担任。不过，相较于 2023 年修订之前的《公司法》规定只能由董事长（执行董事）或经理担任，新规定已经是放宽了限制。至于到底由其中的谁担任，则由章程规定。

需要指出的是，由于法定代表人的产生被限定为代表公司执行公司事务的董事或经理二选一，对于股份有限公司而言，这两类职位的产生，均与股东会无直接关系，所以若把前述两类职位产生的规定认定为强制性规定，则不存在股东会直接选举产生法定代表人的可能。由此，股份有限公司法定代表人的产生逻辑，会给代表权的权力来源和范围带来一定的解释障碍。

（二）解任

法定代表人可因以下事由而解任：①届满退任；②辞任；③选任机关解任；④章程规定法定代表人的担任者须具有董事、经理资格，该资格丧失。

《公司法》第 10 条第 3 款规定："法定代表人辞任的，公司应当在法定代表人辞任之日起三十日内确定新的法定代表人。"这是 2023 年修订《公司法》时新增的规定。

（三）法定代表人变更的变更登记

《公司法》第 35 条第 3 款规定："公司变更法定代表人的，变更登记申请书由变更后的法定代表人签署。"

四、代表行为

（一）代表行为的认定要件

由于法定代表人具有双重身份，一个身份是自己，一个身份是公司代表人。故其行为到底是个人行为还是公司行为，应有所区分。

认定法定代表人的行为是否属于公司行为，一般从以下要件来判断：第一，是否具有代表人身份；第二，是否以公司名义实施。法定代表人的行为有以下外观的，推定为公司的意思表示：第一，以公司代表人的名义签章；

第二，盖有公司印章；第三，在代表权范围内。

（二）认定代表行为的有关学说

目前认定代表行为的有关学说主要包括：经营活动说、法人名义说和执行职务说。执行职务说有广义和狭义两说，广义说包括与执行职务有牵连关系的行为，司法实践倾向于广义说。广义的执行职务说包括如下要素：第一，是否以法人名义实施；第二，该行为在外观上是否足以认定属于法定代表人职务行为的范畴；第三，依社会普遍观念，该行为是否与法定代表人职务有适当的牵连关系。

（三）代表行为的后果承担

《公司法》第11条规定："法定代表人以公司名义从事的民事活动，其法律后果由公司承受。公司章程或者股东会对法定代表人职权的限制，不得对抗善意相对人。法定代表人因执行职务造成他人损害的，由公司承担民事责任。公司承担民事责任后，依照法律或者公司章程的规定，可以向有过错的法定代表人追偿。"这是2023年修订案新增的规定。

五、越权代表

法定代表人越权代表有两种情形，一种是法律规定需要特别授权而未经特别授权的，另一种是公司章程或股东协议对代表权有限制而超越限制的。第一种情形下，与交易对方实施的行为被认为属于效力待定的行为；第二种情形下，该限制属于内部限制，不能对抗善意第三人。《民法典》第504条规定："法人的法定代表人或者非法人组织的负责人超越权限订立的合同，除相对人知道或者应当知道其超越权限外，该代表行为有效，订立的合同对法人或者非法人组织发生效力。"

第六节　上市公司组织机构的特别规定

一、独立董事

（一）概念

独立董事，是来源于公司外部且与公司没有关联关系的非执行董事。《上市公司独立董事管理办法》中所称的独立董事，"是指不在上市公司担任除董事外的其他职务，并与其所受聘的上市公司及其主要股东、实际控制人不存在直接或者间接利害关系，或者其他可能影响其进行独立客观判断关系的董事"。

（二）特征

独立董事有三个特征：①非公司股东及管理人员；②与公司及其主要股东、实际控制人不存在影响其进行独立客观判断的关系；③不执行公司业务。

（三）产生办法

董事会、监事会、单独或合计持有上市公司已发行股份1%以上的股东可提名候选人，再由股东会选举决定。

（四）任期与撤换

1. 任期

任期与其他董事相同，但连任不超6年。

2. 撤换

连续2次未能出席董事会会议，也不委托其他独立董事代为出席的，董事会应当在该事实发生之日起30内提议召开股东会解除该独立董事职务。

（五）担任独立董事的消极条件

下列人员不得担任独立董事：①在上市公司或者其附属企业任职的人员及其配偶、父母、子女、主要社会关系；②直接或者间接持有上市公司已发行股份1%以上或者是上市公司前10名股东中的自然人股东及其配偶、父母、子女；③在直接或者间接持有上市公司已发行股份5%以上的股东或者在上市公司前5名股东任职的人员及其配偶、父母、子女；④在上市公司控股股东、实际控制人的附属企业任职的人员及其配偶、父母、子女；⑤与上市公司及其控股股东、实际控制人或者其各自的附属企业有重大业务往来的人员，或者在有重大业务往来的单位及其控股股东、实际控制人任职的人员；⑥为上市公司及其控股股东、实际控制人或者其各自附属企业提供财务、法律、咨询、保荐等服务的人员，包括但不限于提供服务的中介机构的项目组全体人员、各级复核人员、在报告上签字的人员、合伙人、董事、高级管理人员及主要负责人；⑦最近12个月内曾经具有第1项至第6项所列举情形的人员；⑧法律、行政法规、中国证监会规定、证券交易所业务规则和公司章程规定的不具备独立性的其他人员。

前述第4项至第6项中的上市公司控股股东、实际控制人的附属企业，不包括与上市公司受同一国有资产管理机构控制且按照相关规定未与上市公司构成关联关系的企业。独立董事应当每年对独立性情况进行自查，并将自查情况提交董事会。董事会应当每年对在任独立董事独立性情况进行评估并出具专项意见，与年度报告同时披露。

（六）独立董事的特别职权

《上市公司独立董事管理办法》第 18 条规定，上市公司独立董事行使以下特别职权：①独立聘请中介机构，对上市公司具体事项进行审计、咨询或者核查；②向董事会提议召开临时股东会；③提议召开董事会会议；④依法公开向股东征集股东权利；⑤对可能损害上市公司或者中小股东权益的事项发表独立意见；⑥法律、行政法规、中国证监会规定和公司章程规定的其他职权。独立董事行使前述第 1 项至第 3 项所列职权的，应当经全体独立董事过半数同意。独立董事行使前述所列 6 项职权的，上市公司应当及时披露。上述职权不能正常行使的，上市公司应当披露具体情况和理由。

（七）其他有关规定

（1）至少包括一名会计专业人士。

（2）上市公司董事会成员至少包括 1/3 独立董事。

（3）独立董事候选人最多在 3 家上市公司兼任独立董事。

（4）此外，《上市公司独立董事管理办法》第四章规定了独立董事履职的保障。

二、董事会秘书

《公司法》第 138 条对董事会秘书作了相关规定。

（一）地位

董事会秘书属于公司高管。

（二）职责

董事会秘书的职责包括：

（1）筹备股东会、董事会。

（2）保管股东会、董事会文件。

（3）管理股东资料。

（4）办理信息披露。

三、专门委员会

(一) 国外情况

1. 性质

专门委员会属于董事会内部常设机构。

2. 职能

专门委员会为董事会提供参谋和咨询服务。

(二) 我国《公司法》的规定

2023 年修订前的《公司法》没有相关规定，相关规则主要见于《上市公司治理准则》。2023 年《公司法》第 137 条对上市公司中的审计委员会作了特别规定："上市公司在董事会中设置审计委员会的，董事会对下列事项作出决议前应当经审计委员会全体成员过半数通过：（一）聘用、解聘承办公司审计业务的会计师事务所；（二）聘任、解聘财务负责人；（三）披露财务会计报告；（四）国务院证券监督管理机构规定的其他事项。"

四、章程

《公司法》第 136 条第 2 款规定："上市公司的公司章程除载明本法第九十五条规定的事项外，还应当依照法律、行政法规的规定载明董事会专门委员会的组成、职权以及董事、监事、高级管理人员薪酬考核机制等事项。"

五、特殊治理规则

(一) 重大交易特殊决议规则 （《公司法》第 135 条）

1. 重大交易

在一年内购买、出售重大资产或向他人提供担保的金额超过公司资产总额 30%是重大交易。

2. 决议权限

决议权限属于股东会。

3. 决议比例要求

经出席会议的股东所持表决权的 2/3 以上通过。

(二) 关联交易决议规则 （《公司法》第 139 条）

(1) 关联董事负有及时向董事会书面报告的义务。

（2）关联董事对关联交易决议回避。

（3）若无关联董事不足法定人数，交由股东会审议。

（三）信息披露（《公司法》第 140 条第 1 款）

上市公司应当依法披露股东、实际控制人的信息，相关信息应当真实、准确、完整。

（四）代持禁止（《公司法》第 140 条第 2 款）

禁止违反法律、行政法规的规定代持上市公司股票。

（五）原则上禁止控股子公司持有母公司股份（《公司法》第 141 条）

原则上，上市公司控股子公司不得取得该上市公司的股份；但若因公司合并、质权行使等原因持有上市公司股份的，该子公司不得行使所持股份对应的表决权，并应当及时处分相关上市公司股份。

第七节　董监高任职资格

一、积极资格

这里主要指董事任职的积极资格。

（一）持股

早期公司法要求必须持股才能做董事，现在一般不要求。

（二）身份

多数国家和地区公司法规定董事限于自然人，不能是法人。少数国家例外，如英国、比利时。

（三）年龄

各国公司法均对下限作了规定，均禁止未成年人做董事。多数国家公司法对上限不作规定，但英国公司法规定董事超过 70 岁需股东会决议作特别说明，法国公司法规定超过 70 岁的董事人数不得超过董事总人数的 1/3，且董事长不超过 70 岁。我国法律要求担任董事的人须具备完全民事行为能力，从年龄上来看，须满 18 周岁。

（四）国籍、住所

少数国家对董事的国籍或住所有限制。我国没有限制。

二、消极资格

《公司法》第 178 条规定，有下列情形之一的，不得担任公司的董监高：①无民事行为能力或者限制民事行为能力；②因贪污、贿赂、侵占财产、挪用财产或者破坏社会主义市场经济秩序，被判处刑罚，执行期满未逾 5 年，或者因犯罪被剥夺政治权利，执行期满未逾 5 年，被宣告缓刑的，自缓刑考验期满之日起未逾 2 年；③担任破产清算的公司、企业的董事或者厂长、经理，对该公司、企业的破产负有个人责任的，自该公司、企业破产清算完结之日起未逾 3 年；④担任因违法被吊销营业执照、责令关闭的公司、企业的法定代表人，并负有个人责任的，自该公司、企业被吊销营业执照、责令关闭之日起未逾 3 年；⑤个人所负数额较大的债务到期未清偿被人民法院列为失信被执行人。

违反前述规定选举、委派董事、监事或者聘任高级管理人员的，该选举、委派或者聘任无效。董事、监事、高级管理人员在任职期间出现前述所列情形的，公司应当解除其职务。

此外，董事、高管不得兼任监事（《公司法》第 130 条第 4 款）。

除前述机关外，根据《公司法》第 17、18 条的规定，公司职工和公司分别按照《工会法》和《中国共产党章程》设立工会和党组织，工会和党组织在公司治理中均可发挥积极作用。国有公司的治理，应加强党的领导。

第三章　受信义务

第一节　概述

一、概念

受信义务尚无确定含义，其外延包括忠实义务与勤勉义务。负有忠实义务的人，应当采取措施避免自身利益与公司利益冲突，不得利用职权牟取不正当利益；负有勤勉义务的人，执行职务应当为公司的最大利益尽到管理者通常应有的合理注意。

学界一般以委托代理理论或信托理论来解释受信义务。由于人的自利本性和惰性，享有团体权力或在团体中占有优势地位的董监高、大股东或控制人，存在怠于履职或将本应当属于公司或股东的利益据为己有的可能，故而团体法特别强调这些人负有勤勉尽职和不得侵害公司或股东利益的义务。

二、义务主体

从《公司法》第180条的规定来看，董监高以及虽不担任董事但执行公司事务的控股股东、实际控制人对公司负有受信义务。其中的实际控制人，是指通过投资关系、协议或者其他安排，能够实际支配公司行为的人。(《公司法》第265条第3项)

关于控股股东、实际控制人的受信义务，在2023年修订之前的《公司法》第21条只规定了这两类人不得利用关联关系损害公司利益，2023年《公司法》新增了两条规定。第180条第3款规定："公司的控股股东、实际控制人不担任公司董事但实际执行公司事务的，适用前两款规定。"(即忠实和勤勉义务规定)第192条："公司的控股股东、实际控制人指示董事、高级管理人员从事损害公司或者股东利益的行为的，与该董事、高级管理人员承担连带责任。"

与修订前的《公司法》相比，2023 年《公司法》明显强化了监事的义务。2023 年修订之前的《公司法》仅规定监事负有第 147 条规定的两项具体忠实义务，没有规定监事负有第 148 条列举的 7 项具体忠实义务和 1 项兜底性忠实义务；而 2023 年《公司法》第 181 条至第 184 条明确规定监事负有该 4 条列举的 8 项具体忠实义务和 1 项兜底性忠实义务，这 8 项义务包括原第 147 条的两项义务"不得利用职权收受贿赂或者其他非法收入""不得侵占公司的财产"，删除了第 148 条第 3 项义务"（不得）违反公司章程的规定，未经股东会、股东大会或者董事会同意，将公司资金借贷给他人或者以公司财产为他人提供担保"。

三、义务对象

（一）公司

董监高等受托或受雇于公司，自然要对公司尽受信义务。

（二）股东

一般认为，董监高等仅对公司负有受信义务，但也有观点认为，由于董监高的行为也可能侵害特定股东的利益，因此也要对其承担受信义务。

（三）利益相关者

董监高等是否要对利益相关者负有受信义务，在理论上争议较大。

本书认为，受信义务的义务对象应仅限于公司，至于董监高等对股东和利益相关者负有的义务或责任，并不属于这里的受信义务的范围，义务发生与责任承担机制并不一样。

四、违反义务的责任

（一）责任构成

1. 违法行为

义务主体违反义务通过积极的作为或消极的不作为实施了侵害行为。

2. 主观过错

义务主体实施行为时存在故意或过失。这里的"过失"一般要求重大过失。依"商业判断规则"免责则是这种要求的典型例证。

3. 损害存在

这种损害为财产损失，不会产生人身损害。

4. 因果关系

这种因果关系原则上与侵权责任法上的因果关系是一致的，受害方应就侵害行为与损害的因果关系承担举证责任。

（二）责任形式

1. 没收所得

根据《公司法》第186条的规定，董监高等在涉及与公司交易、关联交易、商业机会、同业竞争等事项违反受信义务的，所得的收入应当归公司所有。

2. 损害赔偿

根据《公司法》第188条的规定，义务主体给义务对象造成损害的，应当承担赔偿责任。

五、受信义务的范围

尽管有些国家的立法列举若干类具体义务为受信义务，或者列举若干类行为为违反受信义务的行为，但由于授信义务源于公司治理权的概括授予，概括授予的公司治理权包括了非常广泛的内容，甚至包括了法律和章程未明确规定属于公司权力机关的剩余权，故受信义务的违反并不限于立法文件所列举的若干种具体情形。

第二节　忠实义务

一、概说

（一）概念

忠实义务，是指当自身利益与公司利益存在冲突时，不得将自身利益置于公司利益之上。忠实义务源于古老的信托原则，即受托人不得从委托人处牟利，只能为受益人的利益行事，也就是衡平法上的"不冲突原则"。

（二）违反义务的行为方式

（1）侵占公司财产、挪用公司资金。

（2）将公司资金以其个人名义或者以其他个人名义开立账户存储。

（3）利用职权贿赂或者收受其他非法收入。

（4）接受他人与公司交易的佣金归为己有。

（5）擅自披露公司秘密。

（6）未经决议同意的与公司交易。

（7）利用职务便利谋取属于公司的商业机会。

（8）未经决议同意的与公司同业竞争。

《公司法》第 181 条至第 184 条除列举了上述违反义务的具体方式外，第 181 条还有一个兜底款项"违反对公司忠实义务的其他行为"。与 2023 年修订前的《公司法》相比，2023 年《公司法》删除了之前第 148 条第 3 项"违反公司章程的规定，未经股东会、股东大会或者董事会同意，将公司资金借贷给他人或者以公司财产为他人提供担保"。

二、自我交易

（一）概念与特征

1. 概念

自我交易，也称与公司交易，是指董监高直接或间接与公司交易。这里的自我交易包括关联交易。

2. 间接的外延

与公司的间接的交易主要有以下几种形态：第一，董事、监事、高级管理人员的近亲属与公司交易；第二，董事、监事、高级管理人员或者其近亲属直接或者间接控制的企业与公司交易；第三，与董事、监事、高级管理人员有其他关联关系的关联人与公司交易。（2023 年《公司法》第 182 条第 2 款）

根据《公司法》第 265 条第 4 项的规定，关联关系是指公司控股股东、实际控制人、董事、监事、高级管理人员与其直接或者间接控制的企业之间的关系，以及可能导致公司利益转移的其他关系。但是，国家控股的企业之间不因为同受国家控股而具有关联关系。

（二）自我交易中的程序与实质要求

1. 程序要求

根据 2023 年《公司法》第 182 条、第 185 条规定，自我交易在程序上应当符合下列要求：第一，向董事会或股东会报告；第二，按照章程规定经董事会或股东会决议通过；其三，若由董事会表决，关联董事不得参与表决。

前述规定，在适用上可能引发两个问题：其一，在股东人数较多的公司，当董事会决议有障碍时，由股东会决议是否现实；其二，如果是由股东会决议，关联股东是否需要回避？本书认为，对于第一个问题，可以让监事会决议或独立董事决议来避免困局；对于第二个问题，关联股东应当回避，否则会损害其他股东的利益。

2. 实质要求

交易应是公平的，不得损害公司及股东利益。

从诉讼实务来看，董监高是否违反忠实义务，重心在举证责任的配置。若交易行为不满足前述程序要求，则被告有义务自证交易不违反义务；若程序到位，则原告负有更多的举证义务。

三、公司机会

（一）认定标准

一般通过以下标准来认定某一商业机会是否属于公司机会：①利益或期待利益标准，即如果公司对该种商业机会具有利益或期待利益，该机会就属于公司机会；②经营范围标准，即如果该种商业机会属于公司经营范围，该机会就属于公司机会；③公平标准，即如果董监高取得该机会对公司是不公平的、违背受信义务的，该机会就属于公司机会。

除了以上识别要素外，还可以从公司财务能力、董监高职责、是否与公司构成竞争等方面考虑某一商业机会是否属于公司机会。

（二）公司机会的正当利用

根据《公司法》第183条的规定，以下几种情形下，董监高可利用相关商业机会：①向董事会或者股东会报告，并按照公司章程的规定经董事会或者股东会决议通过；②根据法律、行政法规或者公司章程的规定，公司不能利用该商业机会。这里的决议，关联董事不得参与表决。

从学理上讲，以下行为不属于侵害公司商业机会：①公司放弃该机会；②公司没有资格或能力利用该机会；③善意且不与公司竞争；④第三方不愿意与公司交易或合作。

（三）侵害公司机会的前提条件

《公司法》第183条的规定了侵害公司机会的前提条件，即董监高利用了职务便利谋取属于公司的商业机会，包括为自己或为他人谋取该种商业机会。

四、同业竞争

（一）概念

这里的同业竞争，是指董监高自营或者为他人经营与其任职公司同类的业务。

（二）禁止与例外

董监高原则上不得与公司开展同业竞争。但有例外，根据《公司法》第184条规定，董监高向董事会或者股东会报告，并按照公司章程的规定经董事会或者股东会决议通过，可以自营或者为他人经营与其任职公司同类的业务。这里的决议，关联董事不得参与表决。

五、管理报酬

（一）概念

管理报酬，是公司向管理者支付的管理酬劳。在域外，管理报酬一般由董事们决定，故也被认为是一种自我交易，至少由董事们决定他们自己的报酬是如此。

（二）我国有关规定

根据我国《公司法》的规定，董事的报酬由股东会决定，经理报酬由董事会决定。依相应规定，表面上看来不存在自我交易，但在董事具有股东身份以及高管具有董事身份的情形中，因法律对他们没有明确的回避要求，故也存在实质上的自我交易。对于股份公司董监高的报酬，《公司法》第129条规定："公司应当定期向股东披露董事、监事、高级管理人员从公司获得报酬的情况。"

（三）管理报酬过高引发的社会问题

一般地，管理报酬是劳动力的对价。在劳动力市场，管理报酬再高，都不至于对橄榄型社会结构造成严重的不利影响。在资本市场，由于反不正当竞争法和反垄断法的存在，少数大资本不可能垄断市场利润，加上劳动法不允许资本过度剥削劳动力，故纯粹的资本收益也不会对橄榄型社会结构造成严重的不利影响。但在大资本与劳动重合的情形下，就不一样，过高的管理报酬成为大资本以管理劳动为由攫取公司财富的手段，这也正是自20世纪80

年代以来大资本兼高管层压榨中产阶层导致中产阶层塌缩的重要原因。大资本与劳动的重合，消除了市场竞争，规避了既有法律的规制，能以"自由"的名义肆意垄断社会财富。

第三节　勤勉义务

勤勉义务，又称注意义务或善管义务。

一、勤勉义务的一般标准

（一）善意
这是对董事、监事和高管行为之主观心理状态的道德评价。
（二）注意
如何才算勤勉尽责？有所谓的"理性人标准"，即履行了一个普通、谨慎的人在同样情况下处理同类事情所应尽的勤勉、注意和技能才能免责。但这个标准并不能很好地解决问题，于是有了另一项要求，即要求如同管理自己的事务一样勤勉尽职。
（三）合理地相信其行为符合公司最佳利益

二、勤勉义务的商业判断规则

（一）产生原因
因普通的理性谨慎人这一标准具有较强的主观性和抽象性，为了辅助这一标准而产生了商业判断规则。该规则被认为是保护董事的"安全港"。
（二）标准
判断是否符合商业判断规则，一般须符合如下标准：①不存在利害关系；②知晓决策内容，并且决策适当；③理性地相信其行为符合公司最佳利益。
（三）适用特点
商业判断规则在适用时有如下特点：①只有在决策作出之后才能适用；②采用重大过失标准；③可以通过程序和实体两方面来证明违反义务。

四、勤勉义务的相关规定

下文列举《公司法》有关勤勉义务的部分规定。

（一）勤勉义务的一般规定

《公司法》第 180 条第 2 款规定："董事、监事、高级管理人员对公司负有勤勉义务，执行职务应当为公司的最大利益尽到管理者通常应有的合理注意。"

（二）维护公司资本充实义务的规定

《公司法》第 51、53、163、211、226 条对董事科以维护资本充实义务，具体分别为：有限责任公司成立后，对股东出资的核查和催缴义务；阻止股东抽逃出资的义务；阻止公司违法给予财务资助的义务；阻止公司违法分配利润的义务；阻止公司违法减资的义务。其中第 51 条规定的义务主体限于董事，而其他四条规定的义务主体既包括董事，也包括监事和高管。

（三）文件材料制作与保管义务的规定

《公司法司法解释四》第 12 条规定："公司董事、高级管理人员等未依法履行职责，导致公司未依法制作或者保存公司法第三十三条、第九十七条条（分别为 2023 年《公司法》第 57、110 条）规定的公司文件材料，给股东造成损失，股东依法请求负有相应责任的公司董事、高级管理人员承担民事赔偿责任的，人民法院应当予以支持。"上述司法解释并未明确董事、高管的前述行为给公司造成损失的责任，但按照《公司法》第 180 条、第 188 条规定，董事和高管有前述违反勤勉义务的行为导致公司损失的，应承担赔偿责任。

另外，虽然前述司法解释并未把监事纳入义务主体范围，但根据 2023 年《公司法》修改要义和该法第 78 条、第 131 条监事会职权的规定，监事对公司文件材料的制作和保管负有监督义务，未尽到监督义务，也应当承担民事赔偿责任。

第四章 治理冲突的弥合与救济

第一节 瑕疵决议

瑕疵决议，一般是指因违反法律规定或公司章程的决议。

一、瑕疵类型

根据瑕疵带来的法律效力评价，瑕疵决议可分为无效、可撤销和不成立三种。

（一）无效决议

无效决议，是指内容违法而无效的决议。这里的违法，除了法律和法规外，还包括公序良俗。一般来说，违法也仅指违反效力性强制性规定。

（二）可撤销决议

1. 召集程序瑕疵

程序瑕疵主要包括以下几种情形：①董事会召集股东会的决议本身有问题，导致股东会决议瑕疵；②由无权召集人召集的会议；③通知瑕疵；④对目的事项之外事项作决议。

2. 决议方法瑕疵

决议方法瑕疵主要包括以下几种情形：①无表决权或表决权受限之人参加决议并参与表决；②参与表决的法定人数未达到法定或章定人数；③计票方法违法或错误；④主持人不具备相应资格；⑤应区分不同种类股但未区分。

3. 显失公平

主要表现为滥用多数决或利用不正当手段形成的决议。前者如决议不分配利润董事却获得高薪，关联交易中低价转让营业；后者如恶意操纵会议日程以使决议有利于操纵者的预定目标。

4. 内容违反章程

需要提示的是，前述第 2 项和第 3 项本质上也是程序瑕疵。

（三）决议不成立

在 2023 年修订《公司法》之前，此种瑕疵决议被规定在《公司法司法解释四》第 5 条中。2023 年《公司法》第 27 条正式确认了决议不成立规则。根据该条规定，以下几种情形决议不成立：①未召开股东会、董事会会议作出决议；②股东会、董事会会议未对决议事项进行表决；③出席会议的人数或者所持表决权数未达到本法或者公司章程规定的人数或者所持表决权数；④同意决议事项的人数或者所持表决权数未达到本法或者公司章程规定的人数或者所持表决权数。与《公司法司法解释四》第 5 条相比，显著的区别是，第 27 条没有兜底条款"导致决议不成立的其他情形"。

二、瑕疵决议的治愈

（一）可撤销决议的治愈

可因全体股东出席而得以治愈，但并不必然可以治愈；也可因超过法定撤销期限治愈。申请撤销的期限，分三种：①股东参加了会议，自决议作出之日起 60 日；②未被通知参加股东会会议的股东自知道或者应当知道股东会决议作出之日起 60 日；③一直不知道也不应当知道的，自决议作出之日起 1 年。

若股东会、董事会的会议召集程序或者表决方式仅有轻微瑕疵，对决议未产生实质影响的，也不能撤销。

（二）无效决议的治愈

根据传统民法理论，无效法律行为不能治愈。但因公司法调整的利益关系比较复杂，各国立法倾向可以治愈。如德国法规定，若在较长时限内未提起无效之诉，视为自动治愈。

（三）决议不成立的治愈

由于决议的本质是公司成员的形成意思，若并无形成意思的行为，这类瑕疵决议尽管经过较长时限未提起诉讼，也不存在自动治愈之说。

三、瑕疵决议诉讼程序

（一）诉讼主体

1. 原告

原告限于与决议有最大利益关系者。《公司法司法解释四》规定，诉请公司决议无效或者不成立的原告为股东、董事、监事等，诉请撤销公司决议的原告应当在起诉时具有股东资格。

关于哪些人具有原告资格，存在一些有待明确的问题：①董事、监事是否有权对股东会决议提起效力瑕疵诉讼；如果有权提起诉讼，是集体行权还是个人行权；②董事（会）与监事（会）是否有权就彼此的决议提起效力瑕疵诉讼；③监事是否有权对监事会决议提起效力瑕疵诉讼（以前这个问题可能不突出，在2023年《公司法》对监事科以相较之前更严的责任后，这个问题可能会突显出来）？本书认为，对于第一个问题，应当集体行权，且仅限于对无效决议和不成立决议提起诉讼；对于第二个问题，仅监事会对董事会的瑕疵决议有权提起诉讼，董事会无权对监事会的决议提起诉讼；对于第三个问题，应当赋予监事有限的提起诉讼的权利。

2. 被告

被告为公司。

3. 第三人

《公司法司法解释四》第3条第1款规定："……对决议涉及的其他利害关系人，可以依法列为第三人。"对"可以"一词的理解，本书认为既包括利害关系人主动申请作为第三人，也包括法院依职权增加的第三人。

（二）起诉期限

提起决议撤销之诉的期限，前文已述。该期限被认为是除斥期间，不存在中止、中断或延长的情形。至于决议无效和决议不成立之诉，法律没有规定起诉期限。

（三）公告与担保

一般要公告，让利害关系人周知。2023年修订之前的《公司法》第22条第3款规定，法院可应公司请求要求原告提供担保，2023年《公司法》删除了该规定。

（四）诉的合并

对同一决议提起数个无效之诉、可撤销之诉或确认不存在之诉，法院应合并审理；对同一决议分别提起无效之诉、可撤销之诉与确认不存在之诉，法院应合并审理。

（五）不得和解

因涉及团体利益，瑕疵决议诉讼不能随意处分，不得和解。

（六）判决的法律效力

瑕疵决议诉讼生效判决的既判力具有对世性，即任何人不得再次对相应决议提起效力瑕疵诉讼。生效判决的效力范围遵循内外有别的原则，即股东会、董事会决议被人民法院宣告无效、撤销或者确认不成立的，公司依据该决议与善意相对人形成的民事法律关系不受影响。（《公司法司法解释四》第6条、《公司法》第28条第2款）。

第二节　派生诉讼

一、概念、特征、适用情形

（一）概念

派生诉讼，又称代表诉讼、代位诉讼或衍生诉讼，是指公司的利益受到侵害而公司不能或怠于起诉时，股东为了公司的利益以自己的名义代表公司提起诉讼。

（二）特征

派生诉讼有如下特征：①派生诉讼的诉权属于公司；②派生诉讼的目的是保护公司利益；③诉讼结果归于公司，需要注意的是，《公司法司法解释四》第25条规定的是"胜诉利益"归属于公司；④提起派生诉讼有一定限制条件；⑤股东只是代表公司诉讼。

（三）适用派生诉讼的主要情形

派生诉讼主要适用于违反受信义务的情形，具体包括：①公司管理层重大过失导致公司损失，如以较低价格出售公司重大资产；②浪费公司资产，如不合理的巨额捐赠；③自我交易损害公司利益，如董事向公司出售资产；④通过关联交易损害公司利益；⑤没有贡献的人却有过高管理报酬；⑥将公司机会据为己有等。

二、派生诉讼当事人

（一）原告的资格要求

有限责任公司只要具备股东身份就可作为派生诉讼的原告。股份有限公司股东提起派生诉讼，须同时符合两个条件：①持股时间为连续持股 180 日以上；②持股比例为单独或合计占股 1%以上。另外，《证券法》第 44 条第 3 款规定的"短线交易"损害公司利益的代表诉讼，任何股东均可以提起。

（二）被告

派生诉讼的被告可以是董事、高管、监事和任何侵害利益的人，不过主要是董事和高管（《公司法》第 189 条）。另外，《证券法》第 44 条第 3 款规定的"短线交易"损害公司利益的代表诉讼，被告是董事、监事、高管以及持股 5%以上的股东；最高人民法院《关于适用〈中华人民共和国公司法〉若干问题的规定（二）》（以下简称《公司法司法解释二》）规定的清算组成员，他们违反法律法规或公司章程给公司造成损失的，也可以成为派生诉讼的被告。

（三）双重代表诉讼

所谓双重代表诉讼，是指母公司的股东代表子公司提起诉讼。美国法律明确支持这种诉讼，日本等一些国家甚至允许多重代表诉讼。《公司法司法解释四（征求意见稿）》第 31 条曾这样表述："公司法第一百五十一条第一款、第二款所称的'董事、高级管理人员'、'监事会'、'监事'包括全资子公司的董事、高级管理人员、监事会、监事。"但该规定在正式文本中被删除。2023 年《公司法》第 189 条第 4 款明确承认了双重代表诉讼："公司全资子公司的董事、监事、高级管理人员有前条规定情形，或者他人侵犯公司全资子公司合法权益造成损失的，有限责任公司的股东、股份有限公司连续一百八十日以上单独或者合计持有公司百分之一以上股份的股东，可以依照前三款规定书面请求全资子公司的监事会、董事会向人民法院提起诉讼或者以自己的名义直接向人民法院提起诉讼。"

三、提起派生诉讼的程序

一般情况下，提起派生诉讼需要实施前置程序：须是股东向监事机关请求起诉董事、高管，或股东向董事机关请求起诉监事之后，被请求方拒绝起诉，或被请求方收到请求 30 日内未起诉。

特殊情况下，可立即起诉。特殊情况必须同时符合以下条件：①情况紧急；②若不立即起诉会使公司利益受到难以弥补的损害。

四、反诉

《九民纪要》第 26 条认为，被告以原告股东恶意起诉侵犯其合法权益为由提起诉讼的，应予受理。

五、诉讼中调解协议

《九民纪要》第 27 条认为，派生诉讼可以调解，但为了避免原告股东与被告通过调解损害公司利益，法院应审查调解协议是否为公司的意思。至于哪个机关的意思代表公司意思，章程有约定从约定，没有约定则股东会的意思为公司意思。

模块二、案例分析

案例1：当事人能否提起决议有效确认之诉

（改编于 ［2014］ 沪二中民四 ［商］ 终字第 1261 号案）

提要

公司依法作出的决议，因其本身并不损害决议法律关系中各主体的合法权益，不存在救济的必要，所以法院不应受理。至于公司职能部门拒绝执行决议或工商部门拒绝根据决议办理变更登记，这些行为损害的并不是决议法律关系主体的利益，受害者可通过其他途径寻求救济。

案情

2012 年 8 月 28 日，湾裕公司股东会决议：①同意新股东浩序公司向公司增资 9900 万元；②增资后股权比例为宋某某 0.6%、高某 0.4%、浩序公司 99%。

2012 年 9 月 14 日至 9 月 17 日，浩序公司向湾裕公司银行账户汇入 9900 万元，后又将该款全部转出。2013 年 12 月 27 日，湾裕公司发函催告浩序公司返还全部抽逃出资，否则湾裕公司将依法召开股东会会议解除浩序公司股东资格。但浩序公司仍未返还抽逃的出资。

2014 年 3 月 6 日，湾裕公司依法定程序召开了股东会，会议记录载明："⑤到会股东就解除浩序公司作为湾裕公司股东资格事项进行表决。⑥表决情况：同意 2 票，占总股数 1%，占出席会议有效表决权 100%；反对 1 票，占总股数 99%，占出席会议有效表决权的 0%。表决结果：提案通过。"随即公司作出解除浩序公司股东资格的决议（简称"除名决议"）。宋某某、高某在该决议上签字，浩序公司代理人拒绝签字。

由于浩序公司拒绝认可上述除名决议，宋某某作为股东诉至法院，请求确认湾裕公司除名决议有效。湾裕公司同意宋某某的诉请。浩序公司辩称，即使有抽逃出资行为，其仍具有股东资格和股东权利，对股东会会议拥有99%的表决权。其已表决否决了除名决议，该股东会决议无效。

问题

法院是否应当受理该案？

裁判理由与结果

一审法院认为，《公司法》第42条（2023年《公司法》第65条）规定中的"按照出资比例行使表决权"应理解为认缴出资，进而认定案涉决议的赞成票占表决权的1%，反对票占表决权的99%，该审议事项应为不通过。一审法院驳回了原告宋某某的诉讼请求。原告不服，提起上诉。

二审法院认为，《公司法司法解释三》第17条中规定的股东除名权不以被除名股东的意思为基础，被除名股东与该决议事项有利害关系，且允许被除名股东享有表决权会导致其操纵表决，故应将被除名股东的表决权被排除在外。二审法院改判决议有效。

评析

该案的一、二审法院都没有注意到案件是否应当受理的问题。但这在司法实践中确实是个值得明确的问题。有人认为，现有法律没有明确排除当事人提起"确认决议有效之诉"的权利；该种诉讼具有诉的利益，公司已形成的决议若不履行，与决议存在瑕疵一样可能令部分股东权利受到损害；既然有损害，便应当有救济。至于当事人选择履行决议之诉还是选择确认决议有效之诉，应由其自行决定。在全某、周某诉梧桐会公司、苗X公司决议效力确认纠纷案（［2018］粤03民终11880号案）判决书中，深圳市中级人民法院认为，该类案件应予受理，理由是：因全某、周某与苗某对该股东会决议的效力存在争议，致无法变更公司执行董事和法定代表人的登记，该股东会决议作出后实际未得到及时、有效履行；故认可全某、周某要求梧桐会公司及苗某按照2017年2月16日股东会决议协助履行办理工商变更登记手续的义务，需以请求确认该股东会决议有效为前提；鉴此，全某、周某对确认2017年2月16日股东会决议有效的请求具有诉的利益，其提起确认股东会决议有效之诉，属于人民法院受理案件范围。

本书认为，法院受理这类案件的合法性和必要性值得商榷。具体理由如下。

在既有救济规则体系下，法院针对有瑕疵的决议，可以而且也应当依法给予救济。对于有瑕疵的决议，法院可以确认决议无效、决议不成立或撤销决议。之所以说法院不能受理请求确认决议有效的起诉，这背后的基本法理是——有损害才有救济。在决议法律关系中，一份按照合法程序作出的不违法、不违反章程的决议，并没有谁因决议有效而使得其合法利益（法益）受到损害。至于有人把当事人的"不安状态"认定为具有诉的利益，这种观点站不住脚。"不安状态"不能认定为具有诉的利益，因为除了公司决议有这种"不安状态"，几乎所有法律行为都有这种"不安状态"。有不少人之所以认为提起确认决议有效诉讼的原告具有诉的利益，其认知错在：他们将公司职能机关不履行决议或登记机关不依决议登记产生的诉的利益，错配到决议法律关系中。公司职能机关履行决议（含拒绝履行）或登记机关决议登记（含拒绝登记）产生的法律关系，与公司决议法律关系，不是同一个法律关系。

经过合法程序作出的不违法、不违反章程的决议，是有效决议，公司内部职能机关或人员有按照决议行事的职责。如果拒绝按照决议行事，公司内部可先按照自治规则处理；如若内部自治没法解决，则意味着这种不作为行为损害了公司团体利益，在这种情况下，另外有相应司法救济渠道，而不应该提起确认决议有效之诉。公司依法将决议提交工商部门申请变更登记，工商部门仅需负担形式审查义务。若工商部门拒绝变更登记，公司也可以向法院提起行政诉讼。因此，因决议执行产生诉的利益以及因工商登记产生诉的利益，都不属于决议法律关系中的诉的利益，都不能因前述两种诉的利益提起决议有效确认之诉。若法院受理这种确认之诉，那么司法机关恐怕将面临大量不必要的诉讼，这可能会浪费本来就紧张的司法资源。

综上，决议行为对应的法律关系的当事人向法院提起确认决议有效之诉，法院不应当受理。

案例 2：如何认定决议程序 "仅有轻微瑕疵" 且 "未产生实质影响"

[改编于虞政平：《公司决议程序瑕疵的判断与忽视》，载《公司法案例教学》（下），人民法院出版社 2018 年版，第 1255 页起，案例原型为 2011 民再申字第 212 号案]

提要

大部分股东的权利并未受到影响、相关股东未提出股东会议违背其意愿的主张、决议已得到执行等，均不是裁判者拒绝撤销瑕疵决议的理由。裁判者以决议 "仅有轻微瑕疵"，且对结果没有 "实质影响" 为由拒绝撤销决议，该理由是一个事实问题，需要有相应证据证明。"仅有轻微瑕疵" 的举证责任应由被告负担，有 "实质影响" 的举证责任应由原告负担。

案情

隆星公司成立于 2006 年 10 月 9 日，公司由原告牛某据、覃某建以及其他人等 26 名股东组成，魏某纲任公司董事长。原告因公司未提前 15 日通知开会而提起决议撤销之诉。在诉讼中，公司提交的通知存根打印内容载明 "通知：公司股东经代表 1/10 以上表决权的股东决定，兹于 2007 年 10 月 12 日上午 9 时在公司厂部办公室召开临时股东会议，就公司董事、监制、管理人员选举及修改公司章程等事宜进行讨论、议定，希公司全体股东届时参加"。落款时间打印为 "2007 年 9 月 27 日"。

2007 年 10 月 12 日，公司召开股东会，原告牛某据、覃某建和前董事长魏某纲均参加股东会，但中途退席，其余 19 人（占 73% 表决权）一致通过了决议：①罢免魏某纲董事长职务；②选举张某为董事长，王某与靳甲为董事，靳乙为监事；③通过修改后的公司章程；④原财务人员保持不变。股东黄甲、黄乙以及牛某的通知均非本人签收，而是由汪某强签收。所有股东的签收回执均未签署收到通知的时间。

后原告牛某据、覃某建以公司未提前 15 日通知为由，诉请撤销决议。

问题

该决议能否被撤销？

裁判理由及结果

一审法院（中级人民法院）认为，被告公司未按章程规定的时间通知全体股东，违反了章程的有关规定，原告在作出决议 60 日内请求撤销决议，理由正当，应予支持。隆星公司不服，提起上诉。

二审法院（高级人民法院）认为，通知存根上的打印时间不足以证明会议通知时间就是 2007 年 9 月 27 日，且除原告的陈述外，还有 5 名股东证明公司未提前 15 日通知开会。故一审撤销决议于法有据，维持原判。隆星公司仍不服，申请再审。

高院再审认为，由于大部分股东在通知上签字或其他股东代签字，且大部分股东参加了会议，说明大部分股东认可此通知方式，参加了会议且正当地行使了股东权利。会议通知尽管存在一定的瑕疵，但并未影响大部分股东正当行使权利。所以判决撤销一、二审判决。牛某据、覃某建不服，向最高院人民法申请再审。

最高人民法院再审认为，法律规定召开临时股东会需提前 15 日通知，目的是让每一位股东有比较充分的时间了解股东会要决议的事项，最终达到表达意愿充分、决议利于执行的目的。该案中会议的通知时间虽有瑕疵，但相关股东并没有提出股东会议违背其意愿的主张。事实上，股东会决议已经得到贯彻执行，两申请人也并未主张自己被延误通知，而仅仅是举证其他股东未依法得到通知。依据法律的规定，裁定驳回再审申请。

分析

该案的最终裁判结果并不一定是错的，但生效裁判的推理存在瑕疵。

《公司法》第 64 条（2023 年修订之前的《公司法》第 41 条）规定，股东会应当于会议召开 15 日前通知全体股东，公司章程另有规定或者全体股东另有约定的除外。《公司法》第 26 条（2023 年修订之前的《公司法》第 22 条第 2 款）规定，股东会议召集程序、表决方式违反法律或者公司章程的，股东可以请求法院撤销决议。因该案决议程序确实不符合《公司法》和公司章程的规定，一、二审法院正是从文义上作出了支持原告诉讼请求的判决。

针对决议的程序瑕疵，该案的高院再审判决强调的是大部分股东的权利并未受到影响。本书认为，此种判决说理缺乏合理性，如果这种观点成立，那么可以推导出这样的结论：公司不通知少数股东，只要大部分股东参会，决议都不足以被撤销或不足以被确认不成立。

最高人民法院维持省高院判决的理由是：第一，申请人并没有提出股东会议违背其意愿的主张；第二，两申请人并未主张自己被延误通知，而仅仅是举证其他股东未依法得到通知；第三，股东会决议已经得到贯彻执行。本书认为，最高人民法院裁定中提出的第一条理由不被法律规则所涵摄，故不应成为判决的必要理由。实体法和程序法都没有要求申请人应就股东会议违背其意愿提出主张，申请人在一审中作为原告，只要主张程序违法违章即可，不需要专门提出违背意愿的主张，法院不能在法外要求申请人主张决议内容不符合自己的意思。再者，原告既然以程序违法为由主张撤销决议，理应是包含了决议不符合其意愿的意思，除非对方有相反证据证明申请人纯系恶意发起诉讼。关于最高人民法院裁定提到的第二点理由，该理由有一定的合理性，毕竟其他股东的权利受到损害也不必然是申请人的权利受到损害。存疑的是，如果股东及时得到通知的权利属于共益权或具有共益权的属性，在其他股东没有及时得到通知的情况下，是否必然意味着已及时得到通知的股东的权利没有受到损害？关于第三条理由，股东会决议是否得到贯彻执行，这并不足以成为决议不能撤销的理由，只有已执行的决议在事实上没有撤销的可能或者会明显损及公司更大的利益或第三人利益时，才有可能（且只是可能）作为拒绝撤销的理由。

值得一提的是，该案省高院再审判决提到的"一定的瑕疵"与"影响"，后来出台的《公司法司法解释四》对此恰恰有所规定。该解释第 4 条中部分内容是，"但会议召集程序或者表决方式仅有轻微瑕疵，且对决议未产生实质影响的，人民法院不予支持"。该条文中的"轻微瑕疵"和"实质影响"，没有具体标准，故这种定性表述实际上给予了法官一定的自由裁量空间。不过，这种自由裁量须基于事实而不是想象。事实需要证据支撑。根据举证规则，在原告举证决议有瑕疵后，被告应就瑕疵"轻微"的事实负举证责任；若被告证明了决议仅有"轻微瑕疵"，则原告应就此瑕疵对股东的权利、决议结果或公司利益能产生实质影响负担举证责任或作出合理的说明。

最高人民法院再审中针对此案的少数意见认为，应当进一步查清事实再定结论。这一看法殊值赞同，这种意见比较切合后来颁布的《公司法司法解释四》第4条所顾及的两项事实，即"轻微瑕疵"和"实质影响"。

案例 3：持股 40% 的股东未被通知开会，能否请求确认决议不成立

（改编于［2023］新民再 107 号案）

提要

法院在作效力评价之前应依职权审查决议是否成立。公司未通知股东参加会议，因该种行为从根本上剥夺了股东行使表决权的机会，故所制作的决议不成立。

案情

2012 年 2 月 22 日，王某蓉与赵某磊、赵某峰三人共同出资设立众嘉公司，注册资本 100 万元，王某蓉出资 40 万元、占股 40%，赵某磊出资 35 万元、占股 35%，赵某峰出资 25 万元、占股 25%。公司章程规定：股东会定期会议应提前 15 日通知，临时会议应提前 7 日通知；股东会的职权包括选举和更换非由职工代表担任的执行董事、监事，决定有关执行董事、监事的报酬事项；公司不设监事会，设监事一人，由股东会选举产生；修改公司章程须经代表全体表决权的股东通过。2012 年 2 月 27 日，众嘉公司正式成立，王某蓉为公司监事，赵某磊为公司法定代表人、执行董事、经理。

2018 年 10 月 16 日，众嘉公司在其经理办公室召开临时股东会决议，主持人为赵某磊，会议记录记载为"2018 年 9 月 20 日以电话方式通知全体股东"。会议一致同意：①变更公司名称，由"众嘉化工"更名为"众嘉气体"；②免去赵某磊法定代表人、执行董事、经理职务；③免去王某蓉监事职务；④选举赵某勇为法定代表人、执行董事；⑤聘任赵某军为经理；⑥选举赵某峰为监事；⑦修改公司章程。股东签字栏签有王某蓉、赵某磊、赵某峰等字样，落款处由公司盖章。事后，王某蓉向一审法院起诉请求确认该决议无效。

经查明，公司没有通知王某蓉开会，而是通知其前夫赵某军开会。公司声称公司成立时王某蓉与赵某军还系夫妻，王某蓉的股权应该是夫妻共同财产，故赵某军可以代王某蓉签字。王某蓉与赵某军于2017年7月18日经法院调解离婚。

问题

案涉股东会决议是否成立？

裁判理由及结果

一审法院认为，依据《公司法》第22条（2023年《公司法》第25、26条）规定，公司股东会、董事会的决议内容违反法律、行政法规的无效。股东会、董事会的会议召集程序、表决方式违反法律、行政法规或者公司章程，或者决议内容违反公司章程的，股东可以自决议作出之日起60日内，请求人民法院撤销。《民法典》第85条规定，营利法人的权力机构、执行机构作出决议的会议召集程序、表决方式违反法律、行政法规、法人章程，或者决议内容违反法人章程的，营利法人的出资人可以请求人民法院撤销该决议。本案中，众嘉公司召开股东会议没有按照章程规定通知王某蓉，且对于股东会决议中监事的任免没有经过全体股东的签名，王某蓉也未授权他人对股东会决议进行表决，公司章程的修改亦未经全体表决权的股东通过。综上，众嘉公司在2018年10月16日召开的股东会程序违法，形成的股东会决议也违反法律规定及公司章程，对王某蓉要求确认案涉股东会决议无效的请求予以支持。被告不服，上诉。

二审法院认为，本案的争议焦点是案涉股东会决议的效力应该如何确定。《公司法》第22条第1款（2023年《公司法》第25条）规定："公司股东会或者股东大会、董事会的决议内容违反法律、行政法规的无效。"因此，本案应当围绕案涉股东会决议内容是否违反法律或行政法规进行审理。案涉股东会决议经代表60%表决权表决通过，内容亦不违反法律、法规以及公司章程的规定，且王某蓉并未提供充足的证据证明案涉股东会决议存在违反法律、法规的情形。王某蓉仅以召集程序不合法为由主张该股东会决议无效，并不是上述法律规定的无效情形，故对王某蓉要求确认案涉股东会决议无效的诉讼请求不予支持。

王某蓉不服，申请再审。再审法院认为，本案的争议焦点为：案涉股东会决议是否成立，如成立效力如何确定。王某蓉要求确认案涉股东会决议无效，法院首先应依职权审查案涉股东会决议是否成立。只有在案涉股东会决议成立的前提下，才可以对案涉股东会决议的效力进行评价。这并未加重当事人的负担，也不损害当事人的诉讼权利，不属于超出当事人诉讼请求进行裁判的情形。本案中，各方当事人确认并未通知王某蓉开会。根据《公司法》第 22 条（2023 年《公司法》第 25、26 条）和《公司法司法解释四》第 5 条规定，股东会会议因召集程序、表决方式、决议内容的瑕疵严重程度可能会导致股东会决议不成立或可撤销的法律后果。案涉股东会决议因在召开股东会会议前未通知王某蓉参加而应当认定为不成立，理由如下：首先，未通知股东参加股东会会议的行为与诸如提前通知不足法定期间、表决方式未按公司章程约定等情形存在明显不同，其后果并非影响股东表决权的行使，而是从根本上剥夺了股东行使表决权的机会和可能。其次，未通知王某蓉开会表明并不具备决议成立需要的会议召集的程序要件，故而不可能形成能够约束全体股东的股东会决议。最后，若认定未通知王某蓉参会的决议成立，则王某蓉只有在决议作出之日起 60 日内请求法院撤销才能获得救济，这对未参会也不知道存在会议的股东明显不公平、不合理。综上，案涉股东会会议应当根据《公司法司法解释四》第 5 条第 5 项之规定认定为不成立。

分析

就案涉公司决议是否成立的问题，再审法院根据《公司法司法解释四》第 5 条第 5 项的规定做了比较详细的阐述，论证决议不成立。这一论证颇值赞同，故分析部分不再赘述。该案的典型意义在于：第一，法院在对公司决议效力作评价之前，尽管当事人未请求确认决议不成立，但也应审查决议是否成立，因为这是对决议效力作评价的前提；第二，公司未通知股东参会，因该行为从根本上剥夺了股东的表决权，故这种情况下制作的决议不成立。

需要指出的是，2023 年《公司法》将前述司法解释规定上升为法律规则时，并未将前述第 5 条第 5 款列入，进而产生一个问题：该第 5 项在 2023 年《公司法》生效后，是否仍适用？一般地，新修订的《公司法》与旧司法解释不一致，旧的解释内容不再适用。不过从再审法院裁判文书推理内容来看，该第 5 项确实有很好的补漏功能，因此建议相关部门修订公司法司法解释时，仍可以维持该第 5 项的这种补充性解释。这也是《公司法》第 59 条第 3 款应有之义，该款的内容为"对本条第 1 款所列事项股东以书面形式一致表示同意的，可以不召开股东会会议，直接作出决定，并由全体股东在决定文件上签名或者盖章"。按照该款规定，股东未被通知开会，只有事后该股东同意所有其他股东同意的内容，且在决定上签章认可，决议才成立并具有相应效力；否则决议就不成立，更不具有相应效力。

案例4：股东会能否修改章程授权
董事会在闭会期间增补董事

(改编于 [1998] 沪一中民终字第171号案)

提要

公司法关于选举和更换董事的规定，对于公众型公司而言，属于强制性规定，对于封闭型公司而言，属于倡导性规定。在封闭型公司中，只有经过股东一致同意，才能修改章程授权董事会在闭会期间增补董事，因为股东可以放弃参与决定董事任免的权利，但该权利不能被多数成员意志剥夺。

案情

原告章某系胜骅公司股东，该公司在1994年4月28日通过的公司章程第18条规定："股东大会闭会期间，董事人选有必要变动时，由董事会决定，但所增补的董事人数不得超过董事总数的三分之一。"根据这一规定，1995年2月25日，胜骅公司召开三届二次董事会，通过第5号、6号决议，增补麻某、穆某福为公司董事。同年8月12日，胜骅公司召开三届三次董事会，会议通过第7号决议，增补黎某融为公司董事并选其为常务副董事长。

原告诉称，我国《公司法》规定，选举和更换董事是股东会的职权，胜骅公司章程的上述条款违反了法律规定。因此，胜骅公司董事会增选黎某融、麻某、穆某福为董事的决议违反《公司法》，侵犯了股东合法权益，请求判令胜骅公司停止侵权，确认董事会增补董事的相关决议无效。

问题

该案中的第5、6、7号董事会决议是无效还是有效？

裁判理由与结果

一审法院认为,《公司法》明确规定选举和更换董事属于股东会的职权,被告公司的章程与法律规定相悖,不具有法律效力,故董事会的决议无效。被告不服,提起上诉。

二审法院认为,《公司法》明确了股东会的性质和职权,股东会是公司的权力机构,董事会是公司的执行机构。董事会增补董事的决议因违法而没有法律效力。

评析

就该个案而言,如果从文义上来理解《公司法》的有关规定,法院的判决不一定是错误的。需要进一步讨论的问题是,股东会的职权是不是绝对不能下放给董事会?或者说《公司法》规定的股东会职权是不是强制性规定?本书认为,在有公众股东的开放型公司,股东会的职权应当理解为法律的强制性规定,不能以公司自治为由实施有悖于该规定的行为。不过,对于没有公众股东的公司,则宜理解为倡导性规定,这就意味着公司可依私法自治精神予以变更。由于决定董事人选的权利本属于股东的权利,这种权利可以让渡,但需要股东的同意。因此,在没有公众股东的公司,取得股东们的一致同意,可将股东会临时增补董事的职权转授给董事会。

案例5：因利益冲突董事申请回避决议，应遵守何种程序

[改编于华生：《万科模式：控制权之争与公司治理》，东方出版社2017年版，第19页起]

提要

董事不能弃权但可以回避。董事因可能存在利益冲突而申请回避，不应要求董事负担过高的证明义务，也不应当要求过于严格的审议程序。董事回避后，其所持的一票不计入表决数的分母。

案情

在轰动一时的万科宝能之争中，万科董事会2016年6月18日讨论深圳地铁增资重组预案（此前股东会同意引入深圳地铁），总共11名董事，华润委派的3名投反对票，其余7名投赞成票。华润推荐的董事张某平以涉及关联利益为由，没有参与投票。张某平刚开始是这样表述的："第一个声明是我新的工作在黑石，目前对两大股东都有交易，特别是目前有一个数额较大的和万科在进行，所以我已征求我律师的意见，我有利益冲突，所以我弃权。"张某平话音刚落，董事会秘书朱某旭马上追问："那您这样的话，属于利益关联，您就属于回避表决，是这样吗？"张某平答："没有错。"朱某旭又确认："回避表决？对吗？"张某平回答："对。"朱某旭再跟进："那我要提醒您的是关于独立董事，您做出回避表决的话，必须给我们书面回避理由，签字，然后我们会在公告里公告。"张某平最后说："就是我刚才讲的理由，因为利益冲突，所以我必须回避表决。我会提供书面意见，你们给我一个时间，我会提供。"

另外3项有关事实为：①万科公司章程规定，重组增发需要董事会三分之二的董事同意方能获得通过。②《万科公司董事会议事规则》第29条规

定："董事个人或者其所任职的其他企业直接或者间接与公司已有的或者计划中的合同、交易、安排有关联关系时（聘任合同除外），不论有关事项在一般情况下是否需要董事会批准同意，均应当尽快向董事会披露其关联的性质和程度。"③张某平在美国黑石集团任职，且黑石集团正与万科公司洽谈某大型商业项目。

问题

张某平未投票的行为对该董事会决议的效力有何影响？

某研究中心的论证意见

北京市某律师事务所委托某大学企业与公司法研究中心专门论证了该问题，认为张某平的违法回避行为导致决议属于可撤销决议。具体意见如下：

"董事会中的'回避'与'弃权'虽然在形式上有相似之处，但二者有实质的不同。弃权，是一种'表决意见'，以弃权者'享有表决权'为前提。弃权是意定的，弃权与否取决于当事人的意思自治。回避，并非一种'表决意见'，回避属'无表决权'之情形。与弃权属意思自治范畴不同，回避是一种法定程序——申请回避的事由及批准回避的主体均须严格遵守法律及章程的规定，缺少自治空间，不符合法律及章程规定的'回避'不产生回避的法律效果。

"《公司法》第124条（2023年《公司法》第139条）规定：上市公司董事与董事会会议决议事项所涉及的企业有关联关系的，不得对该项决议行使表决权。《万科公司章程》第152条第2款也规定：公司董事与董事会会议决议事项所涉及的企业有关联关系的，不得对该项决议行使表决权。万科公司第十七届董事会第一次会议决议事项为'拟发行股份购买深圳地铁资产之重组预案'，该决议事项'所涉及的企业'是深圳地铁，因此，唯张某平与深圳地铁之间存在关联关系，方属法定回避情形。而按照《公司法》第216条第1款第4项及《万科公司章程》第274条第2款的规定，'关联关系，是指公司控股股东、实际控制人、董事、监事、高级管理人员与其直接或者间接控制的企业之间的关系，以及可能导致公司利益转移的其他关系'。显然，首先，张某平与深圳地铁之间的关系，并非'公司控股股东、实际控制人、董事、监事、高级管理人员与其直接或者间接控制的企业之间的关系'；其次，从万科公司公告披露的回避事由来看，张某平与深圳地铁之间并无可能导致利益转移的其他关系。即便张某平在美国黑石集团任职，黑石集团又正与万科公司洽谈某大型商业项目，张某平申请回避也还需证明：黑石集团与深圳地铁存在关联关系，透过其对该预案的表决，有可能向深圳地铁转移不当利益。就目前的证据材料来看，张某平的回避理由完全不符合上述法律及章程所定情形。

"此外，由于回避是一种法定情形，须由法定主体依法定方式作出决定。若回避之决定未经法定程序，或者公司批准了不合条件的回避申请，均不会产生回避的法律效果。虽然，《万科公司章程》及《万科公司董事会议事规则》未对由谁/如何回避作明确规定，但根据相关规定，可以推定出应由其董事会按照董事会决议的方式作出回避决定。例如，按照《万科公司董事会议事规则》第 29 条的规定：董事个人或者其所任职的其他企业直接或者间接与公司已有的或者计划中的合同、交易、安排有关联关系时（聘任合同除外），不论有关事项在一般情况下是否需要董事会批准同意，均应当尽快向董事会披露其关联关系的性质和程度。可见，关联关系应向董事会披露，由董事会认定及判断。因此，若张某平与董事会相关议案有关联关系应回避表决，其应向万科公司董事会披露并由董事会对是否存在关联关系作出决定。因董事会系以'会议—讨论及表决'为工作方式，故董事会之决定须由董事讨论并表决方可确定。在本案中，并未看到万科公司董事会就张某平与深圳地铁是否存在关联关系，是否应当回避进行讨论表决。因公司未就该事项专门组织表决，参会董事之沉默或者无异议，不能被简单推定为对该违规程序的同意。所以，在本案中，即便万科公司公告了张某平回避表决的事项，该'回避表决'之程序亦因无董事会决议之过程而违规。

"还需指出的是，张某平作为万科公司独立董事，其所任职的黑石集团与万科公司正洽谈商业项目，这必然导致张某平在该项目当中之独立性的丧失。然而，这并不影响张某平在对万科公司第十七届董事会第一次会议所议预案进行表决时之独立地位，张某平作为独立董事，对此预案应发表独立意见，也应当参与董事会会议的讨论与表决。"

以上内容归结起来，大致意思是：第一，回避行为违法。董事申请回避需要有法定事由即存在关联关系，且该关联关系须是"确定的"，需要申请人提供足以证明存在利益冲突而丧失独立性的关联关系，否则不能申请回避。

第二，回避行为违反程序。董事申请须遵守法定程序，须董事申请，公司董事会决议同意。

评析

该事件发酵成为当时热点事件时，业界对张某平的行为是弃权还是回避，存在争议。本书认为，张某平未在决议中行使表决权的行为，经董事会秘书确认后，其真实意思是因存在利益冲突而不参与表决，该行为属于回避而不属于弃权。从《公司法》的规定来看，董事弃权没有相应的依据；依董事职权法理，一般情况下，董事没有弃权的权利。董事与股东不同，股东可以不参加股东会，也可以参加股东会而放弃表决权，但董事不行，因为董事的表决权不是简单的个人权利，而是一项具有团体属性的职权。行使表决权是董事履职尽责行为，不可以放弃。放弃表决权属于渎职，会损害公司和股东的利益。董事可以选择的履职方式为赞成或反对；若确实尽职了仍无法作出赞成或反对的决断，至少也是发表保留意见，而不能弃权，发表保留意见，一般也被理解为反对的意思；若存在利益冲突，则应回避。尽管证监会《上市公司章程指引》（2022 年修订）》第 121、123 条有"放弃"和"弃权"的措辞，但并不意味着弃权行为合法，更不意味着董事的弃权行为不需要承担责任。

对于前述论证意见中的第一点看法。本书认为，回避系因董事与所决议事项存在可能的利益冲突，进而使得董事可能丧失独立性而不参与董事会表决。作为一项职权而非个人权利，回避确实需要理由，否则属于渎职。不管是基于关联关系还是基于其他理由，利益冲突是回避的本质原因，也是法定要求。这一法定要求如何落实？在实务中如何启动回避？是不是一定需要董事有充分证据证明确定有利益冲突，才算符合法定要求？一般地，回避行为有多种启动方式，可以是董事提出回避申请，也可以是公司要求回避，还可以是其他利害相关方提请公司要求董事回避。对于公司或其他利害相关方要求回避的，自然是要有比较充分的证据证明满足回避的要求，因为董事的职权之"权"不能随意剥夺。对于董事主动提出回避的，当然也需要有正当事由，因为董事的职权也不能随意抛弃。但若要求董事提供确切证据证明确定有利益冲突，否则不能回避，这种要求过于严苛，于法无据、于理不通。再者，要求回避董事证明确切的关联关系，也就必然要求其他董事审查这种关联关系，进而会给其他董事附加过高的审查义务以及过于苛刻的责任，这会导致董事们无所适从。当公司面临这样的选择难题，是承受要求董事承担"确定无关联的证明义务"带来的负面后果，还是承受不苛求该种义务带来的负面结果？理性选择是，不应苛求董事承担该种证明义务。立法条文其实在一定程度上已经表明了这一态度，《公司法》第265条在界定关联关系时，使用了"可能"一词，借此可见一斑。

对于前述论证意见中的第二点看法。论证意见中强调的法定程序，至少在立法上并没有清晰明确的规定。如果非要强调程序，首先需要确定的问题是，到底是股东会还是董事会决定董事的回避？如果这一回避程序真如论证意见所说的那样重要，那么由董事层决定董事回避就很难说得过去。再者，假如说应由董事会作出决定，那得按照决议的程序走，这就有必要提前通知以及履行其他程序，但这种要求的合理性和可操作性着实值得怀疑。

关于《万科公司董事会议事规则》中有关关联关系的条文。第一，根据我们的了解，该规则是根据公司章程由董事会制订股东会批准并由董事会解释的公司文件，非2/3多数决通过的文件，故该规则并不是公司章程，其效力也低于公司章程，故即便是张某平的回避行为与该规则不符，也不当然导致决议可撤销；第二，该规则第29条也没有明确要求董事申请回避必须经过董事会，从该条内容并不必然可以解释出"董事回避必须经过董事会决议通过"这一层意思。所以，论证意见认为回避要遵守严格的法定程序，这个观点没有明确的法律和章程依据。在没有明确的法律强制性规定的情况下，鉴于张某平所任职的黑石集团与万科公司正在洽谈大型商业项目，确有可能存在间接利益冲突，张某平提出决议回避并无不妥；董事会在收到回避申请后，并没有中止投票行为，而是继续投票并予以公示，说明公司是认可其回避行为，这种做法也是实务界通例，可视为商业习惯，董事会按照商业习惯处理董事申请回避也无可指责。

该事件发酵时，还有一个争议的问题是，张某平的那张表决票是否计入表决比例中的分母？公司共有董事11名，1名董事基于关联利益未参与投票，3名董事董事会投反对票，赞成票7票。如果分母包括因利益冲突而不参与投票的董事，那么分母为11，则 $7:11 < 2:3$，决议事项未通过；反之若分母不包括因利益冲突而不参与投票的董事，那么分母为10，则 $7:10 > 2:3$ 决议事项通过。把因利益冲突而不参与投票的董事算进分母，明显不合理，因为把该董事所持的 1 票算进分母，其未投票行为不可能算进赞成票，实际上算成了反对票，这自然是不符合事实；再者，剔除因利益冲突而不参与投票的董事，在董事人数并不低于法定或章定最低人数的情况下，以实际投票人数做分母，这是实践中的通例。因此，因利益冲突而未投票的董事不能算入表决比例中的分母。

综上分析，张某平未参与投票的行为属于回避行为，其表决票不算入表决比例的分母，该决议以 7：10>2：3 通过，且为合法有效决议。

案例 6：董事会决议能否变更增资协议中的董事长任免条款

提要

原股东与新股东签署的增资协议一致同意董事长在新股东委派的董事中产生，且明确约定该协议不能被多数决修改，该种协议只要不违反强制性规定，应当受到保护。董事会的决议违反该协议的，为可撤销决议。

案情

2009 年 9 月 28 日，胜慷公司股东颜某、苏某萍作为甲方，贯荣公司作为乙方，胜慷公司作为丙方，签订了《增资扩股协议书》。协议第 4 条第 3 款约定："董事长在某荣公司委派的董事中产生。"第 9 条第 2 款约定："本协议作为解释新胜慷公司股东之间权利和义务的依据，长期有效，除非各方达成书面协议修改；本协议在不与新胜慷公司章程明文冲突的情况下，视为对新胜慷公司股东权利和义务的解释并具有最高法律效力。"该规定由全体股东一致同意，并经胜慷公司签署。根据协议，兆某咸被确定为公司董事长兼法定代表人。

2014 年 3 月 20 日，胜慷公司召开董事会，兆某咸未参加，该次董事会通过决议（以下简称"320 决议"）的主要内容为免去兆某咸的董事长兼法定代表人职务，选举吴某芳为董事长兼法定代表人等，会后，董事会向兆某咸送达了 320 决议，并要求贯荣公司在 3 日内将胜慷公司的所有生产经营证照和印鉴交还胜慷公司。后贯荣公司起诉请求撤销 320 决议。

问题

该决议是否应被撤销？

裁判理由及结论

生效裁判文书认为，《增资扩股协议书》虽名为协议，但在主体上包括公司和全体股东、内容上属于公司章程的法定记载事项、效力上具有仅次于章程的最高效力，其法律性质应属胜慷公司对公司章程相关内容的具体解释。违反该约定应为决议的可撤销事由。由于该协议对董事长选任范围的限制，并不违反公司章程关于董事长经选举产生的规定，应为有效。在颜某和苏某萍向贯荣公司转让股权后，虽然公司股权结构以及董事会组成人数和各方委派的董事人数均发生变化，但并未书面协议修改董事长选任范围的规定。320决议选举吴某芳为胜慷公司董事长，而吴某芳并非贯荣公司委派的董事，故该决议内容违反了全体股东及公司对公司章程的解释，应视为违反了公司章程的规定，应予以撤销。

评析

生效裁判的结论无疑是正确的，不过，其认为协议"仅次于章程的最高效力，其法律性质应属胜慷公司对公司章程相关内容的具体解释"，这一判决理由值得探讨。根据现有法律，目前没有哪项法律规定称股东一致同意的协议效力低于公司章程。公司所有股东一致同意而确定的、且不容多数决变更的法律文件，不管它是称作为"协议"还是"章程"，只要不违反法律的强制性规定，其效力就不能被事后多数决通过的章程否定，也就是说其效力不低于多数决章程的效力，甚至可以说是高于章程的效力，不能仅以公司文件所冠名头来决定文件效力的高低。该案中公司股东协议一致同意"董事长在贯荣公司委派的董事中产生"，而且协议另外明确约定只有所有股东达成新的协议才能修改，因此其确定的所有股东的一致意思，不能被股东会多数决修改，董事会更没有权利背离或否定该协议。

案例7：公司尚未确定新法定代表人，已离职的原法定代表人能否诉请强制变更法定代表人

（改编于［2014］海民（商）初字第26272号案；

［2023］沪02民再23号案）

提要

已离职的法定代表人诉请强制办理工商变更登记的，法院不应当以公司没有选举出新的法定代表人为由拒绝支持该请求。工商登记机关可在登记信息上将法定代表人信息临时登记为空缺，若公司在合理期限内未能确定法定代表人，登记机关可以公司缺乏必要组织要素为由吊销其营业执照。

案情

2012年8月，瓦德希拉公司决定由古某民担任董事、经理。公司章程载明，经理为公司的法定代表人。当月，瓦德希拉公司向工商行政管理部门申请将其法定代表人变更为古某民，并将公司章程、董事、经理做备案。2013年8月28日，古某民向瓦德希拉公司递交辞呈，请求于2013年9月1日前辞去其董事、经理、法定代表人职务。2013年8月29日，瓦德希拉公司出具离职证明称："2013年8月28日，古某民由于个人原因提出离职，现已与公司解除劳动关系。"

但此后瓦德希拉公司一直未办理公司法定代表人、董事和经理的工商登记变更手续，古某民遂诉至法院，请求判令瓦德希拉公司在工商登记机关办理免除古某民担任的经理、董事、法定代表人职务的变更登记手续。

被告瓦德希拉公司辩称：古某民起诉属实，瓦德希拉公司同意免除古某民的职务并为未及时办理变更手续表示歉意。瓦德希拉公司现已停业，难以在股东间形成有效决议，尚未确定新的法定代表人人选，故无法办理变更登记。

问题

公司未选出法定代表人，原法定代表人能否请求法院强制变更工商登记？

裁判理由及结果

法院认为，公司法定代表人依照公司章程的规定，由董事长、执行董事或者经理担任，并依法登记。公司法定代表人变更，应当办理变更登记。现古某民已辞去法定代表人职务并离职，瓦德希拉公司股东会或董事会应及时推选新的法定代表人并办理法定代表人变更登记手续。瓦德希拉公司以无法作出推举新的法定代表人的股东会决议为由怠于履行变更登记义务，若因此给古某民造成损失，由瓦德希拉公司股东、董事负责赔偿。鉴于目前无证据表明瓦德希拉公司已经推选产生新的法定代表人，且法院不能强制其推选，故变更登记的条件尚不具备，古某民要求办理法定代表人变更登记手续，本院暂不予支持。另，公司董事、经理非法定登记事项，在瓦德希拉公司已向古某民出具离职证明的情况下，古某民要求对此办理工商变更登记，本院不予处理。

评析

针对这一实务问题，可从解释论和立法论两个层面分析。

解释论层面。只要公司给古某民离职证明是合法的，古某民要求变更法定代表人登记的诉求，有事实和法律依据。公司同意原有法定代表人离职，两者之间的委任关系终止，原法定代表人依法对内代表不了公司，对外也代表不了公司。原法定代表人既没有权利代表公司，也没有义务代表公司，否则也违反了权责义利平衡的基本法理。在原法定代表人解职后，公司能不能选任出新的法定代表人，是公司的事，不是原法定代表人的事；原法定代表人也没有任何能力左右公司选任新的法定代表人，没有权利以公司僵局（假如公司不能选出新法定代表人，则意味着公司存在治理僵局；假如公司恶意不选举或委任新的法定代表人，更没有理由让公司的恶意行为得逞）为由请求解散公司以脱离束缚。要求原法定代表人继续登记为公司法定代表人，会对其造成损害，且没有明确的法律依据。根据基本的民商法理，民事主体在没有权利或利益作为对价的基础上是不需要承担负担或者不利益的，除非法律特别规定了该种法定义务。也许我们会担心判决执行的问题。本书认为，工商登记机关也不能以公司未能选出新的法定代表人为由拒绝予以变更登记，若公司不主动选举出新的法定代表人，且非得要把法定代表人解释为公司必备机关、公司的必要组织要素，那么登记机关可以责令其在一定时期内确定法定代表人，若逾期不确定并登记，可对公司给予吊销营业执照的处罚。

立法论层面。此类问题，系因我国《公司法》中两项规定所引起：第一，单一代表制。我国法律规定，任何社团组织，均实行单一代表制，即只能由单一自然人担任法定代表人。在这种规定下，一旦该自然人丧失相应民事行为能力或者死亡，或者基于犯罪等原因，或者自己不愿意担任法定代表人，就可能导致职能人员缺失或履职意愿缺失。第二，法律规定了董事、监事届满或辞职，在选举出新的董事前，须继续担任董事，但并未规定若公司没有及时选任新董事或监事，甚至恶意拒绝选任新董事或监事，而辞职人员确实不愿意继续担任相应职务，这种问题该如何处理。这种规定会被裁判者们套用到公司法定代表人这一职务上。本书认为，若立法不对单一代表制修改，可取的立法方案是，应允许法定代表人临时缺位一段时间，在该段时间内，公司须及时选任法定代表人，否则公司要承担被吊销或被解散的不利法律后果；在法定代表人缺位的情况下，应当安排其他职位临时代表公司，如依序可安排经理、监事人员临时代表公司。2023 年《公司法》第 10 条第 3 款虽然规定了公司应在法定代表人辞任之日起 30 日内确定新的法定代表人，但若公司在 30 日内没有确定新的法定代表人，原法定代表人能否直接申请工商登记部门请求注销其法定代表人身份，仍是个问题。本书认为，原法定代表人可以请求登记部门注销登记，登记部门可以给予公司宽限期，如果公司未能确定新的法定代表人，且未依法办理歇业的，可以吊销其营业执照，因为法定代表人是公司不可或缺的且是唯一对外实施法律行为的法定代表机关，原法定代表人已经辞任却迟迟确定不了新的法定代表人，意味着其营业有根本障碍。

前述裁判理由及结果见于［2014］海民（商）初字第 26272 号案裁判文书，［2023］沪 02 民再 23 号案裁判文书则持不同观点及结果。后者认为，饶某平任期已经届满，量沛公司在饶某平已经辞任执行董事等职务情形下，应召开股东会会议，选举新的执行董事担任法定代表人，且饶某平已不再是量沛公司股东，无法通过内部程序实现救济，法院有必要对其予以救济。

案例8：董事能否解除经理职务

[改编于虞政平：《执行董事是否享有解除总经理职务之权利》，
载《公司法案例教学》（下），人民法院出版社 2018 年版，
第 1434 页起]

提要

公司法关于有限责任公司经理由董事会决定聘任或者解聘的规定，属于任意性规定而非强制性规定。股东协议或公司章程对经理的聘任或解聘另有安排的，从其安排。

案情

詹某东与栗某童系翁婿关系，两人共同投资成立一家有限责任公司。公司总注册资本为 50 万元，其中岳父詹某东出资 5 万元，担任公司法定代表人、执行董事职务，女婿栗某童出资 45 万元，担任公司总经理职务。詹某东因某种原因于 2004 年 5 月发布通告，解除栗某童公司总经理的职务，将公司控制，并通知女婿栗某童。女婿栗某童接到解除总经理职务的通知后，将公司的营业执照正、副本，公章、财务章等拿走。詹某东以公司名义将女婿告上法庭，以影响公司正常营业为由，要求女婿返还营业执照正、副本，公章、财务章等。女婿栗某童不同意返还。

该公司章程规定，执行董事詹某东除享有股东权利外，公司经营管理权由总经理栗某童负责。

问题

执行董事詹某东能否解除栗某童的总经理职务？

裁判理由及结论

一审法院认可执行董事詹某东可以解除栗某童的总经理职务，故要求栗某童返还印章和证照等。栗某童不服，上诉。二审法院认为，根据公司章程规定，执行董事詹某东并没有解除总经理职务的权利。再者，股东会是公司的权力机构，詹某东作为公司的股东之一，其出资比例仅占公司资本金的10%，而栗某童的出资比例达90%。在栗某童未参加股东会表决的情况下，詹某东无权代表公司作出任何决定，改变公司的现状。栗某童作为公司控股股东、总经理，依照章程规定，有权管理公司事务，决定公司事项。故詹某东以公司名义要求交出印章证照没有法律依据。

评析

《公司法》第74条（2023年修订之前的《公司法》第49条）规定："有限责任公司可以设经理，由董事会决定聘任或者解聘……"对于这一规定，一审法院应是将此规定理解为，董事层聘任或解聘经理是其法定职权且不能依公司章程或股东协议予以变更。二审法院则对此有不同的理解。本书认为，二审法院的理解是正确的。该条规定并不是强制性规定，而是属于缺省性规定。这就意味着如果封闭型公司对经理的聘任或解聘另有安排，则从其安排。案涉公司章程对经理的聘任或解聘虽无直接规定，但从章程规定的执行董事和总经理的职权划分来看，章程对经理的人选和职权的规定有别于《公司法》的规定。公司章程的这种规定并不违反法律的强制性规定，是合法有效的。既然章程规定的经理人选与职权是确定的，且综合执行董事和总经理的持股情况来看，二审法院的判决结果更符合公平和效率原则。倘若支持詹某东的诉求，则势必导致栗某童通过股东会来推翻执行董事的决定，甚至可以罢免执行董事职务，这样耗费司法资源折腾一番又回到原点，不仅没有效率，而且可能会导致公司经营管理发生不可逆的损害，最终损害占股90%的大股东的利益，对大股东而言是不公平的。

另外，结合2023年《公司法》第10条第2款规定的"担任法定代表人的董事或者经理辞任的，视为同时辞去法定代表人"，针对在封闭型公司而言，若将《公司法》中董事会任免经理的规定作为强制性规定，势必严重损害公司股东一致约定的治理结构。

案例9：决议解聘经理的事由不成立，可否撤销该决议（指导案例10号）

（改编于［2010］沪二中民四（商）终字第436号案）

提要

一般而言，公司决议解聘经理不需要理由。但在封闭型公司中，若经理任免事项是公司意定治理架构的组成部分，裁判者就不宜轻易否定公司意定治理结构。

案情

原告李某军诉称：被告某动力公司免除其总经理职务的决议所依据的事实和理由不成立，且董事会的召集程序、表决方式及决议内容均违反了章程和公司法的规定，请求法院依法撤销该董事会决议。

被告某动力公司辩称：董事会的召集程序、表决方式及决议内容均符合法律和章程的规定，故董事会决议有效。

法院经审理查明：某动力公司成立于2001年3月8日，成立时有5名股东。2006年11月份，公司进行了一次股权变动并修正了公司章程。股权变动后的股权结构为：李某军持股46%，葛某乐持股40%，王某胜持股14%。三位股东共同组成董事会，由葛某乐担任董事长暨法定代表人，另两人为董事。原告李某军担任总经理，王某胜担任总工程师。2007年1月8日，公司修改章程。修改的公司章程与原章程对董事会职权和决议规则有不同表述，新章程规定：董事会行使包括聘任或者解聘公司经理等职权，董事会须由三分之二以上的董事出席方有效，董事会对所议事项作出的决定应由占全体股东三分之二以上的董事表决通过方有效。该章程未备案，但在诉讼中，其他两名股东暨董事明确认可签字是本人所签。

2009 年 7 月 18 日，某动力公司董事长葛某乐召集并主持董事会，三位董事均出席，会议形成了决议：①鉴于总经理李某军未经董事会同意私自动用公司资金炒股并造成公司巨大损失，现免去李某军总经理职务，即日生效。②现聘任总工程师王某胜为公司代总经理。③即日起五日内，原总经理李某军应交还公司章程、印鉴章、法定代表人私章、公司账簿（包括所有的原始记录凭证）给董事长葛某乐。决议由董事葛某乐、王某胜及监事签名。李某军未在决议上签名。当月 27 日，李某军向法院起诉，以董事会决议依据的事实错误，召集程序、表决方式及决议内容等方面均违法违章为由，请求法院判令依法撤销该决议。

问题

免除大股东经理职位的董事会决议能否被撤销？

裁判理由及结果

法院生效裁判认为，根据《公司法》第 22 条第 2 款（2023 年《公司法》第 26 条第 1 款）的规定，董事会决议可撤销的事由包括：①召集程序违反法律、行政法规或公司章程；②表决方式违反法律、行政法规或公司章程；③决议内容违反公司章程。从召集程序看，某动力公司于 2009 年 7 月 18 日召开的董事会由董事长葛某乐召集，三位董事均出席董事会，该次董事会的召集程序未违反法律、行政法规或公司章程的规定。从表决方式看，根据某动力公司章程规定，对所议事项作出的决定应由占全体股东 2/3 以上的董事表决通过方有效，上述董事会决议由三位股东（兼董事）中的两名表决通过，故在表决方式上未违反法律、行政法规或公司章程的规定。从决议内容看，某动力公司章程规定董事会有权解聘公司经理，董事会决议内容中"总经理李某军不经董事会同意私自动用公司资金炒股，造成巨大损失"的陈述，仅是董事会解聘李某军总经理职务的原因，而解聘李某军总经理职务的决议内容本身并不违反公司章程。

董事会决议解聘李某军总经理职务的原因如果不存在，并不导致董事会决议撤销。首先，公司法尊重公司自治，公司内部法律关系原则上由公司自治机制调整，司法机关原则上不介入公司内部事务；其次，某动力公司的章程中未对董事会解聘公司经理的职权作出限制，并未规定董事会解聘公司经理必须要有一定原因，该章程内容未违反公司法的强制性规定，应认定有效，因此某动力公司董事会可以行使公司章程赋予的权力作出解聘公司经理的决定。故法院应当尊重公司自治，无需审查某动力公司董事会解聘公司经理的原因是否存在，即无需审查决议所依据的事实是否属实，理由是否成立。综上，原告李某军请求撤销董事会决议的诉讼请求不成立，依法予以驳回。

评析

该案的指导意义在于明确：在一般情况下，公司可作出无理由解聘经理的决议。由于该指导案例的裁判规则已被业界公知公认，本书不再赘述。但关于判决书中提到的"章程中未对董事会解聘公司经理的职权作出限制"这一表述，即公司章程对经理任免是否作了限制或特别规定的问题，有进一步讨论的空间。细读该案例的判决，我们发现，公司章程中有关董事会决议的奇特规定值得关注。二审判决书是这样记载该规定的："董事会行使包括聘任或者解聘公司经理等职权，董事会须由 2/3 以上的董事出席方有效，董事会对所议事项作出的决定应由占全体股东 2/3 以上的董事表决通过方有效。"关于章程中的这一表述，从二审判决书的内容来看，该规定应是仅记载于后续通过的且尚未进行工商备案的章程中。诉请撤销决议的原告也是基于这一规定主张"董事会表决须经占公司股权比例 2/3 的股东同意才能生效"，即董事会决议也是遵循资本多数决而不是人员多数决规则。这一主张是否成立也正是一审争议焦点之一。对于这一事实方面的争议，一审法院否定了原告的这一事实主张。一、二审法院对这一事实的认定，也就是对章程该规定的解释，有商榷的余地。综合案情，本书倾向于认为，股东们赋予了该章程规定有别于法律规定的特殊意义，具体理由如下。

第一，章程特意强调"占全体股东 2/3"并不是没有特殊意义。从文义上来看，该表述的含义比较模糊，没有明确是"股东持股 2/3"还是"股东人数 2/3"。尽管不能从字面直接得出原告所主张的意思，但比较前后两项表述"董事会须由 2/3 以上的董事出席方有效"与"董事会对所议事项作出的决定应由占全体股东 2/3 以上的董事表决通过方有效"，不难发现后者特意强调"全体股东 2/3 以上"，并不能说没有特殊意义。如果该规定的意思真如一审法院认定的那样，后者相对前者既没有另外强调的必要，公司也就没有在新章程中作特意规定的必要。

第二，被告在诉讼中否定知悉章程中该规定，其否定行为在一定程度上表明该规定具有特殊意义。被告公司其他两名董事暨股东作为章程的签字当事人认可是他们自己所签，但被告却在诉讼中否认知悉章程中的这一内容。被告的这一否认行为所能传递的事实信息，不仅限于一审法院意识到的事实信息，即被告不是不知道章程的内容，更为重要的信息是，被告之所以要否定其知悉该内容，是因为被告对这项内容的理解与原告的主张是一致的。反推而言，假如被告理解为不是原告主张的那种意思，则没有必要作出这种"与常理不符"的否认行为。这种"与常理不符"的否认行为，恰恰能在很大程度上反映其余两名董事暨股东赋予该项内容的真实意思与原告主张的意思是一致的。

第三，从公司的股权架构和管理架构来看，其架构是一种基于投资比例而确定的分工制衡治理结构，具有较为明显的意定特征。公司三名股东李某军、葛某乐、王某胜分别占股46%、40%、14%，三人共同组成董事会，且李某军任董事暨经理，分工掌管公司印章、法人印鉴章、法定代表人私章、公司账簿等（笔者从决议内容作出的推断），葛某乐任董事长暨法定代表人，王某胜任董事和公司总工程师。又因该公司为封闭型公司，不宜将法律上的股东会与董事会的决议规则套用于商业实务中，故将章程中规定的"董事会对所议事项作出的决定应由占全体股东2/3以上的董事表决通过方有效"，解释为"董事会表决须经占公司股权比例2/3的股东同意才能生效"应是更符合当事人的真实意思，这样解释也有利于防止其他股东或董事滥用非强制性法律规则变动公司意定的基本治理架构。

第四，从该新章程的变动、保管以及决议内容来看，章程中董事会决议规定的意思也更倾向于原告主张的那种意思。公司第一份章程签订于2001年3月18日，2006年11月18日因股东变动有个修正案，此后除了2007年1月8日那份未备案的公司章程外再也没有其他章程；能见到的章程内容变动，也就是前述关于董事决议规定的变动；2008年7月18日决议要求归还的物件中，第一项就是要求"交还章程"，可见该章程相较于原章程做了实质性变动，也可见其他董事暨股东对该章程是十分在意的。结合该章程由李某军保管的事实，比较合理的解释是，这种实质性变动的结果应是"董事会表决须经占公司股权比例2/3的股东同意才能生效"。

不过，在二审判决书中，未见到被上诉人（一审原告）强调这个主张，法院可能因此也没有把相应问题作为争议焦点，二审法院作出不予撤销的判决也就并不为过。

案例 10：未经公司同意，经理能否决定自己的奖金报酬

[改编于虞政平：《经理报酬之支付标准》，载《公司法案例教学》（下），人民法院出版社 2018 年版，第 1429 页起]

提要

《公司法》规定有限责任公司经理的报酬由董事会决定。该规定并非强制性规定，公司可以通过其他机制确定经理的报酬，甚至不排除授权由经理自行决定其报酬。但若没有公司合法授权，经理无权决定给自己发奖金报酬。

案情

原告某某纸箱有限责任公司是一家中外合资企业，被告章某原为公司董事会聘任的总经理。2001 年 3 月 6 日，原告公司特别董事会决议解除了被告章某的总经理职务，原告在辞退章某总经理之后，委托会计师事务所对章某任职期间的资产负债情况进行了清查核实，该会计师事务所出具了一份清产核资审计报告。报告显示：从 1997 年起至 2000 年，被告章某从原告公司私自领取的无发放明细的资金总计 181 余万元，其中 130 余万元是以奖金名义提取，其余部分无任何名义，以奖金名义提取部分有 30 万元左右是发给章某自己的。为此，原告诉请被告返还该 181 余万元。

问题

张某应否返还给自己发放的奖金？

裁判理由及结果

审理法院认为，被告提供了 181 余万元作为奖金的发放明细，证明了这

些奖金的去向，而且按原告公司总会计师张某证明，被告签领的巨额奖金发放明细由其本人保存符合当时公司的内部管理模式，故对原告的诉请不予支持。

评析

在审理法院看来，经理决定给自己发奖金的行为，因符合公司内部管理模式，且不需要进入公司正规财务会计系统，是合法有据的。本案值得关注的关键问题是，经理能否决定给自己发放奖金报酬？根据 2023 年《公司法》第 67 条第 1 款第 8 项（2023 年修订之前的《公司法》第 46 条第 9 项）的规定，董事会"决定聘任或者解聘公司经理及其报酬事项，并根据经理的提名决定聘任或者解聘公司副经理、财务负责人及其报酬事项"。据此规定，经理的奖金报酬事项应当由董事会决定。这项规定是否可以授权给经理？这个问题取决于对该规定的性质作何种解释，即它到底是强制性规定还是任意性规定。一般而言，由公司经理决定给自己发奖金报酬，可能会损及公司以及公司股东的利益。不过，在不损害公司债权人利益或其他第三人利益的情况下，如果这种做法得到了公司股东们的一致认可，理应是可以的。本案所涉公司为中外合资企业，根据原来的外资法规定，董事会是权力机构，若董事会一致同意授权给经理自行决定自己的奖金报酬，这种授权也应当是合法的。但在该案中，公司并没有明确的文件授权经理决定自己的奖金报酬。所谓的公司内部管理模式，既没有公司有权机关的决议文件作为依据，事后也没有得到公司的认可，公司在事后明确要求章某返还资金。因此，章某决定自己的奖金报酬并没有合法依据。

案例11：未督促股东缴纳出资，董事应否承担连带责任

（改编于〔2018〕最高法民再366号案）

提要

董事未督促股东缴纳出资，公司进入破产程序，该未缴出资属于公司损失，董事应当就该损失与股东承担连带责任。

案情

深圳思蒙泰公司成立于2005年1月11日，是开曼思蒙泰公司（外国法人）独资设立的公司，认缴注册资本额为1 600万美元。2005年1月11日至2006年12月29日，由胡某生、薄某明、史某文和三名外国人担任深圳思蒙泰公司董事。2006年12月30日起，由贺某明、王某波、李某滨和另外三名外国人担任公司董事。该公司章程规定：公司成立后90日内股东应缴纳出资300万美元，首次出资后一年内缴付其余1 300万美元股本；董事会是公司最高权力机关，拥有公司事项的最后决定权。股东开曼思蒙泰公司于2005年3月16日至2005年11月3日分多次出资后，仍欠出资款5 000 020美元。公司董事从未向股东催缴过出资。时任深圳思蒙泰公司董事会的那些成员同时又是股东开曼思蒙泰公司的董事。

2011年8月31日，因深圳思蒙泰公司欠债，开曼思蒙泰公司被法院裁定追加为被执行人。经强制执行，深圳思蒙泰公司的股东仍欠缴出资4 912 376.06美元。2013年6月3日深圳思蒙泰公司被裁定破产清算。随后，深圳思蒙泰公司（破产管理人）诉至法院，请求判令：胡某生等六名董事对深圳思蒙泰公司股东欠缴出资4 912 376.06美元承担连带责任。

问题

胡某生等六名董事是否应对股东欠缴出资承担连带责任？

裁判理由及结果

本案经历了一、二审和再审。一、二审法院均判决胡某生等六名董事不承担连带责任，再审法院判决承担连带责任。本案三级法院均认同：关于该六名董事是否要承担连带责任的问题，关键要看他们未尽催缴义务的消极行为与公司资本金损失之间是否存在因果关系。对此，三级法院有不同认知。下文就各级法院的认知简要概括如下。

一审法院认为，尽管胡某生等六名董事确实没有尽到法律规定的催缴义务，公司也确实未收到相应资本金，但董事未尽催缴义务与公司资本金损失之间不存在因果关系，具体理由有三点；第一，股东是否履行全面出资义务，并不取决于董事的催缴行为或董事会的决定；第二，根据《公司法》第147、149条（2023年《公司法》第180、188条）和《公司法司法解释三》第13、14条规定，董事的消极行为与公司损失之间没有法律上的因果关系；第三，本案中董事的消极行为并不影响深圳思蒙泰公司、其他利益相关方请求欠缴出资的股东承担相应责任。一审法院判决驳回原告的该诉讼请求。原告不服，上诉。

二审法院也认为不存在因果关系，理由是：股东未全面履行出资义务导致公司资本损失，不应一概归因于公司董事，除非有证据证明可归因于董事。二审法院维持了一审判决。深圳思蒙泰公司不服，申请再审。

再审法院却认为存在因果关系，理由如下。第一，法律要求董事履行催缴出资义务是为了保障公司的正常经营。董事的催缴义务，是由董事的职能定位和公司资本的重要作用决定的。第二，认缴制下董事的催缴义务与增资中董事的催缴义务没有差异，故可参照《公司法司法解释三》第13条第4款规定认定存在因果关系。第三，股东的欠缴行为与六名董事的不作为共同造成了公司损失。基于上述理由，再审判决作出了与一、二审判决截然不同的判决，判决胡某生等六名董事应向深圳思蒙泰公司连带赔偿 4 912 376.06 美元。

评析

从司法三段论的涵摄逻辑来看，三份判决的大前提均指向《公司法》第188 条（2023 年修订之前的《公司法》第149 条）。根据该条规定，董事执行职务时违反法律、行政法规或者公司章程的规定，给公司造成损失的，应当承担赔偿责任。对于六名董事的消极行为是否违反法律、行政法规或者公司章程的规定，三份判决的认识是一致的，即均认同董事的消极不作为违反了相关规定，三份判决的分歧在于六名董事的消极行为是否"给公司造成损失"。

本书认为，《公司法》第188 条规定所要求的因果关系，既有事实层面的客观要求，也有法律层面的规定性内涵或者说包含了立法要保障的功能。所谓事实层面的客观要求，是指若要对董事科责，则在事实层面要求违反催缴义务与出资瑕疵持续状态之间确实存在因果关系。诚如一、二审法院所认识的那样，即便是董事尽到了催缴义务，股东也不一定会补齐资本；董事没有催缴，股东也有可能会补齐资本。董事未尽催缴义务不是造成公司资本损失的充分条件。因此，从事实层面要求两者存在因果关系方能对董事科责，是司法求"真"的客观要求。如何从事实层面确定是否存在因果关系，则是一个举证责任分配问题。

这一举证责任是分配给董事的。具体而言，只要董事未履行催缴义务就应当承担公司的资本损失，除非董事能举证证明公司的资本损失与其消极行为无关。这一判断是《公司法》第180、188 条应有的规定性内涵，具体理由如下：第一，尽管董事未尽督促义务与公司损失之间是一种或然关系，但董事尽到了督促催缴义务，有些股东确实会按照催缴通知补缴出资；也正是因为董事的督促能起到一定的作用，所以法律要求董事负担催缴义务就有实际意义；进而，如果不对董事消极行为科责，那么法律上要求董事负担催缴义务的立法目的和实际功能就容易落空。第二，董事的催缴义务客体是资本，股东的出资瑕疵责任客体是该资本，公司的损失标的也是该资本，即董事义务客体、股东责任客体和公司损失的标的具有同一性，因此董事的行为与公司损失之间直接相关。第三，在破产程序中，破产管理人以公司名义追究瑕疵出资责任，主要是维护公司债权人的利益。根据公司法内外有别原则，破产管理人实际上是"外"，而董事与股东是"内"。基于董事与股东是"内"，再审法院作出这样的判断不无道理：股东的作为与董事的不作为共同导致公司资本损失。这也是最高人民法院《关于适用〈中华人民共和国企业破产法〉若干问题的规定（二）》第 20 条第 2 款规定董事未尽监督义务需要承担责任的原因所在。第四，也是基于内外有别原则，董事与股东之间的关系更密切，相较于破产管理人而言，董事更有举证能力证明其怠于催缴的行为与公司资本损失之间没有因果关系。第五，董事本可以轻易完成义务，也本可以轻易避免责任，但董事却不履行该义务，故董事理应承担懈怠的责任。基于以上理由，要求未尽催缴义务的董事承担公司资本损失（除非董事能证明未催缴与公司损失没有因果关系），是《公司法》第 180、188 条应有的规定性内涵。

也正是基于以上原因，2023 年《公司法》第 51 条明确规定："有限责任公司成立后，董事会应当对股东的出资情况进行核查，发现股东未按期足额缴纳公司章程规定的出资的，应当由公司向该股东发出书面催缴书，催缴出资。未及时履行前款规定的义务，给公司造成损失的，负有责任的董事应当承担赔偿责任。"

案例12：董事儿子与公司交易，董事未回避，是否违反自我交易限制规则

[改编于王婕等：《〈公司法〉第一百四十九条评析》，
载《农村经济与科技》2016年6月（下）]

提要

同公司交易的对方当事人与公司董事具有近亲属关系，公司董事会就该交易进行决议时，该董事应当回避。没有回避的，违反忠实义务，应承担因此给公司造成的损失。

案情

期峭家具公司是由奥莱思房地产公司、伏宏商贸公司、安丽化妆品公司、辉楙矿泉水公司、王某布、李某信、何某蕴、刘某冬共同出资设立的有限责任公司。2001年1月2日期峭家具公司召开董事会，讨论公司购车事项。会上董事丕某兴提议，其子丕某栋拥有一辆红旗牌小轿车，愿以人民币45万元的价格卖给期峭家具公司。经过与会董事讨论，公司董事会通过了公司以人民币45万元的价格向丕某栋购买该红旗小轿车的决议。事后，公司向丕某栋支付了价款并办理了相关过户手续。奥莱思房地产公司得知这一情况后，认为丕某兴违反了作为公司董事应承担的自我交易之禁止义务，对期峭家具公司的利益造成了严重损害。遂向期峭家具公司董事会提出请求，要求公司追究董事丕某兴的法律责任，但董事会以上述购车合同已经公司董事会同意为由，拒绝追究丕某兴的法律责任。奥莱思房地产公司又向期峭家具公司监事会提出同样请求，但监事会以同样理由予以拒绝。于是奥莱思房地产公司向法院提起诉讼要求追究丕某兴的责任。经有关部门评估，案涉标的物的市场价格为人民币30万元。

问题

董事丕某兴的行为是否违反公司董事自我交易之禁止义务？

裁判理由及结果

法院认为，董事丕某兴的行为并不违反公司董事自我交易之禁止义务。理由有二：第一，案涉交易是丕某兴之子与公司之间的交易，而不是丕某兴与公司之间的交易，《公司法》规定的自我交易禁止义务是董事本人与公司交易，不包括董事的近亲属；第二，该笔交易经过了董事会决议通过，合法有效。法院判决驳回原告的诉讼请求。

评析

2023 年修订之前的《公司法》第 148 条第 4 项规定："违反公司章程的规定或者未经股东会、股东大会同意，与本公司订立合同或者进行交易。"若仅从文字上来看该法条，则丕某兴之子与公司交易并不属于该条所能涵摄的情形。但从案情来看，市场价值 30 万元的汽车却以 45 万元出售给公司，显然对公司不利。这种明显不公平的交易在正常的市场交易中不大可能发生。而这笔交易之所以能够发生，恰恰是丕某兴在其中起到重要作用。丕某兴作为公司董事，在董事会上提出其子可将车辆出售给公司，并在董事会决议中未作回避。本书认为，即便是 2023 年修订之前的《公司法》第 148 条第 4 项规定的自我交易在表面文义上不能解释为包括董事的近亲属这类"与董事相关人员"，董事丕某兴的行为也能被该条第 8 项"违反对公司忠实义务的其他行为"涵摄。2023 年《公司法》第 182 条第 2 款确认了董监高的近亲属与公司交易，适用第 185 条的回避规则。

案例 13：董事违反竞业禁止义务，竞业单位应否承担连带责任及如何确定赔偿标准

（改编于 [2015] 鲁商终字第 532 号案）

提要

公司董事、高管违反竞业禁止义务，受侵害的公司可依侵权责任法追究该等人员所就任公司的连带责任。受侵害的公司可把其营业收益的减少额作为损失，但一般不宜超过该等人员所就任公司营业收益的增加额。若侵权人能举证证明更低的损失额，则按更低的损失额赔偿。

案情

原告彷动公司成立于 2002 年 12 月 18 日。黎某斌系彷动公司的董事和副总经理，负责销售工作。公司股东黎某斌（被告一）出资 65 万元，占总注册资本的 4.33%。黎某斌已于 2012 年 7 月自动离职，不再担任副总经理职务，但仍担任董事。

被告二太维公司成立于 2012 年 6 月 20 日，黎某斌占股 55%，担任太维公司的执行董事、经理和法定代表人。太维公司的经营范围与彷动公司的经营范围部分相同或相似。2012 年 9 月 24 日起，黎某斌不再担任太维公司经理和法定代表人。根据当地税务局自然人收入额显示，自 2013 年 8 月 31 日至 2015 年 5 月 31 日，黎某斌在太维公司的薪金所得为 71 300 元。

彷动公司没有证据证明太维公司的主营业收入系太维公司开展同业竞争业务所得，亦无证据证明黎某斌、太维公司利用彷动公司的客户谋取商业利益。

彷动公司诉请：①黎某斌停止担任太维公司的执行董事，并从太维公司撤资，黎某斌、太维公司停止利用彷动公司的客户资源谋取商业利益；②彷

动公司主张太维公司的主营业务收入应为彷动公司的损失，彷动公司主营业务的减少也应为其公司的损失，黎某斌、太维公司应承担连带赔偿责任；③黎佳斌在太维公司领取了薪金，该薪金属于违反竞业禁止的收入，该部分薪金应属于彷动公司所有。

问题

彷动公司的上述请求应否得到支持？

裁判理由及结果

一审法院认为，黎某斌的行为已构成对彷动公司竞业禁止义务的违反。彷动公司请求判决黎某斌停止担任太维公司的执行董事符合法律规定，应予以支持，但其请求黎某斌从太维公司撤资，没有法律依据，不予支持。彷动公司无证据证明黎某斌、太维公司利用彷动公司的客户谋取商业利益，故对彷动公司请求黎某斌、太维公司停止利用彷动公司的客户谋取商业利益的主张，不予支持。根据《公司法》第 148 第 2 款（2023 年《公司法》第 186 条）的规定，董事、高级管理人员违反前款规定所得的收入应当归公司所有。本案黎某斌在担任太维公司执行董事期间，自 2013 年 8 月 31 日至 2015 年 5 月 31 日的工资薪金所得为 71 300 元，对于彷动公司要求将黎某斌的该部分薪金归于彷动公司所有的主张，系其对公司归入权的正当行使，应予以支持。彷动公司没有证据证明太维公司的主营业收入系太维公司开展同业竞争业务所得，而且我国公司法规定的赔偿主体仅为侵权的董事、高级管理人员，并不包括侵权的董事、高级管理人员所就任的公司，故彷动公司主张太维公司的主营业务收入应为彷动公司的损失，彷动公司主营业务的减少也应为其公司的损失，从而要求黎某斌、太维公司连带赔偿的诉讼请求于法无据，应不予支持。对一审判决，彷动公司与黎某斌均不服。

二审法院认为，案件的争议焦点为：第一，黎某斌是否构成竞业禁止。第二，太维公司是否应与黎某斌共同承担责任。第三，原审判决认定的侵权赔偿数额是否正确。关于第一、二个焦点，二审与一审的观点基本一致。关于第三个焦点，因彷动公司未能提交相应的证据证明其损失实际数额，以及其收入减少的损失与黎某斌相应的违反董事及高管人员忠实义务的行为存在因果关系，因此，上诉人彷动公司主张的其他损失因没有法律和事实依据，其上诉主张不能成立，本院不予支持。

评析

两审判决中关于太维公司是否要承担连带责任以及损失证明责任的推理，值得商榷。

关于太维公司是否要承担连带责任，两审法院拒绝支持连带责任的理由并不充分。《公司法》相应条款一般只适合规定公司内部人员的侵权责任，但这并不等于受害人不可以依据侵权责任法要求共同侵权人承担责任。在该案中，太维公司与彷动公司的业务范围相同或相似，对此太维公司不会不知道，所以太维公司应是构成共同侵权，需承担连带责任。

关于侵权行为造成彷动公司损失的认定标准，本书认为，由于黎某斌违反竞业禁止义务且两公司经营范围相同或相似，因此彷动公司营业收益的减少额可作为侵权损失，但一般不宜超过太维公司营业收益的增加额，若太维公司能举证证明更低的损失额，则按更低的损失额赔偿。

案例14：大股东以落实公司义务为由推动公司决议补偿其所投资企业，是否违反关联交易限制规则

（改编于［2017］鄂民再57号案）

提要

公司取得国有土地使用权时政府附加了新投资5000万元企业的义务，落实该义务时，大股东擅自与第三人合资设立了一家5000万元的企业。公司股东会作出决议要补偿该企业5000万元以履行前述附加义务。该补偿实为关联交易，大股东没有表决权。

案情

2000年7月，贺某疆和李某梁出资设立扶阳山水公司。2004年2月，扶阳山水公司（出资比例80.2%）和陆某维（出资比例19.8%）出资设立山水投资公司，注册资本1000万元。2004年2月，山水投资公司与某昌市国土资源局签订《国有土地使用权出让合同》，约定将某昌市昌龙公司的土地开发权利出让给山水投资公司，但前置条件是：新建一个投资规模在5000万元以上的化工企业。2007年5月24日，扶阳山水公司（出资比例95%）、许某宾（出资比例2%）、黎某容（出资比例3%）出资设立山水化工公司，注册资本5000万元。以上各公司法定代表人均为李某梁。

2014年11月27日，山水投资公司股东会作出决议，其中第一项为：对山水化工公司化工项目补偿5000万元，因只有陆某维对决议内容表示不同意，表决结果为通过。

陆某维以山水投资公司为被告，向法院起诉，认为决议是大股东和实际控制人利用关联公司输送利益的行为，损害了小股东权益，请求确认2014年11月27日的股东会决议无效。山水投资公司辩称对山水化工公司化工项目补

偿 5000 万元是该公司对履行房地产开发前置义务所作出的经营决策，不违反法律法规的强制性规定。一审、二审均判决驳回陆某维的诉讼请求。陆某维向湖北省高级人民法院申请再审。再审中，扶阳山水公司认为，扶阳山水公司投资设立山水化工公司，系代替山水投资公司履行开发前置义务。

问题

该补偿决议是否有效？

裁判理由及结果

一审法院认为，案涉补偿行为系根据某昌市人民政府专题会议纪要作出，山水投资公司取得国有土地使用权并将该使用权让与其全资子公司山水开发公司进行房地产开发的前提是，设一个 5000 万元以上规模的企业，其向山水化工公司补偿 5000 万元符合纪要要求。据此，可以认定山水投资公司作出的该项决议具有一定的合理理由。即使该理由不成立，由于《公司法》尊重公司自治，公司内部法律关系原则上由公司自治机制调整，而法律并未禁止"通过公司决议向由同一股东控股的公司进行补偿"，公司章程对此亦未作出规定，故该项公司决议不应被认定为无效。陆某维不服一审判决，上诉。

二审法院认为，司法机关原则上不介入公司内部事务。本案在案证据表明，山水投资公司取得了某昌市昌龙公司土地开发权，其依据某昌市政府专题会议纪要要求及案涉《资产转让合同》约定，于 2014 年 11 月 27 日召开股东会所作的决议第一项内容决定补偿山水化工公司项目 5000 万元，系其在享有某昌市昌龙公司土地开发权利的同时，应当履行的合同义务，且其在履行该义务的同时还享有利益回报。故陆某维所称该项决议系大股东滥用多数资本决，损害小股东、公司及公司其他债权人的利益没有事实依据。二审法院维持一审判决。陆某维仍不服，申请再审。

再审法院认为，山水投资公司的上述抗辩理由不能成立，理由如下：即便扶阳山水公司设立山水化工公司实际上系代替山水投资公司履行开发前置义务，但其亦对山水化工公司享有相应的股东权利及投资回报，而非单纯履行义务。在此情形下，若由山水投资公司向山水化工公司无偿补偿 5000 万元，则会造成山水投资公司投入资本后无所回报，而扶阳山水公司的投资者权益因此增长的后果，这对山水投资公司明显不公。再审法院支持了陆某维的诉讼请求。

评析

　　该案一、二审法院两份判决的理由，概括起来为：①补偿 5000 万系履行土地出让合同义务；②该决议并不违反公司自治规则；③公司支付该 5000 万，享有利益回报，不损害公司和股东利益。这些理由均站不住脚，具体分析如下：其一，补偿与投资不是一回事。投资是股东将自己的资产以注册资本的方式进入到目标公司账户，而补偿则不是。假如土地出让协议中约定的投资义务系由山水化工公司替代履行的，那么山水投资公司的资金也应当是以注册资本的名义进入山水化工公司账户，而不是以补偿名义支付给山水化工公司。其二，关于决议是否违反自治规则的问题。案涉决议的决议事项为公司对其他企业支付补偿款，由于补偿款的性质不明（若不作为注册资本则应为赠与款），且拟受补偿的企业也不是公司的全资子公司，而是控股股东设立的控股公司，这种补偿行为实为关联交易行为或关联赠与行为，关联方应有回避的义务，否则违反内部自治规则。其三，关于是否损害公司和股东利益的问题。二审法院对该事实的认定违反了起码的常识，无需过多解析。

　　本书认为，再审法院的理由和结论是正确的。需要补充的是，这一决议表面上是符合多数决原则，但实际上是存在关联关系的大股东滥用权利，直接损害公司利益，间接损害公司其他股东的利益。对该事项的表决，有关联关系的股东并无表决权，仅陆某维有表决权。除非陆某维同意无偿补偿，否则补偿决议并没有获得通过。

案例15：未依法制备公司财会资料的董事对股东承担什么责任

（改编于［2020］沪01民终3550号案）

提要

董事未依法制备公司财会资料，董事和股东都没能证明此种失职行为给股东造成的损失额的情况下，董事应就股东投资的资本金及合理利息向股东承担责任。

案情

上海申之华公司于2015年5月18日设立，股东为叶某华、周某侗、韩某明，三人分别占股35%、55%、10%。周某侗担任执行董事和法定代表人。2015年5月14日，叶某华投入资金100万元，后退回30万元。2016年，叶某华起诉公司，要求返还70万元投资款，被法院驳回。2018年叶某华对公司提起知情权诉讼，得到法院生效判决支持。后叶某华申请强制执行，公司未能提供财会资料供查阅和复制。2019年叶某华以董事周某侗未尽董事义务为由，要求周某侗承担其损失共计86.8万元（包括剩余投资款70万元及相应资金占用利息）。

问题

叶某华以剩余投资款作为损失计算依据的主张，应否得到支持？

裁判理由及结果

一审法院认为，公司董事未依法履行职责，导致公司未依法制作或者保存法律规定的文件材料，给股东造成损失，股东可以要求负有相应责任的董事承担赔偿责任，但股东需举证证明是因董事的行为导致其受到利益损失。股东因董事的前述失职遭受的损失，主要是由于公司会计账簿被故意隐匿或者销毁所导致，股东的损失主要包括可分配利润、可分配剩余财产以及因无法组织公司清算而使股东依法应承担赔偿责任等带来的损失。叶某华现主张的损失为其通过周某侗账户投入的 70 万元及相应的利息。根据叶某华在庭审中之陈述及已查明的事实，可以确认该 70 万元为其投入的 100 万元减去退还的 30 万元计算得来。故究其根本，叶某华现主张的 70 万元及相应利息仍为投资款。而叶某华就返还投资款已于 2016 年提起过诉讼，本案与 2016 年案件是基于同一事实所引起，诉讼请求本质亦一致，而在该案中生效判决驳回了叶某华的全部诉讼请求。叶某华现未提供新的证据证明公司存在可分配利润或可分配剩余财产，亦无证据证明其对公司之债务存在赔偿责任等。故叶某华以其投资款作为其受损金额进行主张，于法无据。一审法院判决驳回叶某华的全部诉讼请求。叶某华不服，上诉。

二审法院认为，因被上诉人周某侗没有制备公司财务会计报告、会计账簿和会计凭证，该行为导致叶某华作为股东无法行使股东知情权，并致其遭受了包括难以证明公司具备可分配利润并请求公司分配利润、难以证明公司具有可分配剩余财产并请求相应分配，以及因无法组织公司清算而依法应承担赔偿责任等带来的损失。对于上述难以证明的损失，一审法院要求叶某华承担举证责任，系举证责任分配不当。本院认为，周某侗因其未依法履行职责，应当对公司有无可分配利润或剩余财产等承担举证责任。现周某侗未能对此予以举证证明，应承担举证不能的后果。上诉人叶某华在本案中主张的损失赔偿金额为 86.8 万元，实为主张返还剩余投资款，以该款为据作为其未能行使股东知情权遭受的损失金额，于法无据。综合周某侗的执行董事职责，其在股东知情权诉讼中未反映上述公司文件材料"被查封"的情况，以及周某侗在股东知情权案件执行过程中未如实陈述并最终被法院予以司法拘留的客观情况，二审法院酌定周某侗应向叶某华支付 10 万元赔偿金。

评析

《公司法司法解释四》第 12 条规定："公司董事、高级管理人员等未依法履行职责，导致公司未依法制作或者保存公司法第三十三条、第九十七条（分别为 2023 年《公司法》第 57 条、第 110 条）规定的公司文件材料，给股东造成损失，股东依法请求负有相应责任的公司董事、高级管理人员承担民事赔偿责任的，人民法院应当予以支持。"所以股东请求赔偿损失，是有法律依据的。但案件的关键问题是，董事未依法制备公司财会资料，导致公司资产去向和价值不明，进而给股东造成损失，该损失如何确定？

一审法院认为，需要原告（股东）举证证明公司具有可分配利润、剩余财产和股东身为清算义务人承担的债务，在此基础上方能确定董事需要向股东赔偿的损失，不能依剩余投资款确定损失。二审法院认为，一审法院将前述举证责任配置给股东是不当的，但也不能依剩余投资款来确定损失，最后二审法院"综合"有关情况"酌定"10万元赔偿金。二审法院纠正一审法院的举证责任配置，这无疑是正确的，但二审法院最终也没有明确赔偿的合理依据或标准，仅仅是笼统地"综合""酌定"一定的金额。所以该案件留下一个有待探讨的问题：这类损失如何确定？

本书认为，在董事和股东均没有证据证明董事的该种严重失职行为给其造成的损失的情况下，董事应就股东投资的资金及合理利息承担责任。具体理由如下：第一，这符合资本投资的基本逻辑。股东将资金作为资本投资到公司，成为公司资产。根据会计规则，股东投资的财产被列为实收资本，经过经营后，资本转化为资产，公司资产扣除负债后剩余的资产为所有者权益。在董事未依法制备会计资料，又不能证明公司收支和资产，还不能证明投资资金去向的情形下，股东的投资资金及合理的利息可以推定为应有的所有者权益，该应有的所有者权益可作为股东的损失。第二，假如法院所支持的损失额度低于资本金及合理的利息，这明显会鼓励董事层不依法制备会计资料，甚至会激励董事利用法院的这种裁判规则恶意套取股东的投资款或者从事其他违法犯罪活动。第三，尽管公司还没有解散和清算，尚不涉及剩余财产的分配，但在公司财会资料全部灭失或根本就不存在且公司停止营业的情况下，股东的资本金可推定为全部灭失，而该资本金全部灭失并没有证据证明是市场风险导致的，而是董事严重失职造成的，要求董事承担资本金及合理利息的损失，并不为过。

另外，关于一审法院提到的该案与2016年的返还投资款的诉讼构成重复诉讼。本书认为，这种认识是错误的，原告的诉讼请求是要求董事赔偿其侵害股东权利造成的损失（"投资款加相应利息"只不过是计算损失的标准），与另案中诉请公司返还投资款，两者的诉讼主体（被告）和诉讼标的性质均不相同，并不构成重复诉讼。

案例 16：母公司的股东能否穿透母公司就子公司董事损害公司利益的行为提起代表诉讼

（改编于［2008］沪二中民五［商］初字第 21 号案）

提要

2023 年修订之前的《公司法》没有明文规定全资母公司的股东可对全资子公司的董事、高管损害公司利益提起代表诉讼，但也没有禁止这种代表诉讼。不允许母公司的股东发起这种代表诉讼，将使全资子公司失去一种监督和保护手段，董事、高管可能会利用这种法律缺失损害公司利益。2023 年《公司法》确立了双重代表诉讼。

案情

梅如丝公司为香港公司，股东、董事均为原告张某弘和被告武某斐。扣维迩公司的唯一股东是梅如丝公司，法定代表人为武某斐。2007 年 4 月，扣维迩公司委托评估机构评估自有厂房一套，并在未经董事会决议的情况下将该厂房卖给被告佳持公司。扣维迩公司另一名董事于三年前死亡，且梅如丝公司没有委派新的董事。

2007 年 12 月 12 日，张某弘委托律师向梅如丝公司发送《律师函》，要求梅如丝公司以扣维迩公司股东的身份，向扣维迩公司监事会发书面函，对被告武某斐提起诉讼，或以梅如丝公司名义提起股东代表诉讼。2008 年 1 月 17 日，张某弘向扣维迩公司发送《律师函》，提出因梅如丝公司对上述要求未予回应，张某弘以梅如丝公司股东的名义，要求扣维迩公司监事会对被告武某斐和被告佳持公司提起诉讼，如被拒绝或未提起诉讼，则将以自己的名义提起股东代表诉讼。

2008 年 3 月初，原告提起诉讼，请求法院判令：①被告武某斐向第三人扣维迩公司赔偿 150 万元；②被告佳持公司对上述赔偿承担连带责任。

问题

原告是否有权提起双重代表诉讼？

裁判理由及结果

审理法院认为，原告张某弘的诉讼主体资格是否适格，即原告张某弘是否有权行使股东代表诉讼的权利。根据《公司法》相关规定，对董事损害公司利益的行为，有限责任公司的股东，在经书面请求监事会或者监事向人民法院提起诉讼遭拒绝，或者 30 日内未提起诉讼的情况下，有权为了公司的利益以自己的名义直接向人民法院提起诉讼。本案中，第三人扣维迩公司是原告张某弘诉称的利益受到损害的公司，该公司的唯一股东是梅如丝公司，原告张某弘只是梅如丝公司的现任股东，并非第三人扣维迩公司的股东。故依据上述法律规定，本院认为，只有梅如丝公司才具有原告的诉讼主体资格，本案原告张某弘无权行使股东代表诉讼的权利。

评析

《公司法司法解释四（征求意见稿）》中第 35 条曾规定，全资母公司的股东可以对全资子公司的董事、高管损害公司利益的行为提起代表诉讼，但最后的正式稿并没有该规定。裁判实务中，有支持穿透式代表诉讼的，也有不支持的。支持的案例如［2016］陕民终 228 号案和［2016］陕民终 255 号案，不支持的案例如［2016］苏民终 568 号案。从域外的法律来看，一般都允许提起这种穿透式代表诉讼，如美国和日本都允许穿透双重甚至多重公司进行代表诉讼。本书认为，在全资母子公司关系中，母公司的股东可以进行穿透式代表诉讼，是代表诉讼应有之义，否则代表诉讼在这种投资关系中就成了特别豁免区，也会令有些公司的大股东通过转投资来规避代表诉讼制度，恶意损害公司和其他股东利益。2023 年《公司法》第 189 条第 4 款明确承认了双重代表诉讼。

模块三、热点、难点论辩

一、股东参会而未投票，应认定为赞成、反对还是弃权？

论辩提示：

（1）关于股东参会而未投票的行为性质，有三种观点：第一种观点认为，应推定为同意，即默示；第二种观点认为，股东没有投票，说明对决议事项不满意，可视为反对；第三种观点认为，应作弃权处理。组织论辩时可分三个讨论小组，每组持一说。

（2）若赞成默示的观点，则可运用法律行为中的默示规则及其法理进行分析；若赞成反对的观点，则宜考虑，要是股东确实有反对的意愿，则按道理其会通过投票来表达异议；若赞成这种行为应视为弃权，则可运用到弃权的意思表示理论。

（3）有人则认为应具体情况具体分析，但总体上应当作出对未投票股东不利的解释。

（4）另外值得进一步思考的是，若视为弃权，那么按照法律规定，该股东算是参与了股东会，但比较有意思的问题是，该股东所持票数能不能被算进决议比例基数中。

二、通过累积投票制选出的董事可否通过股东会多数决罢免？

论辩提示：

（1）对于此问题，我国《公司法》并无相关规定，但实务中却存在这种问题，故讨论此问题有其实际意义。

（2）讨论该问题时，需要考虑立法上提倡实行累积投票制的意旨。应当考虑到允许多数决罢免，会不会导致累积投票制的价值落空。

（3）另外还需考虑，董事或高管的任命与罢免是一个整体结构性事物，还是完全独立的两个事物。

三、表决权能否有偿征集？

论辩提示：

（1）讨论该问题时，宜先明确表决权征集的主体是谁？他们的目的又是什么？

（2）代理权有偿征集，真实的交易客体是什么？

（3）表决权的性质是否应当成为讨论问题的关注点？

四、职工持股会的法律地位如何？

论辩提示：

（1）国务院办公厅《关于外经贸企业内部职工持股会法律地位问题的复函》（国办函〔2001〕25号）规定，"职工持股会是公司工会内设的专门从事本公司内部职工股的管理组织，不必作专门的登记"。民政部办公厅《关于暂停对企业内部职工持股会进行社团法人登记的函》（民办函〔2000〕110号）规定，"由于职工持股会属于单位内部团体，不应再由民政部门登记管理""在国务院没有明确意见前，各地民政部门暂不对企业内部职工持股会进行社团法人登记；此前已登记的职工持股会在这次社团清理整顿中暂不换发社团法人证书"。但迄今国务院对此没有明确意见。

（2）在此之前，各地文件赋予职工持股会的法律地位有四种。第一种，规定职工持股会仅仅是企业内部集中管理职工股权的机构。第二种，规定职工持股会以工会社团法人的名义开展活动，如《关于国有企业改革中登记管理若干问题的实施意见》《上海市关于公司设立职工持股的试点办法》《陕西省公司职工持股会试行办法》《甘肃省股份制企业内部职工持股暂行办法》。第三种，赋予职工持股会以独立的社会团体法人资格，如《北京市现代企业制度试点企业职工持股会试行办法》。第四种，赋予其企业法人地位，如《山西省企业职工合股基金会设立登记暂行办法》。

（3）思考本问题时，可以思考民政部不给职工持股会登记为社团法人的理由，以及这种理由是否充分。

五、董事是否要对公司以外的第三人承担民事责任？

论辩提示：

（1）传统公司法理论基于董事与公司之间是信托、委托或委任关系，董事是公司机关，认为董事无须对第三人承担责任。但现今的理论和实践都认同董事对第三人的民事责任，我国《公司法》和《证券法》都有相关规定。讨论此问题，其中的一个意义在于明确董事对第三人责任的发展过程和理由。

（2）可以借此问题进一步讨论董事对三人责任的责任形态，是过错责任还是严格责任？董事对第三人承担责任是不是要有明确的法律依据？

（3）另外，还可以讨论这种责任的性质，其应是连带责任还是补充责任？立法上一般规定为连带责任，主要是基于什么考虑？

六、公司基于保护商业秘密的需要而与董事约定竞业禁止，发生纠纷后是否必须经过劳动仲裁？

论辩提示：

（1）讨论这个问题时应注意：实务中，这种竞业禁止的约定，有的约定在劳动合同中，有的约定在保密协议中；有些董事与公司之间并没有劳动关系，有些有劳动关系。

（2）这里可能涉及三种法律关系的重合：合同关系、侵权关系和劳动关系。

七、监事因董事和高管的原因无法行使职权，能否提起诉讼？

论辩提示：

（1）监事行使监督权，需要董事和高管配合。他们不配合，会影响监督工作开展，甚至根本没法监督。通过内部自治机制实现有效监督，自然是公司的首选办法。但在内部自治机制失灵的情况下，监事能否请求法院强令董事和高管履行接受监督的义务？这就是问题所在。

（2）有观点认为，监事会是监督机关，是内部治理机构，监事无法行使监督乃是内部自治问题，法院不能干预，也难以干预。有人认为，在自治机制失灵的情况下，公司内部治理纠纷自当有寻求救济的权利。

（3）讨论该问题，需要考虑监事的监督权，其性质是什么？如果提起诉讼，原告是监事还是公司？被告是谁？

八、监事会履职采取集体行权制还是单独行权制？

论辩提示：

（1）我国《公司法》对于监事履职到底是集体行权制还是单独行权制，相关规定的逻辑并不清晰，实务中有监事单独行使权力遭到拒绝的，故有讨论该问题的必要。

（2）由于相关立法规定并不清晰，故该问题既是一个立法论问题，也是一个解释论问题。论辩时既可以从应然的角度讨论应当如何完善相应规则，也可以基于现有立法规定对现实中的纠纷如何适用法律作解释。

（3）讨论时应考虑集体行权制与单独行权制各自的优缺点。在立法选择上，是两者选其一还是可以兼而有之。如果是兼而有之，什么情形下实行集体行权制，什么情形下实行单独行权制，这个问题值得进一步讨论。

九、高级管理人员、职工、债权人能否请求确认股东会决议无效？

论辩提示：

（1）问题源于《公司法司法解释四》第 1 条"公司股东、董事、监事等请求确认股东会或者股东大会、董事会决议无效或者不成立的，人民法院应当依法予以受理"的规定，这里的"等"是否包括高级管理人员、职工、债权人？

（2）一般地，决议被认为是法律行为，故确认法律行为无效的诉讼原理（含原告资格的有关原理）能否适用于决议行为无效确认之诉，值得思考。

（3）在运用损害与救济原理论辩时，建议考虑公司决议的效果范围与决议效力诉讼原告主体资格的相关性。

（4）论辩时，是否应区分公司决议形成法律关系与决议执行法律关系。

十、其他值得论辩的问题

（1）监事会或监事是否有权提起知情权诉讼？

（2）对于投资人而言，公司该如何选择监事制度或审计委员会制度？

（3）法定代表人与印章，到底谁代表公司？

（4）除董事长或经理，其他人能否担任法定代表人？

（5）表决权信托是否要明确信托目的？

（6）法定代表人起诉公司，公司没有主动应诉，法院是公告送达还是指定诉讼代表人参与诉讼？或者其他方式确定？

（7）变更法定代表人是否需要 2/3 多数同意？

（8）表决权人的表决行为瑕疵，是否影响决议的效力？

（9）违法决议无效，其中的违法是指违反效力性强制性规定还是所有法律规定？

（10）实际控制人是否可以成为法人人格否定后的责任主体？

（11）当事人在设置公司机关时，可否突破公司法的规定自创某种公司机关？

（12）有限责任公司董事可否委托非董事代理参加董事会？

模块四、项目任务（作业）

（1）模拟上市公司董事会，草拟一份股东会会议通知。

（2）收集整理《公司法司法解释四》出台后的公司决议不成立纠纷案例，并梳理出裁判的基本观点。

（3）收集整理省级以上高院人民法院公司决议无效纠纷案例，并梳理出裁判的基本观点。

（4）收集整理省级以上高院人民法院公司决议可撤销纠纷案例，并梳理出裁判的基本观点。

（5）累积投票制的法律思考。

（6）论上市公司虚假陈述之独立董事责任。

（7）综述当前派生诉讼的理论观点。

（8）综述当前表决权代理的理论观点。

（9）综述当前董事信义义务的理论观点。

（10）综述当前关于商业判断规则的理论观点。

（11）收集整理近10年省级高院人民法院及以上法院审理的派生诉讼纠纷案例，并梳理出裁判的基本观点。

第六编

公司变更

第一章　公司合并

第一节　概述

一、概念与特征

（一）概念

公司合并，是指两个或两个以上公司依照法定程序归并为一个公司的法律行为。

（二）特征

（1）是一种法律行为。它是两个或两个以上公司之间的合意行为。这种合意行为受公司法和合同法的双重规制。

（2）是一种同向行为。普通合意行为合意当事人在利益和目的上方向往往相反，而合并行为在利益和目的上具有较强的同向性。

（3）是一种人格归并行为。普通合意行为并不消灭任何一方主体，而合并行为将两个或两个以上公司人格归并为一个公司人格，至少消灭一方主体。

（4）必须遵守法定要求。由于合并行为影响到债权人利益，甚至会涉及反垄断问题，故合并时需要遵守法定要求。

二、合并方式的类型

（一）吸收合并与新设合并

（1）吸收合并，又称公司兼并，是指一家公司吞并另一家或多家公司的合并行为。一般表述为 A+B＝A，A 继续存续，B 因被吞并而解散。

（2）新设合并，又称创设合并，是指两家以上公司财产和债权债务合并而成立一家新公司，被合并的公司均解散的合并行为。一般表述为 A+B＝C，A、B 均解散，新成立 C 公司。新设合并本质上属于新公司的设立。

（二）现金合并与易股合并

（1）现金合并，指被兼并公司的某些股东被要求接受现金而退出公司。

（2）易股合并，指被兼并公司的股东接受存续公司的股份作为合并对价的合并。

三、合并的法律后果

合并主要产生三项法律后果：其一，原公司的债权债务均由合并后的公司享有和承担。其二，股东的身份关系也会发生变动，有些原公司的股东可能完全退出，有些原公司股东成为合并后公司的股东，通常所有股东的股份额均会发生变化。其三，公司人格发生变动，或消灭或变更或设立。

第二节 合并程序

一、订立合并协议

《公司法》第220条规定："公司合并，应当由合并各方签订合并协议……"此规定表达了这样的意思：其一，公司合并应当签订合并协议；其二，签订协议的是合并各方，也就是各公司，而不是各公司股东。当然，由各公司的股东在合并协议上签字的方式，也理应被允许，这样省却了各公司股东会各自作合并决议。

二、编制资产负债表及财产清单

为了保障各方利益，《公司法》第220条规定了各公司应当编制资产负债表和财产清单。从实务角度来讲，资产负债表除了载明一般性负债外，担保债务也应当体现在负债表中。若合并时并未顾及担保债务，合并后的公司不仅不能对抗担保权人，而且还会导致合并效力瑕疵。该项编制行为宜在签订合并协议之前就进行，它是合并过程中的基础性工作。

三、各公司作出合并决议

（一）普通合并的决议

公司合并是公司的重大变更，需要股东会占资本绝对多数同意（《公司法》第 66 条第 3 款和第 116 条第 3 款）方能通过。从实务角度来讲，合并决议应当考虑的问题既包括公司是否合并以及与谁合并的问题，还包括是否涉及股东和债权人利益的问题；需要解散的原公司，在决议时就解散事宜一并决议。此外，在合并时，应对异议股东退出公司事宜备有预案。为便于行事，一般先由各公司董事会作出决议，再由公司之间签订合并协议；为避免不必要的纠纷，在合并协议中注明类似这样的字样"经各公司股东会决议通过后协议生效"，并约定各公司董事会均有义务及时召开股东会通过合并方案。

（二）简易合并的决议

2023 年《公司法》新增了简易合并制度。该法第 219 条第 1 款规定："公司与其持股百分之九十以上的公司合并，被合并的公司不需经股东会决议，但应当通知其他股东，其他股东有权请求公司按照合理的价格收购其股权或者股份。"据此规定，简易合并不需经股东会决议，但该条第 3 款规定应当经董事会决议。

（三）小规模合并

2023 年《公司法》新增了小规模合并制度。该法第 219 条第 2 款规定："公司合并支付的价款不超过本公司净资产百分之十的，可以不经股东会决议；但是，公司章程另有规定的除外。"据此规定，小规模合并可以不经股东会决议；若不经股东会决议，则应当经董事会决议。

四、通知债权人和公告

公司合并对债权人的利益可能产生重大影响，因此《公司法》第 220 条规定"公司应当自作出合并决议之日起十日内通知债权人，并于三十日内在报纸上或者国家企业信用信息公示系统公告"。从实务角度来看，宜在董事会作出决议后就与债权人沟通，征求债权人的意见，若股东会决议之前就取得债权人同意，自然更有利于后续工作的进展。

五、债权人异议权

因为公司合并可能会导致公司的偿债能力发生变化，这就会对债权人造成不利影响。故《公司法》第 220 条规定债权人享有异议权，即债权人可以在接到合并通知书之日起 30 日内，未接到通知书的自公告之日起 45 日内，要求公司清偿债务或者提供相应的担保。

六、实施合并

在依法满足债权人要求后，各公司签订的合并协议生效且可履行，原各公司按照合并协议实施资产和人事等方面的合并，办理产权变动事宜。

七、办理合并登记手续

合并后，被解散的原公司要办理注销登记；继续存续的公司需要办理相应的变更登记；新设合并的公司，需要办理设立登记。

第三节　合并中利害关系人保护

一、债权人异议权

（一）概念

债权人异议权，是指债权人有权对公司合并提出异议，公司应清偿债务或提供相应担保。

（二）异议权的有关学说

（1）构成危害说，即只有合并行为对债权人的债权构成危害，才享有异议权。法国、意大利立法采此说。

（2）无条件说，即只要公司合并，就有权提出异议，公司就要清偿债务或提供担保。日本和我国立法采此说。

（三）不适当履行债权人保护程序的后果

1. 民事法律后果

针对公司合并过程中不适当履行债权人保护程序的，各国法律有不同规制方法：第一种，未作后果方面的明文规定；第二种，合并只对提出异议的债权人无效，提出异议的债权人可以提出合并无效之诉；第三种，异议申请有阻止合并实施的效力，只有裁判机关驳回异议，或者对债务进行了清偿或提供了担保，才可以实行合并。本书认为，合并侵害债权人异议权的，通过确认合并无效来救济债权人，对债权人而言，往往并没有多大实益；且将公司再行拆分，于公司和社会经济秩序也不利。比较好的救济方法是，根据共同侵权规则来追究相关决议股东的责任。

2. 行政法律后果

我国《公司法》规定了公司合并时违反通知或公告义务的行政法律后果，该法第 255 条规定："公司在合并、分立、减少注册资本或者进行清算时，不依照本法规定通知或者公告债权人的，由公司登记机关责令改正，对公司处以一万元以上十万元以下的罚款。"

二、少数股东的保护

（一）合并表决权

公司合并必须经过股东会，中小股东可以通过行使表决权来表达是否同意合并的意思。只有股东绝对多数同意合并才能合并，否则合并无法进行。

（二）评估权

如果股东不同意合并，但合并决议获得通过，则不同意合并的股东可以行使评估权，也就是退股权（《公司法》第 89、161 条）。

此外，公司合并中，假如公司控制人或董事层存在违反信义义务的行为，也可以依法提起诉讼。国外近期有判例认为，合并行为不仅要形式上符合程序，还应当在实质上符合公平标准，若合并违反公平标准，则可能面临司法审查。

第四节　合并无效及其诉讼

一、概念

合并无效，又称合并不能，是指合并行为因无效或被撤销等原因最终导致合并不成。

二、原因

合并行为可能因以下原因而导致合并不能：其一，合并协议被确认无效或被撤销；其二，合并决议被确认无效或被撤销；其三，损害债权人利益。不过，由于合并行为涉及面往往比较广，故各国实践上倾向于积极补正合并行为而尽量避免确认合并行为无效或者撤销合并行为。

三、合并无效之诉

（一）性质

合并无效须以诉讼方式确定。合并无效之诉属于形成之诉。

（二）当事人

提供无效之诉的原告可以是公司股东或公司债权人，有些国家允许公司董事、监事和清算人提起诉讼。被告一般是合并后存续的公司或新设的公司。原告应在合并完成之后的一定期限内（一般是 6 个月）起诉，该期限一般认为是除斥期间。

（三）无效判决的溯及力

一旦判决生效，则任何人不得再对合并行为提起无效之诉。无效判决生效之后，在此之前存续公司或新设公司视为事实公司，生效判决对其与其他民事主体之间发生的法律关系不具有溯及力，换句话说，其他民事主体的权利义务不因此而受到影响。

我国立法虽无合并无效之诉的规定，但司法实务有此类裁判。

第二章　公司分立

第一节　概述

一、概念、特征与形式

（一）概念

公司分立，是指一个公司分成两个或两个以上公司的法律行为。

（二）特征

（1）公司分立是一种法律行为。常态下的公司分立，是公司成员依决议形成的、将公司分立的目的意思的结果。它既不是单方意思，也非双方合意，而是形成意思。当然，公司分立的动因除了成员的形成意思外，政府也可以依反垄断法强制拆分公司。

（2）公司分立是一种将一个公司人格分成两个或两个以上公司人格的行为。该项行为的目的是将一个独立人格的公司分立出两个或两个以上具有独立人格的公司。

（3）公司分立必须遵守法定程序。

（三）方式

（1）存续分立，是指一家公司分立成两家或两家以上公司、原公司存续的情形。一般表述为 A＝A+B，A 继续存续，B 因分立而新设立。

（2）解散分立，是指一家公司分立成两家或两家以上公司、原公司不再存续的情形。一般表述为 A＝B+C，A 被解散，新设立 B 和 C 两家公司。

（3）合并分立，是指一家公司以其资产的一部分，同另一家或多家公司的部分资产合并，成立一家或数家公司的情形。这是一种复杂分立，前述存续分立和解散分立均为单纯分立。我国公司法没有合并分立的专门规定。

第二节　分立程序

一、董事会决议

一般而言，公司准备分立，宜由董事会先拟出分立事项决议草案。我国法律并没有规定必须经董事会决议，故董事会决议并非法定必经程序。但是董事会可以就分立事项作决议，并起草具体分立的计划方案。

二、股东会决议

股东会是公司分立的决策机关。因为公司分立会对股东的权利和利益产生实质性影响，属于公司的重大变更事项，故而需要股东会占资本绝对多数同意（《公司法》第66、116条）。实务中需要注意的是，公司在对分立事项作决议时，不仅仅要对是否需要分立作决议，凡是涉及到股东利益的事项，均应在决议内容中有所体现；另外，公司应当对异议股东退出公司备有预案。

三、签订分立协议

分立协议并非《公司法》所规定的必备程序，但一旦公司分立，会涉及到分立后各公司之间善后事宜的处理，预先通过分立协议明确善后事宜，有利于避免纠纷。

四、编制资产负债表和财产清单

《公司法》第222条第2款第1句规定："公司分立，应当编制资产负债表及财产清单。"

五、通知债权人并公告

《公司法》第222条第2款第2句规定："公司应当自作出分立决议之日起十日内通知债权人，并于三十日内在报纸上或者国家企业信用信息公示系统公告。"

六、办理分立登记手续

公司分立，新设立的公司应当办理设立登记；因分立而解散的原公司，应当办理注销登记。

第三节　利害关系人保护

一、债权人利益保护

《公司法》第 223 条规定，分立后的公司应对原公司的债务承担连带责任。当然，若分立前与债权人另有其他约定的，依约定。

二、少数股东保护

同合并一样，公司分立同样也是通过表决权和评估权等来保护中小股东的利益。此处不再展开。

第四节　分立无效与诉讼

分立无效与诉讼，同合并无效与诉讼，此处不再展开。

第三章　其他变更与变更登记

第一节　重大资产出售

一、概念与特征

（一）概念

重大资产出售，是指公司非依营业常规将其全部或是实质性资产出售给另一家公司的行为。

（二）特征

（1）是一种公司间资产出售行为。资产出售的对象是另一家公司。

（2）出售标的为全部或实质性资产。全部或实质性资产的认定标准一般为，该出售是否会导致公司营业发生实质性改变。

（3）出售方式不是依营业常规。若依营业常规出售资产，不属于该概念的外延，如房地产开发商将开发的房产全部售卖给另一家公司，不构成此处所指"重大资产出售"。

（三）影响

公司重大资产出售，支撑公司营业能力的资产基本灭失，公司原有营业范围也就没有多大的存在价值，公司很有可能解散，也很有可能转产。这对公司和股东的利益都有重大和实质性影响。

二、法律规制

《公司法》针对公司转让主要财产的，授予了异议股东退股权（第89、161条）。2023年修订之前的《公司法》第104条针对股份有限公司售让重大资产没有规定退股权，仅规定"本法和公司章程规定公司转让、受让重大资产或者对外提供担保等事项必须经股东大会作出决议的，董事会应当及时召集股东大会会议，由股东大会就上述事项进行表决。"2023 年《公司法》删除了该条规定。针对上市公司，《公司法》第 135 条规定："上市公司在一年内购买、出售重大资产或者向他人提供担保的金额超过公司资产总额百分之三十的，应当由股东会作出决议，并经出席会议的股东所持表决权的三分之二以上通过。"

三、债务承担

一般购买重大资产的公司不对出售公司债务承担责任，但以下几种情况例外：

（1）默示责任承担协议，即从购买资产的公司的行为推断其具有承担债务的意思，则购买资产的公司应当承担债务。

（2）欺诈性转让，如向公司股东而不是公司支付对价。

（3）购买资产的公司实际上是出售资产的公司的延续，如出售资产的公司的所有人设立新公司购买其资产并继续营业。

（4）事实合并，即如果购买资产的公司全盘接受了出售资产的公司的组织、管理、人事等，出售资产的公司的股东获得股票，那么购买资产的公司应当承担责任。

第二节　资本变动

一、增资

增加资本，简称增资，是指公司成立后依照法定条件、程序增加公司资本额的法律行为。

（一）增资方式

增资的主要方式包括增加票面价值、增加注册资本额、发行新股、债转股等。增资可以是既有股东增加资本，也可以是吸纳新股东增资；既可以是股东将自有资产投入到公司增资，也可以是现有资本外可以用于增资的公司富余资产增资。公司仅增加资本公积金也属于广义上的增资。

（二）增资程序

1. 股东会决议

有限责任公司增资应当经代表 2/3 以上表决权的股东同意（《公司法》第

66 条）。股份有限公司增资应当经出席会议的股东所持表决权的 2/3 以上同意
（《公司法》第 116 条）。另外，公司在增资过程中，应当注意股东可能享有的
优先认购权，尤其是注意股份有限公司章程或股东会决议可以赋予股东优先
认购权（《公司法》第 227 条）。

2. 工商变更登记

决议通过后，公司章程的内容也随之发生变更，资本变更的事项应当办
理工商变更登记。

（三）关于增资配套制度的建议

增资程序比较严格、繁琐，这一方面增加了公司的成本，另一方面因增
资不及时或增资不能而影响公司的投资机会。2023 年《公司法》引入了授权
资本制，再结合认缴资本制，能在一定程度上避免繁琐增资程序造成的不经
济的效果。

二、减资

减少资本，简称减资，是指减少公司注册资本的法律行为。

（一）减资方式

减资方式，包括减少票面价值、减少出资和股份数额等。

（二）减资程序

1. 普通减资程序

（1）股东会决议

有限责任公司须经代表 2/3 以上表决权的股东同意（《公司法》第 66
条）。股份责任公司须经出席会议的股东所持表决权的 2/3 以上同意（《公司
法》第 116 条）。

（2）编制资产负债表及财产清单

（3）通知债权人并公告

与增资不同的是，减资须通知债权人，自增资决议通过之日起 10 日内通
知债权人，并在 30 天内在报纸上或者国家企业信用信息公示系统公告。

（4）债权人异议

债权人在接到通知书 30 日内，未接到通知的自公告之日起 45 日内，有
权要求公司清偿债务或提供担保。

（5）办理工商变更登记

2. 简易减资程序

简易减资程序是 2023 年《公司法》新增的规定。根据该法第 225 条的规定，公司用公积金弥补亏损后，仍有亏损的，可以通过减少注册资本来弥补亏损，但不因此免除股东此前依法应当承担的出资责任，公司也不得借机向股东分配财产。这种情况下的减资，不需要提前向债权人清偿债务或提供担保，但应当自股东会作出减资决议之日起 30 日内在报纸上或者国家企业信用信息公示系统公告。

简易减资后，在法定公积金和任意公积金累计额达到公司注册资本 50% 前，不得分配利润。

（三）减资比例

2023 年《公司法》新增第 224 条第 3 款规定："公司减少注册资本，应当按照股东出资或者持有股份的比例相应减少出资额或者股份，法律另有规定、有限责任公司全体股东另有约定或者股份有限公司章程另有规定的除外。"

（四）违法减资的法律后果

2023 年《公司法》新增第 226 条规定："违反本法规定减少注册资本的，股东应当退还其收到的资金，减免股东出资的应当恢复原状；给公司造成损失的，股东及负有责任的董事、监事、高级管理人员应当承担赔偿责任。"

第三节　章程修改

一、概述

（一）概念

修改章程，指公司成立后依法对已经发生效力的章程进行变更的法律行为。修改公司章程有广义和狭义之分。狭义的修改公司章程仅仅指公司法规定的须经过资本绝对多数才能修改公司章程的情形，而不包括因股权转让等而修改公司章程的情形。

（二）特征

（1）是基于社会经济情势、公司发展情况以及股东的意愿发生变化而变动

（2）是对已经发生效力的条款进行变更

（3）必须根据法律的要求进行

二、法律要求

（一）修改主体

一般情况下应由股东会修改公司章程。但在特殊情况下，不需经过股东会，如《公司法》第87条规定的有限责任公司股权转让后章程中股东的变更。不同种类股以及公司重整中的公司章程修改，则是有待研究的问题。

（二）决议通过要求

有限责任公司须经代表2/3以上表决权的股东同意（《公司法》第66条第3款）。股份有限公司须经出席会议的股东所持表决权的2/3以上同意（《公司法》第116条第3款）。

需要特别指出的是，在有限责任公司中，并非所有章程条款都能根据2/3以上多数决修改，至少这两种情形一般不能通过2/3以上多数决修改：第一，涉及股东选择管理者权利相关事项的，例如初始章程规定占股33%的股东委派一名董事，占股67%的股东委派两名董事，这种董事会产生办法的规定，就不可依2/3多数决变更，除非该持股33%的股东同意（放弃委派董事的权利），否则就会侵害小股东选择管理者的权利；第二，初始章程或股东协议约定需要一致同意才能修改的。

三、变更登记

章程修改后，应当办理工商备案登记。若不去做备案登记，会影响利益相关方查阅，进而影响其效力范围。

第四节　控制权交易

一、概念与特征

1. 概念

控制权交易，是指公司原控制人将其控制权转让于新控制人的行为。

2. 特征

第一，控制权合法交易的前提是，法律上并不禁止公司控制权被当作为一种独立的利益和交易客体。

第二，表面上交易的是股权，本质上交易的是相应股权所实际享有的控制力及其带来的实益。因此，控制权交易一般会带来公司管理层的整体变动。

第三，控制权交易价格可以拆分为两部分，一部分是公司普通股权的市场价格，另一部分是所谓的"控制权溢价"。

二、控制权交易的正当性问题

从公平价值的角度来看，控制权交易被认为是公司"权力"异化为个别股东私权利的结果，"控制权溢价"的价值源泉并非源于原控制人投入的要素，而是公司整体利益的一部分或者说从其他股东那里转移而来的，因此它难以从股权平等原则中获得正当性解释。但由于控制权交易体现为股权交易，形式上符合市场交易规则，因此试图抑制溢价交易的想法很难在实践上实施。

三、控制权交易的规制

尽管控股股东的受信义务与其享受的控制权溢价（权益）之间很难建立起对应关系，但当前的理论与实务界普遍认为，可依受信义务对控制权交易进行规制。以下几种控制权溢价交易行为会被认为是违反了受信义务：①劫掠，是指新控制人旨在劫掠公司资产而收购控制权；②表决权出售，是指将选举董事的表决权作为控制权转让对价的组成部分；③公司机会转换，是指原控制人将本属于公司的机会作为控制权转让对价的组成部分；④所有股东机会转换，是指该转让股权的交易机会属于所有股东，但原控制人却将此机会独揽并获得更高的交易对价。域外司法实践上针对上述控制权交易中的失信行为，法院会要求控制人承担责任。一般而言，针对该类交易提起的是派生诉讼，但在特定情况下法院也会要求违反义务的控制人向其他股东承担责任。我国《公司法》对控制权交易没有特别规定，但该法第 21 条至第 23 条规定的禁止权利滥用规则可用于调整控制权交易关系。

依禁止权利滥用规制控制权交易并非唯一办法，因为即便是最透明的上市公司，其治理也存在"黑箱"。控制权交易发生在大资本之间，是大资本收割中小投资者的一种方式。控制权交易的受让者取得股权后，相对中小股东而言，必然要获得超额收益，阻止公司财产流向中小股东是他们获得超额收益的有效办法，而公司利润分配上的所谓多数决规则恰恰能最有效地契合他们的利益，因此，改革公司法上的以多数决为要义的利润分配制度，是抑制控制权溢价交易的有效手段之一。

第五节　公司组织形式变更

一、概念

公司组织形式变更，是指保持公司人格持续的前提下，将公司从一种组织形态转变为另一种组织形态的法律行为。

二、立法态度

域外公司法有关公司组织形式变更，有两种立法态度，一种是限制主义，另一种是非限制主义。限制主义立法下公司组织形式变更限于性质类似的公司之间，不能将公司变更为性质差异太大的公司，如资合公司与人合公司之间不能相互变更。日本和韩国采取此种立法模式。法国和德国采取非限制主义模式。我国目前的公司组织形式变更限于两种情形，一种是从有限责任公司变更为股份有限公司，另一种是反方向变更（《公司法》第12条第1款）。

三、《公司法》关于组织形式变更的有关规则

（1）股东绝对多数同意。由于公司组织形式变更对股东利益有重大影响，故属于公司重大变更事项，需要绝对多数同意（《公司法》第66、116条）。

（2）资本形式转换。有限责任公司变更为股份有限公司时，股东出资转换为股份，折合的实收股本总额不得高于公司净资产额（《公司法》第108条）。

（3）债权债务不变。由于公司人格一直存续，故债权债务不变。

第六节　对赌

一、概念与特征

1. 概念

对赌，又称估值调整，是指投资方与融资方在实施股权投融资时，约定在一定条件下须以约定价格回购投资方股权或给予投资方金钱补偿等方式抵

消因公司未来不确定性给投资方带来的风险，这种投融资行为模式就称为对赌。

2. 特征

第一，对赌的目的是降低因公司未来不确定性给投资方带来的风险。这种不确定性风险主要是因公司治理上的信息不对称带来的信任风险。

第二，对赌的一方为投资方，另一方为目标公司或其股东（包括控制人）。

二、规制

我国《公司法》并无直接规定对赌的条款，不过由于实务纷争较大，故最高人民法院《九民纪要》第二部分关于公司纠纷案件的审理第5条明确了以下几项裁判观点：其一，与目标公司对赌，应认定协议有效且支持依约履行；其二，与目标公司对赌回购股权，若目标公司未完成减资程序，驳回投资人的诉讼请求；其三，与目标公司对赌补偿金钱，若没有利润或利润不足以补偿投资方，应当驳回或部分支持投资人的诉讼请求。

本书认为，前述第二、三项观点值得商榷。对赌中的公司回购股权，虽然也涉及到减资，但与普通减资程序显然不同。与公司对赌的协议中包含了回购内容，这就表明原公司股东层已经形成了增资以及回购条件成就时减资的意思，这种意思通常是明确的而且也被新股东认可，因此，对赌回购并没有必要走减资决议程序。至于债权人利益的保护，可参照简易减资规则处理。

第七节　变更登记

本节所指变更，特指《公司法》规定的需要办理变更登记的变更，不包括前述变更事项中不需要办理登记手续的变更。

一、登记事项变更登记与公示

《公司法》第34条规定："公司登记事项发生变更的，应当依法办理变更登记。公司登记事项未经登记或者未经变更登记，不得对抗善意相对人。"根据《公司法》第32条的规定，登记事项包括：①名称；②住所；③注册资本；④经营范围；⑤法定代表人的姓名；⑥有限责任公司股东、股份有限公司发起人的姓名或者名称。

前述事项变更后既须登记，还应当及时通过国家企业信用信息公示系统向社会公示。

二、变更登记申请

《公司法》第35条规定："公司申请变更登记，应当向公司登记机关提交公司法定代表人签署的变更登记申请书、依法作出的变更决议或者决定等文件。公司变更登记事项涉及修改公司章程的，应当提交修改后的公司章程。公司变更法定代表人的，变更登记申请书由变更后的法定代表人签署。"该条属于2023年修订案的新增条款，其中第3款解决了法定代表人变更后由谁签署变更登记申请书的问题。

三、营业执照记载事项变更

《公司法》第36条规定："公司营业执照记载的事项发生变更的，公司办理变更登记后，由公司登记机关换发营业执照。"

四、未依法办理变更登记的行政法律后果

《公司法》第260条第2款规定："公司登记事项发生变更时，未依照本法规定办理有关变更登记的，由公司登记机关责令限期登记；逾期不登记的，处以一万元以上十万元以下的罚款。"

模块二、案例分析

案例1：未经债权人同意的兼并，兼并协议的效力状态如何

（改编于［2005］民二终字第38号案）

提要

兼并协议约定，债权人（银行）给予贷款利息优惠政策是兼并协议生效的条件，在债权人不同意兼并的情况下，兼并协议并不满足约定的生效条件，兼并行为也不符合兼并的法定要件。

案情

1997年3月5日，燕达集团公司与感光材料公司签订《兼并协议》，协议的主要内容是：①燕达集团公司兼并感光材料公司；②燕达集团公司以全额承担与感光材料公司资产等值或超值的债务为条件，全部承接其资产；③由感光材料公司向其主管部门和天津市经济委员会上报审批，协调各单位落实地方优惠政策并批复后生效。同年3月12日，宜清控股公司向天津市经济委员会上报兼并请示。3月14日，燕达集团公司与被兼并方的最大债权人投行天津分行就兼并一事达成《备忘录》，投行天津分行同意减免利息等相应优惠政策，及时办理报请上级银行审批手续，并承诺批准后再签订协议。同年4月28日，天津市调整工业办公室以津调办［1997］62号批复致函宜清控股公司，同意兼并，并按国发［97］10号文件有关精神，办理有关银行贷款停免息政策事宜。1997年6月3日，中国投资银行致函天津市人民政府，不同意兼并。但未向燕达集团公司抄送该函也未向其另行发函。1997年6月9日，

燕达集团公司与宜清控股公司就移交工作签订《移交协议书》。感光材料公司于同年 7 月在天津市工商局办理了企业法人变更登记，变更理由是原企业被燕达集团公司兼并，变更后的企业名称为天津燕大感光材料公司，并在国家国有资产管理局办理了企业国有资产变动产权登记。1997 年 7 月 28 日，燕达集团公司向感光材料公司拨款人民币 1000 万元。

另查明，中行天津分行、工行河西支行作为感光材料公司的债权人，在天津市人民政府有关部门的协调下，为落实《兼并协议》中的优惠政策，与感光材料公司的既有借款重新签订了《借款合同》。燕达集团公司对前述借款承担连带保证责任。2002 年 9 月 4 日，感光材料公司召开职工代表大会并形成决议，坚决要求脱离燕达集团公司。2003 年 12 月 12 日，燕达集团公司向北京高院提起诉讼。

问题

（1）《兼并协议》约定的条件是否成就？

（2）燕达集团公司向感光材料公司拨付的 1000 万该如何处理？

（3）燕达集团公司为兼并前感光材料公司已有债务承担的担保责任能否免除？

裁判理由及结果

一审法院认为，《兼并协议》的内容不违反法律规定，且已经天津市调整工业办公室批复同意，应依法确认有效。《兼并协议》签订后，双方办理了移交手续，感光材料公司也办理了工商变更登记和企业国有资产变动产权登记。燕达集团公司也向感光材料公司进行了资金投入。上述履行合同的事实表明燕达集团公司已经对感光材料公司实施了兼并，《兼并协议》已经履行完毕。至于燕达集团公司未能享受优惠政策，这是燕达集团公司的预期利益，并非宜清控股公司、感光材料公司对燕达集团公司所能负担的债务，也不是宜清控股公司、感光材料公司应履行的合同义务。燕达集团公司应另行通过行政途径解决。

二审法院认为，本案争议焦点是：①《兼并协议》是否生效的问题；②如果生效，其是否应当解除；③若解除协议，燕达集团公司因兼并行为而承担的担保责任是否应当免除。关于第一个问题。燕达集团公司提出《兼并协议》

未生效的关键理由是由于投行不同意兼并，地方优惠政策没有得到落实，未满足协议约定的生效条件。本院认为，协议中约定的落实地方优惠政策，特别是各大银行关于贷款利息的减免停挂政策的落实，是天津市有关部门作出批复的前提条件。燕达集团公司与投行天津分行达成的备忘录表明投行天津分行同意给予优惠，且在此基础上，天津市调整工业办公室作出了同意兼并的批复，生效条件成就。至于投行不同意兼并，致使相应利息优惠政策未能得到最终实现，属于兼并协议生效后的履行问题，不能因此得出兼并协议不生效的结论。关于第二个问题。《兼并协议》虽已经实际履行，但《兼并协议》中有关投行天津分行贷款本息的处置等约定未能得到实际履行，燕达集团公司也因此失去对感光材料公司的实际控制。双方也没有继续下去的意愿，故解除其兼并关系。关于燕达集团公司拨款 1000 万元的性质，燕达集团公司认为是借款并请求予以返还。燕达集团公司依感光材料公司需要流动资金的申请向感光材料公司拨款 1000 万元，主张该笔款项为借款缺乏事实根据。鉴于两公司在履行《兼并协议》的过程中均存在过错，共同导致了《兼并协议》无法继续履行，且因兼并协议无法继续履行的行为给感光材料公司造成了损失，故燕达集团公司请求返还 1000 万元款项的请求，不予支持。关于第 3 个问题。燕达集团公司基于《兼并协议》对感光材料公司既有债务提供担保，此事是在政府有关部门协调下促成，且担保权人对于燕达集团公司是基于兼并而提供担保是明知的，故免除担保的诉求合理公平。

评析

关于第一个问题，即《兼并协议》约定的生效条件是否成就的问题，应当从当事人约定的生效条件所表达的意思来判断。当事人约定由感光材料公司向其主管部门和天津市经济委员会上报审批，协调各单位落实地方优惠政策并批复后生效。从"并"的表述来看，当事人是重视优惠政策，而不是仅仅注重"批复"，所以二审法院认为优惠政策仅仅是履行问题，这不符合当事人所表达的意思。从判决书描述的事实来看，兼并行为涉及的最大债权人并不同意兼并，进而它不可能给予利息优惠政策，这一事实的法律意义两审法院均未充分注意到，这既是协议生效条件，也是实施兼并的法定要件，故燕达集团公司后续实施的移交和变更登记行为，即便是认定为燕达集团公司放弃协议约定的生效条件，也难以认定其兼并行为符合法定要件。

关于第二个问题，即燕达集团公司向感光材料公司拨付的 1000 万该如何处理的问题，燕达集团公司认为该笔拨款属于借款，二审法院虽然否定该笔拨款为借款却对该笔款项的性质未予认定，直接以该损失系燕达集团公司过错造成的为由将该款用以抵偿感光材料公司的损失。二审法院的这种处理方式缺乏依据：首先，不管它是什么性质的款项，均应明确它是作为哪种法律关系的客体存在，不宜直接用来冲抵损失；其次，即便是确实有必要把该笔款项用以抵偿损失，也应当要由被告提出相应的损失抗辩，且应有支持这种抗辩的事实依据，不宜笼统地表述为因过错抵损失。

关于第三个问题，即燕达集团公司为兼并前感光材料公司已有债务承担的担保责任能否免除的问题，二审法院的判断是正确的，此处就不展开。

案例2：新公司是从原公司分立设立，还是投资人另行单独设立

（改编于［2012］西民监初字第35号案；
［2013］豫法立二民申字第02282号案）

提要

公司分立是法律行为，其核心是公司股东们是否形成了分立的意思。编制会计报表、通知债权人和公告等行为，不是区分公司分立和单独设立的要件行为。虽然公司分立过程中不存在名为"分立决议"的文件，但是股东们就分立事项达成了合意，且新公司的资格、业绩、业务、资本、资产设备、档案、股东等都是从母体分离而来，可以认定新公司是分立设立而非股东单独设立。

案情

被告洛阳名建会计师事务所有限公司2000年1月27日成立，除财务审计、司法会计等业务外，还依兼营资产评估和资产评估司法鉴定业务。2005年5月财政部颁布的《资产评估机构审批管理办法》，不允许兼营资产评估相关业务，并要求不完全具备本办法规定条件的评估机构应在2008年6月30日前达到条件。财政部（财企［2005］90号）通知规定，该办法实施前取得资产评估资格的会计师事务所，以分立方式设立的资产评估机构，可以继承资格和业绩，并到省级财政部门办理变更手续；并应当妥善处理原机构提取的评估业务风险基金。2007年3月1日财政部《会计事务所职业风险基金管理办法》规定，会计事务所分立，已提取的职业风险金的分割，有约定从约定，没有约定应按净资产分割比例分割。2008年3月4日财政部颁发财企［2008］43号文件要求，办理相应分立手续时应向省级财政部门提交分立协议；省级

财政部门应按规定批准分立设立事项，在批复文件中应明确分立继承关系。4月14日豫财办企〔2008〕35号文件《河南省财政厅关于做好资产评估机构过渡期末有关工作的通知》规定："……分立协议应当明确以下事项：原资产评估资格的继承方案、原资产评估机构责任、业绩的继承方案、原资产评估机构评估业务档案保管方案、原资产评估机构评估业务风险基金的处理方案。"5月16日被告原公司股东会决议：同意新成立的评估事务所使用"名建"字号。原告洛阳名建评估事务所有限公司于7月16日领取了《资产评估资格证书》，7月23日领取了营业执照，7月30日双方进行了固定资产及仪器设备的移交。10月8日王某武（原为被告股东，分立后成为原告股东）收到被告退回股款本金30万元。10月31日财务现金交接，被告于12月减少注册资金为51万元，2009年1月20日档案移交。后双方关于职业风险金的分割问题出现分歧。原、被告分立前，截至2008年12月已共同积累、计提职业风险基金100.38万元，计提后，被告资本公积金、未分配利润、帐外净资产相抵后持平；净资产只剩实际出资45万元，原告方占15万元，被告占30万元，全部股东和有关审计报告均已认可，并已据此实际分割。2009年2月23日河南省资产评估协会向原告出具证明：原告系由被告以分立方式设立的机构，依有关规定，原告可以承继被告原资产评估资格和业绩。原告向被告主张分割风险金被告不同意，遂诉至本院。同时查明，2008年6月10日原告向河南省财政厅提交"关于设立洛阳名建资产评估事务所有限公司的申请报告"，附有被告6月9日《股东会决议补充说明》：同意评估资质分离出来，其风险金全部留给公司，并对分离前的职业风险承担责任，新公司不承担分离前的职业风险。

问题

洛阳名建资产评估事务所有限公司属于分立设立还是单独设立？

裁判理由及结果

本案经历了一审、二审、再审，再审法院指令二审法院再审，二审撤销一审判决发回重审，重审后上诉，再次再审。重审一审法院认为，原告系从被告分立出来后设立的。原告发起人在办理公司分立手续时，分立双方应该就职业风险金的分割以及处理方案联同其他方案一起向省财政厅提交。否则无法办理分立手续。并且根据 2008 年 4 月 14 日河南省财政厅 35 号文件第一条的规定，被告提交的风险基金的处理方案是原告办理分立手续的必备程序。本案一审中，被告从河南省资产评估协会调取的《关于设立洛阳名建资产评估事务所有限公司的申请报告》，该报告显示是由原告股东王修武、沈丽君提交，其中包含 2008 年 6 月 9 日的《股东会决议补充说明》，其中关于风险基金的处理方案应视为双方间达成的处理意见，否则不会向河南省资产评估协会提交。故对于原告再要求分割风险基金的主张不能予以支持。原告不服，上诉。二审维持，原告申请再审。再审法院认为，根据《公司法》的规定，公司分立应当编制资产负债表及财产清单并履行作出分立决议、通知债权人、分立公告等程序。依据本案查明的事实，被告没有按照法律规定的事项履行相应的程序，不具备公司分立的实质和形式要件，二审法院认定双方是资产评估资格的分离，判决驳回名建评估事务所的诉讼请求并无不当。

评析

从一审法院的判决要旨来看，一审法院认为原告系分立设立，而非单独设立；再审法院则认为原告并非从被告中分立而来，而仅仅是资格的分离。从案情来看，再审法院认为原被告之间仅仅是资格的分离，其事实和法律依据均不足。本书认为，该案的新公司设立，是在特殊的政策背景下发生的，应属于分立设立，具体理由如下。

第一，新公司的设立，与市场既有公司之间存在几种关系状态：合并设立、分立设立、单独投资设立、与他人共同投资设立、与既有公司没有任何关系而由自然人单独设立等。该案原告与被告之间的法律关系状态，要么是分立设立，要么是与既有公司没有任何关系而由自然人单独设立。从案情来看，应是前者，因为资格、业绩、资本、资产设备、档案、股东等都是从被告处分离而来，这符合分立的实质要求。

第二，若分离前的债权人需要主张债权，自然是也可以向原告主张连带责任，因为资本和资产等均来源于被告处。假如原告的设立不属于分立设立，而是自然人单独设立，则债权人追究原告的连带责任没有法律依据，这显然侵害债权人的利益。

第三，至于再审法院提到的没有履行相应程序，应指没有编制资产负债表及财产清单、决议分立、通知债权人和公告分立。本书认为，法律要求编制资产负债表及财产清单，目的是便于分立时资产的分割，未编制这些文件也不必然损害第三人利益或社会利益，故法律上的相应规定属于管理性或倡导性规定，不属于效力性强制性规定，况且公司通过审计报告等文件也能达到明晰财产促进分割的目的，至于文件名是不是"负债表"及"财产清单"，对行为目的没有实质性影响；关于决议分立，虽然没有名为"分立决议"的文件，但关于资格的分离有决议，被告的部分资产、档案、资本等也均以合意的方式进行了分离，故存在实质意义上的分立决议；关于通知和公告事宜，需要注意的是，尽管法律上对公司分立与合并均有同一要求，但法律意义并不一样，在公司分立中，若公司没有通知和公告，并不会损害债权人和社会利益，而在公司合并中，则会损害债权人或社会利益。

第四，公司分立属于法律行为，从案情来看，该公司资格、业绩、资本、资产和成员等分离行为既体现了公司形成意思也体现了分立后双方的表示意思，因此不宜过分强调分立形式上的瑕疵而否定其分立的实质。

第五，该案公司设立是在特殊政策背景下进行的，其并没有偏离案情中提及的相应分立政策，原告继受业务、资格和业绩也得到了审批机关和有关协会的认可。

至于《股东会决议补充说明》中有关内容的效力，即"同意评估资质分离出来，其风险金全部留给公司，并对分离前的职业风险承担责任，新公司不承担分离前的职业风险"的效力，则对内应当有效，但不能对抗外部债权人。

案例3：封闭型公司中持股9%的股东不同意外部增资，外部投资人能否取得股东资格

(改编于［2013］民申字第2141号案)

提要

封闭型公司对外增资扩股，既会引进新股东，也会改变股东的持股比例。与股权转让相比，该类行为对公司人合性的影响更大，故应征得老股东同意并放弃优先认购权。老股东未同意也未放弃优先认购权，外部投资人与公司的增资交易无效。

案情

2007年，生物公司"为有利于公司改制和上市"，召开股东会，经表决，全体股东同意增资（具体金额未明确），91%表决权同意引入外部战略投资者（决议内容未明确投资者的身份），9%不同意引入外部投资者。次日，办理上市事宜的证券公司高管近亲属余某与生物公司法定代表人高某签订《增资协议》并依约投入3416万元购买14.35%股份。2010年，余某诉请确认其股东身份、办理股权变更登记手续并要求分配利润。

问题

该持股9%的股东不同意引入外部投资者，余某能否取得股东身份？

裁判理由及结果

再审法院认为，本次股东会并未确定引进战略投资者具体人选、认购股份数额等事宜。《公司法》规定的决议，其内容应包括确定公司外部认购股份人选、认购股份数额、缴纳认购款程序等增资扩股行为部分或全部内容。《增

资协议》中余某作为认购人，出资购买占生物公司增资后注册资本的 14.35%
股份等既未经公司决议 2/3 认可，也没有征得全体股东书面一致同意，故判
决驳回余某诉请。

评析

目前业界忽略了一个问题，即对于封闭型公司而言，引入外部投资者增
资到底包含几个法律行为？本书认为，该行为实际上包含多项可区分、具有
不同法律意义、相对独立的法律行为，一项是增资决议，一项是增资决议通
过后的认购行为，还有一项是老股东接纳新股东的行为。增资行为是绝对多
数意思形成行为，需要 2/3 多数方能通过并产生法律效力。增资决议通过后，
需要有人认购，公司既有股东可按原有持股比例优先认购。不同意增资的股
东有认购选择权，既可以认购，也可以拒绝认购。同意增资的股东既有认购
权，也有消化增资的义务。这一义务可以通过自己增资来实现，也可以通过
引进外部投资人增资来实现。与公众型公司不同的是，引进外部投资人时必
须考虑封闭型公司的人合性，不能以落实增资义务为由避开人合性，否则会
引致大股东利用增资机会破坏封闭型公司的人合性，进而形成人合性要求只
约束中小股东的不公平局面。另外需要指出的是，不管是对外转让股权还是
对外增资，都会影响公司既有人合性架构，而且对外增资对既有人合性架构
的影响更大，因为对外增资除了引进新股东外，还必然改变公司股权比例格
局。因此，与老股东认购新增资本不同的是，外部投资人认购封闭型公司的
新增资本，除了要与公司发生认购交易行为外，还需老股东放弃优先认购权。

关于老股东的优先认购权，该案再审法院的裁判观点与同类案件多数裁
判观点并不一致，如 [2009] 民二终字第 3 号案、[2010] 民提字第 48 号案
就持不同观点。多数观点认为，整个对外增资行为中仅侵害股东优先认购权
的部分无效，其余有效，而该案认为整个对外增资行为无效。本书认为，按
照前述人合性原理，该案的裁判观点虽为少数观点，却是正确的观点。如果
老股东有能力、有意愿认购所有增资，应当由老股东优先认购，只有在老股
东明示或推定不认购的情况下，方能由外部投资人认购。

案例4：公司未依法增资，原股东能否请求确认其原持股比例

（改编于［2013］沪二中民四（商）终字第 188 号案，最高人民法院 2015 年第 5 期公报案例）

提要

有限责任公司股东资格确认之诉中，所有登记股东均应被列为第三人。这种诉讼处理的是原告、公司与登记股东之间的法律关系，裁判者不能只顾确认原告的股东资格及其持股比例，却不管其他股东的人合性利益需求及其持股比例。

案情

红冠公司 400 万注册资本，股东为陈甲、陈乙、顾某某、张某、王乙和黄某忠。黄某忠持股 20%。2006 年 10 月 20 日，公司变更注册资本为 1500 万元，其中新增鑫宝公司（黄某忠系该公司股东）作为股东，出资 1100 万元。2009 年 5 月 21 日，陈某庆作为红冠公司全体股东代表与苏州恩某斯公司签订转股合同，将所有股权转让给后者，2009 年 6 月 24 工商登记资料显示股东为苏州恩某斯公司和南通某华贸易有限公司。后黄某忠以 2006 年的增资行为虚假且无效为由，提起股东资格确认之诉，请求法院确认其仍享有红冠公司 20% 的股权（黄自称其在 2011 年 5 月 24 日查询红冠公司工商登记材料，才发现增资情况）。鑫宝公司出示《鑫宝公司股东大会决议》以及《红冠公司章程》，上面均有"黄某忠"签名字样。法院认定的事实为：1100 万增资在完成验资后，就以"借款"的形式归还给鑫宝公司；两份文件的签名非黄某忠本人签名。

另外，根据判决资料显示，案件的一审原告为黄某忠，被告为红冠公司、

陈甲、陈乙、顾某某、张某、王乙和苏州恩某斯公司。

问题

法院的判决结果是否有问题？

裁判理由及结果

法院认为，在黄某忠没有对其股权作出处分的前提下，除非红冠公司进行了合法的增资，否则黄某忠的持股比例不应当降低。红冠公司增资，未经过股东会，违反了法律的规定，是无效行为。此外，从结果上来看，新宝公司用于增资的1100万元，在完成验资后，就以"借款"的形式归还给新宝公司，此种情形不能认定新宝公司已经履行了出资义务。在没有证据证明黄某忠明知红冠公司增资至1500万元的情况下，对红冠公司不知情的内部股东而言，该增资行为无效，对于黄某忠没有法律约束力，不应以工商变更登记后的1500万元注册资本金额来降低黄某忠在红冠公司的持股比例，而仍旧应当依照黄某忠持有20%的股权比例在股东内部进行股权分配。

评析

该案的处理存在程序和实体问题。

第一，该案程序上存在一定的问题。原告提起诉讼时，公司登记股东为苏州恩某斯公司和南通某华贸易有限公司，由于黄某忠起诉确认其股东资格及股权份额，故该诉讼请求必然直接涉及到登记股东的利益，故在原告没有把南通某华贸易有限公司作为被告的情况下，法院应当依职权将南通某华贸易有限公司列为第三人，通知该公司参加诉讼。南通某华贸易有限公司成为公司股东的主观状态存在两种可能：一是明知或应知其股权受让行为侵害了黄某忠等原股东的权利，另一是不知道侵害了原股东的权利。如果属于前一种情形，则该公司要承担侵权责任；如果不知道，则法院判决的结果会影响股东的人合性利益需求。在情形不明的情况下，法院应追加南通某华贸易有限公司为第三人。另外，在股东资格确认之诉中，公司原来的其他股东和现有登记股东均应被列为第三人而不是被告。

第二，该案生效裁判就实体问题并没有做完整处理。该案属于股东资格（包含具体股权份额）确认之诉。股东资格是一种相对法律关系，而不是绝对法律关系，即相对公司而言具有股东资格。另外，由于有限责任公司具有人合性，这意味着股东资格既是相对公司而言的一种身份，也是相对其他股东而言具有信任属性的一种身份。因此，有限责任公司的股东资格确认之诉，并不仅仅是确认原告是否具备某个公司的股东资格，还会触及其他股东的利益。裁判者不能光顾着确认原告的股东资格，结果却对其他股东利益造成不良影响，或者给现实中的利益关系造成了更大的麻烦。从法律关系角度来讲，该案所涉及的这类股东资格确认纠纷，法院要处理的股权法律关系的主体包括诉请确认股东资格的原告、公司和公司其他股东，要处理的法律关系的内容包括原告与登记股东的股权比例分割。该案生效判决却仅确认黄某忠持有20%的股权，至于公司诉讼时的两名登记股东的持股比例却不予明确。这就会导致新的纠纷或麻烦问题。例如确认了原告具有股东资格并且享有20%的股权，那么其他两名股东的持股比例是多少？若原告持此判决要求工商登记部门进行登记，工商部门如何处理？若南通某华贸易有限公司是善意受让人，那么善意受让人的人合性利益需求如何保护？

案例 5：股东明知股权被转让及公司已增资但未提异议，且以非股东身份为公司贷款担保，该等行为是否构成默认

(改编于〔2016〕浙 0411 民初 3723 号案)

提要

当事人明知自己的股权被人转让且公司已对外增资，不仅没有提出异议，还以非股东身份与股东们一同为公司贷款提供担保，当事人的行为构成对股权转让和增资的默认。

案情

江南智造公司为有限责任公司，原股东系穆氏 ABC 父子三人，注册资本1000 万元。一份《股权转让协议》载明：穆 B 将其持有的江南智造公司的36.5% 股权以 365 万元的价格转让于穆 C；所署名字为穆 B 和穆 C。一份《同意股权转让的决议》载明：同意穆 B 将股权转让给穆 C，其他股东放弃优先购买权；所署名字为穆氏父子三人的名字。一份《增资决议》载明：江南智造公司的新股东会由穆 A、穆 C、胡 D 组成；公司增加注册资本 2000 万元，其中穆 A 认缴 340 万元，胡 D 认缴 1660 万元，出资时间均在 2018 年 12 月 20日前；增资后，三名股东的股权占比为穆 A 占 17%，穆 C 占 27.67%，胡 D占 55.33%；重新选举胡 D 为公司执行董事和法定代表人；审议通过公司新章程；所署名字为穆 A、穆 C 和胡 D。前述三份文件的所署日期均为 2015 年 11月 20 日。2015 年 11 月 25 日，工商部门根据前述三份文件作了变更登记。对于前述三份文件，原告穆 B 和穆 C 在诉状中称，系其父穆 A 未经他们同意冒充签名，伪造了协议和决议。胡 D 在答辩中称，穆 A 将签好了名字的前述协议和决议给胡 D，鉴于前述三人属父子关系以及前期与穆 B 的沟通，并未对前述有关协议和决议上签名的真实性产生怀疑，故在决议上签字。后经法院

委托鉴定，上述协议和决议中的"穆B"和"穆C"字样并非他们本人笔迹。

2015年12月1日，江南智造公司因需向某泰银行贷款并提供担保，在银行的要求下，ABCD均到办理贷款及担保手续的现场。在现场，ACD共同签署了同意公司贷款及担保的股东会决议，穆B虽在现场但未在该决议上签字。另外，ABCD均在银行出具的担保合同上作为保证人签字；穆B与其妻子设立的某中公司亦在担保合同上作为保证人盖章，穆B与其妻子也当场签署了同意某中公司对银行担保的股东会决议。穆A在诉讼过程中承认：在签署贷款和担保协议当天，他将胡D介绍给两原告认识，并告诉两原告胡D是其新招来的股东，新股东是以货物增资到公司的。对此，穆B和穆C均未予否认。

后来，穆A与胡D之间产生矛盾，胡D准备退出公司。2016年2月1日，穆A、穆C与胡D作出《减资退股决议》：公司注册资本由3000万元减少至1000万元，其中胡D减少1660万元并退出公司；胡D个人为江南智造公司的银行债务提供的担保，由穆A提供反担保……在该次决议中，穆C未曾提及过《股权转让协议》和《增资决议》上的"穆C"签名非其本人所签，也未曾否定这两份文件的效力。该决议并未有效实施。另外，在穆A与胡D产生矛盾后，在穆C与胡D的通话中穆C表示，公司实际上是穆A一个人的，与穆B和穆C无关。

2016年9月10日，穆B、穆C以未经其同意为由，将江南智造公司、穆A和胡D诉至法院，请求法院确认2015年11月20日的《股权转让协议》及《增资决议》无效。

问题

该案中的《股权转让协议》及《增资决议》是否有效？

裁判理由及结果

生效判决认为，虽然2015年11月20日的《股权转让协议》和《增资决议》中两原告的签字确非两原告所写，但从本案的实际情况看，原告主张上述协议、决议等无效的理由不成立。在2015年12月8日江南智造公司和某泰银行签订《借款合同》，以及各保证人和某泰银行签订担保合同过程中，穆A承认在当天将胡D介绍给两原告认识，并告诉两原告胡D是其新招来的股东，是以货物来投资的。原告穆C与被告穆A、胡D在当日的《股东会决议书》

上签字，原告穆 B 则在作为保证人的某中公司的《股东会决议》上签字，而未在江南智造公司的《股东会决议书》上签字，表明两原告当时均知晓公司增资及股东变更的事实，但没有证据表明两原告在当时或在合理的时间内向各被告提出过异议。由此可见，两原告及穆 A 的行为事实上均已认可了目前江南公司股权结构现状的事实。两原告的诉讼请求缺乏事实依据，法院不予支持。

评析

案涉《股权转让协议》中的"穆 B"和"穆 C"署名和《增资决议》中的"穆 C"署名，均不是穆 B 和穆 C 本人签字；另外，既没有证据证明他们知晓这两份文件，也没有证据证明他们明确认可前述文件。不过，这两份文件所表达的增资、股东变更和法定代表人变更的意思，最迟在两人于 2015 年 12 月 1 日在银行签订一系列文件时是有概括的认知。对于穆 C 而言，其在银行签字一节以及他与穆 A 和胡 D 商定减资退股一节，足以表明他承认了《股权转让协议》和《增资决议》对其具有约束力。所以，穆 C 以未经其同意为由主张两份文件无效，没有事实依据。对于穆 B 而言，由于其并未参与商定退股，更难判断其主张两份文件无效是否具有充分理由。

本书认为，穆 B 主张两份文件无效的理由也不充分。就江南智造公司贷款和担保一节，穆 B 没有以江南智造公司股东身份在股东会决议上签字，而是以保证人和某中公司股东的身份在保证协议和决议上签字。此外，对于诉讼中穆 A 承认其在某泰银行办理贷款和担保时曾告知穆 B 增资情况，穆 B 在诉讼中并没有否认。在某泰银行办理贷款和担保时，胡 D 是以增资股东、公司法定代表人、保证人的身份在相关协议文件上签字。所以在当时，穆 B 应是知道其股权已被转让和公司已增资，且均已变更登记。值得探讨的问题是，若案涉行为发生《民法典》生效之后，裁判者可否将穆 B 明知股权被转让且公司进行了增资而未作表态的事实认定为沉默，进而依据《民法典》第 140 条第 2 款的沉默规则（与《民法通则》第 66 条的沉默规则有差异）认定不构成认可的意思表示？

沉默，是指当事人针对有人意图让其作出某种意思表示，而当事人未作任何表态的一种事实状态。根据意志自由和个人享有安宁权的法治精神，在一般情况下，任何人没有权力或权利给他人施加表态的义务，所以不表态的事实状态不能产生法律关系变动的效果。沉默是应对对方当事人希望做意思表示的一种消极行为，而应对对方当事人还可以是积极行为（作为）。积极行为所表达的意思可以是同意，也可以是拒绝。积极行为包括言语和其他作为行为。以言语的方式表示同意即所谓的明示，以其他作为的行为方式表示同意即所谓的默示。从前述沉默和默示的法理来看，穆 B 在某泰银行前述法律文件时，虽然没有直接针对股权转让和增资是否认可作言语表态，但在明知股权已被转让、公司已增资且自己将为江南智造公司提供担保的情况下，也就是说明知自己的权利已经被侵害且还将负担担保责任的情况下，仍然在担保协议上签字（作为）而不在股东决议上签字（不作为），理应认为这两种行为结合起来足以构成默示，而不仅仅是沉默。从胡 D 的角度来看，穆 B 的行为，会让胡 D 进一步确信穆 B 确实已经不是股东，并基于这种合理信赖让自己负担担保责任；换而言之，出于善良和诚信，若穆 B 为真实股东，或不认可股权转让和增资，那么他应当就胡 D 的增资股东资格和法定代表人身份向胡 D 提出异议，否则将会致胡 D 陷入巨额担保债务却又没有股东资格的困境中。故将穆 B 的行为认定为默示更合乎情理。

再者，如果穆 B 不同意股权转让或其权益确实受到损害，那么按常理他不至于长时间不向公司和新进股东提出任何异议，而事实上穆 B 是在穆 A 与胡 D 产生矛盾且矛盾无法调和后，才以原告名义提起诉讼。故对于穆 B 知道股权转让和增资等事项而未作出任何反应这一事实，合理的解释应当是，要么穆 B 确如穆 C 所言不是真正的股东，要么他认可股权转让协议。

综上，生效判决的结果是正确的。

案例6：增资后又减资，股东对增资前债务应否承担连带责任

（改编于［2018］津02民终361号案）

提要

公司增资后又将注册资本减回原样，股东并不必然要在减少的资本范围内对增资前的债务承担连带责任。如果能证明公司从增资到减资期间并没有新增债务或运营成本等情形影响债权人债权，股东可免责。

案情

某法院2016年10月17日作出的民事判决书生效判决确定：某豪公司自2013年4月7日起欠于某款项，截止2017年4月6日本息共计816 168.55元。

2014年3月6日，某豪公司注册资本由1000万元变更为3000万元，变更后：张某金出资1700万元，持股56.66%。2014年3月19日，张某金受让了其他股东的股权，持股达90%，另一股东张某海持股10%。2016年9月19日，张某海将其所持有的股份转给李某英，李某英担任法定代表人。2017年2月23日，股东张某金办理减资2000万元手续，某豪公司注册资本由3000万元变更为1000万元。减资后，张某金出资700万元，持股70%，李某英出资300万元，持股30%。2017年1月6日，某豪公司通过《城市快报》刊登了减资公告，但未通知于某。于某认为，减资程序中存在重大瑕疵，张某金、李某英侵犯了原告合法权益，故成讼。

问题

债务发生在增资前，公司增资后又减回原出资，股东是否要承担减资行为侵害债权人异议权的责任？

裁判理由及结果

法院认为，根据《公司法》第 177 条第 2 款（2023 年《公司法》第 224 条第 2 款）的规定，公司应当自作出减少注册资本决议之日起 10 日内通知债权人，并于 30 日内在报纸上公告。《公司法司法解释三》第 14 条第 2 款规定，公司债权人请求抽逃出资的股东在抽逃出资本息范围内对公司债务不能清偿的部分承担补充赔偿责任、协助抽逃出资的其他股东、董事、高级管理人员或者实际控制人对此承担连带责任的，法院应予支持；抽逃出资的股东已经承担上述责任，其他债权人提出相同请求的，法院不予支持。本案中，第三人某豪公司明知原告系其债权人且有明确联系方式的情况下，在作出减资决议之后未采用公告外的其他通知方式告知原告，未履行通知债权人的法定程序，因此第三人某豪公司减资程序不合法，应认定相应股东的减资行为构成抽逃出资。故原告的诉讼请求符合法律规定，法院予以支持。

评析

尽管法院的结论并不一定是错误的，但该案裁判推理存在一定的缺陷，即裁判者并没有就一个可能影响判决结果的事实做必要说明。该案与普通减资不同之处有两点：其一，该减资是在增资后再减回原出资额度；其二，原告的债务发生在增资和减资之前。这两点被告在诉讼中也明确提出来了。两被告认为，增资后减回原来的资本额度，这不会对原告利益造成任何影响。被告的抗辩并非没有道理。若公司在增资后又减回原来的资本额度期间没有新增任何负债，公司也没有新增运营成本，这确实对既有债权人的债权没有影响。在这种情况下判决被告承担责任，是不合理的。因此，作为可能影响判决结果的事实，有必要对此期间是否有新的债务发生以及是否对既有债权人的债权产生影响作进一步论证，倘若对判决结果没有实质性影响，理应在判决书中作出有效回应。

案例7：某公司在发起设立另一家股份公司时减资，股份公司设立失败，某公司股东应否在减资范围内对设立债务承担责任

（改编于［2017］京03民终13422号案）

提要

有限责任公司以设立股份公司为名募集资本，股份公司因故未成立。该有限责任公司与认股人之间的债务关系，应自收到认股人缴纳的股权之日起成立。该有限责任公司在此期间不当减资，其股东应在减资范围内对认股人缴纳的股款承担补充性返还责任。

案情

石友公司是2012年3月设立的有限责任公司，设立时公司注册资本为1000万元。其中，何某、石某分别认缴出资200万元，设立时各自均实缴40万元，其余160万元出资时间均为2014年3月5日。

2012年3月19日，石友公司出具百人股东会入会须知，内容包括：因有限责任公司股东人数不得超过50人，故分阶段吸纳百人股东会会员；第一阶段先成立石友公司，待百人股东会发起股东到40人时，另行成立股份有限公司；石友公司是该另行成立的股份有限公司的全资子公司，石友公司的股东也是该公司的股东。2012年8月31日，石友公司向曹某出具百人股东会资格证明和百人股东会投资确认书，确认收到曹某缴纳的100万元股权投资款。

2014年2月21日，石友公司股东会作出决议：减少注册资本至200万元，何某、石某分别对应40万元。2014年4月8日，何某、石某等出具债务清偿及担保情况说明，内容为：石友公司于2014年2月21日在《法制晚报》上刊登了减资公告，公司注册资本由1000万元减至200万元；截至2014年4

月 7 日，无债权人提出债权清偿要求及相应的担保请求。

2014 年 7 月 2 日，石友公司召开百人股东会会议，形成百人股东会决议，内容包括：公司变更为股份有限公司，原公司资产折合股本 200 万元；何某、石某等原股东之外的百人股东会成员，于即日起 15 日内决定是否成为公司变更而成的股份有限公司的正式股东。在 15 日内未予回复的，视为决定成为正式股东。曹某参加了该次会议，对表决事项表示同意。

2015 年 11 月 10 日，曹某向石友公司出具律师函，以石友公司收取曹某投资款，但百人股东会未依法成立，公司反而减资，曹某亦未成为石友公司股东，石友公司违背收取投资款之目的为由，要求石友公司返还投资款并解除股权投资合作关系。

另查明，截至 2014 年 4 月 30 日，石友公司出资人 53 人，公司会计资料显示：除原股东外，包括股东曹某在内的其他人的款项在会计科目中"其他应付款—暂存款"。曹某和何某、石某均认可石友公司未变更为股份有限公司，未成立股份有限公司。石友公司、石某称因石友公司账目有些问题，目前正在着手将百人股东会成员转到百川汇公司，由百川汇公司变更为股份有限公司。

曹某以律师函所述理由提起诉讼，要求石友公司返还投资款并给付利息，石某、何某在减少出资的范围内对石友公司债务承担补充责任。石友公司、何某、石某共同辩称，曹某已成为石友公司股东，其要求何某、石某承担补充责任无法律依据。

问题

何某、石某应否在减资范围内对曹某缴纳的股款承担补充性返还责任？

裁判理由及结果

一审法院认为，石友公司减资后，曹某仍表示同意作为石友公司变更为股份有限公司的股东，因当时合同尚未解除，在公司减资时曹某尚未成为公司的债权人，曹某以石友公司减资未通知曹某为由要求石某、何某承担补充赔偿责任的主张没有依据，故未支持曹某要求石某、何某承担补充赔偿责任的请求。

二审法院认为，曹某与石友公司的债权债务在石友公司减资前已经形成，曹某应为石友公司能有效联系的已知债权人，故在减资时应当书面通知曹某。未通知曹某，行为违反公司法关于减少注册资本应通知债权人之法定程序，亦使曹某丧失了在石友公司减资前要求其清偿债务或提供担保的权利。曹某有权请求该两人在未出资范围内对石友公司债务不能清偿的部分承担补充赔偿责任。

评析

该案涉及到两个关键问题：其一，曹某与石友公司到底是什么关系；其二，曹某的债权什么时候产生。

一审法院认为曹某的债权产生在合同解除之时，由于减资时合同仍未解除，所以石友公司对曹某不存在负债；二审法院认为曹某之债权，在减资前已经形成。据此可知，两审法院均认定曹某与石友公司属于债权关系而非股权关系。本书认为，综合案情尤其是石友公司的会计账目来看，曹某意欲成为将另行设立的股份公司的股东，故曹某与石友公司是债权关系，而非股权关系，被告主张曹某为石友公司股东缺乏事实依据。两审法院的分歧在债的形成时间。这就涉及到对《公司法》第224条中的"债权人"的理解问题。一般情况下，债的关系一旦发生，则必然是存在债的关系主体，包括债权人和债务人；至于债权人能否请求债务人履行债务以及债的内容或形式后续发生变化，则不影响债的关系存在。一审法院之所以对事实认定不准确，盖因把债的关系存在（时间）与债的请求（时间）混为一谈。曹某最迟自支付100万元款项起，就已经与石友公司建立起债的关系，债的关系内容包括了若目标公司不能设立，曹某有请求石友公司退回本金及利息的权利。也就说，从此时起，曹某就是石友公司的债权人，石友公司负有书面通知减资的义务。反推而言，若诸如此种情况下曹某这类人不被认为是债权人，公司减资没有通知义务，进而确认减资的合法性，则一个不良的后果是——怀有恶意的人恰恰可以利用这一点来损害投资者的利益，规避发起人责任，这就容易纵容资本市场的恶意欺诈。因此，二审判决结果是正确的。

案例 8：对外增资协议解除，是否须通过减资决议才能返还外部增资人的增资款

（改编于 ［2019］ 沪 01 民终 11265 号案）

提要

对外增资协议被解除，在没有减资决议的情形下，外部投资人仍有权要求公司返还全部或部分增资款。至于公司债权人的保护问题，可通过对增资股东课以补充性连带责任来解决。

案情

2017 年 5 月 9 日，图添公司与目标公司吴画公司和壕能公司、曦野公司、10 名自然人股东等所有原股东签署增资协议。协议约定：①图添公司对吴画公司增资 8400 万元，增资完成后，图添公司持有目标公司 66.667% 股权；②增资款第一期 2520 万元应在本协议签署生效后 3 个工作日支付，第二期 2940 万元应于 2017 年 5 月 31 日前支付，第三笔 2940 万元应于 2017 年 9 月 29 日前支付；③任何一方未按本协议约定履行义务、承诺、保证的，逾期超过 30 日或经另一方催告后仍未及时完成的，守约方可以解除本协议并要求违约方赔偿损失；因本条约定导致协议解除的，本协议自解除方发出的解除通知送达被通知方之日起解除。

合同签订的当日，公司召开股东会，修改了公司章程，增加了股东和相应注册资本。协议签订后，吴画公司于 2017 年 5 月 17 日办理了工商变更登记，注册资本增加 8400 万元，公司资本总额 1.26 亿元。图添公司支付了第一期增资款后未按约定支付第二、第三期增资款，共计 5880 万元。2018 年 1 月 25 日，壕能公司、曦野公司、吴画公司共同委托律师向图添公司发出律师函，通知解除该协议。图添公司于次日收到该律师函。

随后，曦野公司、壕能公司向一审法院提出诉讼请求：①确认增资协议书解除；②图添公司支付违约金 690.15 万元；③图添公司赔偿损失 68 万元。图添公司提出反诉：①请求确认增资协议解除；②曦野公司、壕能公司返还增资款（3400 万元）及支付资金占用费用；③吴画公司以及 10 名自然人股东对返还增资款承担连带责任。

问题

合同解除后，能否要求返还增资款？

裁判理由及结果

对此问题，一、二审法院均未支持图添公司关于返还增资款的诉讼请求。

一审法院认为，依据我国《合同法》第 97 条（现《民法典》第 566 条）规定，合同解除后，尚未履行的终止履行，已经履行的根据履行情况和合同性质，当事人可以要求恢复原状、采取补救措施并有权要求赔偿损失。系争增资协议书主要对图添公司向吴画公司增资，分期缴纳增资款，取得对吴画公司控制，并对吴画公司治理结构及原有债权债务处理安排等作出约定，协议签订后，图添公司缴纳第一期增资款，吴画公司完成对图添公司的股东登记，图添公司实际取得吴画公司股东资格。增资协议书虽解除，图添公司尚未履行的缴纳增资款义务可以终止履行，不再缴纳，但图添公司合同解除前所缴纳增资款 3250 万元已转化为吴画公司资产。我国《公司法》第 35 条（2023 年《公司法》第 53 条）规定，公司成立后，股东不得抽逃出资。根据该条公司资本维持原则的规定，作为吴画公司股东的图添公司，在吴画公司未经对图添公司除名及减资情况下，显然无权要求目标公司吴画公司连带返还增资款，否则构成抽逃出资。图添公司亦无权要求壕能公司、曦野公司及 10 名自然人第三人返还增资款，因为壕能公司、曦野公司及 10 名自然人第三人并未收取图添公司缴纳的增资款，亦未受让图添公司股权。增资协议书解除不产生股权转让强制缔约的效果。

二审法院认为，第一，《合同法》第 97 条规定："合同解除后，尚未履行的，终止履行；已经履行的，根据履行情况和合同性质，当事人可以要求恢复原状、采取其他补救措施，并有权要求赔偿损失。"因此，本案中上诉人虽主张恢复原状、返还钱款，但仍须基于系争合同的性质、钱款的性质，依照法律的具体规定处理解除后果。第二，从增资协议书的约定来看，上诉人投入的 3250 万元是其作为目标公司新股东所需缴纳的出资，并非是对被上诉人曦野公司、壕能公司享有的普通债权。在经过公司章程修改及工商变更登记后，其股东身份、认缴数额、股权比例及公司注册资本均已对外公示，该 3250 万元转化为公司资本性质，已形成公司资产。第三，上诉人所谓因增资协议书解除而要求返还出资，从本质上说，系基于其股东身份的退出。但正如上述认缴、出资、登记等均需由各方当事人按照《公司法》关于公司增资的程序完成，股东退出公司，包括采取何种退出方式、资本、股权的处分等等，亦应当适用《公司法》作为特别法的相关规定。第四，上诉人要求将其出资直接返还以"恢复原状"，实质上等同于股东未经法定程序任意抽回出资，将造成公司资产的不当减少，显然有违公司资本的确定、维持和不变原则，直接影响公司的经营能力和债权人利益保护。

评析

本书认为，该案的结论及裁判理由均值得商榷。详言如下：

第一，否定图添公司对解除合同后产生的法律后果的诉求，合法性存疑。根据原《合同法》第 97 条和现《民法典》第 566 条的规定，合同解除后，尚未履行的，终止履行，已经履行的，根据履行情况和合同性质，当事人可以要求恢复原状、采取其他补救措施，并有权要求赔偿损失。据此规定，合同解除法律规范的完整结构是：前提条件——合同当事人有解除权；行为模式——当事人可以解除合同（当然也可以不解除合同）；法律后果——合同一旦解除，尚未履行的，终止履行，已经履行的，根据履行情况和合同性质，当事人可以要求恢复原状、采取其他补救措施，并有权要求赔偿损失。据此，一项包含确认之诉和给付之诉的判决，若只对行为模式作出确认，否定当事人关于给付之诉的请求权，其合法性就值得质疑。该案中，合同解除后必然存在法律后果的承担问题，图添公司已经履行的投资款自然是可以"要求恢复原状、采取其他补救措施"，也就是说它既有程序上的诉权，也有实体上的诉权，法院作出完全否定其要求返还出资款的判决，显然于法不符。

第二，否定图添公司对解除合同后产生的法律后果的诉求，可能会导致图添公司的权益无法得到公平和有效的司法救济。根据法院的裁判理由，公司需经过合法的减资程序才有可能将投资款返还给增资股东；反之，若没有合法的减资程序，增资股东就无法向公司主张"要求恢复原状、采取其他补救措施"的权利。根据现有公司法的规定，能否减资，既要看公司决议的结果，还要满足债权的担保或偿债要求。该案中图添公司恰恰拥有2/3的股权，若不排除其未实际出资部分，可以作出减资决议。但公司债权人的权利保护问题仍可阻却减资决议的履行，进而使得增资股东"要求恢复原状、采取其他补救措施"的权利无法得到保障。本书认为，法院以公司须合法减资或保障债权人利益为由，拒绝增资股东要求采取补救措施的请求，违反权利义务对等与平衡原则。法院的判决若鼓励公司可以借减资程序或债权人保护为由，拒绝承担义务和责任，如此做法则恐怕难有公平正义可言。

第三，法院如此判决，大概率对谁的将来都不利。如此判决，很有可能会导致图添公司与目标公司成为"死结型"或"乱麻型"的法律关系，进而还有可能导致公司僵局和解散。增资协议虽被解除，但既不否认增资股东的股东资格，也不采取补救措施，如此，则增资股东仍是公司股东。若增资股东是大股东，由于他本无心留在公司，他便会利用大股东的地位左右公司经营管理活动，对公司以及其他股东并不是好事；若是小股东，尽管他可能对公司的经营决策结果没有影响，但小股东也有固有权和监督权，在本应当得到的利益却被锁死在公司的情况下，大概率会铆足劲去增加公司的运营成本，给公司造成其他的麻烦和障碍。于是，一项生效判决不仅没有定分止争，还制造了不良后果。

第四，判决支持与"补救措施"相适应的请求，有利于定分止争。《民法典》中的"恢复原状、采取其他补救措施"均属于补救措施的范畴。尽管当事人在表达诉讼请求时并没有使用"恢复原状、采取其他补救措施"这一表述，而是使用"请求返还投资款"的表述，但在这个案件中，这两个表述之间在利益上具有同质性。法院确定合同解除后，只有同时判令有义务采取补救措施的一方采取相应补救措施，这一纠纷才算解决，否则该法律关系就仍处于纷争状态。一项（而非多项）完整的法律规范调整的一个（而非多个）具体法律关系，若不能通过一次诉讼来解决（而且还有可能一直都不能从司法层面得到解决），这就显然不合理了。

第五，判决支持当事人提出的"补救措施"的请求，公司债权人并不因此受到损害。对债权人的保护，我国目前的司法实践总体上过于保守，认为只有把资产保留在公司才能保护债权人的利益。实际上，在未经债权人同意的减资、抽逃注册资本或其他未按照法律程序减少公司资产的情形下，债权人完全可以通过主张补充性连带责任来要求相应责任人承担责任（让债权人向相应责任人主张权利，并不会增加债权人的负担）。2023 年《公司法》第225 条规定的简易减资股东仍负有出资义务，正是前述意思在立法上的体现。至于资本维持原则，在不损害其他股东和债权人具体利益的情况下，过于强调抽象的资本维持原则并不合理。

第六，在现有规则体系下，也能解析出"救济措施"。该案一、二审法院将公司法与民法绝对地割裂开来，这种做法有机械的法条形式主义倾向。立法上虽区分不同的法律部门，将调整同一类社会关系的不同规定列入不同部门法，这既有基于简化认知的需要，也有基于方便实践的需要，但在司法实践中把本不应该割裂开来的法律纠纷机械地割裂开来，实属不妥。增资协议解除纠纷，它就是一个完整的法律规范调整的一项具体法律关系纠纷，它不是两个具体的法律纠纷，也不是多个完整的法律规范调整的法律关系，只不过是调整这种法律关系的规定分别规定在民法和公司法中而已。如前面第一点所述，调整增资协议解除纠纷的规范，就是一项完整的符合法律规范构成三要素的法律规范。该规范中的"补救措施"部分，需要从公司法的现有规定中将其解析出来，实际上也能解析出来：即将增资股东支付的款项全部或部分返还给增资股东。如此解析，并不损害债权人和其他股东利益，符合公司法内外有别原则，对公司也没有不经济的后果。

案例 9：未经股东会决议擅自认可所投资的公司撤销大额分红决议，是否构成重大资产处置

［改编于无锡法院网"案件与法"栏目中的《上市公司处置重大资产需要经过股东会决议通过吗》，载 http：//zy. wxfy. gov. cn/article/detail/2017/12/id/3861894. shtml］

提要

上市公司管理层擅自同意退返其分取的分红款。判断该同意行为是否有效，要看分红款相对上市公司而言是否属于重大资产，从而确定是否须纳入决议范围。

案情

乙公司系上市公司，持有甲公司 70% 的股权。2012 年 10 月 15 日，甲公司股东会通过了分红的《股东会决议》，乙公司应分得红利 1400 万元。2013 年 4 月 17 日，乙公司收到分红款 1400 万元。2014 年 7 月，甲公司作出《股东会决议》，内容是撤销 2012 年 10 月 15 日的《股东会决议》，并把已分红款作为其应收账款计入记账凭证。乙公司在前述两份决议上均盖章同意，但在盖章前未召开董事会或股东大会，也未对后一份《股东会决议》进行披露。2014 年 11 月 19 日，法院裁定受理乙公司破产重整。同年 12 月 25 日，法院裁定受理甲公司破产重整。因双方对上述 1400 万元产生争议，甲公司遂诉至法院，请求判令：确认甲公司对乙公司享有 1400 万元债权。

问题

该盖章同意行为是否有效？

裁判理由及结果

生效判决认为，《证券法》（2014 年修正）第 67 条规定："发生可能对上市公司股票交易价格产生较大影响的重大事件，投资者尚未得知时，上市公司应当立即将有关该重大事件的情况向国务院证券监督管理机构和证券交易所报送临时报告，并予公告，说明事件的起因、目前的状态和可能产生的法律后果。下列情况为前款所称重大事件……（二）公司的重大投资行为和重大的购置财产的决定（注：2019 年《证券法》第 80 条修改为——公司的重大投资行为，公司在一年内购买、出售重大资产超过公司资产总额百分之三十，或者公司营业用主要资产的抵押、质押、出售或者报废一次超过该资产的百分之三十；（三）公司订立重要合同，可能对公司的资产、负债、权益和经营成果产生重要影响；（四）公司发生重大债务和未能清偿到期重大债务的违约情况……"据此，上市公司的资产与负债情况影响社会公众的利益，故包括处置重大资产需对全体股东进行公告披露，且就某些决定应在披露前召开股东大会并形成有效决议，否则应属重大违规行为，侵害了众多投资者的利益，扰乱了证券市场的秩序，依照《合同法》第 52 条第 5 项的规定应认定为无效。本案中，未经股东会决议，也未进行信息披露，乙公司擅自盖章同意甲公司撤销原决议并返还 1400 万元的分红款，实际系处分乙公司的重大资产，且会对乙公司的资产、负债、权益等产生重要影响，该行为应认定为无效。判决：驳回甲公司的诉讼请求。

评析

本书认为，该案问题的关键不在乙公司盖章同意撤销原分红决议并返还已分得的利润是否属于处置资产，而在该 1400 万元是否属于重大资产。关于何谓重大资产，《公司法》并没有作出明确的界定，至于有人将该法 135 条（2023 年修订之前的《公司法》第 121 条）解读为"超过公司资产总额百分之三十"属重大资产，这种解读值得商榷；2019 年的《证券法》第 80 条对重大资产表述为"公司在一年内购买、出售重大资产超过公司资产总额百分之三十"，但从文义来看，该条文也未确定只有超过公司资产总额 30% 才算是重大资产；《上市公司重大资产重组管理办法（2023）》第 12、13 条也仅仅界定了何谓"重大资产重组"，并未界定"重大资产"。即便是按照前述有关规定提及的 30% 或 50% 等比例，也没有证据表明该 1400 万属于重大资产。若不是重大资产处置，就不能要求股东会绝对多数决和公告。当然，也并不是说该判决结论是错误的，也许法官真实考量的是甲乙公司管理层存在非法利益输送。

案例10：公司决议修改章程中关于出资期限条款，股东能否请求确认决议无效

（改编于［2019］沪02民终8024号案，最高人民法院2021年第3期公报案例）

提要

认缴制下股东出资义务能否加速，不取决于公司，而取决于市场。在公司没有无法清偿的负债时，公司无权通过股东会修改公司章程要求股东提前缴纳出资。

案情

2017年6月27日，原告姚某城与三位第三人以及被告鸿大公司签订《合作协议书》。协议内容如下：①基于公司将取得代理Tesla在中国大陆设立外商投资企业事宜的授权的预期，姚某城与其他两人愿意溢价投资入股公司（原股东为章某歌）。其中姚某城拟出资700万元，占增资后公司15%的股份；其他两人拟各出资350万元，各占7.5%的股份。②三位新投资人应在本协议签署后的三日内将认缴的出资全部实缴。……⑨本协议系初步文件，未来将可根据具体情况适时修改。2017年7月17日决议通过的公司新章程载明：鸿大公司注册资本1000万元；第三人章某歌出资700万元、姚某城出资150万元、其他两位第三人各出资75万元，出资时间均为2037年7月1日。

2018年10月30日，鸿大公司向姚某城发送股东会议通知，拟审议以下事项：更换并选举新的监事；修改公司章程；限制部分未履行出资义务股东的股东权利；授权公司就敦促未履行出资义务的股东缴付出资事项采取必要措施。2018年11月18日的股东会决议载明到会股东（姚某城未参会）一致同意："……2. 章定各股东出资时间修改为2018年12月1日；3. 经多次催促姚某城仍未按照约定缴付出资款700万元，股东会决定限制姚某城的一切

股东权利（包括但不限于收益分配权、表决权、知情权等），直至姚某城履行全部出资义务之日止；4. 采取一切必要措施要求姚某城履行出资义务（包括发送催款函、诉讼或仲裁等）。"

后姚某城向法院诉请：确认鸿大公司于 2018 年 11 月 18 日作出的决议无效。

问题

公司能否通过股东会决议修改章程要求提前加速出资义务？

裁判理由及结果

生效判决认为，本案争议焦点为：①鸿大公司 2017 年 7 月 17 日章程是否系对《合作协议书》约定的股东出资作出了变更；②修改出资期限是否适用资本多数决规则；③鸿大公司是否存在亟需股东提前出资的正当理由。

关于争议焦点一。从各方实际履行来看，姚某城作为鸿大公司股东的出资时间已变更至 2037 年 7 月 1 日，《合作协议书》亦载明其是初步文件，"未来将可根据具体情况适时修改"。

关于争议焦点二。修改股东出资期限，涉及公司各股东的出资期限利益，并非一般的修改公司章程事项，不能适用资本多数决规则。理由如下：首先，《公司法》第 28 条（2023 年《公司法》第 49 条）规定，"股东应当按期足额缴纳公司章程中规定的各自所认缴的出资额"，即法律赋予公司股东出资期限利益；其次，该期限利益是股东固有的根本利益，不允许以多数决剥夺；最后，股东出资期限系股东之间的一致合意，而非公司经营管理事项，股东提前出资或加速到期，系源于法律规定，而不能以多数股东意志变更股东之间的一致意思表示。

关于争议焦点三。司法实践中，具有优先性质的公司债权在一定条件下可以要求公司股东提前出资或加速到期，而本案并不属于该种情形，且双方均确认《合作协议书》的合作目的已无法实现，并无证据证明存在需要公司股东提前出资的必要性及正当理由。故判决支持姚某城的诉讼请求。

评析

关于公司能否通过股东会修改章定出资期限或令出资期限加速到期的问

题，这里其实包括两个问题：一是能否通过多数决修改章定出资期限，二是能否通过多数决要求股东出资期限加速到期。

关于前一个问题，认缴制下，立法者考虑到资本使用效率，允许股东与公司之间约定实缴的具体时间，一经约定则公司原则上没有依多数决意志修改约定的权利，因为就公司与股东之间在约定的出资期限问题上，股东期限利益本质上是属于个人法上的权益而非团体法上的权益。

关于后一个问题，认缴制改革的本质或目的不是赋予股东绝对的期限利益，期限利益只是认缴制衍生的一个利益空间而不是单独的权利，认缴制改革的本质是由国家强制出资时间转变到由市场决定出资时间，以此提高资本这种经济资源的配置效率。因此，股东出资义务能否加速到期，既不取决于股东，也不取决于公司，而是取决于市场。当公司对市场其他主体有负债而不能及时足额偿付，股东自然负有加速到期的义务。该案中并无亟待偿付的市场负债，故公司多数决要求股东提前出资，没有事实依据，于当时也没有法律依据，当时的法律没有限制最长 5 年的认缴期。

案例11：中国公司法司法实践中的"对赌纠纷第一案"

（改编于［2012］民提字第11号案）

提要

增资人与目标公司及其股东的对赌均为有效。依内外有别原则，当事人依对赌协议减资或补偿金钱，并不必然损害债权人利益，债权人可参照抽逃出资责任规则获得救济。

案情

2007年，海富公司作为投资方与世恒公司、世恒公司当时唯一的股东迪亚公司、迪亚公司的实际控制人陆某，共同签订了《增资协议》，约定海富公司以现金2000万元对世恒公司进行增资（新增注册资本114.7717万元，其余列入资本公积金）。《增资协议》第7条第2项约定：世恒公司2008年净利润不低于3000万元，若达不到该目标，海富公司有权要求世恒公司予以补偿，如果世恒公司未能履行补偿义务，海富公司有权要求迪亚公司履行补偿义务。补偿金额的计算公式为"（1-2008年实际净利润/3000万元）×本次投资金额"。公司依约变更了章程，海富公司依约支付了增资款。

2009年12月30日，因世恒公司2008年度净利润仅为26 858.13元，未达到《增资协议》约定的净利润额，海富公司向法院提起诉讼，请求判令世恒公司、迪亚公司、陆某向其支付补偿款1998.2095万元。

问题

增资人与公司和公司其他股东的对赌是否有效？如何认定是否具有可履行性？

裁判理由及结果

一审法院认为，海富公司在世恒公司净利润完不成 3000 万元的情况下即有权要求世恒公司补偿的约定，不符合《中外合资经营企业法》第 8 条关于企业净利润根据合营各方注册资本的比例进行分配的规定，也损害公司利益及公司债权人的利益，不符合《公司法》第 20 条第 1 款的规定。一审法院驳回海富公司的诉讼请求。

二审法院认为，《增资协议》中关于补偿的约定，违反了投资领域风险共担的原则，使得海富公司作为投资者不论世恒公司经营业绩如何，均能取得约定收益而不承担任何风险。参照最高人民法院《关于审理联营合同纠纷案件若干问题的解答》第 4 条第 2 项之规定，《增资协议》中补偿约定内容，因违反《合同法》第 52 条第 5 项之规定应认定无效。据此，海富公司除计入注册资本的 114.771 万元外，列入资本公积金的 1885.2283 万元资金性质应属名为投资，实为借贷。基于此，二审法院判决世恒公司、迪亚公司返还海富公司 1885.2283 万元及利息。

再审法院认为，关于海富公司与世恒公司之间的补偿约定，赞同一、二审的看法。关于迪亚公司与海富公司之间的对赌，在《增资协议》中，迪亚公司对于海富公司的补偿承诺并不损害公司及公司债权人的利益，不违反法律法规的禁止性规定，是当事人的真实意思表示，是有效的。此外，海富公司请求陆某进行补偿，没有合同依据。综上，再审判决撤销二审判决，改判迪亚公司向海富公司支付协议补偿 1998.2095 万元，驳回海富公司其他诉讼请求。

评析

案例的原型被称为中国对赌纠纷第一案。案件涉及两个关键问题：其一，与目标公司对赌，对赌是否有效？其二，与公司股东对赌，对赌是否有效？在此之前，该类案件不少裁判以不符合投资风险共担原则而多被认定为无效。在此案件之后，越来越多的裁判承认与股东对赌有效，与公司对赌无效。但自 2019 年《九民纪要》出来后，实践上倾向于认为均有效，但能否支持对公司的诉讼请求，取决于对赌协议能否"履行"。具体而言，如果是对赌回购，要看目标公司有没有完成减资程序；如果是对赌金钱补偿，要看目标公司是否具有可分配利润。因此，对于这类案件，目前争议比较大的问题是——对赌协议是否可履行的问题。

本书认为，一般而言，增资过程中外部增资方与公司对赌，是经过了公司股东会决议，若对赌内容是以约定价格回购股权，则实际表明当初的增资对赌决议包含了回购条件成就公司需回购的内容，故只要事后对赌回购条件成就，公司接下来是执行减资事务而不需要再作决议，因此，只要不损害债权人的利益就不存在履行上的根本障碍；同理，若对赌内容是以约定价格补偿，则只要不损害债权人的利益就不存在履行上的根本障碍。关于回购股权或金钱补偿是否损害债权人利益这一问题，应当充分考虑公司法上的内外有别原则，若公司回购股权或金钱补偿后，公司资产不足以支付债权，债权人可参照简易减资或抽逃资金责任规则获得救济，并不会损害债权人利益。

模块三、热点、难点论辩

一、侵害债权人异议权的公司合并是否为无效合并？

论辩提示：

（1）1993年《公司法》有关于不清偿债务或不提供相应担保公司不得合并的规定，2005年《公司法》删除了不得合并的强制性规定，由此产生了侵害债权人异议权的合并行为的效力问题。

（2）论辩可分为正方与反方，正方立论为"侵害债权人异议权的公司合并行为无效"，反方立论为"侵害债权人异议权不影响公司合并行为"。

（3）合并行为是法律行为，关于法律行为的效力，除了考虑传统法理上的无效情形外，还应当考虑肯定与否定公司合并效力的经济效果差异。此外，通过什么手段来救济债权人更有利于整体经济效果，这一问题也值得考虑。

二、增资行为未经股东会决议是否必然无效？

论辩提示：

（1）问题起因于，在实务中，有些股东持有公司绝对多数股权，公司既未召开股东会，也未经其他股东同意或认可，擅自以公司名义对外增资或自己增加公司注册资本，后因其他股东提出异议而产生纠纷。

（2）对于此问题，司法实务中有不同看法，多数意见认为未经股东会决议的增资行为无效，但也有意见认为有效。如山东省高级人民法院《关于审理公司纠纷案件若干问题的意见（试行）》第34条规定，"公司未经股东会决议与第三人签订增资协议收取股款，并办理股东名册、工商登记变更手续的，该第三人请求确认股东资格的，人民法院不予支持。但股东会事后决议追认，或者享有公司三分之二以上表决权的股东实际认可该第三人享有并行使股东权利的除外"。再如最高人民法院在（2014）民申字第698号案件中认为："《出资协议书》不但有新某煤业公司法定代表人陈某干签字，还有双方加盖公章。并且，陈某干不仅为新某煤业公司法定代表人，同时持有新某煤业公司 80% 股权，其有权对公司增资扩股事宜作出决定。新某煤业公司以未经股东会决议为由否认协议效力缺乏法律依据，本院不予采纳。"

（3）根据《公司法》第 59 条规定，增资事项属于股东会的职权。论辩这一问题时，建议一方面考虑该条规定是强制性规定还是任意性规定，另一方面考虑是否会损害到其他股东的固有权。同时，还可以考虑举轻以明重的思维逻辑。

三、尚存争议的债务，公司减资时是否要通知争议对方？

论辩提示：

（1）公司减资可能会危及债权人的债权，故公司法规定减资时应当通知债权人，以便于其行使异议权。但若公司并不认可他人主张的债权，或者关于是否存在特定负债正在发生纠纷或诉讼，就会引起这个问题。

（2）作为预减资的公司，若通知它并不认可的债权，则可能会被认为是认可了相应债权；若不通知，事后被确认为公司负债，则面临着减资程序瑕疵问题。反过来，从争议债权人的角度来讲，假如不需要通知他减资程序也是合法的，那么他后来被确认的权利就可能无法得到保障；而公司股东可能恰恰利用这一点恶意减资。

（3）也许这个问题应当有另外的思路。针对这类问题，是否可以考虑公司减资后股东应就减资范围内承担连带性的补充责任。另外，这个问题也引起人们对《公司法》第 224 条中的"有权要求公司清偿债务或者提供相应的担保"这一规定的反思，是要求清偿债务或提供担保，还是就既有债权股东应在退资范围内承担补充责任，或是两种方式可自由选择，哪种更合理？

四、公司可否修改章程，限制或取消股东原有权利？

论辩提示：

（1）股权是一个权利束，其中有些权利是自益权，有些是共益权，有些是固有权，有些是非固有权。在讨论该辩题时建议考虑这些因素。

（2）股东投资有预期，章程限制或取消股东原有权利是否会实质性影响股东的预期，也是考虑因素。

（3）修改后的公司章程限制或取消股东原有权利，是基于公司发展考虑还是基于少数股东或管理层利益考虑，亦是考虑因素。英国有个判例（Sidebottom v. Kershow，Lee & Co. Ltd.）认为，董事根据修改后的章程，强制某一在与公司业务相竞争的企业中也有股份的小股东转让股权给指定股东，因该章程修改符合公司利益而得到了法院的支持。

五、控制权交易是否具有正当性？

论辩提示：

（1）论辩时建议考虑控制权的本质是什么？是权利还是权力，或兼而有之？

（2）论辩时建议考虑控制权的来源以及形成机制。

（3）论辩时建议考虑控制权存在的必然性与控制权交易的正当性之间的联系。

（4）另外，还建议从权利义务平衡的角度看待控制权交易。

六、与公司对赌是否有效？如有效，如何履行？

论辩提示：

（1）对赌是资本市场的热点和难点问题，尽管目前各国均承认对赌具有经济上的客观必然性，不再因违反投资风险原则而认为其无效，但对于投资方与目标公司对赌是否有效仍存争议。

（2）我国司法实践中（《九民纪要》）倾向性的观点是，并不否定投资方与公司对赌的效力，但对赌协议的履行采取的是抑制态度，其原因是为维护公司资本维持原则以及保护公司债权人利益等。这里存在一个悖论，对赌协议有效，但不能履行。

（3）在维护公司资本维持原则以及保护公司债权人利益与保护投资方利益存在冲突时，如何疏解悖论，也许需要对前述倾向性观点之前提的合理性加以反思。

七、其他值得论辩的问题

（1）公司合并时未到期债权的债权人能否要求提前清偿或提供担保？

（2）增资时的优先认购权能否仅行使其中的一部分？

（3）公司增资，股东优先购买权可否转让？

（4）公司章程规定，在增资时原股东不享有新股的认购权，这种规定效力如何？

（5）立法上是否要区分形式减资与实质减资，并允许形式减资不需要启动债权人保护程序？

（6）公司住所是章程记载事项，其变动是否经过绝对多数决？

（7）公司重整过程中需要修改公司章程，这个修订案应由谁来批准？

（8）为防止恶意收购，公司章程限制更换董事，并且规定修改"限制董事更换"条款必须经 3/4 多数才能修改。在新股东进入公司后，能否以过半数或 2/3 多数决的方式修改这一规定？

模块四、项目任务（作业）

（1）模拟起草一份公司合并协议。

（2）模拟起草一份公司分立协议。

（3）模拟起草一份增资对赌协议。

（4）收集整理近 10 年最高人民法院审理的增资纠纷类案件，并梳理出裁判的基本观点。

（5）收集整理近 10 年最高人民法院审理的减资纠纷类案件，并梳理出裁判的基本观点。

（6）试论公司法上的"重大资产"认定标准。

（7）对核心期刊上发表的有关控制权的研究成果进行综述。

第七编

公司终止

第一章　公司终止概述

一、公司终止的概念

公司终止是指公司法律人格的绝对消灭。公司的消亡涉及股东、职工、债权人等多方主体利益。公司法不仅要为公司的产生与发展建立制度保障，也要为公司的消亡建立有序的退出机制。

二、公司终止的原因

按我国现行法律的规定，我国公司终止的原因主要包括破产和解散两类。

公司破产，是指公司不能清偿到期债务，并且资产不足以清偿全部债务或者明显缺乏清偿能力时，依其自身或债权人申请，法院依法宣告其破产并对其财产进行清算的制度。公司破产主要由《企业破产法》予以调整，本书不予展开。

公司解散，是指已经成立的公司，因一定事由出现而停止公司经营活动，并准备公司清算从而使公司法人资格消灭的状态。我国现行《公司法》第十二章专章规定了公司解散与清算。

三、公司解散与清算的关系

关于公司解散与清算的关系，各国立法例大致可以分为"先算后解"和"先解后算"两种模式。"先算后解"模式坚持公司在清算完成后解散，英国是采取这种做法的典型。"先解后算"模式坚持公司先宣布解散后进入清算程序，清算终结办理注销手续后才消灭公司的法人资格，大陆法系国家多采取这种模式。我国《公司法》采取的是"先解后算"模式。

第二章 公司解散

第一节 公司解散事由

对于公司解散的事由，《公司法》第 229 条共列举了五项，《公司法司法解释二》和最高人民法院《关于适用〈中华人民共和国公司法〉若干问题的规定（五）》（以下简称《公司法司法解释五》）还对其中的第 5 项作了细化规定。公司一旦出现解散事由，应当在 10 日内将解散事由通过国家企业信用信息公示系统予以公示。

一、解散事由

（一）章定解散

大多数国家（包括我国）的公司法，都未对公司的营业期限作强制性规定，由公司自主决定。根据《公司法》第 229 条第 1 项的规定，如果公司章程对公司的营业期限作了规定，该期限届满将会成为公司解散的事由。另外，公司章程中还可以对其他导致公司解散的事由作出规定，常见的事由包括目的事业已经实现或无法实现、重要股东消亡、公司股东人数少于特定人数等。

当上述公司章程规定的解散事由出现时，为了防止正常存续的公司因解散带来社会资源的浪费，基于企业维持原则，我国《公司法》第 230 条对此种情形规定了相应的补救措施："公司有前条第一款第一项、第二项情形，且尚未向股东分配财产的，可以通过修改公司章程或者经股东会决议而存续。依照前款规定修改公司章程或者经股东会决议，有限责任公司须经持有三分之二以上表决权的股东通过，股份有限公司须经出席股东会会议的股东所持表决权的三分之二以上通过。"

（二）决议解散

此项事由是《公司法》第 229 条第 2 项事由，是公司自治原则的体现。

当然，公司解散是关系公司存亡的重大事项，《公司法》对股东会决议解散公司，规定了较严格的条件。《公司法》第 66 条第 3 款规定，有限责任公司决议解散公司，须经代表 2/3 以上表决权的股东通过；第 116 条第 3 款规定，股份有限公司决议解散公司，须经出席会议的股东所持表决权的 2/3 以上通过；第 60 条规定，一人公司的股东作出解散的决定时，应当采用书面形式，并由股东签名后置备于公司；第 172 条规定，国有独资公司有关公司的解散，必须由国有资产监督管理机构决定。

（三）因合并或分立解散

公司合并，至少要解散一家公司。公司合并时，如果是吸收合并，只有被吸收的公司需要解散；如果是新设合并，则参与合并的原公司都需要解散。公司分立，若采取新设分立，则需解散原公司。需要注意的是，公司合并或分立后，原公司的权利义务由合并或分立后的公司概括继受，无需进入清算程序。

（四）行政解散

行政解散，如《公司法》第 229 条第 1 条第 4 项的规定"依法被吊销营业执照、责令关闭或者被撤销"。行政解散是基于国家公权力意志而非公司自治意志的公司解散事由，其宗旨在于防止公司因违反法律法规而损害社会公共利益。在我国，行政解散的情形，分散规定在行政法、商法、经济法等部门法中，凡是违反工商、税收、市场、环保等强制性规定的，行政主管机关依法可以作出吊销营业执照、责令关闭或者撤销等行政处罚。《公司法》《市场主体登记管理条例》以及相应的部门法规定了吊销营业执照、责令关闭、撤销公司登记等行政解散的具体手段。

（五）司法解散

《公司法》第 231 条规定："公司经营管理发生严重困难，继续存续会使股东利益受到重大损失，通过其他途径不能解决的，持有公司百分之十以上表决权的股东，可以请求人民法院解散公司。"这条规定正式确定了我国公司法上的"司法解散"（或称"裁判解散"）制度。关于司法解散的详细内容，见下一节。

二、解散及解散事由的法律意义

(一) 解散的法律意义

解散，是公司关系的一种状态。这种状态下的公司，对外虽仍有独立的名义，但已不再是一种具备正常行为能力的团体组织。公司解散，也就意味着解散了公司各机关，因此，尽管公司机关原有成员还在，但原则上均不得行使机关职权。在此状态下，公司的机能并不胜于丧失民事行为能力且即将死亡的自然人。不过，有些国家立法基于某些特殊原因，赋予特定公司机关保留某种特殊权能，如我国《公司法》第 232 条第 2 款赋予股份有限公司的股东会享有组织清算组的权利；再如，在成立清算组之前，公司法定代表人仍享有有限的对外代表权。

由此，公司一旦进入解散状态，此后欲让公司再回复到正常公司的状态，就不大可能，除非股东一致同意。不过，2023 年《公司法》允许不经一致同意而令解散后的公司起死回生，这种新规定的效果如何，还需要日后的实践检验。

(二) 解散事由的法律意义

章定解散、决议解散和合并或分立解散，均属于意定解散事由。一般而言，意定解散事由一旦成就，公司即进入解散状态，原有公司机关不再履行机关职责，股东会也仅有权就清算事务作决议，且不能随意依少数服从多数原则损害中小股东的利益。

行政解散属于强制解散。鉴于公司收到行政强制解散的法律文书后，可以提起行政诉讼，要求撤销强制解散的行政行为，故公司并不进入标准的解散状态。进而，在行政强制解散事由发生后，公司内部的各意思机关对内仍可以行使相关职能。

司法强制解散也属于强制解散。司法强制解散的法律文书生效，解散事由成就，公司即进入解散状态。当事人可否通过再审反转生效法律文书确定的解散状态，这个问题在立法论上值得探讨。

第二节　司法解散

一、司法解散的适用要件

从《公司法》第 231 条的规定看，公司司法解散的要件可以分解为以下四项：

（一）公司经营管理发生严重困难

在公司实务中，裁判解散公司时，"公司经营管理发生严重困难"一般是指"管理困难"，而非"盈利困难"。至于"严重"的程度如何判断，则由法官自由裁量。"管理困难"和"严重"，都是比较抽象的概念，为了使这一要件更具操作性，《公司法司法解释二》第 1 条第 1 款专门列举了可以认定为"公司经营管理发生严重困难"的四种情形：一是公司持续两年以上无法召开股东会，公司经营管理发生严重困难的；二是股东表决时无法达到法定或者公司章定的比例，持续两年以上不能作出有效的股东会或者股东大会决议，公司经营管理发生严重困难的；三是公司董事长期冲突，且无法通过股东会或者股东大会解决，公司经营管理发生严重困难的；四是经营管理发生其他严重困难，公司继续存续会使股东利益受到重大损失的。同时该条第 2 款规定："股东以知情权、利润分配请求权等权益受到损害，或者公司亏损、财产不足以偿还全部债务，以及公司被吊销企业法人营业执照未进行清算等为由，提起解散公司诉讼的，人民法院不予受理。"

（二）继续存续会使股东利益受到重大损失

此项要件表明，即使公司经营管理发生严重困难，但若对股东利益并不会造成重大损失，法院仍不能裁判解散公司。之所以将此内容设置为裁判解散公司的必备要件，是因为解散公司是关乎公司存亡的重大事项，对公司其他股东、公司管理层、职工、债权人等都会带来重大的影响，司法强制力的介入应慎之又慎。

（三）通过其他途径不能解决的

公司法之所以作此规定，首先是基于对公司自治的尊重，其次是督促当事人尽可能穷尽内部协商机制解决矛盾。不过在实务中，法院不应当苛求案件在起诉前必须经过第三方干预或协调。

（四）持有公司 10% 以上表决权的股东

规定此项要件，主要是为了防止个别股东恶意诉讼。如果提起解散公司诉讼的股东不具备上述持股条件，法院对其诉请不予受理。

二、司法解散的诉讼管辖

《公司法司法解释二》第 24 条规定："解散公司诉讼案件和公司清算案件由公司住所地人民法院管辖。公司住所地是指公司主要办事机构所在地。公司办事机构所在地不明确的，由其注册地人民法院管辖。基层人民法院管辖县、县级市或者区的公司登记机关核准登记公司的解散诉讼案件和公司清算案件；中级人民法院管辖地区、地级市以上的公司登记机关核准登记公司的解散诉讼案件和公司清算案件。"

三、司法解散的当事人

《公司法司法解释二》第 4 条规定："股东提起解散公司诉讼应当以公司为被告。原告以其他股东为被告一并提起诉讼的，人民法院应当告知原告将其他股东变更为第三人；原告坚持不予变更的，人民法院应当驳回原告对其他股东的起诉。原告提起解散公司诉讼应当告知其他股东，或者由人民法院通知其参加诉讼。其他股东或者有关利害关系人申请以共同原告或者第三人身份参加诉讼的，人民法院应予准许。"

四、司法解散中的调解

《公司法司法解释二》第 5 条规定："人民法院审理解散公司诉讼案件，应当注重调解。当事人协商同意由公司或者股东收购股份，或者以减资等方式使公司存续，且不违反法律、行政法规强制性规定的，人民法院应予支持。当事人不能协商一致使公司存续的，人民法院应当及时判决。经人民法院调解公司收购原告股份的，公司应当自调解书生效之日起六个月内将股份转让或者注销。股份转让或者注销之前，原告不得以公司收购其股份为由对抗公司债权人。"

《公司法司法解释五》第 5 条规定："人民法院审理涉及有限责任公司股东重大分歧案件时，应当注重调解。当事人协商一致以下列方式解决分歧，且不违反法律、行政法规的强制性规定的，人民法院应予支持：（一）公司回购部分股东股份；（二）其他股东受让部分股东股份；（三）他人受让部分股东股份；（四）公司减资；（五）公司分立；（六）其他能够解决分歧，恢复公司正常经营，避免公司解散的方式。"

五、司法解散的判决效力

《公司法司法解释二》第 6 条规定："人民法院关于解散公司诉讼作出的判决，对公司全体股东具有法律约束力。人民法院判决驳回解散公司诉讼请求后，提起该诉讼的股东或者其他股东又以同一事实和理由提起解散公司诉讼的，人民法院不予受理。"

六、司法解散与清算程序的关系

由于公司解散法律关系与公司清算法律关系属于两种可以独立且应当独立的法律关系，故《公司法司法解释二》第 2 条规定："股东提起解散公司诉讼，同时又申请人民法院对公司进行清算的，人民法院对其提出的清算申请不予受理。人民法院可以告知原告，在人民法院判决解散公司后，依据民法典第七十条、公司法第一百八十三条（2023 年《公司法》第 232 条）和本规定第七条的规定，自行组织清算或者另行申请人民法院对公司进行清算。"

第三章　解散清算

第一节　解散清算的概念与特征

一、概念

公司清算，是指公司解散或被宣告破产后，依照一定的程序了结公司事务，清理公司债权债务，处分公司剩余财产，并最终使公司终止的法律程序。

公司清算包括解散清算和破产清算。破产清算是公司被宣告破产后所进行的清算，遵循破产法所专门规定的程序，这里不予赘述。本书只介绍解散清算。

二、特征

（一）公司清算是公司解散所引起的一种法律后果

如前所述，我国立法采取"先散后算"模式，公司的解散与清算是两个前后相继的程序，解散是清算的原因，清算是解散的后果。

（二）公司清算是一套严格的法律程序

公司的解散清算包括一系列行为，如结束未了结事务、清理债权债务、处分财产以及注销登记等。这些行为涉及公司诸多相关主体的利益，必须以一套严格的程序予以有序处理。

（三）公司清算具有双重功能

解散清算的目的，从形式上看是最终消灭公司的法人资格，从实质上看则是协调和保护公司诸多相关主体的利益。

第二节 清算中公司、清算义务人、清算组

一、清算中公司

处于清算过程中的公司，在学理上称为"清算中公司"。我国《公司法》第 236 条第 3 款规定，清算期间，公司存续，但不得开展与清算无关的经营活动。清算中公司依然具有法人资格，直到清算结束并注销登记后，公司才消灭。当然，此期间公司法人资格的存续仅仅是为了便于清算，其权利能力也受到限制，不得开展与清算无关的经营活动。

二、清算义务人

（一）概念

清算义务人，是指基于其与公司之间的特定法律关系而在公司解散后对公司负有清算义务，并在公司未及时清算导致相关权利人损害时，依法承担相应责任的民事主体。2023 年《公司法》第 232 条第 1 款明确了董事为清算义务人。

（二）清算义务人违反义务的责任

2023 年《公司法》新增了清算义务人未履行清算义务的赔偿责任，该法第 232 条第 3 款规定："清算义务人未及时履行清算义务，给公司或者债权人造成损失的，应当承担赔偿责任。"

另外，《公司法司法解释二》第 18 条至第 21 条对清算义务人违反清算义务的赔偿责任作了较具体的规定：

（1）清算义务人未在法定期限内成立清算组开始清算，导致公司财产贬值、流失、毁损或者灭失，其应在造成损失范围内对公司债务承担赔偿责任。清算义务人因怠于履行义务，导致公司主要财产、账册、重要文件等灭失，无法进行清算的，债权人可主张其对公司债务承担连带清偿责任。

（2）清算义务人在公司解散后，恶意处置公司财产给债权人造成损失，或者未经依法清算，以虚假的清算报告骗取公司登记机关办理法人注销登记的，债权人可主张其对公司债务承担相应赔偿责任。

（3）公司未经清算即办理注销登记，导致公司无法进行清算的，债权人

可要求清算义务人对公司债务承担清偿责任。

（4）清算义务人为二人以上的，清算义务人之间按照过错大小分担赔偿责任。

以上规定，包含了清算义务人消极不作为和积极乱作为的责任。需要注意的是，清算义务人责任与后文清算组成员责任是有区别的：前者主要是清算义务人的组织清算责任，后者主要是清算组成员的执行清算责任；前者是决策行为责任，后者是执行行为责任。

三、清算组

（一）清算组的概念

清算组是清算事务的执行人，在清算过程中对内执行清算事务，对外代表清算中公司。清算组是我国《公司法》所使用的概念，与国外法律及我国《合伙企业法》等法律中所使用的"清算人"是同一概念。

（二）清算组的组成

1. 自行组成。《公司法》第232条第2款规定，清算组由董事组成，但是公司章程另有规定或者股东会决议另选他人的除外。

2. 指定组成。《公司法》第233条规定，逾期不成立清算组进行清算或者成立清算组后不清算的，利害关系人可以申请人民法院指定有关人员组成清算组进行清算。作出吊销营业执照、责令关闭或者撤销决定的部门或者公司登记机关，也可以申请人民法院指定有关人员组成清算组进行清算。人民法院应当受理该申请，并及时组织清算组进行清算。《公司法司法解释二》第8条规定："人民法院受理公司清算案件，应当及时指定有关人员组成清算组。清算组成员可以从下列人员或者机构中产生：（一）公司股东、董事、监事、高级管理人员；（二）依法设立的律师事务所、会计师事务所、破产清算事务所等社会中介机构；（三）依法设立的律师事务所、会计师事务所、破产清算事务所等社会中介机构中具备相关专业知识并取得执业资格的人员。"《公司法司法解释二》第9条规定："人民法院指定的清算组成员有下列情形之一的，人民法院可以根据债权人、公司股东、董事或其他利害关系人的申请，或者依职权更换清算组成员：（一）有违反法律或者行政法规的行为；（二）丧失执业能力或者民事行为能力；（三）有严重损害公司或者债权人利益的行为。"

值得指出的是，2023 年修订之前的《公司法》只规定了债权人有权申请强制清算，而 2023 年《公司法》规定利害关系人都可以申请强制清算。

四、清算组的职权

《公司法》第 234 条规定："清算组在清算期间行使下列职权：（一）清理公司财产，分别编制资产负债表和财产清单；（二）通知、公告债权人；（三）处理与清算有关的公司未了结的业务；（四）清缴所欠税款以及清算过程中产生的税款；（五）清理债权、债务；（六）分配公司清偿债务后的剩余财产；（七）代表公司参与民事诉讼活动。"

五、清算组成员的权利、义务与责任

（一）权利

清算组成员有权获得报酬。清算组由公司自行组织的，其成员的报酬由股东会确定；清算组由法院指定成立的，其成员的报酬由法院确定。

（二）义务与责任

《公司法》第 238 条规定："清算组成员履行清算职责，负有忠实义务和勤勉义务。清算组成员怠于履行清算职责，给公司造成损失的，应当承担赔偿责任；因故意或者重大过失给债权人造成损失的，应当承担赔偿责任。"《公司法司法解释二》对清算组成员违反义务的责任作了细化规定。

《公司法司法解释二》第 11 条第 2 款规定："清算组未按照前款规定履行通知和公告义务，导致债权人未及时申报债权而未获清偿，债权人主张清算组成员对因此造成的损失承担赔偿责任的，人民法院应依法予以支持。"《公司法司法解释二》第 15 条第 2 款规定："执行未经确认的清算方案给公司或者债权人造成损失，公司、股东、董事、公司其他利害关系人或者债权人主张清算组成员承担赔偿责任的，人民法院应依法予以支持。"《公司法司法解释二》第 23 条规定："清算组成员从事清算事务时，违反法律、行政法规或者公司章程给公司或者债权人造成损失，公司或者债权人主张其承担赔偿责任的，人民法院应依法予以支持。有限责任公司的股东、股份有限公司连续一百八十日以上单独或者合计持有公司百分之一以上股份的股东，依据公司法第一百五十一条（2023 年《公司法》第 189 条）第 3 款的规定，以清算组成员有前款所述行为为由向人民法院提起诉讼的，人民法院应予受理。公司已经清算完毕注销，上述股东参照公司法第一百五十一条第三款的规定，直接以清算组成员为被告、其他股东为第三人向人民法院提起诉讼的，人民法院应予受理。"

2023 年《公司法》删除了之前第 206 条规定的清算组成员违法行为的行政责任。

第三节　解散清算的程序

根据《公司法》以及相关司法解释，公司解散清算的程序大致包括以下几个步骤：

一、成立清算组

《公司法》第 232 条规定，公司因公司章程规定的营业期限届满或者公司章程规定的其他解散事由出现、股东会或者股东大会决议解散、依法被吊销营业执照、责令关闭或者被撤销、人民法院裁判解散等原因解散的，应当在解散事由出现之日起 15 日内成立清算组，开始清算。清算组由董事组成，但是公司章程另有规定或者股东会决议另选他人的除外。公司自己组织的清算，在学理上被称为自行清算。

公司逾期不成立清算组进行清算的，债权人可以申请人民法院指定有关人员组成清算组进行清算。人民法院应当受理该申请，并及时组织清算组进行清算。这种清算被称为指定清算。《公司法司法解释二》第 7 条第 2 款对指定清算作了细化规定："有下列情形之一，债权人、公司股东、董事或其他利害关系申请人民法院指定清算组进行清算的，人民法院应予受理：（一）公司解散逾期不成立清算组进行清算的；（二）虽然成立清算组但故意拖延清算的；（三）违法清算可能严重损害债权人或者股东利益的。"

二、通知和公告

根据《公司法》第 235 条第 1 款和《公司法司法解释二》第 11 条的规定，公司清算时，清算组应当自成立之日起 10 日内，将公司解散清算事宜书面通知全体已知债权人，并于 60 日内，根据公司规模和营业地域范围在全国或者公司注册登记地省级有影响的报纸上进行公告，或者在国家企业信用信息公示系统上公告。清算组未按照前款规定履行通知和公告义务，导致债权人未及时申报债权而未获清偿，债权人主张清算组成员对因此造成的损失承担赔偿责任的，人民法院应予支持。

三、债权申报与登记

根据《公司法》第235条的规定，债权人应当自接到通知书之日起30日内，未接到通知书的自公告之日起45日内，向清算组申报其债权。债权人申报债权，应当说明债权的有关事项，并提供证明材料。清算组应当对债权进行登记。在申报债权期间，清算组不得对债权人进行清偿。《公司法司法解释二》第12条规定："公司清算时，债权人对清算组核定的债权有异议的，可以要求清算组重新核定。清算组不予重新核定，或者债权人对重新核定的债权仍有异议，债权人以公司为被告向人民法院提起诉讼请求确认的，人民法院应予受理。"《公司法司法解释二》第13条规定："债权人在规定的期限内未申报债权，在公司清算程序终结前补充申报的，清算组应予登记。公司清算程序终结，是指清算报告经股东会、股东大会或者人民法院确认完毕。"《公司法司法解释二》第14条规定："债权人补充申报的债权，可以在公司尚未分配财产中依法清偿。公司尚未分配财产不能全额清偿，债权人主张股东以其在剩余财产分配中已经取得的财产予以清偿的，人民法院应予支持；但债权人因重大过错未在规定期限内申报债权的除外。债权人或者清算组，以公司尚未分配财产和股东在剩余财产分配中已经取得的财产，不能全额清偿补充申报的债权为由，向人民法院提出破产清算申请的，人民法院不予受理。"

四、制定清算方案并报股东会或法院确认

《公司法》第236条第1款规定："清算组在清理公司财产、编制资产负债表和财产清单后，应当制订清算方案，并报股东会或者人民法院确认。"《公司法司法解释二》第15条规定："公司自行清算的，清算方案应当报股东会或者股东大会决议确认；人民法院组织清算的，清算方案应当报人民法院确认。未经确认的清算方案，清算组不得执行。执行未经确认的清算方案给公司或者债权人造成损失，公司、股东、董事、公司其他利害关系或者债权人主张清算组成员承担赔偿责任的，人民法院应依法予以支持。"

五、解散清算程序与破产清算程序的衔接

《公司法》第 237 条规定："清算组在清理公司财产、编制资产负债表和财产清单后，发现公司财产不足清偿债务的，应当依法向人民法院申请破产清算。人民法院受理破产申请后，清算组应当将清算事务移交给人民法院指定的破产管理人。"《公司法》第 242 条规定："公司被依法宣告破产的，依照有关企业破产的法律实施破产清算。"《公司法司法解释二》第 14 条第 2 款规定："债权人或者清算组，以公司尚未分配财产和股东在剩余财产分配中已经取得的财产，不能全额清偿补充申报的债权为由，向人民法院提出破产清算申请的，人民法院不予受理。"

《公司法司法解释二》第 17 条规定："人民法院指定的清算组在清理公司财产、编制资产负债表和财产清单时，发现公司财产不足清偿债务的，可以与债权人协商制作有关债务清偿方案。债务清偿方案经全体债权人确认且不损害其他利害关系人利益的，人民法院可依清算组的申请裁定予以认可。清算组依据该清偿方案清偿债务后，应当向人民法院申请裁定终结清算程序。债权人对债务清偿方案不予确认或者人民法院不予认可的，清算组应当依法向人民法院申请宣告破产。"

六、依清算方案处分财产

《公司法》第 236 条第 2 款规定："公司财产在分别支付清算费用、职工的工资、社会保险费用和法定补偿金，缴纳所欠税款，清偿公司债务后的剩余财产，有限责任公司按照股东的出资比例分配，股份有限公司按照股东持有的股份比例分配。"《公司法司法解释三》第 16 条规定："股东未履行或者未全面履行出资义务或者抽逃出资，公司根据公司章程或者股东会决议对其利润分配请求权、新股优先认购权、剩余财产分配请求权等股东权利作出相应的合理限制，该股东请求认定该限制无效的，人民法院不予支持。"

七、制作清算报告

《公司法》第 239 条规定，公司清算结束后，清算组应当及时制作清算报告，报股东会或人民法院确认。经确认后应及时报送登记机关，申请注销登记。

八、强制清算的时限

《公司法司法解释二》第 16 条规定："人民法院组织清算的，清算组应当自成立之日起六个月内清算完毕。因特殊情况无法在六个月内完成清算的，清算组应当向人民法院申请延长。"

九、清算中的行政责任

（一）违反通知或公告义务的行政责任

公司违反通知或公告债权人义务的，公司登记机关责令改正，对公司处以 1 万元以上 10 万元以下的罚款（《公司法》第 255 条）。

（二）违法支配资产的行政责任

公司在进行清算时，隐匿财产，对资产负债表或者财产清单作虚假记载，或者在未清偿债务前分配公司财产的，由公司登记机关责令改正，对公司处以隐匿财产或者未清偿债务前分配公司财产金额 5% 以上 10% 以下的罚款；对直接负责的主管人员和其他直接责任人员处以 1 万元以上 10 万元以下的罚款（《公司法》第 256 条）。

与修订之前的《公司法》相比，2023 年《公司法》删除了公司在清算期间开展与清算无关的经营活动，清算组违反报告义务以及清算组成员违反忠实义务的行政责任。

模块二、案例分析

案例1：符合章定解散条件但非公司僵局的情形，能否请求解散公司

（改编于［2006］白民二初字第 328 号案）

提要

《公司法》规定了 5 项公司解散事由，只要具备其中一项，公司即可解散。股东协议或公司章程约定股东享有任意解散公司的权利，应当受到禁止权利滥用原则的限制。

案情

2004 年 3 月 15 日，陈某勇、李某坚、胡某伟发起设立了轻研机电公司。同年 12 月 20 日，李某坚、陈某勇、胡某伟签署公司章程。公司章程第 28 条规定："符合下列条件时，本公司可以解散……（2）股东中任何一方要求解散公司……"

在经营过程中，陈某勇与李某坚、胡某伟就公司发展方向、经营管理等产生较大分歧，同时公司业务也难以开展。为避免公司的经营给陈某勇带来更大的损失，陈某勇诉至法院，请求法院判令轻研机电公司解散。

轻研机电公司辩称，陈某勇滥用股东权利，解散公司不应只依照公司章程的约定，还应符合《公司法》第 182 条（2023 年《公司法》第 231 条）规定。现在公司并不存在经营困难，继续存续并未对股东利益产生不良影响，陈某勇作为股东，其自己的行为影响公司正常经营，侵犯公司及其他股东的

利益。故请求法院驳回原告的诉讼请求。

问题

陈某勇解散公司的诉求应否支持？

裁判理由与结果

法院认为，根据《公司法》第 180 条（2023 年《公司法》第 229 条）的规定，公司因下列原因解散：①公司章程规定的营业期限届满或者公司章程规定的其他解散事由出现……⑤人民法院依照《公司法》第 182 条的规定予以解散。根据轻研机电公司章程第 28 条第 2 项规定，股东任何一方要求解散公司的，公司可以解散，故轻研机电公司章程规定公司解散事由已出现，陈某勇据此要求解散公司，符合法律规定。对被告轻研机电公司辩称解散公司必须符合《公司法》第 182 条规定的意见，本院认为，该条款系公司僵局时的解散，属于《公司法》第 180 条第 5 项所列公司解散事由，而《公司法》第 180 条规定了 5 项公司解散事由，只要具备其中 1 项事由，公司即可解散，并非 5 项事由须全部具备才能解散公司，故不管轻研机电公司经营管理是否发生严重困难，陈某勇均可依据公司章程的规定要求解散公司。综上，陈某勇根据公司章程的约定要求解散公司的诉求，法院予以支持。

评析

《公司法》第 180 条（2023 年《公司法》第 229 条）规定了 5 项公司解散的事由，这 5 项事由是并列关系，而非结合关系。也就是说，只要出现 5 项事由中的任何一项，即可成就解散公司的事由。该规定的第 1 项事由就是"公司章程规定的营业期限届满或者公司章程规定的其他解散事由出现"。案涉轻研机电公司的章程把"股东中任何一方要求解散公司"作为公司解散的事由，从文意上来看，属于该第 1 项事由所能涵摄的具体情形。当该章程约定的情形成为事实时，股东可据此事实要求解散公司。

由该案衍生出的一个有待进一步探讨的问题：若该案中股东们对公司发展方向、经营管理并没有大的分歧，同时公司业务也能正常开展，那么陈某勇的解散请求是否仍应得到支持？本书认为，股东协议或公司章程赋予股东任意解散公司的权利，这种约定并不违反契约自由和公司自治精神，但并不意味着这种解散公司的自由不受任何限制。这种解散自由应受到禁止权利滥用原则的限制：第一，来自合同责任的限制，即尽管股东有解散公司的权利，但其权利的边界在不损害其他股东的权利和利益，一旦股东行使该种解除权而给其他股东造成损失，该股东应承担相应损失；第二，来自比较优势途径的限制，即假如其他股东有证据证明，不解散公司，通过股权转让、减资或公司分立等途径，也能让主张解散公司的股东处于更好的经济状态，就不宜解散公司。另外需要注意的是，章程赋予股东任意解散权，该种权利应属于形成权，在不违反效力性规定和公序良俗的情况下，可以限制但不能否定行使解散权行为的效力。

案例2：如何认定"公司经营管理发生严重困难"（指导案例8号）

（改编于〔2010〕苏商终字第 0043 号案）

提要

判断"公司经营管理是否发生严重困难"，应从公司组织机构的运行状态进行综合分析。即便是公司处于盈利状态，也可因公司治理僵局而解散公司。

案情

凯莱公司成立于 2002 年 1 月，林某清与戴某明系该公司股东，各占 50% 的股份，戴某明任公司法定代表人及执行董事，林某清任公司总经理兼公司监事。凯莱公司章程明确规定：股东会的决议须经代表二分之一以上表决权的股东通过，但对公司增加或减少注册资本、合并、解散、变更公司形式、修改公司章程作出决议时，必须经代表三分之二以上表决权的股东通过。股东会会议由股东按照出资比例行使表决权。

2006 年起，林某清与戴某明两人之间的矛盾逐渐显现，并因此导致股东会至 2009 年底都一直未能召开。林某清多次要求解散公司，被戴某明拒绝。江苏常熟服装城管理委员会证明凯莱公司目前经营尚正常，并于 2009 年 12 月 15 日、16 日两次组织双方进行调解，但均未成功。林某清因此提起诉讼，请求解散凯莱公司。

问题

林某清解散凯莱公司的诉讼请求应否支持？

裁判理由与结果

法院审理认为，本案中因两名股东之间的分歧，导致凯莱公司已持续 4 年未能召开股东会，其经营管理已发生严重困难，并因为股东会无法召开，林某清的股东权无法行使，利益受到重大损失，通过服装城管理委员会的调解也未解决，作为持有公司全部股东表决权 10% 以上的股东，林某清有权请求人民法院解散公司，凯莱公司已符合《公司法》及《公司法司法解释二》所规定的股东提起解散公司之诉的条件，由此依法作出了解散公司的判决。

评析

本案是解散公司之诉的典型案件。典型之处在于，即便是公司正常营业，但因公司治理结构上存在重大缺陷以及股东之间利益上存在无法调和的矛盾，仍认定属于"公司经营管理发生严重困难"。不过，这种裁判观点在实务上是否具有普遍意义，有商榷的空间。从工商登记信息来看，该被判决解散的公司，事后仍正常存续多年。

案例3：如何认定"继续存续会使股东利益受到重大损失"

（改编于［2017］最高法民申 2148 号案，2018 年第 7 期公报案例）

提要

"继续存续会使股东利益受到重大损失"是公司强制解散四要件之核心要件，满足这一要件也即意味着公司继续存续与股东投资目的相悖；其中，"股东利益"既包括取得收益的权利，也包括选择管理者和参与重大决策的权利。

案情

2004 年 8 月 17 日，长粮公司与董某琴签订拟设立东北亚公司的《合作合同书》，合同约定：公司董事会成员为 5 人，长粮公司方占 2 席、董某琴方占 3 席。2004 年 9 月 20 日，东北亚公司登记成立，长粮公司出资 490 万元，占股 49%，董某琴出资 510 万元，占股 51%。2005 年 1 月，长粮公司将其股权全部转让给荟冠公司。2015 年前后，荟冠公司将 5% 的股权转让给东证公司。

关于公司章程的事实。2006 年 5 月 10 日，修改的章程规定"修改公司章程必须经代表五分之三以上（含本数）表决权的董事通过……"。2006 年 9 月 25 日章程增加规定，"董事会为公司最高权力机构……董事会决议应由代表五分之三以上（含本数）表决权的董事表决通过"。2012 年 4 月至 7 月，荟冠公司多次发函要求修改公司章程中股东会会议决议事项通过比例，修改董事会人数，建议由双方分别担任董事长、总经理等事宜，董某琴均表示拒绝。

关于董事高管任免的事实。自公司成立至 2007 年 8 月期间，公司总经理一直由荟冠公司委派人员担任。2007 年 8 月至 9 月间，荟冠公司向东北亚公司推荐常某国出任总经理，但董事会决议聘任王某昌为总经理。2015 年 3 月

11 日，荟冠公司委派两名董事，也被董事会决议否决。

关于公司财务及其他重大事项决策的事实。2010 年之前，公司其他借款均有公司决议，但 2004 年 11 月 4 日至 2011 年 3 月 31 日期间东北亚公司借给董某琴 95 万元及董某琴借给东北亚公司 7222 万元，该等借款均无公司决议。2014 年 10 月，东北亚公司向工行贷款 5000 万元也无公司决议。

2015 年，荟冠公司以僵局为由，请求法院解散东北亚公司。

问题

如何认定"继续存续会使股东利益受到重大损失"？

裁判理由及结果

生效判决围绕是否符合解散公司的要件作了全面阐述，此处仅就是否符合"继续存续会使股东利益受到重大损失"这一要件作概述。

再审裁判认为，荟冠公司不能选择管理者，所委派总经理和董事均被否决，公司人事任免权完全掌握在董某琴一方。荟冠公司不能正常参与公司重大决策，东北亚公司向董某琴个人借款 7222 万元和向工行借款 5000 万元，均无决议。荟冠公司未能从东北亚公司获取收益，东北亚公司虽持续盈利，但多年并未分红。荟冠公司作为东北亚公司的第二大股东的投资目的无法实现，股东权益受到重大损失。故公司状况已符合"继续存续会使股东利益受到重大损失"这一要件。

评析

除前述案例外，本书还收集了若干符合"继续存续会使股东利益受到重大损失"要件的案例。以下案例就该要件的认定也做了相关陈述，如［2011］民四终字第 29 号案（公报案例）、［2018］最高法民申 248 号案、［2019］最高法民再 6231 号案把持续亏损作为判断符合该要件的重要事实依据。也有案例认为，公司当前的盈利状态不是阻却强制解散的充分事由，如［2017］最高法民申 4437 号案。［2016］最高法民申 829 号案认为，公司经营方式完全背离了公司设立目的，各方对于公司发展方向的意见完全冲突，可以认定符合该要件。［2019］最高法民终 1504 号案认为，部分股东不能有效参与公司的决策，也不能获得红利，可以认定为符合该要件。

　　本书认为，在公司法规定的司法解散的四个要件中，"继续存续会使股东利益受到重大损失"是核心要件，"经营管理发生严重困难"和"通过其他途径不能解决"两要件均围绕着该核心要件，至于"持有公司全部股东表决权 10%以上的股东"，实乃立法者不得已的一种选择。该核心要件中的"股东利益"，既包括取得收益的权利，也包括选择管理者和参与重大决策的权利。

案例 4：公司能否以出资瑕疵抗辩股东不符合提起解散之诉的持股比例要求

（改编于［2014］粤高法民二申字第 509 号案）

提要

股东瑕疵出资并不影响其提起解散公司之诉的资格，但若公司决议将其除名或降低其股权比例，导致该股东不再符合提起解散之诉的条件，法院应驳回起诉。

案情

2004 年 8 月 23 日，某亿公司通过股东会决议及公司章程修改案，确认蒋某华为某亿公司占 20% 股权的股东，并为蒋某华做了工商登记。2012 年，蒋某华诉请法院解散某亿公司，某亿公司辩称蒋某华未履行出资义务、不具有股东资格，但未提交证据佐证。

问题

公司能否以出资瑕疵抗辩股东不符合提起解散之诉的持股比例要求？

裁判理由及结果

一审法院以某亿公司未提交证据佐证蒋某华未履行出资义务、不具有股东资格，且符合解散的其他条件为由，判决解散某亿公司。判决生效后，某亿公司向广东省高院申请再审。

再审法院认为，原审对某亿公司就蒋某华的股东资格抗辩主张未予支持，并无不当。蒋某华持有某亿公司 20% 股权的事宜经过了公司股东会和章程的确认，并进行了工商登记，即使有证据证明蒋某华未履行出资义务，也不能因此否认蒋某华的股东资格。某亿公司的再审申请，不予支持。

评析

瑕疵出资股东，若经公司催促仍未缴纳相应出资，公司可以依法决议除名或降低其股权份额。但在有关决议作出之前，股东仍享有股东资格以及相应股权份额。因此，该案一审和再审法院认定蒋某华具有提起解散公司之诉的股东资格并无不当。

值得进一步探讨的问题是：若在股东提起解散之诉后，公司可否决议将瑕疵出资股东除名或降低其股权份额，并以此抗辩该股东不具有提起解散之诉的资格？对此问题，本书认为，一般情况下应予肯定，理由是：其一，公司法本身的导向是尽量避免公司解散；其二，公司按照法律程序除名或降低其股权份额，并不会因为该程序在提起解散诉讼之前与之后，而对股东权利的影响存在实质性差异；其三，不管是在提起解散诉讼之前或之后，公司都享有按照法律程序除名或降低其股权份额的权利。

案例5：大小股东矛盾冲突到何种程度可认定为构成强制解散之僵局

（改编于［2019］最高法民申5183号案）

提要

两股东原系夫妻并不足以否定：公司一直未召开过股东会系"持续两年以上无法召开股东会"要件所能涵摄的事实。仅依据一名股东持股超过2/3，并不能推导出公司不存在僵局，何况公司两名股东系离婚夫妻。一股东擅自处置公司重大资产，应属于严重损害另一股东参与管理权的行为。

案情

2008年4月1日，田某红与栾某华夫妻两人分别从他人处取得鲁西纺织公司75%、25%的股权。公司注册资本100万元。田某红为公司执行董事、法定代表人，栾某华为监事。公司章程规定：股东会定期会议应当半年召开一次。自受让股权后，鲁西纺织公司未再召开股东会，亦未有实质性的经营。一审时，二人正在离婚诉讼过程中，二审判决之前，法院已判决离婚。二审期间，栾某华提交了一份2016年8月1日的土地买卖合同复印件，证明：田某红擅自将公司土地55 496平方米以1300万元的价格转让，损害了栾某华的利益。

问题

大小股东矛盾冲突到何种程度可认定为构成强制解散之僵局？

裁判理由及结果

一审法院认为，鲁西纺织公司虽然自2008年4月1日之后未再召开股东会，但其股东栾某华与田某红为夫妻关系，对公司运转的决定可通过夫妻协商解决，并不拘泥于必须召开股东会。栾某华诉求解散公司是为了分割夫妻共同财产，其诉求可通过其他途径解决，目前的证据尚不能证明鲁西纺织公司陷入公司僵局。一审法院驳回栾某华的诉讼请求。

二审法院认为，田某红个人的表决权已超过 2/3，因此，即使鲁西纺织公司的两名股东意见不一致，也不影响股东会的召集和召开，不影响股东会就公司的经营管理形成有效表决。鲁西纺织公司内部机制能够正常运行，公司经营管理没有发生严重困难，不符合法律规定的司法解散的条件。鲁西纺织公司没有经营业务及没有召开过股东会议均不是判断公司经营管理是否发生严重困难的法定事由。关于栾某华主张田某红私自出售公司资产，损害其利益，可通过其他救济途径解决。二审法院维持了一审判决。再审裁定的理由及结果与二审一致。

评析

该案例原型的结果并不一定是错的，但裁判理由值得商榷。

关于公司一直未召开过股东会一节。法院认为夫妻公司不一定要召开股东会，且未召开股东会不是解散的法定事由。此种观点很难站得住脚，原告在提起本案诉讼时，夫妻已经进入离婚诉讼程序，这就表明双方感情应是早已出现问题。既然夫妻家庭生活都已出现问题，就更难协商公司经营管理事宜，因此该案不能被轻易认定为不符合"持续两年以上无法召开股东会"这一要件，更不能以原被告系夫妻关系而认为不需要考虑这一要件。

关于持股比例与"经营管理发生严重困难"之间的关系。按照裁判文书的意思，只要股权超过 2/3，就不会形成经营管理严重困难的治理僵局。依此观点，公司法有关持股 10% 可以提起解散诉讼的规定，其意义就不大。裁判文书对于持股 2/3 的意义又进一步做了这样的表述"即使鲁西纺织公司的两名股东意见不一致，也不影响股东会的召集和召开，不影响股东会就公司的经营管理形成有效表决"。如果这一逻辑成立，那么除了持股比例为各占 50% 的情形外，在其他持股比例的情况下，公司都能召集、召开股东会，并形成有效决议，进而可推导出不是持股各占 50% 的公司都成就不了解散理由。本书认为，公司法规定的"经营管理发生严重困难"，主要指股东之间的自治机制发生严重问题，在一家只有两名股东的公司里，一旦两者出现不可调和的矛盾，就无法召开会议或没法作出有效决议。不能因为其中一人占股超过2/3，就认定公司可以开会、可以形成有效决议，这种观点与立法的本意不符。

关于大股东私自出售公司资产一节。裁判文书认为与公司解散纠纷无关，当事人可另诉解决。这种观点也不妥。栾某华称田某红擅自将公司土地55496平方米以1300万元的价格转让，损害了栾某华的利益。结合公司注册资本仅有100万元以及公司未曾开展经营活动的事实来看，该土地应当是公司的主要资产，属于公司经营方针和投资计划的客体，在做处置时，理应与栾某华商议，否则严重损害栾某华的参与管理权。再者，公司此前一直没有开展经营活动，2016年8月处置公司重大资产，此时夫妻感情应是已经出现问题，法院却轻易确认该处置行为是为了公司经营活动，这种认定很难说是符合事实的。

案例6：公司已决议解散，能否再作决议推翻前决议

（改编于本书作者接触到的实务问题）

提要

公司股东一旦一致决议解散公司，就不能被在后的多数决议推翻。

案情

甲公司的股东有 ABCDE 五人，公司章定营业期限到期之前，五人决议是否存续，决议结果一致同意解散公司，并决议成立了清算小组。后 ABC（占70%股权）反悔，于是召集其他人召开会议，推翻原解散决议，令公司继续存续。D 出席会议但不同意推翻原决议；E 以公司已经决议，决议事项不属于已经解散的股东们可以推翻的事项为由，拒绝参会。

问题

在后的多数决议是否可以推翻在先的一致同意的解散决议？

不同观点如下：

有人认为，只要公司没有注销，公司法人团体资格没有消灭，就可以通过多数决推翻在先的一致决议，让公司存续。

有人认为，在先决议是一致同意通过的，不能再通过多数决议令公司存续。

评析

2023 年《公司法》第 89、161、230 条允许公司通过修改公司章程或股东会决议让意定解散事由出现的公司继续存续。本书认为，前述规定的合理性有商榷余地，从解释论的角度来讲，对前述规定应作限缩解释，即在后的多

数决议可以推翻在先的多数同意的解散决议，但不能推翻在先的一致同意的解散决议。厘清解散决议的以下几个问题，有助于理解前述观点，也有助于裁判者作出合理的裁判：

第一，决议是什么性质的行为？这种行为一旦做出，产生什么法律效果？根据《民法典》的规定，公司决议是法律行为。在现行规则体系下，法律行为是法律关系发生变动的原因；法律行为的意旨也就是要变动原有的法律关系。因此，决议行为一旦做出，会产生法律关系变动的效果。解散决议是导致公司团体解散的法律行为，其意在令公司团体处于解散并进入清算的事实状态（即从经营到注销的过渡性状态），因此，一旦有效的解散决议作出，公司就不再是常态的团体，该决议对公司股东成员也会发生法律效力，公司股东之间的关系就进入到清算关系状态，股东就可信赖该决议行事，公司的董事的法律身份就变成了清算义务人；一旦解散决议被债权人获知，债权人也会产生相应的信赖。从意思自治角度来看，自愿解散意味着股东们合成的效果意思是将团体置于过渡状态，并最终追求公司团体的消灭；同时，解散决议包含公司不再开展新的经营活动的效果意思，将公司的行为能力限定在清算和处理善后事宜上；此外，自愿解散更为直接的效果意思是，公司团体的各机关解散（至少形成团体意思的机关已经解散，股东会尽管仍有权对清算报告作表决，但不再是一种标准的团体意思形成过程）、管理层的权力受到限制，公司管理层不得再开展正常经营管理活动。从上述效果意思来看，一旦决议通过，对内而言，形成团体意思的机关已被解散，也就意味着不再存在一个"机关"可通过多数决推翻在先的解散决议。

第二，解散决议与其他类决议是否具有可类比性，比如新投资项目决议、选聘董事决议、分红决议？虽然都是决议，行为方式都一样，但在行为效果能否翻转方面，有的具有可类比性，有的不具有可类比性。就投资决议而言，该类决议系对经营管理事项作商业判断，在后的商业判断当然可以推翻在先的商业判断；就选聘董事的决议而言，该类决议系公司选择管理者行为，在后的决议也可以推翻在先的决议；就分红决议而言，该类行为与前两种行为在效果上具有明显差异，公司一旦作出分红决议，股东请求公司分红的权利由抽象变为具体，分红权在性质上发生了质的变化，即不再是标准团体法上的权利，而是具有个人法属性的债权，不能通过团体多数决加以限制或剥夺，这也就意味着在先的分红决议不能被在后的决议推翻。解散决议与分红决议相似，决议一旦作出，以公司财产为客体的法律关系就发生了根本性变化，股东自此享有了按协议、章程或法律规定取得财产的权利，这时公司的财产也就变成了过渡性财产而非纯粹的团体财产。

第三，解散事由发生后，公司团体法律人格状态到底如何？解散事由一经发生，这时候的公司不再是经营状态下的公司，而是即将消亡的公司。之所以在法律上还具有公司人格，只不过是为了便于对外处理债权债务、对内分割剩余资产。而且不难发现，此种状态下对内分割资产，并非按照团体法的多数决意思分割，而是按照个人法的规则分割，意即因此时的财产关系不再是团体法上的法律关系，不能依团体多数决分割。

综上，尽管 2023 年《公司法》第 89、161、230 条规定，公司意定解散事由已经发生，股东们仍可通过 2/3 多数决议来翻转已经解散的公司，但在法律适用的解释上，应当作限缩解释。从实务角度来看，若欲使已自愿解散的公司存续，一种更可取的方案是：若有股东不同意推翻原解散决议，在征得该股东同意的情况下，其他股东可按照清算后剩余财产的标准，把相应份额财产的价值支付给执意退出的股东；如果其他股东按照前述标准收购退出股东的股权，这就可以免除繁琐的减资程序。需要注意的是，执意解散公司的股东按照前述方案获得的剩余财产与异议股东行使退股权获得的财产，在实务上往往有很大差距；两者获得财产的逻辑存在本质区别，前者本质上遵循的是个人法逻辑，后者遵循的是团体法逻辑。

案例7：清算组成员不履行通知义务要承担什么样的责任

（改编于重庆市大渡口区人民法院［2009］渡法民初字
第 1698 号案；［2018］苏 02 民终 1334 号案）

提要

在公司自行清算中，清算组不履行通知义务而致债权人受损，债权人主张清算组成员对损失承担连带责任的，应予以支持。该损失应为债权全额，但清算组成员能够证明即便通知了债权人或即便是进入破产程序，债权人也不能获得全额债权的除外。

案情

原告尹某能挂靠越海公司的货车，因发生保险事故而获得保险赔偿。赔偿款 45 020.16 元于 2006 年 5 月 11 日赔付到越海公司账上。2008 年 6 月 18 日，越海公司召开股东会，决议解散公司，并成立由吴某均、吴某经、吴某莲三人组成的清算组。清算组在清算时，未通知尹某能，在清理完资产后即注销了越海公司。据清算报告记载，截至 2008 年 9 月 30 日清算终结，越海公司资产总额为 31 529.78 元。

后尹某能诉至法院，请求判令清算组三人吴某均、吴某经、吴某莲给付保险理赔款 45 020.16 元。

问题

清算组成员赔偿责任的范围为多大？

裁判理由与结果

生效判决认为，越海公司已于 2008 年 10 月 6 日解散注销，清算组未通知原告申报债权，导致原告债权未获清偿，清算组成员的赔偿范围应为债权人未获清偿的全部债权。判决三被告赔偿 45 020.16 元。

评析

该案的问题是：清算组成员的赔偿额，是债权人的全部债权（即 45 020.16 元），还是以清算时公司资产总额为限（即 31 529.78 元）？

一种观点认为，清算组成员的赔偿责任属于侵权责任，通过因果关系理论可以阻断或排除不恰当的赔偿责任范围。由于清算时公司资产仅有 31 529.78 元，即便是通知了原告，原告所能获得的金额也不超过 31 529.78 元，故清算组成员应在 31 529.78 元范围内承担赔偿责任。

另一种观点认为，相对于股东而言，债权人对于公司的财务状况和经营管理处于信息上的劣势。而清算制度通过规定清算组的通知义务，可以使得债权人通过申报债权，介入到清算过程中，获得清算过程中的各种财务信息，监督清算组的清算工作，平衡其弱势地位，维护其合法权益。因此，清算组成员不履行通知义务，导致债权人未及时申报债权而未获清偿，清算组成员的赔偿范围应为债权人未获清偿的全部债权。

本书认为，第一种观点的逻辑前提是有问题的。公司自行清算，因债权人无权过多介入，公司的资产总额不一定真的只有 31 529.78 元。根据相关规定，一旦公司资不抵债，未经债权人认可部分清偿，清算组不得擅自终结清算程序注销公司，而应当转入到破产程序，让债权人有更多介入和监督清算的权利。清算组未依法转入破产程序，则令其承担债权人的全额债权，更为合理。当然，如果清算组成员能证明即便通知了债权人或即便是进入破产程序债权人也不能获得债权全额的除外。

案例8：追究怠于履行清算义务之责任的诉讼时效从何时起计算

（改编于［2018］闽 01 民终 703 号案）

提要

在出台具体规则之前，将诉讼时效的举证责任配置给清算义务人比较合理，不宜轻易认定时效已过进而否定债权人的起诉权利。将追究清算义务人责任的权利时限规定为除斥期间，是一个较好的立法选择。

案情

中某港公司成立于 2006 年 9 月 19 日，注册资本 500 万元，股东为魏某禹、丁某惠。2012 年 5 月 13 日，［2011］鼓民初字第 4509 号民事判决判令中某港公司向张某高支付工程款 392 007.50 元及相应利息。2012 年 12 月 24 日向法院申请执行。2013 年 12 月 20 日，中某港公司因未年检被吊销执照。公司股东未依法成立清算组，公司 2009 年 10 月 30 日之后的财务账册及证明公司资产流向的重要文件无法收集，公司无法进行清算。2015 年 3 月 1 日，法院以中某港公司无可供执行的财产裁定终结对第 4509 号判决的该次执行程序。张某高于 2016 年 10 月 14 日提起本案诉讼，要求中某港公司股东魏某禹、丁某惠对前述债务承担连带责任。魏某禹、丁某惠提出抗辩，认为该案的诉讼时效应从 2014 年 1 月 5 日起算。

问题

案涉诉讼时效应从什么时候开始计算？

裁判理由及结论

生效判决认为，人民法院于 2015 年 3 月 1 日以中某港公司无可供执行的财产裁定终结该次执行程序，张某高于 2016 年 10 月 14 日提起本案诉讼。张某高系在知悉具有独立法人资格的公司无可供执行的财产时起 2 年内（原规定一般诉讼时效为 2 年，现在为 3 年）主张股东承担清算责任，并未超过诉讼时效。故对魏某禹、丁某惠上述抗辩，不予采纳。

评析

清算义务人怠于履行清算义务，受害人对其追责的诉讼时效起算时间问题，近些年受到广泛关注。对于该类问题，[2018] 甘民终 747 号案（再审案号为 [2019] 最高法民申 3686 号）判决书表达了这样的观点：公司营业执照被吊销、无财产可供执行均既不等同于公司无法进行清算，也不等同于债权人对无法清算的事实及原因知晓；通常，只有经过清算程序，才能认定公司是否无法清算、清算义务人是否存在过错、清算义务人的不作为与债权人的损失是否存在因果关系，债权人才能够向清算义务人主张权利；债权人根据《公司法司法解释二》第 18 条第 2 款的规定请求清算义务人对公司的债务承担连带清偿责任，诉讼时效期间应自债权人知道或应当知道公司无法进行清算（即收到终结强制清算的裁定）之日开始计算。另外，《九民纪要》第 16 条第 2 款认为："请求有限责任公司的股东对公司债务承担连带清偿责任的，诉讼时效期间自公司债权人知道或者应当知道公司无法进行清算之日起计算。"学理上，有人提出应以受害人知道或应当知道"不履行清算义务"＋"债权受到损害"主客观相统一的标准。前述观点总体上倾向于保护债权人的利益，但温州市中级人民法院 2017 年的一个调研报告表明，存在不少"职业"债权人"恶意"追债诉讼，这就使得问题难有定论。

综合而言，针对此问题，有四种观点：①以公司解散事由发生之日起满 15 日后起算；②以公司财产贬损、灭失或无法清算等事实发生之日起起算；③以《公司法司法解释二》颁布实施的时间起算；④以债权人知道或者应当知道股东未依法履行清算义务，损害债权人利益时起算。前两种观点都与诉讼时效规则的"知道或应当知道"要件冲突。第三种观点存在两个问题：①若认为仅适用于该解释出台之前的行为，则实质性承认了该解释的溯及力，因为该种观点内含了自解释后债权人才享有追究清算义务人怠职责任的权利；②对于该解释颁布之后的行为，自然是不能以该解释颁布实施的时间开始起算。至于第四种观点，这么表述似乎也没问题，但正是因为这种表述在司法实务中有不同理解，才引发了不同观点。

本书认为，在出台具体立法或司法解释规则之前，将诉讼时效的主要举证责任配置给清算义务人比较合理，且更具有操作性。法院不宜轻易认定时效已过进而否定债权人的起诉权利，除非"职业"债权人的诉讼追索行为明显违背公序良俗。对于立法或司法解释规则，本书建议将追究清算义务人责任的权利时限规定为除斥期间。

案例9：清算责任纠纷的诉讼管辖法院应如何确定

（改编于［2021］最高法民辖46号案）

提要

清算责任纠纷一般被认为属于侵权纠纷，可根据侵权纠纷案件确定管辖法院。另外，由于清算责任纠纷中的债权，与原债权具有承继关系，故还应当允许原告根据原债权关系的管辖规则选择管辖法院。

案情

何某华、黄某姗、袁某秀系某扣公司的股东，顾某霞与某扣公司于2014年3月16日签订《房屋租赁合同》，约定承租某扣公司位于北京市石景山区八角南里菜市场内商业用房用于餐饮经营。在办理执照过程中，因某扣公司无法及时提供房屋产权证明，导致无法开展经营，某扣公司承诺承担由此造成的损失，但一直未给付。2019年3月18日，某扣公司经决议解散，何某华、黄某姗、袁某秀作为清算组成员，未经正常清算即注销公司，导致公司无法清算。顾某霞于2020年2月向北京市石景山区人民法院起诉，要求何某华、黄某姗、袁某秀就某扣公司债务承担清偿责任。

另查明：何某华户籍所在地为新疆维吾尔自治区吐鲁番市高昌区，但自2019年1月起一直租房居住在四川省巴中市巴州区；顾某霞住所地非在北京市石景山区。

问题

清算责任纠纷的诉讼管辖法院应如何确定？

裁判理由及结果

北京市石景山区人民法院认为，因清算责任纠纷提起诉讼，应以《民事诉讼法》规定的关于地域管辖的一般原则为基础，现何某华、黄某姗、袁某秀的户籍所在地、经常居住地均不在北京市石景山区，故本院对案件无管辖权。清算责任纠纷属侵权纠纷，某扣公司系在北京市丰台区工商部门做注销登记，无证据证明三清算组成员的清算行为发生在北京市石景山区，顾某霞的住所地也不在北京市石景山区，故北京市石景山区并非侵权行为地。综上，本案应移送清算组负责人何某华户籍地法院。吐鲁番市高昌区人民法院认为裁定移送不当，遂层报新疆维吾尔自治区高级人民法院。

新疆高院经审查认为，何某华自 2019 年 1 月至今租住在四川巴中市巴州区。因被告何某华住所地与经常居住地不一致，故本案应由被告经常居住地法院管辖较为妥当。遂将本案报请最高人民法院指定管辖。

最高人民法院认为，本案《房屋租赁合同》约定的租赁物位于北京市石景山区，故可以认定侵权结果发生在北京市景山区，北京市石景山区人民法院对本案具有管辖权。

评析

关于清算责任纠纷的诉讼管辖问题，司法裁判观点不一。有的认为应按照一般的"原告就被告"的原则确定管辖法院，如［2019］湘 01 民辖终 584 号、［2021］湘 09 民辖 4 号、［2020］川 06 民辖终 60 号案。有的认为应按照合同纠纷确定管辖法院，如［2020］渝民辖 28 号、［2020］湘民辖 155 号、［2021］陕民辖终 37 号、［2017］粤民辖 147 号、［2018］赣民辖 61 号案（后两个案件是在原合同纠纷立案后因公司被注销，原告变更被告为清算义务人而作的裁定）。有的认为应当按照公司清算纠纷专属管辖确定管辖法院，如［2021］苏 03 民辖终 370 号、［2019］闽 01 民终 9291 号案。多数裁定认为应当按照侵权纠纷确定管辖法院，但对于侵权行为地的认定并不一样；有的认为，债权人（原告）的住所地即侵权结果发生地，如［2022］粤 01 民辖终 7 号、［2021］京 02 民辖终 670 号案；有的认为，被告股东住所地为该类侵权纠纷管辖地，如［2020］闽 02 民辖终 177 号案；有的认为，侵权实施地和结果地均为公司清算地，如［2019］冀 01 民辖终 1166 号案；有的认为，公司住所地不是侵权行为地，如［2021］京01民终9213号案。

实务书作对该问题并没有明确的观点。最高人民法院民事审判第二庭编著的《最高人民法院关于公司法司法解释（一）、（二）理解与适用》（第252、254页）认为，"因侵权造成的给付之诉，按照侵权行为地或者被告住所地人民法院管辖。由于侵权行为地是公司住所地而被告是清算组成员，因此，债权人可以在多个有管辖权的法院中选择管辖。"《民事案件案由新释新解与适用指南》〔1〕虽把该类纠纷既归入损害公司债权人利益责任纠纷，又归入清算责任纠纷，但在管辖上的表述是一致的"应以《民事诉讼法》规定的关于地域管辖的一般原则为基础，并结合《民事诉讼法》第26条的规定综合考虑确定管辖法院。"

本书认为，在最高院没有出台相应解释规则之前，应当允许原告享有较大的选择自由。除了以原告住所地作为侵权结果发生地进而确定管辖法院有点牵强外，做其它选择都有道理。当前主流观点是把清算责任纠纷算作侵权责任纠纷的一类，根据侵权纠纷的管辖规则，侵权行为实施地、结果发生地以及被告住所地均可以作为确定管辖的链接地。清算责任纠纷中所涉及的侵权行为包括积极的作为和消极的不作为，积极的作为一般应是在公司所在地，消极的不作为应以其本应积极作为地作为行为地，而不应以行为人实际所在地为行为发生地。

另外应当注意的是，清算纠纷与普通的侵权纠纷不同，清算责任中的债权，严格来讲，与原公司债权具有承继关系，基于此，债权人在原合同中的管辖意愿或合理预期应予一定的保护，否则可能会鼓励公司股东恶意违法注销公司，增加债权人的诉讼成本，若遇到清算义务人是境外民事主体，那就可能会给债权人带来更大的麻烦。

---

〔1〕 景汉朝主编：《民事案件案由新释新解与适用指南》，中国法制出版社2017年版，第921、936页。

◤ 模块三、热点、难点论辩

一、公司章程是否可以限制股东提起解散公司之诉？

论辩提示：

（1）有人赞成公司章程可以限制股东提起解散公司之诉，有人反对。故论辩时可区分为正方和反方，正方立论为"公司章程可以限制股东提起解散公司之诉"，反方立论为"公司章程不可以限制股东提起解散公司之诉"。

（2）我国公司法对股东提起裁判解散公司之诉作出了相关规定。

（3）正方可以从公司章程的意思自治理论和法律效力角度论证，反方可以从公司法的强制性和中小股东权益保障的角度进行论证，但不限于上述角度。

二、股东未履行出资义务，是否应限制其提起解散公司之诉？

论辩提示：

（1）有人赞成股东未履行出资义务时，应限制其提起司法解散公司之诉，有人反对。故论辩时可区分为正方和反方，正方立论为"股东未履行出资义务，应限制其提起司法解散公司之诉"，反方立论为"股东未履行出资义务，不应限制其提起司法解散公司之诉"。

（2）我国公司法没有对未履行出资义务的股东提起解散公司之诉做明确规定。

（3）正方可以从股东出资的重要意义以及股东提起司法解散公司之诉对其他履行了出资义务的股东、公司债权人、公司员工以及公司社会责任等方面的重大影响角度论证，反方可以从公司法的强制性和中小股东权益保障的角度进行论证，但不限于上述角度。

三、名义股东是否可以提起解散公司之诉？

论辩提示：

（1）有人赞成名义股东可以提起解散公司之诉，有人反对。故论辩时可区分为正方和反方，正方立论为"名义股东可以提起解散公司之诉"，反方立论为"名义股东不可以提起解散公司之诉"。

（2）我国公司法没有对名义股东提起解散公司之诉做明确规定。

（3）正方可以从商事外观主义和名义股东在公司治理中的法律地位角度论证，反方可以从实际出资对公司的重要意义、名义股东与实际出资人之间的公司利益归属以及解散公司对其他股东、实际出资人、公司债权人、公司员工的权益影响角度进行论证，但不限于上述角度。

四、上市公司股东是否可以提起解散公司之诉？

论辩提示：

（1）有人赞成上市公司股东可以提起解散公司之诉，有人反对。故论辩时可区分为正方和反方，正方立论为"上市公司股东可以提起解散公司之诉"，反方立论为"上市公司股东不可以提起解散公司之诉"。

（2）我国公司法对股东提起裁判解散公司之诉作出了具体规定，但没有对上市公司股东进行特别限制。

（3）正方可以从裁判解散公司之诉对保障中小投资者的利益、公司法的明确规定和上市股东在公司治理中的法律地位角度论证，反方可以从上市公司的独特性、上市公司股东退出公司的便捷性以及解散公司对广大其他股东、公司债权人、公司员工的权益影响角度进行论证，但不限于上述角度。

五、是否应限制大股东提起司法解散公司之诉？

论辩提示：

（1）有人赞成应限制大股东提起司法解散公司之诉，有人反对。故论辩时可区分为正方和反方，正方立论为"应限制大股东提起司法解散公司之诉"，反方立论为"不应限制大股东提起司法解散公司之诉"。

（2）我国公司法对股东提起裁判解散公司之诉作出了具体规定，但没有对大股东进行特别限制。

（3）正方可以从司法解散公司之诉是侧重保护中小股东的重要制度安排以及股东提起司法解散公司之诉对其他履行了出资义务的股东、公司债权人、公司员工以及公司社会责任等的重大影响角度论证，反方可以从公司法的强制性和大股东在发生公司僵局后的利益维护角度进行论证，但不限于上述角度。

六、是否应对行政解散公司的权力进行限制？

论辩提示：

（1）有人赞成应对行政解散公司的权力进行限制，有人反对。故论辩时可区分为正方和反方，正方立论为"应对行政解散公司的权力进行限制"，反方立论为"不应对行政解散公司的权力进行限制"。

（2）我国《公司法》对行政解散公司的情形作出了规定，但公司具体因什么原由被吊销营业执照、责令关闭或者被撤销等，留待相关的行政法、商法、经济法等部门法具体规定。这一制度赋予行政机关广泛的强势解散公司的权力。

（3）正方可以从公权力限制、行政机关强势的广泛的解散公司的权力所导致的问题以及解散公司对公司股东、公司债权人、公司员工以及公司社会责任等方面的重大影响角度论证，反方可以从《公司法》的明确规定、公司从事违法活动对公共利益的危害性以及现有的抑制行政公权力滥用的制度保障等角度进行论证，但不限于上述角度。

七、清算中公司是否可以从事与清算无关的纯获益性经营活动？

论辩提示：

（1）有人赞成清算中公司可以从事与清算无关的纯获益性经营活动，有人反对。故论辩时可区分为正方和反方，正方立论为"清算中公司可以从事与清算无关的纯获益性经营活动"，反方立论为"清算中公司不可以从事与清算无关的纯获益性经营活动"。

（2）我国《公司法》规定清算中公司不得开展与清算无关的经营活动。

（3）正方可以从我国《公司法》相关规定的立法目的以及纯获益性经营活动对公司债权人、公司股东等利益主体的利益增进等角度论证，反方可以从公司法的明确规定、清算中公司的权利能力限制以及纯获益性经营活动的不确定性角度进行论证。但不限于上述角度。

八、其他值得论辩的问题

（1）仍以董事会为权力机关的外资公司，是董事还是股东有权提起解散诉讼？

（2）章程约定解散纠纷通过仲裁解决，这种约定是否因违反司法强制解散规则而无效？

（3）未实际出资的股东被排除在清算组之外，清算组在另案中的诉讼主体资格是否合法？

（4）撤销公司登记与吊销营业执照后的清算是否有区别？

（5）公司解散后，股东可否转让股权？在有限责任公司中是否需其他股东同意或放弃优先购买权？

（6）经营期限届满的公司对外提供担保，该种担保的效力如何？

（7）股东为注销公司而作出的偿债承诺，该承诺属于债务转移、第三人代为履行、债务担保、债务承继还是一种"对公承诺"？

（8）公司解散后真的能复活？

（9）公司章定解散事由发生后，由于股东们都没注意到，以致公司仍然经营了数月甚至数年，这时公司是否处于解散状态？

（10）股东能否以自己的利益受到损害为由提起清算责任纠纷诉讼？（［2016］最高法民申 1195 号案）

（11）未经决议变更营业期限，股东未作异议是否表示认可？（［2017］最高法民再 373 号案）

（12）可否建立准解散、准清算制度，以解决公司僵局问题或意定解散中出现的反转问题？

模块四、项目任务（作业）

（1）模拟起草一份公司自行清算方案。

（2）检索、收集有关资料，分析我国公司解散事由现行立法存在的问题及其完善对策。

（3）收集整理近 10 年中级人民法院及以上级别人民法院审理的公司解散纠纷类案件，并梳理出裁判的基本观点。

（4）收集整理近 10 年中级人民法院及以上级别人民法院审理的公司清算责任纠纷案例，并梳理出裁判的基本观点。

（5）梳理解散清算与破产清算之间的衔接关系。

（6）试论公司法上的"经营管理发生严重困难"认定标准。

（7）对核心期刊有关公司僵局的研究成果进行综述。

第八编

特殊类型公司与外国公司分支机构

第一章　几种特殊类型公司

第一节　一人公司（一个股东的公司）

一、概念

一人公司是指只有一个自然人股东或者一个法人股东的公司，有限责任公司和股份有限公司均可以只有一个股东。

二、一人公司与个人独资企业的区别

（一）法律地位不同

前者具有独立的法人资格，后者不具有独立的法人资格。

（二）治理模式不同

前者遵循现代公司治理模式，后者遵循业主制管理模式。

（三）税负不同

国家对一人公司及其股东双重征税，而针对后者，国家只对业主个人征税。

（四）投资人的身份限制不同

前者可以是自然人和法人，后者只能是自然人。

三、承认一人公司的理由

（一）承认一人公司有客观原因

如两人公司中一人死亡且无继承人，则客观上产生了一人公司，若对该

类一人公司予以强制消灭，则对投资人不公，于社会不利。

（二）不承认一人公司会增加投资成本和风险

不允许一人公司的存在，将导致投资者为规避这种要求而采取"挂名股东"的做法，这会增加挂名成本和纠纷风险。

四、特别规定

2023 年《公司法》删除了之前《公司法》"一人有限责任公司的特别规定"一节，仅保留了该节中第 61、63 条中的相关内容。

（一）有关组织机构的特别规定

公司中有的组织机构是以众多股东的存在为前提，由于一人公司只有一个股东，有关组织机构只能作特殊处理。为此，2023 年《公司法》在原第 61 条的基础上，设置第 60、112 条规定，即规定只有一个股东的有限责任公司、股份有限公司不设股东会。

（二）关于股东责任的特别规定

前述保留的原《公司法》第 63 条，被设置在 2023 年《公司法》第 23 条第 3 款中，内容作了修改，即原来是"一人有限责任公司的股东不能证明公司财产独立于股东自己的财产的，应当对公司债务承担连带责任"，修改为"只有一个股东的公司，股东不能证明公司财产独立于股东自己的财产的，应当对公司债务承担连带责任"。原《公司法》第 63 条只适用于有限责任公司，而 2023 年《公司法》第 23 条第 3 款既适用于有限责任公司，也适用于股份有限公司。

关于《公司法》中的一人公司股东自证公司独立人格规则，有人主张予以废除。本书不赞成废除该规则，理由是：第一，相较于多人公司，一人公司在股东构成方面的特殊性确实更容易让公司丧失独立性，进而有必要作出与多人公司不同的规定；第二，就股东证明公司独立性的便捷度而言，一人公司的股东往往比多人公司的股东更便捷。在不废除股东自证公司独立人格规则的情况下，司法实务中争议颇大的独立性证明标准亟待完善，较为合理的要求应是：公司每年须聘请审计机构出具年度审计报告，且在审计报告中对公司财务独立性具明相应结论；法院可依据这种审计报告认定一人公司的独立性，除非对方当事人有相反证据。

第二节　国家出资公司

2023 年《公司法》在原来第二章第四节"国有独资公司的特别规定"的基础上，单独设置第七章"国家出资公司组织机构的特别规定"。针对国家出资公司的组织机构，适用第七章规定；第七章没有规定的，适用《公司法》其他规定。

一、国家出资公司的一般规定

（一）国家出资公司的界定

《公司法》第 168 条第 2 款规定："本法所称国家出资公司，是指国家出资的国有独资公司、国有资本控股公司，包括国家出资的有限责任公司、股份有限公司。"据此规定，国家出资公司的外延包括国有独资公司和国有资本控股公司，国家出资公司的组织形式可以是有限责任公司和股份有限公司。其中的"控股"，按照《公司法》第 265 条第 2 项的规定，是指出资额占有限责任公司资本总额超过 50% 或者其持有的股份占股份有限公司股本总额超过 50%，或持股比例虽然低于 50%，但依其出资额或者持有的股份所享有的表决权已足以对股东会的决议产生重大影响。

（二）国家出资公司的出资人

《公司法》第 169 条规定："国家出资公司，由国务院或者地方人民政府分别代表国家依法履行出资人职责，享有出资人权益。国务院或者地方人民政府可以授权国有资产监督管理机构或者其他部门、机构代表本级人民政府对国家出资公司履行出资人职责。代表本级人民政府履行出资人职责的机构、部门，以下统称为履行出资人职责的机构。"据此规定，国家出资公司中的出资人是国家，在实际操作层面，需要通过两层代表制来履行出资人义务，享有出资人权利：第一层是国务院或者地方人民政府代表国家，即政府代表国家履行出资义务，享受所有者权益；第二层是国务院或者地方人民政府授权国有资产监督管理机构或者其他部门、机构代表政府履行出资人职责。

（三）国家出资公司中的党组织

为了落实党的二十大精神，加强党在公司组织中的领导，2023 年《公司法》新增第 170 条规定："国家出资公司中中国共产党的组织，按照中国共产党章程的规定发挥领导作用，研究讨论公司重大经营管理事项，支持公司的组织机构依法行使职权。"

（四）国家出资公司的合规管理

《公司法》第 177 条规定："国家出资公司应当依法建立健全内部监督管理和风险控制制度，加强内部合规管理。"

二、国有独资公司的特别规定

（一）有关决策机构的特别规定

《公司法》第 172 条规定："国有独资公司不设股东会，由履行出资人职责的机构行使股东会职权。履行出资人职责的机构可以授权公司董事会行使股东会的部分职权，但公司章程的制定和修改，公司的合并、分立、解散、申请破产，增加或者减少注册资本，分配利润，应当由履行出资人职责的机构决定。"据此规定，除了公司章程的制定和修改，公司的合并、分立、解散、申请破产，增加或者减少注册资本，分配利润，应当由履行出资人职责的机构决定外，履行出资人职责的机构可以授权公司董事会行使本属于公司股东会的职权。与 2023 年修订之前的《公司法》第 66 条相比，显著的区别有：其一，明确公司章程修改权属于履行出资人职责的机构；其二，新增分配利润事项不能授权给董事会；其三，把发行公司债券从禁止授权事项中删除。

（二）有关董事会、经理的特别规定

《公司法》第 173 条规定："国有独资公司的董事会依照本法规定行使职权。国有独资公司的董事会成员中，应当过半数为外部董事，并应当有公司职工代表。董事会成员由履行出资人职责的机构委派；但是，董事会成员中的职工代表由公司职工代表大会选举产生。董事会设董事长一人，可以设副董事长。董事长、副董事长由履行出资人职责的机构从董事会成员中指定。"与 2023 年修订之前的《公司法》相比，不同之处有：其一，删除了"董事每届任期不得超过三年"这一表述，关于国有独资公司董事的每届任期，自然应当适用《公司法》第 70、120 条规定；其二，新增董事会成员"应当过半数为外部董事"。

《公司法》第 174 条规定："国有独资公司的经理由董事会聘任或者解聘。经履行出资人职责的机构同意，董事会成员可以兼任经理。"

《公司法》第 175 条规定："国有独资公司的董事、高级管理人员，未经履行出资人职责的机构同意，不得在其他有限责任公司、股份有限公司或者其他经济组织兼职。"

（三）有关监督机构的特别规定

《公司法》第 176 条规定："国有独资公司在董事会中设置由董事组成的审计委员会行使本法规定的监事会职权的，不设监事会或者监事。"与 2023 年修订之前的《公司法》第 70 条相比，区别较为明显，即国有独资公司不再设监事会。

第二章　外国公司的分支机构

第一节　外国公司分支机构概述

一、概念

所谓外国公司，是指依照外国法律在中华人民共和国境外设立的公司。所谓外国公司的分支机构，是指外国公司依照我国《公司法》，在我国境内设立的从事生产经营活动但不具有法人资格的办事机构。

二、特征

（一）隶属于外国公司

外国公司分支机构是外国公司的组成部分，其存续以设立它的外国公司存续为前提，也随该外国公司的消灭而消灭。

（二）依照中国法律设立

如我国《公司法》不仅规定了外国公司分支机构设立必须具备的条件、必须履行的设立程序，还规定了必须经相关部门的批准。违反《公司法》擅自在中华人民共和国境内设立分支机构的，由公司登记机关责令改正或者关闭，可以并处 5 万元以上 20 万元以下的罚款（《公司法》第 261 条）。

（三）从事生产经营活动

外国分支机构设立的目的是从事生产经营活动，而那些外国公司在中国境内设立的，以收集信息并提供咨询等为主要任务，并不从事生产经营活动的常驻机构，不是《公司法》所规定的外国公司分支机构。

（四）不具备法人资格

我国《公司法》第 247 条明确规定，外国公司在中国境内设立的分支机构，不具有中国法人资格，外国公司对其分支机构在中国境内进行的经营活动承担民事责任。

第二节　外国公司分支机构的设立

一、设立条件

我国《公司法》对外国公司分支机构的设立条件进行了明确规定：

（一）应指定代表或代理

外国公司应当在中华人民共和国境内指定负责该分支机构的代表人或者代理人（第 245 条第 1 款）。

（二）应拨付相应资金

外国公司应当向该分支机构拨付与其所从事的经营活动相适应的资金（第 245 条第 1 款、第 2 款）。

（三）应标明国籍和责任形式

外国公司的分支机构应当在其名称中标明该外国公司的国籍及责任形式（第 246 条第 1 款）。

（四）应置备公司章程

外国公司的分支机构应当在本机构中置备该外国公司章程（第 246 条第 2 款）。

二、设立程序

根据我国《公司法》的规定，外国公司在中华人民共和国境内设立分支机构，必须遵循以下程序：

（一）提出申请

外国公司在中华人民共和国境内设立分支机构，应当向中国主管机关提出申请，并提交其公司章程、所属国的公司登记证书等有关文件（第 244 条第 1 款）。

（二）获得中国政府批准

外国公司提出在中华人民共和国境内设立分支机构的申请后，必须接受中国政府相关主管部门的审查和批准（第 244 条第 1 款、第 2 款）。

（三）办理登记，领取营业执照

经批准设立的外国公司分支机构应在规定期限内向公司登记机关依法办

理登记手续，领取营业执照（第 244 条第 1 款）。

第三节　外国公司分支机构的权利和义务

一、权利

外国公司分支机构的自由经营权和合法利益受中国法律保护。

二、义务

（一）遵守中国的法律

我国《公司法》第 248 条明确规定，经批准设立的外国公司分支机构，在中国境内从事业务活动，应当遵守中国的法律。

（二）不得损害中国的社会公共利益

我国《公司法》第 248 条同时规定，经批准设立的外国公司分支机构，在中国境内从事业务活动，不得损害中国的社会公共利益。

（三）依法清算

我国《公司法》第 249 条规定："外国公司撤销其在中华人民共和国境内的分支机构时，应当依法清偿债务，依照本法有关公司清算程序的规定进行清算，未清偿债务之前，不得将其分支机构的财产转移至中华人民共和国境外。"

模块二、案例分析

案例1：审计报告是否足以证明一人
公司财产独立于股东财产

（改编于［2021］最高法民终435号案）

提要

鉴于审计报告的委托主体、鉴证对象、证据要求、证据使用方法、结论保证等均达不到民事诉讼中的证明要求，故审计报告不足以成为证明一人公司与股东财产独立性的充分证据。比较可取的做法是，依法做司法会计鉴定。

案情

2013年8月，上海云某峰公司作为卖方与阳某国贸公司作为买方签订《煤炭销售合同》，后双方发生纠纷，上海云某峰公司于2018年向法院提起诉讼，请求判令阳某国贸公司支付上海云某峰公司货款8000万元，并以华某阳公司为阳某国贸公司一人股东为由，要求华某阳公司承担连带责任。

诉讼中，华某阳公司提供了华某阳公司及阳某国贸公司2015、2016及2017年度的审计报告，用以证明公司与股东财产独立。

问题

一人公司年度审计报告是否足以证明公司与股东之间财产的独立性？

裁判理由及结果

一审法院认为，华某阳公司作为阳某国贸公司的股东，提供了近三年华某阳公司和阳某国贸公司各自的审计报告，证明了两者的资产负债、利润、现金流量等财务状况相互独立，表明两者的财产相互独立。根据《公司法》第63条（2023年《公司法》第23条第3款）规定，其不对阳某国贸公司的债务承担连带责任。原告不能仅凭阳某国贸公司财务状况的变化而认为华某阳公司滥用支配权、严重损害债权人利益。

二审法院认为，上海云某峰公司主张华某阳公司作为阳某国贸公司的唯一股东，存在股东和公司财产混同情形，但是根据华某阳公司提交的两公司各自近三年的审计报告，可证明财产相互独立，故对上海云某峰公司要求华某阳公司承担连带责任的主张不予支持。

评析

《公司法》规定的一人公司（2023年《公司法》表述为"一个股东的公司"）与其股东之间财产独立性的证明标准，司法实践上并不统一。对于审计报告的证明力，也是观点不一。有裁判认为，没有相反的证据，年度审计报告可以作为证明财产独立性的充分证据，如〔2021〕最高法民申5102号案。有裁判认为，在诉讼期间而非正常年度审计形成的审计报告，不足以证明财产的独立性，如〔2021〕最高法民申1539号案。有裁判认为，年度审计报告即便是能反映公司财务报表制作规范、公司独立对外从事经营活动、公司真实财务情况等，也不足以证明财产的独立性，如〔2019〕最高法民终203号（再审案号为〔2020〕最高法民申6901号）、〔2019〕最高法民终1093号、〔2020〕最高法民终727号、〔2022〕陕01民终15294号以及〔2022〕鄂0112民初666号案。有裁判认为，需要提供财产独立性专项审计报告才具有足够证明力，如〔2022〕陕01民终15294号、〔2021〕京民申3337号案。

本书认为，审计报告并非法律对一人公司的单独要求，即便是年度审计报告结论中包含财产独立性的结论，也不足以证明财产的独立性，理由是：第一，根据《注册会计师法》和《中国注册会计师鉴证业务基本准则》有关规定，公司财务审计，是注册会计师接受委托人的委托，为增强预期使用者对企业历史财务信息的信任而对企业财务资料可信度出具评价的鉴证行为，因此，在委托人是公司管理层或控股股东的情况下，针对诉讼而言，这种报告的可信度不高；第二，从《基本规则》的规定来看，审计业务对证据要求并不严格，而且允许使用抽样方法，这些都会影响结论的可靠性；第三，审计报告类鉴证业务，其鉴证对象是"历史财务信息"而不是公司财产，财务与财产不是同一个概念；第四，注册会计师对其鉴证结论所做的保证限于合理保证或有限保证，而非绝对保证；第五，目前没有完善、合理的鉴证过错责任规则规制鉴证行为，注册会计师及其所在机构并不会因为鉴证过错行为而承担义利平衡原则下的过错责任。

鉴于股东或公司委托第三方出具的审计报告并不可信，司法实务中比较可取的做法是：若股东或公司能提供正常年度审计报告，该报告针对财产独立性得出了合理性保证结论，并能提供相应的原始凭证予以佐证，这种情形下可以采信；针对没有正常年度审计报告但有完整的正常年度财务会计资料的公司，可依法对公司与股东财产独立性做司法会计鉴定（鉴定费应由股东或公司承担），并能经得起对方结合原始凭证所作的质证，这种情形下也可以采信。

结合上述分析，前述［2021］最高法民终435号案的裁判理由值得商榷。再者，即便是认为审计报告具有相应证明力，由于债务发生时间在2013年，故裁判者应依据自2013年至诉讼时的年度审计报告做财产独立性的认定，而不应仅仅依据2015至2017年度的审计报告。

另外需要指出的是，前述评析是基于《公司法》上的财产独立证明规则做出的（以下几个案例的评析也是如此），从立法论角度来讲，该规则有修改的余地，但不宜废止。本书建议将现有财产独立证明规则修改为：公司制备的财务会计资料能证明公司与股东之间的财产具有独立性，经审计机构的年度审计报告鉴证为财务具有独立性即可。

案例2：一人公司未做年度审计，法院应否准予股东的司法会计鉴定申请

（改编于［2020］粤03民终4782号案）

提要

一人公司虽未按规定做年度审计，但若公司财务资料完整，股东提出的司法会计鉴定申请应予准许。司法会计鉴定可以作为财产独立性的重要证据，但股东仍应提供原始凭证以供核对和质证。

案情

上官某琴系新某信公司的唯一股东。生效判决判令新某信公司偿还吉某高公司借款本金405万元及相应利息。吉某高公司申请强制执行，后法院以新某信公司没有可供执行的财产为由，裁定终结本次执行程序。依吉某高公司申请，法院裁定追加上官某琴为案件被执行人，对新某信公司的债务承担连带责任。上官某琴不服，提起诉讼。

针对公司与股东财产的独立性，上官某琴申请对公司的财务会计资料进行司法会计审计（应为司法会计鉴定）。

另查明，公司银行流水显示有大量的ATM取款记录。公司和股东对此无合理解释。

问题

一人公司未编制正常年度审计报告，股东申请司法会计鉴定应否准予？

裁判理由及结果

生效裁判认为，依照《公司法》第62条（2023年《公司法》第208条）

的规定，在每一会计年度终了时编制财务会计报告并经会计师事务所审计是一人有限责任公司的法定义务，并且该财务会计报告也是证明一人公司财产与股东财产相互独立的重要证据之一，由于上官某琴、新某信公司因自身原因未尽该义务而在诉讼中申请司法审计，既不符合《公司法》的规定，也不符合《民事诉讼法》第 67 条第 2 款所规定的当事人确因客观原因不能自行收集证据的情形，一审法院未予准许处理得当。

评析

该案中，公司银行流水显示有大量的 ATM 取款记录，而公司和股东对此并无合理解释，基于此认定公司与股东财产缺乏独立性并无不妥。值得进一步探讨的问题是，若不存在前述 ATM 取款记录，能否仅仅因为公司没有正常年度审计报告而拒绝股东提出的司法会计鉴定申请？

本书认为，若一人公司具有完整的年度会计报告和其他财务报表，且不存在其他证据表明公司与股东财产独立性缺失，法院应准予司法会计鉴定。理由是：第一，年度财务审计并非法律对一人公司的单独要求，可见法律上并没有把正常年度财务审计作为认定财产独立性的必要要件；第二，如前一案例"评析"部分所述，即便是公司有正常年度财务审计，也不是认定财产独立性的充分条件；第三，鉴于年度审计报告既非证明财产独立的必要条件，也非充分条件，故若公司具有完整的财务报告和财务报表等资料，则可根据股东申请准予做司法会计鉴定（不论结果如何，由于该举证责任本就应由股东负担，故鉴定费用应由股东承担），该种鉴定可以作为证明财产独立性的重要证据，但股东仍应提供原始凭证以供核对和质证。

案例3: "夫妻档"公司能否被认定为"实质上"的一人公司

（改编于［2019］最高法民再372号案）

提要

欲认定"夫妻档"公司为"实质上"的一人公司，作此认定的前提（而非后果）是：须逾越两道法律和法理障碍，即举证责任倒置和连带责任。

案情

熊某平与沈某霞登记结婚。2011年11月，两人出资成立青某瑞公司，注册与实缴资本200万元，两人各持股50%。2015年6月24日，法院作出民事调解书，确认青某瑞公司于2015年7月31日前支付猫人公司货款2 983 704.65元。该调解书生效后，猫人公司于2015年8月5日向法院申请执行。因无财产可供执行，2016年6月15日，法院裁定终结本次执行程序。后猫人公司认为，青某瑞公司符合一人公司的实质要件，依据《变更追加执行当事人规定》第20条规定申请追加熊某平、沈某霞为被执行人。2017年10月11日，法院裁定驳回该申请。猫人公司遂提起诉讼，以夫妻公司实质是一人公司为由，请求判令夫妻两人对公司债务承担连带责任。

问题

"夫妻档"公司能否被认定为实质的一人公司？

裁判理由及结果

一审法院驳回了猫人公司的诉讼请求。

二审法院则支持了该诉讼请求，理由是：首先，青某瑞公司的全部股权实质来源于同一财产权，并为一个所有权共同享有和支配，该股权具有利益的一致性和实质的单一性。据此应认定青某瑞公司系实质上的一人公司。其次，青某瑞公司在为同一所有权实际控制的情况下，难以避免公司财产与夫妻其他共同财产的混同。最后，依《婚姻法》确立的夫妻财产共同共有原则，夫妻持有的股权应构成不可分割的整体，而公司实质充任了夫妻股东实施民事行为的代理人，若不对夫妻股东其他义务予以强化和规制，则有违民法的公平原则，也不利于对交易相对方利益的平等保护。

再审法院也支持了该诉讼请求，补充的理由是：由于一人公司缺乏社团性和相应的公司机关，没有分权制衡的内部治理结构，缺乏内部监督。股东既是所有者，又是管理者，个人财产和公司财产极易混同，极易损害公司债权人利益，故通过举证责任倒置，强化一人有限责任公司的财产独立性，从而加强对债权人的保护。本案夫妻公司与一人公司在前述特征上具有高度相似性，二审法院认定青某瑞公司系实质上的一人公司并无不当。

评析

关于"夫妻档"公司能否认定为实质上的一人公司，司法实践上存在两种截然相反的观点。本书检索到几份相关案例，简要整理如下。赞成实质一人公司的有：［2020］最高法民申 1515 号、［2020］粤民终 1588 号、［2017］粤 06 民终 6670 号、［2020］赣民终 401 号、［2021］粤 0604 民初 41934 号、［2021］京 011 民初 20955 号、［2020］鲁民申 3191 号案。不赞成的有：［2020］最高法民申 6688 号、［2018］最高法民终 1184 号、［2018］苏 02 民终 4725 号、［2017］粤 01 民终 23507 号、［2018］桂民终 124 号、［2022］京 02 民终 7673 号、［2022］浙 02 民终 2307 号、［2020］京 02 民终 7332 号、［2018］粤民申 5718 号案。

本书认为，在立法上区分一人公司和非一人公司的制度语境下，就此问题得出结论，宜考虑以下几个问题：

（1）所称的"实质上"的一人公司与登记的一人公司，是否有某种区别，使得两者在适用举证责任倒置规则和连带责任规则上有差异？

（2）股权来源于一个财产权与来源于一个自然人之名，是否在独立性上没有区别？

（3）在法无明文规定的情况下，要求股东承担举证责任倒置后的举证责任和连带责任，是否突破了举证责任和连带责任的基本原理？

（4）假如不允许做前述突破，会不会导致人们纷纷采取设立"夫妻档"公司来规避一人公司的规制？［2022］最高法民再 168 号案的裁判认为，一人公司的配偶共同经营公司，且公司财产与股东及其配偶的财产发生混同，配偶应当承担连带责任。假如不允许做前述突破，那么像这类案子中的夫妻，干脆就设立"夫妻档"公司，如此操作被追究连带责任的可能性反而更小。

案例4：外国公司分支机构的债务如何清偿

（改编于时建中主编：《公司法原理精解、案例与运用》，
中国法制出版社2006年版，第469页起。）

提要

外国公司在中国的分支机构的债务，由该外国公司承担，债权人无权直接要求该外国公司在中国另外投资设立的独资公司承担连带责任。

案情

2000年1月，马来西亚的盛誉公司在上海设立了一个商务办事处，指定中国公民李某为该商务办事处的代表人。因盛誉公司的大部分业务在北京，故于2001年5月在北京独资设立盛荣有限公司。2002年8月，盛誉公司打算在中国购买一批体育保健用品，并决定将业务交给上海办事处和盛荣有限公司处理。两者分别与保健品公司签订了买卖合同。盛荣有限公司收到货物后，便按约支付了货款；而上海办事处却因资金周转困难，在约定的期限内只给付了1/3的货款，尚有90万元货款未付，保健品公司多次索款未果。2002年12月保健品公司向法院起诉，要求上海办事处清偿该90万元债务，并要求盛荣有限公司承担连带责任。

问题

盛荣有限公司是否要承担连带责任？

裁判理由与结果

法院经审理认为，上海办事处是盛誉公司在中国境内依法设立的分支机构，不具有中国法人资格，因此上海办事处所欠保健品公司的债务应由盛誉

公司负责清偿。盛荣有限公司是盛誉公司在中国境内设立的全资子公司，具有中国法人资格，原告要求其承担连带责任的请求没有法律依据，不予支持。

分析

该案中的上海办事处，是外国公司盛誉公司在中国的分支机构，由于其不具有中国法人资格，其权利、义务和法律责任也均由盛誉公司享有、承担。而盛荣有限公司是盛誉公司在中华人民共和国境内依据中国法律投资设立的公司，具有中国法人资格，依法独立承担民事责任，保健品公司基于分别签订的买卖合同，要求盛荣有限公司承担连带责任，没有法律依据。

模块三、热点、难点论辩

一、一人公司的存在是否否定了公司的社团性?

论辩提示：

（1）论辩可分为正方与反方，正方立论为"一人公司的存在否定了公司的社团性"，反方立论为"一人公司的存在没有否定公司的社团性"。

（2）一人公司是公司制度发展的必然现象，在实践中大量存在，具有合理性。

（3）一人公司对公司社团性形成了挑战，由此也带来了一些隐忧。现有公司法的制度架构主要是为社团性公司服务的。

二、国有独资公司是不是一人公司?

论辩提示：

（1）论辩可分为正方与反方，正方立论为"国有独资公司是一人公司"，反方立论为"国有独资公司不是一人公司"。

（2）正方立论可以从国有独资公司的股东唯一性角度展开。

（3）反方立论可以从国有独资公司与一人公司的不同点展开。

三、我国对外国公司设立分支机构的准入条件是否应放松?

论辩提示：

（1）论辩可分为正方与反方，正方立论为"我国对外国公司设立分支机构的准入制应放松"，反方立论为"我国对外国公司设立分支机构的准入制不应放松"。

（2）正方立论可以从我国市场经济发展、放宽准入条件有利于推动对外开放和吸引外资等方面展开。

（3）反方立论可以从外国公司设立分支机构准入制的制度背景和制度必要性等角度展开。

四、其他值得论辩的问题

（1）让人代持股份，实为一人公司的股东是否要承担财产独立性的证明责任？

（2）一人公司是否应予取消？

（3）立法是否应取消针对一人公司的单独规制？

模块四、项目任务（作业）

（1）检索、收集有关资料，整理出一人公司的产生背景。

（2）检索、收集有关资料，综述一人公司利弊的学术观点。

（3）检索、收集有关资料，综述国有独资公司法律性质的学术观点。

（4）检索、收集有关资料，综述外国公司分支机构法律地位的学术观点。

（5）论一人公司与股东之间独立性的立法规制。

参考文献

1. 赵旭东编:《公司法学》,高等教育出版社 2015 年版。

2. 施天涛:《公司法论》,法律出版社 2018 年版。

3. 李建伟:《公司法学》,中国人民大学出版社 2022 年版。

4. 范健、王建文:《公司法》,法律出版社 2018 年版。

5. 刘俊海:《现代公司法》,法律出版社 2015 年版。

6. 朱锦清:《公司法学》,清华大学出版社 2019 年版。

7. 虞政平:《公司法案例教学》,人民法院出版社 2018 年版。

8. 叶林:《公司法原理与案例教程》,中国人民大学出版社 2010 年版。

9. 郑云瑞:《公司法学》,北京大学出版社 2019 年。

10. 王军:《中国公司法》,高等教育出版社 2017 年版。

11. 柯芳枝:《公司法论》,三民书局 2013 年版。

12. 刘连煜:《现代公司法》,新学林出版股份公司 2019 年版。

13. 邓峰:《普通公司法》,中国人民大学出版社 2009 年版。

14. 王毓莹:《新公司法二十四讲》,法律出版社 2024 年版。

15. 赵旭东主编:《新公司法条文释解》,法律出版社 2024 年版。

16. 赵旭东主编:《新公司法讲义》,法律出版社 2024 年版。

17. 叶林:《公司法研究》,中国人民大学出版社 2008 年版。

18. 刘连煜:《公司法理论与判决研究》,法律出版社 2002 年版。

19. 曹兴权:《公司法的现代化:方法与制度》,法律出版社 2007 年版。

20. 李清池:《商事组织的法律结构》,法律出版社 2008 年版。

21. 梁上上:《利益衡量论》,法律出版社 2016 年版。

22. 安建:《中华人民共和国公司法释义》,法律出版社 2013 年版。

23. 朱慈蕴:《公司法原论》,清华大学出版社 2011 年版。

24. 北京仲裁委:《股权转让案例精读》,商务印书馆 2017 年版。

25. 蒋大兴:《公司法的观念与解释(三卷本)》,法律出版社 2009 年版。

26. 张维迎:《理解公司:产权、激励与治理》,上海人民出版社 2014 年版。

27. 张巍:《资本的规则》,中国法制出版社 2017 年版。

28. 俞宏雷主编:《最高人民法院民商事盘里集要·公司卷》,中国民主法制出版社 2019

年版。

29. 唐青林、李舒：《公司法 25 个案由裁判综述及办案指南》，中国法制出版社 2018 年版。

30. 唐青林、李舒：《公司法裁判规则解读》，中国法制出版社 2018 年版。

31. 中国法律咨询中心：《公司疑难案件专家论证》，法律出版社 2011 年版。

32. 江必新、何东宁：《最高人民法院指导性案例裁判规则理解与适用·公司卷》，中国法制出版社 2015 年版。

33. 杜万华：《最高人民法院公司法司法解释（四）理解与适用》，人民法院出版社 2017 年版。

34. 最高人民法院民事审判第二庭等编：《公司案件审判指导》，法律出版社 2014 年版。

35. 宋晓明、刘俊海主编：《人民法院公司法指导案例裁判要旨通纂》，北京大学出版社 2014 年版。

36. "中国指导案例"编委会：《人民法院指导案例裁判要旨汇览》，中国法制出版社 2013 年版。

37. 国家法官学院案例开发研究中心：《中国法院年度案例·公司纠纷》，中国法制出版社 2013 年版至 2022 年版。

38. 国家法官学院：《全国专家型法官司法意见精粹·公司与金融卷》，中国法制出版社 2013 年版。

39. 吴宝庆：《权威点评最高法院公司法指导案例》，中国法制出版社 2010 年版。

40. 钱俊清：《公司法典型案例与裁判解析》，法律出版社 2014 年版。

41. 刘国林：《股权转让常见纠纷的裁判规则》，中国法制出版社 2017 年版。

42. 华生：《万科模式：控制权之争与公司治理》，东方出版社 2017 年版。

43. ［美］亨利·汉斯曼：《企业所有权论》，于静译，中国政法大学出版社 2001 年版。

44. ［美］莱纳·克拉克曼、亨利·汉斯曼等：《公司法剖析：比较与功能的视角》，罗培新译，法律出版社 2012 年版。

45. ［美］罗伯特·罗曼诺编著：《公司法基础》，罗培新译，北京大学出版社 2013 年版。

46. ［美］罗伯特·W. 汉密尔顿：《美国公司法》，齐东祥组织翻译，法律出版社 2008 年版。

47. ［美］伯利、米恩斯：《现代公司与私有财产》，甘华鸣等译，商务印书馆 2005 年版。

48. ［美］伊斯特布鲁克等：《公司法的逻辑》，黄辉译，法律出版社 2016 年版。

49. ［美］肯特·格林菲尔德：《公司法的失败：基础缺陷与进步可能》，李诗鸿译，法律出版社 2019 年版。

50. ［美］斯蒂芬·M. 班布里奇、M. 托德·亨德森：《有限责任：法律与经济分析》，李诗鸿译，上海人民出版社 2019 年版。

51. ［美］罗伯特·C. 克拉克：《公司法则》，胡平等译，工商出版社 1999 年版。

52. ［英］保罗·戴维斯、莎拉·沃辛顿:《现代公司法原理》,罗培新等译,法律出版社 2016 年版。

53. ［英］保罗·戴维斯:《英国公司法精要》,樊云慧译,法律出版社 2007 年版。

54. ［加］布莱恩·R. 柴芬斯:《公司法:理论、结构和运作》,法律出版社 2001 年版。

55. ［德］托马斯·莱塞尔、吕迪格·法伊尔:《德国资合公司法》,高旭军等译,法律出版社 2005 年版。

56. ［德］格茨·怀克、克里斯蒂娜·温德比西勒:《德国公司法》,殷盛译,法律出版社 2010 年版。

57. ［日］前田庸:《公司法入门》,王作全译,北京大学出版社 2012 年版。

58. ［日］神田秀树:《公司法的精神》,朱大明译,法律出版社 2016 年版。

59. ［韩］李哲松:《韩国公司法》,吴日焕译,中国政法大学出版社 2000 年版。

60. 罗结珍译:《法国商法典》,北京大学出版社 2015 年版。